高等教育“十三五”规划教材

管理学 第三版

主　编　刘友金　张卫东
副主编　杨春艳　李振宇

U0818340

中国矿业大学出版社
China University of Mining and Technology Press

内容简介

本书由多所院校长期从事管理学教学和研究的教师编写，共六篇十五章，分别阐述了管理的基本理论、决策与计划、组织、领导、控制和创新。本书的编写，充分考虑了我国经济管理类专业本科生的学习特点和教学要求，尽量吸纳近年来管理学领域发展起来的新理论、新方法，如学习型组织、管理伦理、知识管理、创新管理等。在每一章的开始设计了开篇案例，通过案例引起学生学习的兴趣和对相关理论的探讨；在每章的末尾则附上了本章基本概念，并安排了问题思考，为学生的自学提供了便利，也加强了学生理论联系实际、独立分析问题和解决问题的能力。

本书适合经管院校的广大教师教学之用，也适合本科生、研究生、MBA/EMBA及相关专业从业人员学习使用，还可作为企业管理人员在职学习和干部培训用书。

图书在版编目(CIP)数据

管理学/刘友金，张卫东主编．—3版．—徐州：中国矿业大学出版社，2018.1

ISBN 978-7-5646-3821-4

Ⅰ．①管… Ⅱ．①刘… ②张… Ⅲ．①管理学—高等学校—教材 Ⅳ．①C93

中国版本图书馆CIP数据核字(2017)第309124号

书　　名 管理学

主　　编 刘友金　张卫东

责任编辑 褚建萍

出版发行 中国矿业大学出版社有限责任公司

（江苏省徐州市解放南路　邮编221008）

营销热线 (0516)83885307　83884995

出版服务 (0516)83885767　83884920

网　　址 http://www.cumtp.com　**E-mail**:cumtpvip@cumtp.com

印　　刷 徐州中矿大印发科技有限公司

开　　本 787×960　1/16　**印张** 28　**字数** 540千字

版次印次 2018年1月第3版　2018年1月第1次印刷

定　　价 39.50元

（图书出现印装质量问题，本社负责调换）

第三版前言

本书自2012年出版以来，被多所高校采用作为管理学课程教材，需求量较大，社会反响好，2016年被评为全国煤炭行业优秀教材一等奖。随着科学技术的进步和世界经济社会环境的变化，管理理论和管理方法也得到不断的发展。为了能够与时俱进，更好地满足教师课堂教学和学生学习的需要，编写组老师借助长期从事管理学理论研究与教学实践所积累的经验，经过认真研讨，在第一版和第二版的基础上对本书进行再一次修订。新修订的第三版延续了以往版本所遵从的经典框架结构和主体内容安排，同时进行了一些优化和改进。修订工作主要在以下三个方面进行：

(1) 紧跟前沿。将最新发展的比较有影响的管理理论研究成果纳入到教材中，增加了部分新的管理理念和管理学知识。

(2) 注重实践。为了更加符合当代经济发展具体情况，更有利于企业组织解决所面临的管理问题，修订版补充了部分管理新方法。

(3) 更新案例。在开篇案例方面进行了部分更新，目的是让案例更能符合所在章节陈述的理论内容，同时也大大增强了时效性。

本书的修订由湖南科技大学刘友金教授组织，杨帆、赵瑞霞等老师参与了修订。同时，湖南科技大学教授管理学课程的老师和学习本门课程的同学们也提出了很多有益的建议。在此，对为本书修订提出宝贵意见的各位老师、同学及出版社的编辑同志表示衷心感谢！

编写组

2017年10月

第二版前言

本书主要用于普通高等学校经济管理类专业本科生教学。自2012年第一版出版以来，得到了各使用学校授课老师、学生的积极评价，也得到了同行专家的充分肯定，同时大家也提出了许多宝贵的修改意见。为了使教材更符合目前普通高等学校经济管理类专业人才培养的要求，编写组对第一版进行了系统修订，完善了部分章节内容，改进了部分表述方式，更换了部分开篇案例，增加了部分例题与习题。与第一版相比，修订后的第二版更加体现理论前沿，更加突出实践应用，更加符合时代特色。

本书的修订主要侧重于以下几个方面：

(1) 理清内容。为了使教材内容更加合理、规范，在各位授课老师、学生所提意见和建议的基础上，按照“保留优点、弥补不足”的原则进行修改，即对得到授课老师和学生充分肯定的结构、内容和体例予以保留，针对发现的问题予以纠正和完善。

(2) 注重层次。为了使教材层次更加分明、可读性更强，针对使用过程中发现的个别标题标识不够清晰与部分数字编号方式不太符合常规标注要求等情况，进行了相应的调整和系统的修改。

(3) 精选案例。为了使教材中开篇案例所表达的观点和所蕴含的思想更加符合所在章节的理论内容，对第一版中部分章节的开篇案例用更具代表性和研究价值的案例进行了替换和更新。

本书的修订由湖南科技大学刘友金教授组织，文杏梓、赵瑞霞等老师参与了修订。同时，湖南科技大学彭清华、周光明、陈应龙、赵伟等老师也在修订过程中提出了很多有益的建议。在此，对为本书修订提出宝贵意见的各位老师、同学及出版社的编辑同志表示衷心感谢！

刘友金

2013年5月

第一版前言

管理学是系统研究管理活动基本规律和一般方法的科学，是一门集系统性、科学性、艺术性和实用性于一体的交叉学科，涉及经济学、行为科学、统计学、数学、社会学等多学科理论，但又不是这些学科的简单综合。随着全球化的迅猛推进和科学技术的加速发展，管理学的内容和形式都在不断创新，更显现出这门年轻学科的勃勃生机和强大生命力。任何一位管理者，无论是管理一个组织或者组织中的一个单位，抑或管理一群人或一项工作，都需要熟练掌握并应用这门学问。

管理学是经济管理类专业的专业基础课，也是大多数高校为非经济管理类专业本科生开设的一门选修课程。管理学不仅能为专业学习打下理论基础，而且也能引导学生养成良好的管理思维模式。本教材的编写，既考虑了为经济管理类专业的后续课程奠定基础，又考虑了面向其他专业开设管理学课程所需。因此，在结构体系设计和内容选择上，本教材力图体现以下几个特点：

(1) 体系完整，易于掌握。教材围绕管理活动过程中的决策、计划、组织、领导、控制与创新等管理职能展开，系统、完整地阐述管理学的内容，使学习者更容易把握管理理论的基本框架。

(2) 编写规范，关注前沿。在内容选择上，教材的编写力求格式、内容统一规范，尽可能确保概念、理论的准确性。同时，注重结合时代的发展，综合吸收国内外管理研究的新成果和实践经验，强调管理的新思维、新理念，体现管理理论的新发展。

(3) 结合实际，便于教学。在教材的编写中，为了结合实践及引导读者思考，在每一章的开头指出了学习目标，设计了开篇实例，而在每章的末尾则附上了本章概念，并安排了问题思考，为学生的自学提供便利。

本教材的作者来自全国四所高校，大多是长期从事管理学教学与研究的学者和专家教授，由湖南科技大学商学院刘友金教授起草编写大纲，编写团队成员参与讨论，最后定稿。具体分工如下：第一章由湖南科技大学刘友金、赵瑞霞、胡黎明编写；第二章由湖南科技大学文杏梓编写；第三章由湖南科技大学周光明和陈晨编写；第四章由太原理工大学白丽红编写；第五章由河北联合大学张卫东和张晓凤编写；第六章由太原理工大学李平叶编写；第七章由太原理工大学张晶编写；第八章由太原理工大学杨春艳编写；第九章由太原理工大学王萍编写；第十章由太原理工大学胡斌红编写；第十一章由西安科技大学王萍编写；第十二章由湖南科技大学陈应龙和西安科技大学张秋会编写；第十三章由西安科技大学郭莉编写；第十四章由西安科技大学朱黎佳编写；第十五章由西安科技大学李振宇编写。湖南科技大学陈为民、文杏梓参与全书的修改工作，赵瑞霞、王冰负责编写的联络和图表的修正等工作。全书由刘友金教授负责总纂、修改、定稿。

本书在出版过程中还得到了湖南科技大学、河北联合大学、太原理工大学和西安科技大学等学校领导的支持，同时中国矿业大学出版社褚建萍编辑给予了许多帮助，有了他们的关心，才使得本书顺利出版发行。在此，深表敬意。

我们深知，一本教材的成功出版，除了作者的努力和相关部门领导的支持外，还需要参考许多研究资料和实践成果，正是这些在管理学领域中做出了开拓性贡献的学者、作者和实践者，为我们提供了许多智慧和素材。在此，深表感谢。

本教材既可作为经济管理类各专业层次学生的教材，也为从事各类管理工作的读者提供了一本通俗易懂、有效实用的管理学培训或自学图书，让读者在阅读中领悟管理的真谛，并将之灵活运用到对企业及其他各类组织以及对人和对工作等各个方面的管理中。

虽然在编写过程中，我们力求将体系、内容和格式等方面编写得科学规范，但管理学是一门综合性的学科，涉及的知识面广泛，理论上不断有新的发现，实践上也在不断进行新的探索。同时，由于时间仓促，查阅论文、资料有限，调查研究不够，书中疏漏之处在所难免，恳请广大同行和读者批评指正，以便进一步修订和完善。

刘友金

2012年1月

目　录

第一篇　管理学概述

第二篇　决策与计划

第三篇　组　织

第四篇　领　导

第五篇 控 制

第六篇 创 新

第一篇

管理学概述

第一章 管理概论

学习目标

1. 理解管理的内涵；
2. 把握管理的性质；
3. 掌握管理的职能；
4. 了解管理者的角色种类及技能。

【开篇案例】

海尔的腾飞

崛起与发展

创立于1984年、崛起于改革大潮之中的海尔集团，是在引进德国利勃海尔电冰箱生产技术成立的青岛电冰箱总厂基础上发展起来的。在海尔集团首席执行官张瑞敏的引领下，海尔经过20多年的艰苦奋斗和卓越创新，从一个濒临倒闭的集体小厂发展壮大成为在国内外享有较高美誉的跨国企业。

1984年只有一个型号的冰箱产品，目前已拥有包括白色家电、黑色家电、米色家电、家居集成在内的86大门类13000多个规格品种的产品群。在全球，很多家庭都是海尔产品的用户。

刚创立时，工厂职工不足800人；2002年，海尔不仅职工发展到3万人，而且拉动就业人数30多万人。2002年，海尔实现海外营业额10亿美元，是中国家电业出口创汇最多的企业。2003年，在国内市场海尔冰箱、冷柜、空调、洗衣机四大主导产品均拥有30%左右的市场份额。海尔集团2010年实现全球营业额1357亿元人民币，同比增长9%，其中海尔品牌出口和海外销售额达55亿美元。

用户的忠诚度是与海尔产品的美誉度紧紧联系在一起的。海尔的无形资产从无到有，2002年海尔品牌价值评估为489亿元，跃居中国第一品牌；2011“中国最有价值品牌”于9月9日发布，海尔集团以907.62亿的品牌价值连续十年位居榜首。

海尔发展战略的四个阶段

1. 名牌战略阶段(1984年～1991年)

特征:只干冰箱一个产品,探索并积累了企业管理的经验。别的企业都上产量,而海尔却扑下身子抓质量,7年时间只做一个冰箱产品,为今后的发展奠定了坚实的基础,磨出了一套海尔管理之剑:“OEC管理法”。为未来的发展奠定了坚实的管理基础。

2. 多元化战略阶段(1992年～1998年)

特征:从一个产品向多个产品发展(1984年只有冰箱,1998年时已有几十种产品),从白色家电进入黑色家电领域,以吃“休克鱼”方式进行资本运营,建海尔园。“东方亮了再亮西方”,以无形资产盘活有形资产,在最短的时间里以最低的成本把规模做大、把企业做强。

3. 国际化战略阶段(1998年～2005年)

特征:产品批量销往全球主要经济区域市场,有自己的海外经销商网络和售后服务网络,Haier品牌已经有了一定知名度、信誉度和美誉度。在1998年至今的国际化战略阶段,别的企业认为海尔走出去是“不在国内吃肉,偏要到国外喝汤”;而海尔坚持“先难后易”、“出口创牌”的战略,搭建起了一个国际化企业的框架。

4. 全球化品牌战略阶段(2005年～　　)

特征:为了适应全球经济一体化的形势,运作全球范围品牌,海尔集团继名牌战略、多元化战略、国际化战略阶段之后,进入第四个发展战略创新阶段——全球化品牌战略阶段。海尔在当地的国家创造自己的品牌,海尔品牌在世界范围的美誉度大幅提升。

海尔的成功

截至2010年,海尔在全球建立了29个制造基地,8个综合研发中心,19个海外贸易公司,全球员工超过7万人。2010年,海尔全球营业额实现1357亿元,品牌价值855亿元,连续9年蝉联中国最有价值品牌榜首。海尔积极履行社会责任,援建145所希望小学,制作212集科教动画片《海尔兄弟》,是2008年北京奥运会全球唯一白电赞助商。2011年7月28日,海尔宣布收购三洋家用的商用洗衣机和家用冰箱业务以及三洋在东南亚4国的白电销售业务。

目前,海尔已经有十几个成功的案例进入哈佛大学、洛桑国际管理学院、欧洲工商管理学院、日本神户大学等著名高等学府的案例库,成为全球商学院的通用教材,这在中国企业界是唯一的。张瑞敏本人也作为第一个中国人登上了世界商学院的最高讲台——哈佛大学商学院讲学。

海尔人的目标是:进入世界500强,振兴民族工业!

〔主要资料来源:陈胜权主编《管理学经典教材习题详解》,对外经济贸易大学出版社〕

管理是人类一项最基本的社会活动,是人们为了实现既定目标而有效利用资源的过程。管理并不仅仅局限于企业和组织部门,它无处不在、无时不在,与我们的生活和工作密切相关,任何事情成也管理、败也管理。当人类社会开始工业化时,管理学才应运而生。管理学是一门系统研究组织内管理活动基本规律和一般方法的科学。与数学、天文学、物理学、化学、哲学、文学、史学等学科相比,管理学确实是一门年轻的学科,但它发展特别迅速、对人类社会的影响空前巨大。可以毫不夸张地说,人类社会的任何伟大进步都包含着管理学作出的重要贡献。

本章是全书的开张篇,主要对管理学的一些基本问题进行系统介绍,为后续内容的展开作理论铺垫。本章主要讨论以下四个问题——① 管理的内涵与特性;② 管理的要素与职能;③ 管理者的角色与技能;④ 管理学的研究内容与方法。

第一节 管理的内涵与特性

一、管理的产生与管理工作

(一) 管理的产生

管理,是伴随着人类的出现而产生的。把管理作为一门学科进行系统研究,虽然是最近一二百年的事,但是管理实践却和人类的历史一样悠久,至少可以追溯到几千年以前。生活在幼发拉底河流域的闪米特人(Semites),早在公元前5000年就开始了最原始的记录活动。这也是有据可考的人类历史上最早的管理活动。

古人类学家的研究表明,第一个真正意义上的人——直立行走的人,是大约50万年前出现的。此时的直立人已能制造工具和武器,能使用火,有说话能力。他们最基本的需求是经济上的,他们必须获得吃、穿、住及其他生活方面的物品。同时,他们还具有社会需要——与他人联合的需求,家庭成为他们相互联合的最基本单位。此外,他们也发现,如能在采集食物、防御侵害的活动中建立起超越"小家庭"的团体或部落,就可以更好地实现自己的利益目标。

随着人类的逐渐进化,人与人之间的相互联合也越来越成为一种自觉选择。在这一进程中,一种"一般的"组织随之形成。这种组织具有一些必需的要素:

① 全体成员有一个共同的目标，这个目标可能是狩猎、播种，也可能是打劫别的部落；② 组织成员必须关心和服从组织目标，相应地组织也必须在一定程度上满足其成员个人的有关需要；③ 组织成员拥有劳动或战斗的工具；④ 组织成员的活动需要做出统一安排，以保证众人行动的协调一致；⑤ 有一个人或若干个人承担协调工作，“协调者”负责解决意见分歧、决定组织目标、指派成员工作等等，从而便产生了管理，一种人类组织活动中的一般管理。

（二）管理工作

管理工作分为广义的管理工作、狭义的管理工作、领导工作三种类型。

（1）从广义管理工作看，凡是对组织资源或职能活动进行筹划和组织的工作都属管理工作。这样，凡是在各级各类组织中管人、管物或者管理某项活动的人都是广义上的管理者。例如，在一个企业中从总经理的领导工作到会计员的财务处理工作，都可以看作是广义的管理工作。

（2）从狭义管理工作看，以管人为核心的组织和协调工作属于管理工作。即通过管理他人，进而筹划和组织活动有关的各种工作。例如，企业中总经理和各部门经理、各作业班组长所从事的工作即为狭义上的管理工作。

（3）从领导工作看，领导者必须拥有下属和权力。领导工作强调工作性质和内容上的高层次，如决策、指挥，从而与一般性的事务处理相区别。因此，属于狭义管理工作的中基层管理者（如班组长）的工作一般并不称为领导工作。例如，总经理的工作是领导工作，而工程师的工作就不是领导工作。

二、管理的定义与内涵

“管理”一词，在西方源于意大利文 manggiare 和法文 manage，其原意是“训练和驾驭马匹”。英语 manage（管理）很可能源于法语，经过长期的演变才具有“处理”、“经营”、“办理”等多种含义。如何概括和形成关于管理的现代概念，是一件相当困难的事。因为随着现代管理实践的迅猛发展和日益复杂，一方面管理学家对管理的认识越来越深刻、越来越丰富，为我们进一步认识管理的内涵提供了大量宝贵的思想财富；另一方面，管理学家对管理的看法因视角有异，而导致令人迷茫的现代管理理论“丛林”。因此，不同时期、不同学者对管理的认识不同、定义各异。美国学者彼得·德鲁克（Peter Ferdinand Drucker）认为：管理是把一群乌合之众变成一个有效率、有目的、有生产力的组织的过程。美国管理学家哈罗德·孔茨（Harold Koontz）认为：管理，就是设计和维持一种良好的环境，使人在群体里高效率地完成既定目标。美国管理学家赫伯特·西蒙（Herbrt Alexander Simon）认为：决策贯穿管理的全过程，管理就是决策。美国管理学家斯蒂芬·罗宾斯（Stephen P. Robbins）认为：管理是指同别人一起并通过别人使活动更有效地完成的过程。

综合各家之说我们认为，管理是指一定组织中的管理者，通过实施计划、组织、领导、控制、创新等职能优化配置，协调人、财、物、信息、时间、空间等资源，以有效实现既定目标的过程。

根据以上分析，可以对管理的内涵进行如下归纳：① 管理的目的是为了实现组织的预期目标，管理活动具有很强的目的性，即一切管理活动都是围绕组织目标展开的，也就是说，管理排斥一切与组织目标无关的组织投入。② 管理的载体是组织。管理不能脱离组织而存在，同样，组织中必定存在管理。管理活动是在组织这个载体上展开的。管理离不开一定的组织，一切管理都是在组织中进行的。换言之，不存在组织之外的管理。③ 管理必须拥有一定的组织资源。组织资源既是组织构成的要素，又是管理活动的基础。从操作上讲，管理就是使用资源，没有相应的资源，管理就无从谈起。④ 管理的核心问题是协调。协调是使每一个人的努力与组织的预期目标相一致。每一项管理职能、每一次管理决策都要进行协调，都是为了协调，这就要通过计划、组织、指挥、控制、创新等活动来进行。这些活动缺一不可，它们一方面使管理工作有别于一般作业，另一方面又使管理工作成为一个有机整体。⑤ 协调的中心是人。在任何组织中都同时存在人与人、人与物的关系。但人与物的关系最终仍表现为人与人的关系，任何资源的分配也都是以人为中心进行的。由于人不仅有物质的需要还有精神的需要，因此，社会文化背景、历史传统、社会制度、人的价值观、人的物质利益、人的精神状态、人的素质、人的信仰等都会对协调活动产生重大影响。

三、管理的特性

（一）管理的基本特征

1. 管理是一种社会现象和文化现象

管理的存在有两个基本条件：必须是两个以上人的集体活动；必须有一致认可的、自觉遵守的目标。作为管理者必须懂得影响他们经营领域的很多外部因素——经济的、技术的、社会的、政治的和道德的，否则就不能很好地完成组织的任务。

2. 管理是一种借力活动

管理并不是依赖管理者自身的体能而进行具体操作，管理是采用一定的方式和方法借用部属或其他要素的能力而完成工作。管理的实质，就是通过协调个体的活动来实现组织的目标。所以，管理者的任务在于指导、协调他人的活动，激发他人的能力，以便达到组织共同的目标。

3. 管理是一门科学

如果我们把传统管理看成是经验管理的话，那么现代管理则是建立在哲学、经济学、社会心理学、生产技术学、数学、系统科学、决策科学等学科基础上的应用性边缘学科，并随着这些学科的不断发展而发展。所以，管理科学是一门综合性的科学。管理成为一门科学，是因为它有着一套行之有效的、严格的科学管理程序，形成了自身完整的科学体系。管理科学强调的是其原则性，强调向管理者提供在管理活动中必须遵循的概念、理论、原则和方法等。

4. 管理是一门艺术

管理的许多内容不能用逻辑思维的一般形式表达出来，更不能用定量的数学模型进行表述，只能以形象思维形式来实现。管理在应用时具有较大的创造性、灵活性和技巧性，其效果与管理者的经验、才识、思维力和创造力有密切的关系。这些都是艺术的基本特征。管理是人与人之间的活动，而人是靠思想、感情支配的。管理活动往往会因人而异，同样一件事，因时间、地点、人物不同就不能用同样的方法来处理。因此，管理既是一门科学又是一门艺术，有效的管理是科学与艺术的结合。这种艺术技巧的获得，光靠学习管理理论是不行的，必须经过管理实践锻炼，需要有一个经验积累过程。

（二）企业管理的二重性

企业管理的性质表现为二重性。任何社会的生产过程都是在一定的生产关系下进行的，因而生产过程具有二重性，它既是物质资料的再生产又是生产关系的再生产，因此对生产过程的管理也存在二重性。企业管理二重性，是指它具有与生产力、社会化大生产相联系的自然属性和与生产关系、社会制度相联系的社会属性。一方面，企业管理是社会化大生产的必要条件，是社会化劳动的一般要求，具有与生产力、科学技术、市场规律相联系的自然属性；另一方面，它又是社会生产关系的一种表现，是所有者维护其权益的重要手段，从而企业管理又具有与生产关系、社会制度相联系的社会属性。

管理的自然属性决定企业管理应具有合理组织生产力的基本职能，管理的社会属性则决定企业管理应具有维护生产关系的基本职能。在现实生活中，生产力和与之相适应的生产关系是紧密联系在一起的，故管理的二重性不可能截然分开，由二重性所决定的管理的两项基本职能也是紧密结合并通过一系列具体职能共同发挥作用。

任何制度下的企业管理都具有二重性。企业管理的自然属性表明，任何企业都必须根据市场规律、社会化大生产的规律组织生产经营活动。这是企业管理的共性。企业管理的社会属性表明，不同企业，因其社会制度、社会文化、所有者性质不同，管理的目标和方式也不一样。这是企业管理的个性。因此，我们在学习其他企业的管理经验，特别是学习外国企业的管理经验时，既不能全盘照搬又不能全盘否定，要借鉴和吸收其他企业合理组织生产力方面的经验，摒弃和改造那些主要由社会属性决定的、与我国社会制度不相容的管理思想和方法。

第二节 管理的要素与职能

一、管理的要素

管理是一项有组织的社会活动,它包括 6 个基本要素:管理主体、管理客体、组织目标、组织环境或条件、管理职能和管理手段。

(一) 管理主体

管理主体回答由谁管的问题,是指从事管理活动的人员,即管理者。组织中的管理主体由两类人构成:一类是根据组织既定目标将目标任务分解为各类管理活动、工作任务,并督促完成既定目标的人。这类人通常是组织的核心人物或者组织的高层管理人员。另一类是从事各个方面的具体管理活动的人,这类人通常是组织中的骨干人物,即组织中层管理人员和基层人员,没有他们,组织既定的目标很难实现。

(二) 管理客体

管理客体回答管什么的问题,是指管理活动所作用的对象,即被管理者,包括:① 组织中的一般成员;② 组织中的其他资源;③ 与组织的扩张和发展相关的人力、财力、物力、信息和其他组织;④ 时间与空间。

(三) 组织目的

组织目的回答为何而管的问题,是指管理活动的努力方向和所要达到的目的或目标。组织目标是完成使命和组织宗旨的载体,是随着环境、时间以及条件变化不断调整的一张“列车时刻表”。是组织争取达到的一种未来状态,它是开展各项组织活动的依据和动力。每一个社会组织,都有自己预期的目的或结果,它代表着一个组织的方向和未来。对组织来说,宗旨是共同目标;对组织成员来说,共同目标是组织阶段需要到达的目的地。

(四) 组织环境或条件

组织环境或条件回答在什么情况下管的问题,是指进行管理活动之前要分析判断组织内部条件和外部环境的具体情况。组织环境对组织的生存和发展起着决定性作用。科学划分组织环境的类型,有利于我们更清楚地认识环境、把握环境。一般来讲,以组织界线来划分,可以把环境分为内部环境和外部环境,或称为工作(具体)环境和社会(一般)环境;如果根据环境系统的特性来划分,则可将环境划分为简单—静态环境、复杂—静态环境、简单—动态环境和复杂—动态环境四种类型。组织应该调整战略以适应环境,究竟如何调整应视环境的不利程度而定。

(五) 管理职能

管理职能回答管理活动有哪些具体工作。管理是人们进行的一项实践活动，是人们的一项实际工作，一种行动。人们发现不同管理者在管理实践中，往往采用程序具有某些类似、内容具有某些共性的管理行为，比如计划、组织、控制等，人们对这些管理行为加以系统性归纳，逐渐形成了“管理职能”这一被普遍认同的概念。所谓管理职能(management functions)，是管理过程中各项行为的内容的概括，是人们对管理工作应有的一般过程和基本内容所作的理论概括，主要包括决策与计划、组织、领导、控制、创新等六项管理职能。

（六）管理手段

管理手段回答管理者使用什么管理方法和工具来进行管理活动，是指为了达到管理目标和实现管理职能，管理者使用管理方法和管理工具作用于管理对象，以提高管理效率和管理效能。管理手段具有三个特点：① 科学性，即反映了自然、社会、思维等客观规律的知识；② 规范性，即按规定的标准操作；③ 实践性，即从生产实践中生产，存在于现实生活之中，用于解决实践问题，行之有效。

二、管理的职能

“职能”一词，在这里具有“活动”、“行为”的含义。管理是由一系列相互关联、连续进行的活动构成的，管理包括决策与计划、组织、领导、控制和创新等职能。

（一）决策与计划

决策，是指管理者识别并解决问题的过程，有时也指管理者利用机会的过程。决策职能通过方案的产生和选择以及计划的制订表现出来，通过决策而产生决策目标。计划，是指对组织未来决策目标所进行的预先详细筹划，计划过程即是决策的组织落实过程。管理者通过制订计划，可以帮助组织成员认清自已所处的环境和形势，指明活动的目标和实现目标的途径。计划在操作上包括三个步骤：① 根据决策明确组织将要追求的目标；② 决定为了实现这一目标需要采取的战略；③ 决定如何配置组织的资源来实现组织目标。

（二）组织

为确保制定出来的计划能够顺利得到实现，管理者还需要对组织中每个部门、每个成员在工作执行之中的分工协作关系做出合理的安排。组织，是指通过任务结构和权力关系的设计来协调组织成员的努力，包括：把为达到组织目标所必需的各种业务活动进行组合分类；把监督每一类业务活动所必需的职权授予相关人员；规定组织活动中个人之间、部门之间的协作关系；通过人力配备使组织进入运行状态。组织职能是通过组织结构的设计和人员的配备表现出来。

（三）领导

为了有效地实现计划，管理者不仅要设计出合理的组织结构并为组织配备合适的人员，同时还要设法使组织中的每一个成员都以协作的精神、高昂的士气、饱满的热情投身到组织活动中去。领导，就是对下属的行为予以指导，它是一项专门涉及人际关系方面的管理工作。领导的主要任务，就是进行良好的沟通，对组织成员给予恰当激励，借助科学的领导方式实施有效管理。领导职能是通过领导者和被领导者的关系表现出来。

（四）控制

控制，是为了保证组织各部门、各环节能按既定计划开展工作从而实现组织目标的一项管理活动。其内容主要包括，根据计划标准检查各部门、各环节的工作情况，判断其工作结果是否与计划要求相吻合以及存在偏差的程度。如果存在较大偏差，则分析偏差产生后对业务活动的影响程度和偏差产生的具体原因，在此基础上如果必要的话还要针对所发现的原因制定并实施纠正偏差的措施，以确保组织目标和计划的有效实现。同时要指出的是，控制不仅是对组织计划执行情况的检查和监控，而且可能在偏差纠正措施难以取得预期效果或者组织内外环境出现重大变化时，导致管理者在本计划执行期尚未结束前就做出使某时点以后的组织活动发生局部甚至全局调整的计划修订或重新制定行为。这时，控制即可能意味着新的计划过程的提前开始。控制职能是通过对偏差的识别和纠正表现出来。

（五）创新

组织、领导和控制是保证决策和计划目标实现不可缺少的。从某种意义上来说，它们同属于管理的“维持职能”，其任务是保证系统按预定的方向和规则运行。但是，管理是在动态环境中生存的社会经济系统，仅有维持是不够的，还必须不断地调整系统活动的内容和目标，以适应环境变化的要求，这即是创新职能。对于一个有活力的组织而言，创新是各项管理职能的灵魂和生命，创新无处不在、无时不在。创新职能，是通过组织提供的服务或产品的更新和完善以及其他管理职能的变革和改进而表现其存在的。

以上各种管理职能不是孤立的，在实践中也并不存在一种严格的排序。从逻辑顺序来看，虽然一般是先有计划，继而组织，然后指挥，最后控制，过程中不断进行创新。但管理实践中也不一定非按这种顺序不可。它们的相互关系可以通过图 1-1 看出。

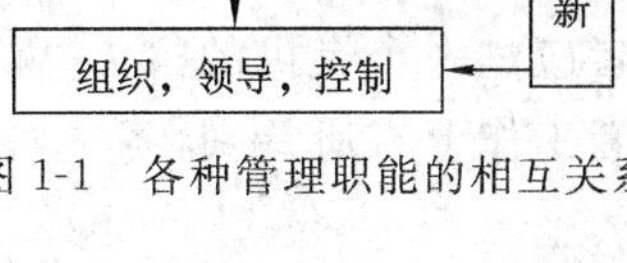

图 1-1　各种管理职能的相互关系

图 1-1 所示可以理解如下:① 决策是计划的前提,计划是决策的逻辑延续。管理者在行使其他管理职能的过程中,总会面临决策和计划的问题,决策和计划是其他管理职能的依据;② 组织、领导和控制旨在保证决策的顺利实施;③ 创新则贯穿于各种管理职能和各个组织层次之中。

第三节　管理者的角色与技能

一、管理者的类型

(一) 个体管理者与团体管理者

在大多数情况下,管理者都是以个体身份出现的。在一定意义上说,一位国家总统,一位公司经理,一位大学校长,他们都是人们最常见的个体管理者。

但是,管理者也可以是由一群人组成的团体,这个团体有负责不同事务的若干个体管理者,他们共同组成一个管理者集体。"自我管理团队"是团体管理者的一种特殊类型,在"自我管理团队"中由组织派出的管理者成为教练或顾问,他们仅仅提供建议而不发号施令,该团队中的成员自己负责自身活动并监控自己提供的产品或服务的质量。也就是说,在该团队中,全体成员既是管理者又是被管理者。

(二) 不同层次的管理者

高层管理者——他们需要对整个组织负责,一般拥有董事长、总裁、首席执行官、副总裁或者市长、厅长之类的行政头衔。高层管理者负责确定组织目标,制订实现既定目标的战略。他们要面向未来考虑问题,他们对于组织的成效负有最终责任。

中层管理者——他们位于组织的中间层次,部门主管、分部经理、实验室主任等等都是中层管理者,在他们之下一般还有 2～3 层管理人员。他们负责承上启下,把高层管理者制定的战略分解为可操作的具体任务并组织一线部门予以实施。

基层管理者或一线管理者——他们是组织中最下层的管理者,直接面向第一线的组织成员。企业车间里的班组长、职能部门中的科长或股长等等,他们所接到的指令是具体的、明确的,所调动的资源是有限的,工作的目标也是比较明确的,即带领和指挥一线工作人员有效地完成任务。他们要向上级报告任务的执行情况,反映工作中遇到的困难并请求支持。可以说,基层管理者的工作对组织目标的实现和实际业绩的成效起着直接的决定作用。

以上三个层次的管理者应是一个有机的整体,保证整个组织管理工作的正常进行。但不同层次管理者工作上有所差别,各项管理职能履行的程度和重点各不相同。

二、管理者的角色

20 世纪 60 年代末，经理角色学派代表人物、加拿大管理学家亨利·明茨伯格(Henry Mintzberg)对 5 位总经理的工作进行了一项仔细研究，他的结论对一些传统看法提出了质疑。传统上，人们总是认为管理者是深思熟虑的思考者，在做出决策之前他们都会细致而系统地处理信息。而明茨伯格在观察中发现，经理们大都陷入繁杂的、多变的、无一定模式的短期事务之中，他们几乎没有时间停下来思考问题，有半数的管理工作所花时间少于 9 分钟。在此研究结论的基础上，明茨伯格提出了他的管理者角色理论。他提出了 10 种具体的管理者角色，并将其分为人际关系角色、信息角色和决策角色三大类型(表 1-1)。

表 1-1　明茨伯格的经理角色理论

角色		描述	特征活动
人际关系方面	① 挂名首脑	象征性的首脑，履行许多法律性的或社会性的例行义务	迎接来访者，签署法律文件
	② 领导者	负责激励和动员下属，负责人员配备、培训和交往	实际上从事所有的有下级参与的活动
	③ 联络者	维护自行发展起来的外部接触和联系网络，向人们提供恩惠和信息	发感谢信，从事外部委员会工作，从事其他有外部人员参加的活动
信息传递方面	④ 监听者	寻求和获取各种特定的信息(其中许多是即时的)，以便透彻地了解组织和环境；作为组织内部和外部信息的神经中枢	阅读期刊和报告，保持私人接触
	⑤ 传播者	将从外部人员和下级那里获得的信息传递给组织的其他成员——有些是关于事实的信息，有些是解释和综合组织中有影响的人物的各种价值观点	举行信息交流会，用打电话的方式传达信息
	⑥ 发言人	向外界发布有关组织的计划、政策、行动、结果等信息；作为组织所在产业方面的专家	举行董事会议，向媒体发布信息
决策制定方面	⑦ 企业家	寻求组织和环境中的机会，制定“改进方案”以发起变革，监督某些方案的策划	制定战略，检查会议决议执行情况，开发新项目
	⑧ 故障排除者	当组织面临重大的、意外的动乱时，负责采取补救行动	制定战略，检查陷入混乱和危机的时期
	⑨ 资源分配者	负责分配组织的各种资源——事实上是批准所有重要的组织决策	调度，询问，授权，从事涉及预算的各种活动和安排下级的工作
	⑩ 谈判者	在主要的谈判中作为组织的代表	参与工会进行合同谈判

三、管理者的技能

管理是否有效，在很大程度上取决于管理人员是否真正具备了一名管理者所必备的管理技能。美国管理学家罗伯特·卡特兹(Robert L. Katz)在 1955 年发表的论文《有效管理者的技能》中，针对管理者的工作特点提出了技术技能(technical skill)、人际技能(human skill)和概念技能(conceptual skill)的概念。他认为，有效的管理者应具备这三种技能。

(一) 技术技能

技术技能，是指管理者掌握和熟悉特定专业领域的过程、惯例、技术和工具的能力。也就是说，对某一特殊活动——特别是包含方法、过程、程序或技术的技能——的理解和熟练程度。例如，如监督会计人员的管理者必须懂会计业务。工程师、会计师、广告设计师、推销员等，就都掌握有其各相应领域的技术技能，所以被称作专业技术人员。

技术技能对于基层管理最重要，对于中层管理比较重要，对于高层管理较不重要，可以用图 1-2 表示。

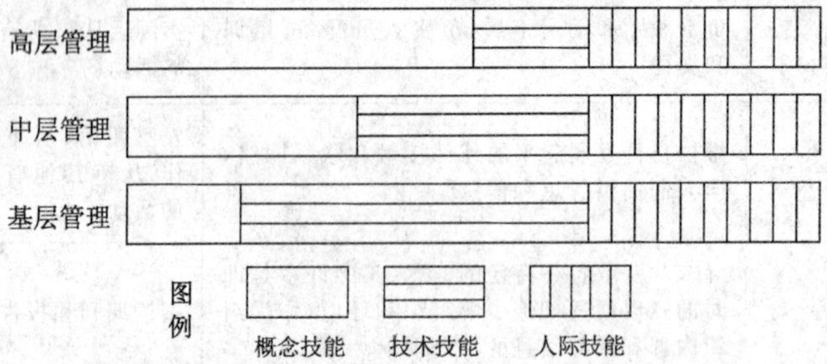

图 1-2　各种层次的管理所需要的管理技能比例

(二) 人际技能

人际技能，是指成功地与别人打交道并与别人沟通的能力，是与其他人能够一起有效开展工作的能力。管理者的人际技能，包括对下属的领导能力和处理各种关系的能力。也可以说是一个人能够以小组成员的身份有效地工作并能够在他领导的小组中建立起合作的能力。有职业规划专家说，10%的成绩，30%的自我定位以及 60%的关系网络才是成就理想的标准因素。人际关系网是付出和给予之间的不断平衡，一种双方同意的公平交易。

理想的工作、含金量高的点子、具有决定意义的优势信息——那些整日拘泥于自己躯壳里孤僻的人是永远不会具备这些成功要素的。而那些经常搞聚会的、经常让别人看见和别人交往的而且有时也会到社区论坛上走一遭的人，才能轻松获得成功的门票。也只有这样的人才能够被另一人群所接纳——这个人群中的人通常会探讨如何在职场中获得成功，悄悄交流哪里会出现某个职位空缺，他们通常也能通过交流来消除自己内心的疑虑。

人际技能对于所有层次的管理的重要性大体相同，可以用图 1-2 表示。

（三）概念技能

概念技能，是指产生新想法并加以处理以及把关系抽象化的思维能力。具有概念技能的管理者往往把组织视为一个整体，并且了解组织各个部分的相互关系。概念技能包含着一系列的能力，包括能够提出新的想法和新的思想的能力，能够进行抽象思维的能力，能够把一个组织看成是一个整体的能力，以及能够识别在某一个领域的决策对其他领域将产生何种影响的能力。

概念技能对于高层管理最重要，对于中层管理比较重要，对于基层管理较不重要，可以用图 1-2 表示。

第四节 管理学的研究内容与方法

一、管理学的研究内容

管理学是一门独立的学科，具有其他一切学科所具有的基本特征，有其特定的研究对象和研究范围，具有一系列含义清楚的基本概念，具有经过实践检验证明其正确的原理和原则，能够形成一个完整的比较严密的理论体系，更重要的是它能反过来指导人们的管理实践。

管理学的研究对象应当是管理学研究的直接指向，即管理活动。现代管理学是在总结管理发展历史经验的基础上，综合运用现代社会科学、自然科学和技术科学所提供的理论和方法，研究现代社会条件下进行的各种管理活动的基本运动规律和一般方法论的学问。准确地讲，管理学的研究对象应当是各类管理活动共同的特点、本质、内在联系和要求。

（一）管理思想和管理理论的发展史

管理思想和管理理论的发展史，包括古代管理思想、近代管理理论、现代管理流派及其发展趋势。管理学通过这种历史研究，把握管理的思想、理论和方法演变的历史脉络，以便总结管理的经验教训。

（二）管理的基本原理和原则

管理的基本原理和原则是在对管理的实质内容进行科学分析而得出来的。研究这些原理和原则在管理的各个环节中是如何发生作用的，有利于管理者在实践中掌握行动的准则。

（三）管理的各项职能

现代管理学把计划、组织、指挥和控制等作为重要内容进行研究并揭示其内在的联系。例如,在管理组织方面,需要研究正式组织和非正式组织、组织形式和组织结构、组织变革和组织学习发展等内容。这些管理职能,不仅体现管理的基本任务,还反映管理全过程的完整程序。

(四) 环境差异与管理创新

管理原理、原则的运用和管理职能的发挥,都要受限于管理的环境条件。不同的国家有不同的管理特色,各国之间相互学习借鉴管理经验要从实际出发,不能生搬硬套。管理移植要和管理创新相结合,环境差异分析和管理创新研究是取得管理成效的保证。

(五) 管理的方法、技术和艺术

管理的方法、技术和艺术是贯彻管理原则的工具。要实现最优化管理,管理者就必须应用科学的思想方法、有力的行政方法和实际的经济方法,结合现代科学的成就,有效地运用管理艺术。

二、管理学的研究方法

鉴于管理的自然属性和社会属性及管理学的学科综合特征,管理学的研究方法应该是综合性的。从综合角度看,管理学的研究方法主要有如下几种。

(一) 案例分析与实证研究方法

管理学理论源于实践。在管理学的发展中,一些经典的理论成果往往通过典型的案例分析和实证研究获得。这是一种典型的经验积累和归纳的研究方法,目前已成为管理学研究中的经典模式。

案例分析法,是指通过对客观存在的一系列有代表性的实例进行观察,获取组织运行状况和实施管理的完整特征资料,从分析其中的因果关系及典型规律入手进行经验性总结并加以验证,从而得出可以利用的研究结果的一种归纳方法。

实证研究法,不仅是对某一理论假设或结论的实际验证,而且是一种规范性的系统性研究。采用实证方法进行管理学课题研究,首先应根据课题内容、性质和要求,在调查分析的基础上选择相当数量的例证,继而弄清管理实证中研究对象的相关关系,分析事件的发生过程及其相关因素的影响,最后通过规范性研究得出结论,同时确认其研究的可靠性和结论的应用范围。

(二) 试验方法

管理中的许多问题,特别是微观组织内部的一些管理问题,如企业生产管理流程的改革、全面质量管理指标体系的确立、工资奖励条例的推广等,都可以采用试验方法进行研究。美国工程师、管理学家泰勒(Frederick Winslow Taylor)的一些科学管理理论以及后来的人际关系学说,都是在试验中得到多次证明后才成为人们认可、具有普遍适用性的理论。利用试验方法进行管理问题研究的要点是，首先为某一管理试验样本创造一定的条件或在管理中采取相应的变革措施，然后观察其实际试验结果，再与未给予这些条件或未采取相应的变革措施的对比试验样本的实际结果进行比较分析，寻求在施加了外加条件或管理变革措施之后的试验样本与对比试验样本结果之间的因果关系，从而得出客观的试验结论。

试验方法的应用具有普遍意义，如著名的霍桑试验就是采用这种方法进行的。但是，管理中也有许多问题，如高层进行的风险性决策管理，由于问题的复杂性和环境变化的不确定性，均很难通过试验进行研究。由此可见，试验方法的应用也是有条件限制的。

（三）要素分析方法

要素分析方法，是围绕在管理活动和组织运行中起关键作用的因素进行分析，通过各因素之间的关联作用反映管理活动的客观规律，继而寻求有效管理方式的一种适用方法。要素分析方法的适用性在于它突出了管理活动中起关键作用的因素以及因素之间的关联作用，这样不仅有利于问题的综合解决，而且有利于管理活动本质的揭示。

例如，美国管理学家哈罗德·孔茨等把管理职能归纳为计划、组织、人事、领导和控制等五个方面，然后通过各方面要素的作用分析，着重于实质性研究。又如，麦肯锡企业咨询公司在咨询活动中从7要素出发对管理活动进行分析，提出了著名的“7S”体系，着重于策略(strategy)、结构(structure)、系统(systems)、作风(style)、人员(staffs)、共有价值观(shared values)和技巧(skills)等要素的研究，以解决管理咨询中的实际问题。

（四）数理方法

管理的自然属性和科学性决定了在管理学研究中也要应用到数学方法，数理科学不仅是自然现象研究的基础，而且也是一门与人类社会实践密切关联的科学。在社会科学与自然科学交叉的管理科学领域，数理方法的应用，一是通过建立数学模型而解决程序化的管理问题；二是从管理运筹出发进行管理模式的优化，以实现优化管理的目标。

如果把计划管理、业务流程组织和人力资源配备看作是一个有规可循的程序化过程，那么就应该利用严格的数学模型方法构建客观的管理模型，从定量研究的角度分析内、外部因素的影响，寻求最优的管理方案。同时，组织资源的管理、工作量分配和程序安排，也应当利用数学方法进行精确计算，从而使定性管理定量化。

（五）决策科学方法

决策科学作为软科学的核心，其应用已得到管理学界的认同。事实上，在管理学研究中业已形成了面向组织发展的决策理论学派。对于管理中决策科学方法的应用,必须强调管理的决策职能以及从决策作用出发对计划、组织、领导、控制等基本环节的研究。

决策科学方法在管理学中的应用主要集中体现在管理的决策层次,即各层次管理决策的分析——管理中的决策制定过程和程序组织;管理中的决策信息支持方法;管理决策方案的选择方法;管理中的决策实施和评价方法等。决策科学方法是在交叉学科基础上形成的,它是优化理论、协同论、系统论、控制论以及领导学、战略学、政策学、咨询学等方法的集合。在应用中,不仅应立足于管理中决策问题的解决,而且需注重从软科学研究的角度应用软科学中的综合决策方法,研究管理机制和战略、战术层次及组织持续发展中的管理问题。

本章基本概念

(1) 管理,管理工作;

(2) 管理性质,管理二重性;

(3) 高层管理者,中层管理者,基层管理者;

(4) 企业经营理念,企业文化,企业发展目标,企业管理体系,企业价值观;

(5) 计划,组织,指挥,控制。

问 题 思 考

1. 怎样完整地理解管理这一概念的内涵?
2. 怎样理解管理的二重性?
3. 实践中的管理者具体表现为怎样的角色?
4. 如何理解管理的基本职能?
5. 几种管理学研究方法的特征和适用范围是什么?

第二章　管理理论的演进

学习目标

1. 理解古典管理理论和行为管理理论的主要思想；
2. 熟悉管理理论"丛林式"发展的主要流派及其主要思想；
3. 掌握当代管理理论的主要思想和最新发展。

【开篇案例】　方太："儒法并行"的管理之道

在中国制造产品领域，外资品牌与民族品牌的市场占有率之比往往是80％：20％。这种"二八定律"在一些处于充分竞争阶段的行业里表现尤其明显。不过，也有少数民族品牌打破了这样的规律，fotile方太厨房专家（简称"方太"）就是其中一例。

1996年，茅忠群创立了一个由职业经理人团队组成的企业，也就是现今的fotile方太厨房专家。专注于集成厨房、吸油烟机、燃气灶具、电磁灶具、消毒碗柜、燃气热水器等几个领域，经过15年的发展，现已成为中国厨房领域最著名的品牌，并已成功进入全球厨房市场。

在过去十多年的耕耘中，方太集团没有染指过低端市场，没有把业务延伸到厨电行业之外，没有考虑过上市……在外资强势进入中国市场的背景下，作为一个新崛起的本土高端品牌，方太正在与外资品牌正面冲撞。

如何通过管理制胜？如何摆脱中国多数民族品牌企业与生俱来的"本土局限"？如何探索适合中国国情的企业管理模式？这些问题也许是目前方太面临的最大挑战。

有信仰才好管理

在与外资企业竞争上，对于方太这样一家已形成现代企业管理制度体系的公司而言，下一步战略是企业文化的打造。方太不像一般企业那样企业文化还停留在口号层面，方太希望真正地能够打造出一个令人向往的企业文化，包括怎么样把中西方文化融会贯通，形成有中国特色的管理，甚至再形成管理理论进行推广，就像日本管理模式、德国管理模式那样。方太试图做这方面的工作，而这种工作是开放的，难度很高。方太集团总裁茅忠群认为：公司应该抓管理，标杆当然就是跨国公司。要提升管理水平，最快的方法就是把世界500强的人才直接挖过来，从他们身上学到西方的一些管理理念和方法。然而他认为，管理必须考虑文化背景，一定要把西方管理方式跟本土文化相结合，形成自己的管理模式。中西方的管理文化差异源于一种基本价值观的差异，在方太集团引进一些世界500强企业的职业经理人时，不可避免地跟中国本身固有的管理文化形成冲突，从而导致西方的管理方法、管理工具被中国企业拿来以后效果并不明显。这就体现在文化差异上。事实上要把一个组织管理好，必须是两手都要抓。一手抓制度建设，学习西方管理的一些东西，做到制度化、规范化、流程化、标准化；另外一手就是抓价值观和信仰。这两手缺一不可。但现在中国的企业除了运用制度管理外，价值观和信仰则是欠缺的。这样的组织很难管理，因为缺乏价值观和信仰，仅靠制度是起不了作用的。制度发挥作用的前提是必须有一个强大的监督机制，这个成本是无比巨大的。美国企业在这个方面并没有花太多精力，因为他们的社会背景是90%以上的人都信教，这种宗教信仰已经把员工的价值观基本打造好，企业只要做制度建设就可以了。在中国，企业则需要自己做好这方面工作。方太的做法是，从自己的传统文化当中去寻找新的价值观并植入管理。这就是“儒法并行”的中国式管理之道。

中国的管理不能永远只是学习西方。方太正在根据实际情况摸索和尝试。举个例子，《方太员工手册》对员工的行为错误分为ABC三类，A类是最严重的错误，要开除；B类是中等的错误；C类是最轻的错误，比如像迟到、早退等。C类错误按照过去通行的做法就是罚款，10块，20块，30块，全世界的企业差不多有百分之八九十都这样做，这是西方管理的方式。后来方太学习儒家的管理理念，也就是小错误主要靠羞耻感来约束员工的行为，而不是靠罚款使其恐惧。现在员工如果犯了C类错误，罚款是没有了，但是其直接主管要找他谈话，目的就是要让他觉得这件事情是不应该的，下次不能这么做。这个措施是2009年初开始实施的，之后发现，2009年C类错误的总量比2008年下降了50%，而且这还是在员工人数增长的情况下。这即是儒家管理战胜西方管理的例子。

“孔子堂”——“中西结合”的尝试

在方太行政楼的一楼有一间近200平方米的类似“私塾”的教室，名为“孔子堂”，公司的高管每周都会来这里交流心得并做书目推荐。茅忠群希望把儒家思想作为文化价值观加以推广。如今，在方太集团每个部门的员工都会在固定时间读经，从《弟子规》到《三字经》再到《论语》，很多人都可以背诵。

事实上，2008年“孔子堂”的设立，恰恰是企业管理本身面临一种瓶颈的体现。按照茅忠群的说法，西方管理理论在中国或多或少会变味，因为价值观有差异。而国学却是历来较好的教化工具，对于员工价值观的影响有利。这是管理理念“中西结合”的尝试。

〔资料来源：中国经营网．http://www.cb.com.cn/1634427/20110729/249645.html，2011-07-29〕

管理活动源远流长。形成一套比较完善的理论，经历了一段漫长的历史发展过程。研究管理思想和理论的发展，追溯管理理论的形成发展过程，目的是使人们在了解过去的基础上更好地把握管理理论的发展趋势。本章主要对管理理论的演进做一个比较系统的介绍。主要介绍以下三个方面的知识：① 古典管理思想；② 管理理论的产生与发展；③ 当代管理理论及其发展。

第一节　古典管理思想

一、中国古代的管理思想

中国是一个有着几千年文化历史的文明古国，有着光辉灿烂的民族文化、悠久的管理实践活动和丰富的管理思想，涵盖了政治、军事、经济、工程等各个领域。然而在漫长的历史过程中并没有形成一个独立存在的管理体系，而是零散地存在于浩如烟海的古代政治、历史、军事等著作中，需要我们加以发掘和研究。

（一）政治管理

中国古代传统的政治管理思想，对世界特别是对东方的文化产生过巨大影响，出现过一批像孔子（孔丘）、管子（管仲）、荀子（荀况）、墨子（墨翟）等一大批政治家、军事家、思想家、教育家，同时他们亦称得起是伟大的管理学家。其政治管理思想的特点主要有两个：一是宗法思想渗透一切，等级观念浓厚；二是实行“仁”“德”之治，重德轻刑、重义轻利。以孔子为代表的儒家极力倡导的“仁、义、礼、智、信”观念贯穿于政治管理思想之中，强调“德治”和“仁政”。

（二）军事管理

中国古代军事管理思想中最具代表性的著作，首推我国春秋末期孙武所著的《孙子兵法》。《孙子兵法》不仅对于战争规律进行概括、对军事管理具有经典性指导意义，而且对于管理决策的研究也有重要价值。书中“知彼知己，百战不殆”、“得道多助，失道寡助”、“不战而胜，是为上策”的战略思想，“避实而击虚”、“因敌变化而取胜”的应变策略，“千军易找，一将难求”、“令之以文，齐之以威”等思想，在现代管理中仍被人们奉为经典。

（三）经济管理

战国时周人白圭是战国时期经商致富之术的鼓吹者，被后世商贾奉为商人祖师。其经商原则是“乐观时变”，认为经商必须掌握时机、运用智谋，犹如孙武用兵、商鞅变法，即善于预测市场行情，并根据预测进行动态决策，这是需求供给理论的简单雏形。中国早在西周时期就提出来了“量入以为出”的财政原则。荀子提出：“田野县鄙者，财之本也，垣窌仓廪者，财之末也；百姓时和、事业得叙者，货之源也；等赋府库者，货之流也。”他强调富国必须从发展经济、增加生产着手。

（四）工程管理

中国古代工程建设和管理的实践很多，其中最具代表性的莫过于万里长城和都江堰水利工程，两者集中体现了我国古代人民在工程组织中的系统管理思想。长城总长达 6700 多千米，从公元前 7 世纪我国春秋战国时开始修建，一直延续到明朝万历年间(1573 年)。美国阿波罗登月的宇航员曾报告说，他们在月球上可以观察到地球上两项人造工程，第一项就是长城。在科学技术和生产力均不发达的古代，中国人民能完成如此巨大的工程，管理工作的计划、组织、领导和控制进行得如此周密细致，真正使世人感到惊叹。

二、国外早期的管理思想

西方的管理思想和实践亦有着悠久历史，尤其是许多工业发达国家经历了奴隶社会、封建社会、资本主义社会的全过程，积累了较为丰富的管理实践经验和管理理论。

19 世纪末以前早期的管理实践和管理思想，理论界一般称之为西方管理萌芽时期。西方早期的管理思想和管理实践，特别是 18 世纪以来所产生和发展的管理理论，尽管对管理的发展有着重要贡献，但是在这一时期这些管理思想还不系统、不全面，没有形成专门的管理学派。因此，多数学者认为这一阶段在管理发展的历史上仍然属于传统的经验管理阶段。

产业革命前后到 19 世纪，是西方管理思想发展中的一个重要时期。由于资本主义社会的初步形成和产业革命的顺利进行，新兴生产方式要求对每一个人的工作进行有效的组织、指挥和协调，因而对管理提出了新的要求。这一时期虽然没有形成完整的管理理论，但许多著名的经济学家、思想家、工程学者却对管理思想进行了积极探索。

（一）亚当·斯密

亚当·斯密(Adam Smith)是英国古典政治经济学体系的创立者。他在 1776 年发表的《国民财富的性质和原因的研究》(简称《国富论》)中，系统地阐述了资产阶级政治经济学原理，创立了劳动分工理论和“经济人”观点。亚当·斯密认为,国民财富的增加,取决于两个条件:一是增加生产者人数;二是提高劳动生产率,后者更为重要。如何提高生产率呢?他认为应该依靠分工,这是因为“有了分工,同等数量劳动者就能完成比过去多得多的工作量”。亚当·斯密还研究了经济现象的基本论点——“经济人”的观点,即经济现象是具有利己主义的人们的活动所产生的。他认为:人们在经济活动中,追求的完全是私人利益,但每个人的私人利益又受他人利益限制。这就迫使每个人必须顾及他人的利益,由此产生了相互的共同利益,进而产生了社会利益。这种“经济人”观点,正是资本主义生产关系的反映,对以后资本主义管理思想的发展产生了深远影响。

(二)大卫·李嘉图

大卫·李嘉图(David Ricardo)是英国古典政治经济学的主要代表人物。他在1817年出版的《政治经济学及赋税原理》著作中,以劳动价值论为基础,研究工厂工资、利润和地租,论述了资本主义经营管理的中心问题。他认为:劳动者创造的价值是工资、利润、地租的源泉,因此工资越低利润越高,工资越高利润越低。

(三)罗伯特·欧文

罗伯特·欧文(Robert Owen)是19世纪初英国著名的空想社会主义者。从1800年开始,他在苏格兰新纳拉克经营一家纺织厂,在该厂他进行了前所未有的试验,推行了许多改革办法,如改善工厂工作条件、缩短工作日、提高工资、改善生活条件和发放抚恤金等。其目的是探索对工人和工厂所有者有利的方法和制度。欧文的管理理论和实践突出了人的地位和作用,实际上是人际关系和行为科学理论的思想基础,对之后的管理产生了相当大的影响,遂被人们称为“人事管理之父”。

(四)查尔斯·巴贝奇

查尔斯·巴贝奇(Charles Babbage)是一位精通数学和机器制造的经济学家,他于1832年发表《论机器与制造业的经济》,详细阐述了劳动分工对提高劳动效率的作用,提出了体力劳动与脑力劳动分工的主张。同时,他认为工人与工厂主之间能够存在利益共同点,由此他竭力提倡一种工资加利润分成的报酬制度。工人可以按照他对生产率所做出的贡献,分得工厂利润一部分。他主张工人的收入应该由三个部分组成:按工作性质所确定的固定工资,按生产率所做出的贡献而分得的利润,为增进生产率提出建议而应得的奖金。按生产率高低来确定报酬的制度,是巴贝奇的一个重大贡献。

(五)安德鲁·尤尔

安德鲁·尤尔(Andrew Ure)是一位英国化学家和经济学家,他于1835年出版《工厂哲学:或论大不列颠工厂制度的科学、道德和商业经济》,主张建立工厂秩序和工厂纪律法典。他认为纪律法典能使工人抛弃无规则的劳动习惯，使之与机器生产体系和规律相互协调一致。他是第一个提出在工厂体系内建立必要规章制度的人。

第二节　管理理论的产生与发展

在人类历史上，自从有了有组织的活动，就有了管理活动。管理活动的出现促使一些人对这种活动加以研究和探索。经过长期积累和总结，人们对管理活动有了初步认识和见解，并开始形成一些朴素、零散的管理思想。随着社会发展、科学技术进步，人们又对管理思想加以提炼和概括，找出其中带有规律性的东西，并将其作为假设在管理活动中进行检验，进而对检验结果加以分析研究，从中找出管理活动的普遍原理，这些原理经过抽象和综合就形成了管理理论。这些理论又被应用于指导管理活动，同时对这些理论进行实践检验。这就是管理理论的形成过程。

西方国家较早地对管理理论进行研究，形成了较全面系统的管理理论。本节拟从管理史角度给出一个关于西方管理理论演进的大致轮廓。

第一阶段——19 世纪末到 20 世纪初的古典管理理论时期，以美国的弗雷德里克·泰勒的科学管理原理、法国的亨利·法约尔的一般管理理论和德国的马克斯·韦伯的组织管理理论为代表；

第二阶段——20 世纪初至第二次世界大战结束，行为管理理论时期，以美国管理学家乔治·梅奥等人为代表；

第三阶段——第二次世界大战结束以后，现代管理理论时期，这一时期管理领域非常活跃，出现了一系列管理学派，称为管理理论的“丛林式”发展。

当然，三个阶段并不是截然分开的，更不是前一个阶段结束后下一个阶段才开始。事实上，各种管理理论的产生虽然有先后，但在产生之后却是并存发展、相互影响的，也存在着继承和借鉴关系。

一、古典管理理论

古典管理理论，主要是指以弗雷德里克·泰勒为代表的科学管理理论、以亨利·法约尔为代表的一般管理理论和以马克斯·韦伯为代表的组织管理理论。

（一）科学管理理论

科学管理理论着重研究如何提高单个工人的生产率。代表人物主要有弗雷德雷克·泰勒、吉尔布雷思夫妇和亨利·甘特等。

1. 泰勒及其管理理论

“科学管理”理论最具代表性的人物就是美国工程师、管理科学家弗雷德雷克・泰勒，因此，泰勒也被人们称为“科学管理之父”。泰勒出身于美国费城一个富有的律师家庭，中学毕业后考上哈佛大学法律系，但不幸因眼疾而被迫辍学。1875 年泰勒进入费城的一家机械厂当徒工，1878 年转入费城的米德维尔钢铁公司当技工，1884 年升任总工程师。为了改进管理，他在米德维尔钢铁公司进行了各种管理试验。1898～1901 年泰勒受雇于宾夕法尼亚的伯利恒钢铁公司。1901 年以后，他把大部分时间用在写作和演讲上。1906 年担任美国机械工程师学会会长。

1898～1901 年期间，泰勒在伯利恒钢铁公司进行了有名的“搬运生铁块试验”和“铁锹试验”。“搬运生铁块试验”是在这家公司的五座高炉的产品搬运班组大约 75 名工人中进行的，75 名工人负责把 92 磅重的生铁块搬运到 30 米远的铁路货车上，他们每天每人平均搬运 12.5 吨，日工资 1.15 美元。泰勒找到一名工人进行试验，试验搬运的姿势、行走的速度、持握的位置和休息时间长短对其搬运量的影响。结果表明存在一个合理的搬运生铁块的方法，在这种方法下，57%的时间可用于休息。按照这样的方法搬运，每个工人的日搬运量可达 47～48 吨，工人的日工资将提升至 1.85 美元。

“铁锹试验”首先是系统地研究铁锹上的负载应为多大的问题，其次研究各种材料能够达到标准负载的锹的形状、规格等问题。当时公司的铲运工人拿着自家的铁锹上班，这些铁锹各式各样、大小不等。堆料场中的物料有铁矿石、煤粉、焦炭等，每个工人的日工作量为 16 吨。泰勒经过观察发现，由于物料的体积质量不同，一铁锹的负载大小不一样。如果是铁矿石，一铁锹有 38 磅；如果是煤粉，一铁锹只有 3.5 磅。那么，一铁锹到底负载多大才合适呢？经过试验，最后确定一铁锹 21 磅对于工人是最适合的。根据试验的结果，泰勒针对不同的物料设计不同形状和规格的铁锹。以后工人上班时都不自带铁锹，而是根据物料情况从公司领取特制的标准铁锹，工作效率大大提高。堆料场的工人从 400～600 名降为 140 名，平均每人每天的操作量提高到 59 吨，工人的日工资从 1.15 美元提高到 1.88 美元。这是工具标准化的典型事例。

泰勒一生致力于科学管理研究，但他的做法和主张并非一开始就被人们接受，而是日益引起种种议论。于是，美国国会于 1912 年举行对泰勒制和其他工场管理制的听证会，泰勒在听证会上做了精彩证词，向公众宣传科学管理的原理及其具体的方法、技术，引起极大反响。

泰勒的科学管理理论主要包括以下几方面。

(1) 工作定额

要制定出有科学依据的工人的“合理的日工作量”，就必须进行时间和动作研究。方法是把工人的操作分解为基本动作，再对尽可能多的工人测定完成这些基本动作所需的时间。同时选择最适用的工具、机器，确定最适当的操作程序，消除错误的和不必要的工作，将最后得出的最有效的操作方法作为标准。最后，把完成这些基本动作的时间汇总，加上必要的休息时间和其他延误时间，就可以得到完成这些操作的标准时间，据此制定一个工人的“合理的日工作量”。这就是所谓的工作定额原理。

(2) 标准化

要使工人掌握标准化的操作方法，使用标准化的工具、机器和材料并使作业环境标准化，这就是所谓的标准化原理。

(3) 能力与工作相适应

为了提高劳动生产率，必须为工作挑选第一流的工人。第一流的工人，是指能力最适合做这种工作而且也愿意去做这种工作的人。应根据人的能力把他们分配到相应的工作岗位上，鼓励他们努力工作，并进行培训，教会他们科学的工作方法，使他们成为第一流的工人。

(4) 差别计件工资制

泰勒认为，工人“磨洋工”的一个重要原因是报酬制度不合理。计时工资不能体现劳动的数量。计件工资虽能体现劳动的数量，但工人担心劳动效率提高后雇主会降低工资率，这样等同于劳动强度加大。针对这些情况，泰勒提出了一种新的报酬制度——差别计件工资制，即计件工资率随完成定额的程度而上下浮动，如果工人完成或超额完成定额，则定额内的部分连同超额部分都按比正常单价高25%计酬；如果工人完不成定额，则按比正常单价低20%计酬。其内容包括：通过时间和动作研究制定有科学依据的工作定额；实行差别计件工资制，以鼓励工人完成或超额完成工作定额；工资支付的对象是工人而不是职位，即根据工人的实际表现而不是根据工作类别来支付工资。

(5) 计划职能与执行职能相分离

泰勒认为，应该用科学的工作方法取代经验工作方法。经验工作方法，是指每个工人采用什么操作方法、使用什么工具等都根据个人经验来决定。科学工作方法，是指每个工人采用什么操作方法、使用什么工具等，都根据试验和研究的结果来决定。为了采用科学的工作方法，泰勒主张把计划职能同执行职能分开，由专门的计划部门承担计划职能，由所有的工人和部分工长承担执行职能。

2. 其他人对科学管理的研究

美国管理学家弗兰克·吉尔布雷思(Frank B. Gilbreth)及其夫人莉莲·吉尔布雷思(Lillian M. Gilbreth)和亨利·甘特(Henry Laurence Gantt)是坚定而杰出的科学管理追随者，他们在寻找最优作业方法的过程中创造的很多实用管理方法和进行的动作研究、管理心理学研究至今仍在运用中得到传播和发展。

后人将他们的主张称为“效率主义”。

美国管理学家吉尔布雷思夫妇在动作研究和工作简化方面做出了突出贡献。起初，弗兰克·吉尔布雷思在建筑行业中研究用哪种姿势砌砖省力、舒适、有效率。他通过试验得出一套标准的砌砖方法，这套方法使砌砖的效率可提高200%以上。后来吉尔布雷思夫妇又在其他行业中进行动作研究，并把工人操作时手的动作分解为17种基本工作。他们的研究步骤是：① 通过拍摄相片记录工人的操作工作；② 分析哪些动作是合理的、应该保留的，哪些工作是多余的、可以省掉的，哪些动作需要加快速度，哪些动作应该改变次序；③ 制定标准的操作程序。与泰勒相比，吉尔布雷思夫妇的动作研究更加细致和广泛。

美国管理学家、机械工程师甘特是泰勒在米德维尔钢铁公司和伯利恒钢铁公司的重要合作者。他最重要的贡献是他创造的“甘特图表”——一种用线条对计划、调度和控制进行形象描述的图表。这种图表现在常被用来编制进度计划。甘特的另一贡献是提出了“计件奖励工资制”，即对于超额完成定额的工人除支付给他日工资外，超额部分以计件方式发给他奖金；对于完不成定额的工人，工厂只支付给他日工资。这种制度优于泰勒的“差别计件工资制”，因为这种工资制可使工人感到收入有保证，劳动积极性因而提高。这说明，工资收入有保证也是一种工作动力。

尽管泰勒的追随者在许多方面不同程度地发展了科学管理的理论和方法，但他们和泰勒一样，研究的范围都是劳动作业的技术过程，并没有超出车间管理的范围。

（二）一般管理理论

在泰勒等人探讨提高效率的科学管理的同时，法国管理学家亨利·法约尔(Henri Fayol)则在研究组织管理的活动。法约尔的一般管理理论是西方古典管理思想在法国的重要代表，后来发展成为管理过程学派的理论基础，也是以后各种管理理论和管理实践的重要依据，对管理理论的发展和企业管理的历程均有深刻影响。

法约尔，1860年从圣艾帝安国立矿业学院毕业后进入康门塔里—福尔香堡采矿冶金公司，成为一名采矿工程师。不久他被提升为该公司一个矿井的经理。1888年他出任该公司总经理，达30年之久。1916年法国矿业协会的年报公开发表了他的著作《工业管理和一般管理》，这是他一生管理经验和管理思想的总结。他认为，他的管理理论虽以大企业为研究对象，但除了可应用于工商企业外，还可应用于政府、教会、慈善机构和军事组织等。所以，法约尔被公认为是第一位概括和阐述一般管理理论的管理学家。他的理论贡献主要体现在他对管理职能的划分和管理原则的归纳上，遂被称为“现代经营管理理论之父”。

法约尔指出，任何企业都存在着六种基本活动：① 技术活动（指生产、制造、加工等活动）；② 商业活动（指采购、销售和交换等活动）；③ 财务活动（指资金的筹措、运用和控制）；④ 安全活动（指设备的维护和人员的保护等活动）；⑤ 会计活动（指货物盘点、成本统计和核算等）；⑥ 管理活动（指计划、组织、指挥、协调和控制五项职能活动）。在这六种基本活动中，管理活动处于核心地位。在管理活动中，计划是指预测未来并制定行动方案，组织是指建立企业的物质结构和社会结构，指挥是指使企业人员发挥作用，协调是指让企业人员团结一致，使企业中的所有活动和努力统一和谐，控制是指保证企业中进行的一切活动均符合制定的计划和所下达的命令。

法约尔对管理的上述定义明确了管理与经营的关系。法约尔写道："所谓经营，就是努力确保六种基本活动的顺利运转，从而把组织拥有的资源变成最大的成果，从而导致组织目标的实现。"

法约尔提出了下列一般管理的 14 条原则：① 分工。在技术工作和管理工作中进行专业化分工可以提高效率。② 权力与责任。权力，是指"指挥他人的权和促使他人服从的力。"在行使权力的同时必须承担相应的责任，不能出现有权无责和有责无权的情况。更为重要的是法约尔区分了管理者的职位权力和个人权力，前者来自个人的职位高低，后者是由个人的品德、智慧和能力等个人特性形成的。一个优秀的领导人必须两者兼备。③ 纪律。纪律是企业领导人同下属之间在服从、勤勉、积极、举止和尊敬等方面所达成的一种协议。组织内所有成员都要根据各方达成的协议对自己在组织内的行为进行控制。④ 统一指挥。组织内每一个人只能服从一个上级并接受他的命令。⑤ 统一领导。凡目标相同的活动，只能有一个领导、一个计划。⑥ 报酬合理。报酬制度应当公平，对工作成绩和工作效率优良给予奖励，而奖励应有一个限度。法约尔认为，任何优良的报酬制度都无法取代优良的管理。⑦ 个人利益服从集体利益。集体的目标必须包含员工个人的目标，但个人和小集体的利益不能超越组织的利益。当两者矛盾时，领导人要以身作则，使其一致。⑧ 集权与分权。提高下属重要性的做法是分权，降低这种重要性的做法是集权。要根据企业的性质、条件和环境、人员的素质而恰当地决定集权和分权的程度。当企业的实际情况发生变化时，要适时改变集权和分权的程度。⑨ 等级链与跳板。等级链，是指"从最高的权威者到最底层管理人员的等级系列"。它表明权力等级的顺序和信息传递的途径。为了保证命令的统一，不能轻易违背等级链，请示要逐级进行，指令也要逐级下达。由于有时这样做会延误信息，法约尔设计了一种"跳板"，便于同级之间的横向沟通。但在横向沟通前要征求各自上级的意见，并且事后要立即向各自上级汇报，从而维护统一指挥的原则。⑩ 秩序。秩序是指"有地方放置每件东西，且每件东西都放在该放置的地方；有职位安排每个人，且每个人都安排在应安排的职位上”。⑪ 公平。在待人上管理者必须做到“善意与公道结合”。⑫ 人员稳定。培养一个人胜任目前工作需要花费时间和金钱。所以，人员特别是管理人员的经常变动对企业很不利。⑬ 首创精神。首创精神是创立和推行一项计划的动力。领导者不仅本人要有首创精神，还要鼓励全体成员发挥他们的首创精神。⑭ 集体精神。在组织内部要形成团结、和谐和协作的气氛。

法约尔从企业最高管理者的角度概括总结的管理理论具有普遍意义，也适用于其他管理领域，故称一般管理理论。不过，由于他过于追求管理理论的一般性，因而对具体的管理过程重视不够。这是有待后人加以补充的。

（三）组织管理理论

以马克斯·韦伯(Max Weber)为代表的组织管理理论者研究了理想行政组织形态，为分析实际生活中各种组织形态提供了一种规范典范，也为新兴资本主义制度提供了高效率、理性化的组织管理体系。

韦伯的“理想的行政组织体系”具有以下一些特点：① 存在明确的分工。把组织内的工作分解，按职业专业化对成员进行分工，明文规定每个成员的权利和责任。② 按等级原则对各种公职或职位进行法定安排，形成一个自上而下的指挥链或等级体系。每个下级都处在一个上级的控制和监督下。每个管理者不仅要对自己的决定和行动负责，而且要对下级的决定和行动负责。③ 根据经过正式考试或教育培训而获得的技术资格选拔员工，并完全根据职务要求任用。④ 除个别需要通过选举产生的公职（例如，选举产生的公共关系负责人，或在某种情况下选举产生的整个单位负责人等）以外，所有担任公职的人都是任命的。⑤ 行政管理人员是“专职的”管理人员，领取固定的“薪金”，有明文规定的升迁制度。⑥ 行政管理人员不是其管辖的企业的所有者，只是其中的工作人员。⑦ 行政管理人员必须严格遵守组织中的规则、纪律和办事程序。⑧ 组织中成员之间的关系以理性准则为指导，不受个人情感影响。组织与外界的关系也是一样。

韦伯认为，这种高度结构化的、正式的、非人格化的理想行政组织体系是强制控制的合理手段，是达到目标、提高效率的最有效形式。这种组织形式在精确性、稳定性、纪律性和可靠性等方面都优于其他形式，适用于当时日益增多的各种大型组织，如教会、国家机构、军队、政党、经济组织和社会团体。韦伯的这一理论，是对泰勒、法约尔理论的补充，对后来的管理学家特别是组织理论家有很大影响。

二、行为管理理论

以科学管理理论、一般管理理论和组织管理理论为代表的古典管理理论的广泛流传和实际运用，大大提高了生产效率。但是，古典管理理论多重视生产过程、组织控制方面的研究，较多地强调科学性、精密性、纪律性，而对人的因素注意较少，这样工人就成了机器的附属品，不是人在使用机器而是机器在使用人，这就激起了工人的强烈不满。在20世纪20年代，一些学者开始从生理学、心理学、社会学等方面出发研究企业中有关人的一些问题。于是行为管理理论遂应运而生，早期被称为"人际关系学说"，以后发展成为行为科学，即组织行为理论。

（一）梅奥及其领导的霍桑试验

乔治·梅奥(George Elton Mayo)原籍澳大利亚，后移居美国。作为一位心理学家和管理学家，他领导了1924～1932年在美国西方电器公司霍桑工厂进行的一系列试验（即霍桑试验）中后期的重要工作。该试验分为以下四个阶段。

第一阶段：工作场所照明实验（1924～1927年）

这一阶段实验的目的是希望通过试验得出照明强度对生产率的影响。研究人员选择一批工人并把他们分成两组：一组是实验组，变换工作场所的照明强度，使工人在不同照明强度下工作；另一组是对照组，工人在照明强度保持不变的条件下工作。实验结果发现，照明强度的变化对生产率几乎没有影响。这说明：① 工作场所的照明只是影响工人生产效率的微不足道的因素；② 由于牵涉因素较多，难以控制，且其中任何一个因素都可能影响实验结果，所以照明对产量的影响无法准确衡量。

第二阶段：继电器装配室实验（1927年8月～1928年4月）

这一阶段的实验旨在探寻各种工作条件的变动对小组生产效率的影响，以便能够更有效地控制影响工作效果的因素。研究人员选择了5名女装配工和1名女画线工在单独的一间工作室工作，1名观察员被指派加入这个小组，记录室内发生的一切，以便对影响工作效果的因素进行控制。这些女工们在工作时间可以自由交谈，观察员对她们的态度也很和蔼。在试验中分期改善工作条件，如改进材料供应方式、增加工间休息、供应午餐和茶点、缩短工作时间、实行集体计件工资制等，这些条件的变化使女工们的生产效率上升。但过了一年半，在取消工间休息和供应的午餐及茶点并恢复每周工作6天后，她们的生产效率仍维持在高水平上。看来，其他因素对生产效率无多大影响，而监督和指导方式的改善能促使工人改变工作态度并提高生产效率，于是决定进一步研究工人的工作态度和可能影响工人工作态度的其他因素成为霍桑试验一个转折点。

第三阶段：大规模访谈（1928～1931年）

研究人员在上述实验基础上进一步在全公司范围进行访问和调查，参与此次访问和调查的员工达2万多人次。结果发现，影响生产效率的最重要因素是工作中发展起来的人际关系，而不是待遇和工作环境。每个工人的工作效率不仅取决于他们自身的情况，还与其所在小组中的同事有关。任何一个人的工作效率都要受其同事影响。

第四阶段：接线板接线工作室实验（1931～1932年）

以集体计件工资制作为刺激，企业企图形成快手对慢手的压力以提高生产效率。实验发现：① 大部分成员都会自行限制产量。公司规定的工作定额为每天焊接7312个接点，但工人们只完成6000～6600个接点，原因是怕公司再提高工作定额，也怕因此造成一部分人失业，他们这样做是想保护工作速度较慢的同事。② 工人对不同级别的上级持不同态度。他们把小组长看作小组成员。对于小组长以上的上级，级别越高工人对他越尊敬，而同时工人对他的顾忌心理也越强。③ 成员中存在小派系。工作室里存在派系，每个派系都有自己的行为规范。这一阶段的实验还发现了"霍桑效应"，即对于新环境的好奇和兴趣足以导致较佳的成绩，至少在初始阶段如此。

通过霍桑试验，梅奥等人认识到，人们的生产效率不仅受到生理方面、物理方面等因素的影响，更重要的是受到社会环境、社会心理等方面的影响，这对"科学管理"只重视物质条件而忽视社会环境、社会心理对工人的影响来说是一个重大的修正。

（二）人际关系学说的主要内容

乔治·梅奥对其领导的霍桑实验进行了总结，于1933年完成了《工业文明中的社会问题》一书。在书中，梅奥阐述了与古典管理理论不同的观点——人际关系学说，该学说主要有以下一些内容：① 人是"社会人"，而不是"经纪人"。科学管理学派认为金钱是刺激人们工作积极性的唯一动力，把人看作经济人。梅奥认为，员工是"社会人"，除了经济和物质方面的需求外，还有社会和心理方面的需求，因此不能忽视社会和心理因素对工人工作积极性的影响。② 企业中存在着非正式组织及其核心人物和领袖。企业成员在共同工作过程中，相互间必然产生共同的观念、感情、态度和倾向，形成共同的价值标准、行为准则和道德规范，从而构成一个体系，称为"非正式组织"。非正式组织以它独特的感情、规范和倾向左右其成员的行为。古典管理理论仅注重正式组织的作用是有欠缺的。非正式组织不仅存在，而且与正式组织相互依存，对生产效率有重大影响。③ 生产率主要取决于工人的工作态度及其人际关系。梅奥认为，提高生产效率的主要途径是提高工人的满意度，即工人对社会因素特别是人际关系的满意程度。如果满意度高，工作的积极性、主动性和协作精神就高，生产效率就高。基于对人及人际关系的作用和重要性的认识，梅奥认为，是否重视人际关系和是否具有协调、处理人际关系的能力，是一个管理人员是否成熟的重要标志，也是一个组织是否有效的重要标志。

（三）行为科学

霍桑实验和梅奥的见解提出了管理中另一个值得重视的新领域，即人际关系的整合。霍桑实验之后，大批的研究者和实践者继续从心理学、社会学和管理科学的角度对人际关系进行综合研究，从而建立了关于人的行为及其调控的一般理论。1949 年在美国芝加哥大学召开了一次有哲学家、精神病学家、心理学家、生物学家和社会学家等参加的跨学科的科学会议，讨论了应用现代学科知识研究人类行为的一般理论。同时，一些从事人际关系研究的管理学者正式采用"行为科学"一词，并成立了"行为科学高级研究中心"。

行为科学是研究人的行为的一门综合学科。强调用观察和实践的方法研究人类行为的产生、发展和控制，探求行为与需求、动机、目标和环境之间的关系，揭示人的行为规律，以提高对组织成员的预见性和有效控制，试图为管理者提供领导和激励组织成员的有效方法。研究领域主要集中在四个领域——对人的需要、动机和激励的研究；与管理方式有关的"人性"问题的研究；有效的领导方式问题的研究；有关组织团体行为的研究。

行为科学的蓬勃发展，产生了一大批影响力很大的行为科学家及其理论，主要有马斯洛(A. H. Maslow)的"需要层次论"、麦格雷戈(Douglas McGregor)的X 理论——Y 理论、赫兹伯格(Frederick Herzberg)的"双因素理论"、弗罗姆(Victor Harold Vroom)的"期望理论"、布莱克(Robert Rogers Blake)和简・莫顿(Jane Srygley Mouton)的"管理方格理论"等。

三、现代管理理论的"丛林式"发展

第二次世界大战以后，对管理学研究有兴趣的人越来越多，心理学家、社会学家、人类学家、经济学家、哲学家、数学家等等都从各自不同的背景出发，用不同的方法展开对管理问题的探索，由此带来了管理理论的空前繁荣，并具体表现为多种理论同生共存。美国著名管理学家哈罗德・孔茨把这种现象形象地描述为管理理论的"丛林"，并在其 1980 年发表的《再论管理理论的丛林》一文将现代管理理论分成 11 个学派——管理科学(计量管理)学派、系统管理学派、权变理论学派、管理过程学派、群体行为学派、社会协作系统学派、人际关系学派、社会技术系统学派、决策理论学派、经验(案例)学派、经理角色学派。

（一）管理科学学派

管理科学学派，亦称计量管理学派，又叫作数量学派，是泰勒科学管理理论的继承发展，其代表人物是美国管理学家伯法(Elwood Spencer Buffa)等人。管理科学学派正式作为一个管理学派，是在第二次世界大战以后形成的。这一学派的特点是利用有关的数学工具，为企业寻得一个有效的数量解，着重于定量研究。

管理科学学派认为，管理就是制定和运用数学模型和程序的系统，就是用数学符号和公式表示计划、组织、控制、决策等合乎逻辑的程序，求出最优的解答，以达到企业的目标。这个学派还提倡依靠电子计算机管理，提高管理的经济效率。管理科学学派似乎是有关管理的科学，但它主要不是探索有关管理问题，而是设法把科学的管理原理、方法和工具应用于管理。管理科学学派还十分强调数量分析，主张用先进的技术成果和科学研究成果对管理学进行研究，其意义十分明显。但管理活动纷繁复杂，并非所有的管理问题都能定量化、能用模型进行分析，过分依赖于模型会降低决策的可信度，所以在管理活动中，应用一分为二的态度对待数学模型。

目前，管理科学的研究已经突破了操作方法、作业水平范围，向整个组织的所有活动方面扩展，要求对组织的所有活动进行整体性、系统性的全面研究。

（二）系统管理学派

系统管理学派的理论是由弗里蒙特·卡斯特（Fremont E. Kast）、詹姆斯·E. 罗森茨韦克（James E. Rosenzweig）和理查德·约翰逊（Richard A. Johnson）等美国学者在一般系统论的基础上建立起来的。该学派以系统为基础研究管理，强调任何组织都是由若干子系统所构成，在管理工作中应强调各个子系统之间的协调，以实现组织大系统的整体优化。这一学派的主要理论观点如下：① 组织是一个系统，是由相互联系、相互依存的要素构成的。根据需要，可以把系统分解为子系统，子系统还可以再分解。这样，对系统的研究就可以从研究子系统与子系统之间的关系入手。② 系统在一定环境下生存，与环境进行物质、能量和信息交换。系统从环境中输入资源，把资源转换为产出物，一部分产出物为系统自身所消耗，其余部分则输出到环境中。系统在投入——转换——产出的过程中不断进行自我调节，以获得自身发展。③ 运用系统观点考察管理的基本职能，可以提高组织的整体效率，使管理人员不至于只重视某些与自己有关的特殊职能而忽视大目标，也不至于忽视自己在组织中的地位和作用。

（三）权变理论学派

权变理论学派又称权变学派，其主要代表人物是美国管理学家阿尔弗烈德·钱德勒（Alfred Dupont Chandler）、约翰·莫尔斯（John J. Morse）、杰伊·洛希（Jaw W. Lorsch）和弗雷德·菲德勒（Fred Edward Fiedler）等。这一学派的理论核心是力图研究组织与环境的联系并确定各种变量的关系类型和结构类型。它强调管理应根据组织所处的环境随机应变，针对不同的环境寻求相应的管理模式。其基本的管理思想是——在企业管理中，没有一成不变、普遍适用的、“最好的”管理理论和管理方法，企业管理必须随着企业所处的内外条件变化而随机应变。管理者应做什么以及怎么做，应取决于当时的既定情况。

权变学派在企业组织结构方面的共同点是把企业看成为一个受外界环境影响而又对外界环境施加影响的“开式系统”,但在模式问题上这一学派的不同学者则有不同的分类。

在领导方式方面,同企业组织结构方面观点相同,权变理论学派认为不存在普遍适用的“最好的”或普遍不适用的“最不好的”领导方式。领导方式应视企业的任务、个人和团体的行为特点以及领导同职工的关系而定;弗雷德·菲德勒在多年实验基础上提出的“领导的权变模式”是三维的,即认为有三个重要因素直接影响领导效果:① 领导与成员的关系。下属对领导人的信任和忠诚程度以及领导者对下属的吸引力;② 任务结构。下属任务的常规化程度;③ 职位权力。领导职位、官方权威及相关联的奖惩权,领导从上级和整个组织得到的支持大小。菲德勒认为,对最不喜欢的同事仍能给予好的评价的领导,被认为是关心人或支持型的领导(高 LPC);对最不喜欢的同事给低劣评价的领导,则被视为任务型领导(低 LPC)。菲德勒用上述三维模型和 LPC 标准,确定适用于不同环境的领导风格类型——宽容、体谅、提倡成员之间友好关系的领导;惯用指令、控制、更多关心工作而不关心人的领导。菲德勒认为,不应当简单地谈什么好的领导或差的领导;一位在一种情况下取得成功的领导在另一种情况下未必成功;指令型领导或宽容型领导在一定情况下都能发挥最好的作用。

(四)管理过程学派

该学派是在亨利·法约尔管理思想的基础上发展起来的,其代表人物有美国管理学家哈罗德·孔茨等人。该学派认为管理是一个过程,该过程包括计划、组织、领导、控制等若干个职能。这些管理职能对任何组织的管理都具有普遍性。管理者可以通过对各个职能的具体分析,归纳出其中的规律和原则,用以指导管理工作,提高组织的效率和效益。

他们把管理看作在组织中通过别人或同别人一起完成工作的过程。因此认为应该分析这一过程,从理论上加以概括,确定一些基本的原则,并由此形成一种管理理论。有了管理理论,就可以通过研究、通过对原理的实验、通过传授管理过程中包含的基本原则而改进管理的实践。这个学派把它的管理理论建立在以下 7 条基本信念基础上:① 管理是一个过程,可以通过分析管理人员的职能从理性上很好地加以剖析。② 可以从管理经验中总结出一些基本道理或规律,即管理原理。它们对认识和改进管理工作能起说明和启示作用。③ 可以围绕这些基本原理开展有益的研究,以确定其实际效用,增大其在实际中的作用和使用范围。④ 这些原理只要还没有被证明为不正确或被修正,就可以为形成一种有用的管理理论提供若干要素。⑤ 像医学和工程学那样,管理是一种可以依靠原理的启发而加以改进的技能。⑥ 即使在实际应用中由于背离管理原理而造成损失，但管理学中的原理如同生物学和物理学中的原理一样仍然是可靠的。⑦ 尽管管理人员的环境和任务受到文化、物理、生物等方面的影响，但管理理论并不需要把所有的知识都包括进来才能起一种科学基础或理论基础的作用。

（五）群体行为学派

群体行为学派注重研究的是组织中群体的行为，包括群体的文化、行为方式和行为特点等。从小群体的文化和行为方式到大群体的行为特点，都在它研究之列。它也常被叫作“组织行为学”。“组织”一词在这里可以表示公司、企业、政府机构、医院或其他任何一种事业中一组群体关系的体系和类型。有时按美国管理学家切斯特·巴纳德（Chester Barnard）的观点，用来表示人们之间的协作关系。而所谓正式组织，则是指一种有着自觉的精心筹划的共同目的的组织。克里斯·阿吉里斯（Chris Argyris）甚至用“组织”一词来概括“集体事业中所有参加者的所有行为”。

（六）社会协作系统学派

该学派与行为学派关系密切且常常相互混同。有些学者，例如西蒙和马奇（J. G. March），把社会系统（即一种文化的相互关系系统）只限于正式组织，把“组织”一词同企业等同起来，而不是指管理学中最常用的那项职权活动概念。另外一些学者则不区分正式组织和非正式组织，而把所有人类关系的各种系统都包括进来。社会协作系统学派以组织理论为研究重点，从社会学角度研究组织，认为社会的各级组织都是一个社会协作系统，是一种人的相互关系的协作体系，是社会大系统中的一部分，受到社会环境各个方面的影响。该理论的创始人和代表人物是美国管理学家切斯特·巴纳德。

巴纳德认为，组织是两人或更多人经过有意识地协调而形成的系统。在组织中，经理人员是最为重要的因素，并把组织分为正式组织和非正式组织。对正式组织来说，不论级别高低和规模大小，其存在和发展都必须具备三个条件——明确的目标、协作的意愿和良好的沟通。在正式组织中还存在着一种因为工作上的联系而形成的一定看法、习惯和准则的无形组织，即非正式组织。

（七）人际关系学派

这一学派是从 19 世纪 60 年代的人类行为学派演变而来的。主要代表人物是乔治·梅奥、亚伯拉罕·马斯洛和弗雷德里克·赫兹伯格。该学派认为，既然管理是通过别人或同别人一起去完成工作，那么对管理学的研究就必须围绕人际关系这个核心进行。该学派用有关的社会科学原有的或新近提出的理论、方法和技术来研究人与人之间和人群内部的各种现象，从个人的品性动态一直到文化关系，无所不涉及。该学派注重管理中“人”的因素，认为在人们为实现其目标而结成团体一起工作时他们应该互相了解。

(八)社会技术系统学派

社会技术系统学派是第二次世界大战以后在西方兴起的一个较新的管理学派,是由英国学者特里斯特(E. L. Trist)等人在对英国达勃姆煤矿采煤现场的作业组织进行研究基础上创立的。他们根据对煤矿“长壁采煤法”研究的结果认为,许多矛盾的产生是由于只把组织看成是一个社会系统,而没有看到它同时又是一个技术系统,而且技术系统对社会系统有很大的影响;只有使社会系统和技术系统两者协调起来,才能解决这些矛盾从而提高劳动生产率,而管理者的一项主要任务就是要确保两个系统的相互协调。

(九)决策理论学派

这一学派的基本观点是——企业管理问题的主要研究对象不是作业而是决策;决策贯穿管理全过程,管理就是决策;应该按“令人满意”的准则进行决策,而不是按“最优”准则进行决策。

决策理论学派的代表人物是著名的诺贝尔经济学奖获得者、美国卡内基—梅隆大学的教授西蒙。其代表作是《管理决策新科学》(1960年)。西蒙认为,决策程序即全部管理过程。决策贯穿于管理的全过程。决策过程从确定组织目标开始,再寻找为达到该项目标可供选择的各种方案,经过比较做出优选决定并认真执行控制,以保证既定目标的实现。西蒙采用“令人满意的准则”代替传统决策理论的“最优化原则”。他认为,不论从个人生活经验中还是从各类组织的决策实践中,寻找可供选择的方案都是有条件的,并不是漫无限制的。他还研究了决策过程中冲突的关系以及创新的程序、时机、来源和群体处理方式等一系列有关决策程序的问题。

这一学派的人数正在增加,而且都是些学者。他们普遍认为,管理是以决策为特征的,所以管理理论应围绕决策这个核心进行建立。

(十)经验(或案例)学派

经验(或案例)学派,亦称经理主义学派。该学派的代表人物是美国管理学家彼得·德鲁克、欧内斯特·戴尔(Ernest Dale)等。这一学派认为,古典管理理论和行为科学都不能完全适应企业发展的实际需要,有关企业管理的科学应该从企业管理的实际出发,以大企业的管理经验为主要研究对象加以概括和理论化,向企业管理人员提供实际的建议。他们主张通过案例研究经验,不必企图确定一些原则,只要通过案例研究分析一些经理人员的成功经验和他们解决特殊问题的方法,便可以在相仿情况下进行有效的管理。简言之,他们认为,管理学就是研究管理经验。通过研究管理中的成功经验或失误,就能理解管理问题,自然就学会了进行有效的管理。

经验学派的主要观点有:① 他们认为管理是管理人员的技巧,是一个特殊的、独立的活动和知识领域。② 作为主要管理人员的经理,有两项别人无法替代的特殊任务,即必须造成一个“生产的统一体”,使企业的各种资源特别是人力资源得到充分发挥;经理在做出每一决策和采取每一行动时要把当前利益和长远利益协调起来。

(十一) 经理角色学派

这是一个最新的管理学派,同时受到管理学者和实际管理者的重视,其推广得力于加拿大管理学家亨利·明茨伯格。这个学派主要研究管理者在组织中扮演的角色和管理任务,通过经理人员在管理过程中所充当角色的研究而形成管理的理论体系。明茨伯格系统地研究了不同组织中5位总经理的活动并得出结论:总经理们并不按人们通常认为的那种职能分工行事,即只从事计划、组织、协调和调控工作,而是还进行许多别的工作。

明茨伯格根据他自己和别人对经理实际活动的研究,认为经理一般都担任十种角色,这源于经理的正式权力和地位。可归纳为三类,组成一个相互联系的整体。第一类是人际关系方面的角色,共有三种:挂名首脑角色、领导者角色、联络者角色。第二类是经理作为组织信息的神经中枢,充当三种角色:信息接受者角色、信息传播者角色、发言人角色。第三类是决策方面的角色,共分四种:企业家角色、故障排除者角色、资源分配者角色、谈判者角色。

第三节 当代管理理论及其发展

当代管理理论及其发展阶段,是指从20世纪80年代后至今的30多年。在这段时间内,由于科学技术的迅猛发展,世界政治和经济格局发生了重大变化,这些变化触及管理学的一些根本问题,预示着管理理论体系也要来一场革命。企业为了在这样的环境下寻求生存和发展,必须进行一系列的改革,从而引发了管理学者的深入思考和探索,出现了许多新的管理思想,管理理论也随之发生重大转变。新的管理思想和管理理论的出现,既是管理理论进一步发展的体现,又是管理理论产生飞跃和升华的标志。

一、当代管理理论及其代表人物

(一) 汤姆·彼得斯的管理思想

汤姆·彼得斯(Tom Peters)是全球最著名的管理学大师之一,在美国乃至整个西方世界被称为“商界教皇”。1982年,他与罗伯特·沃特曼(Robert H. Waterman)合著的《追求卓越》一书,被誉为世界最畅销的工商管理书籍、美国优秀企业的管理圣经、《福布斯》20世纪最具影响力的工商书籍。《追求卓越》最重要的特点是以实际案例为基础，结合大量的事实、数据和分析。汤姆·彼得斯的管理思想主要体现在以下四个方面：① 关于管理的八项准则。汤姆·彼得斯在美国花费数年时间辗转美国各地，深入企业调查研究，取得了数百个大小公司的第一手材料，通过分析而提出优秀企业的共同品质，即八项准则——崇尚行动，接近顾客，自主创新，以人助产，价值驱动，不离本行，精兵简政，张弛互济。② 关于企业实现自主创新的制胜策略：及时应对顾客需求，快速创新，员工第一，看得见的管理、系统和制度。③ 关于调动人的潜力。汤姆·彼得斯应用大量心理学的研究成果，以寻求调动人的最大潜力的途径。他认为，所有人都以自我为中心，人是环境的奴隶，人迫切需要过得有意思，人们通常把成功看成是由自身因素决定的，大多数人在寻求安全感时好像特别乐于服从权威。④ 关于世界级质量的特征。汤姆·彼得斯仔细研究了 IBM、泰能、米利肯等公司的质量革命成果，总结出世界级质量的十二个特征——管理者着迷于质量，有一套思想体系或思想方法做指导，质量是可以衡量的，高质量要受到奖励，每个员工都应当在技术上受到培训以便评估质量，利用包括职能部门或跨系统的团队，小的就是美的，提供不断的刺激，建立“影子质量组织”，人人都发挥作用，质量上升会导致成本下降，质量改进永无止境。

（二）迈克尔·波特的竞争战略管理思想

美国哈佛大学教授迈克尔·波特(Michael Eugene Porter)是当今全球第一战略权威，被誉为“竞争战略之父”，是现代最伟大的商业思想家，他的三部经典著作《竞争战略》(1980)、《竞争优势》(1985)、《国家竞争力》(1990)被称为竞争三部曲。迈克尔·波特的战略思想主要是对构成行业结构的五种作用力的分析和在对行业结构进行分析的基础上提出的 3 种企业发展的基本战略。

决定行业盈利能力的重要和根本因素是行业的吸引力。任何行业的竞争规律都体现为五种竞争力的作用——即供应方讨价还价的能力，买方讨价还价的能力，潜在入侵者或新入侵者的威胁力，现有企业间的竞争力，替代商品或服务的威胁能力。在波特看来，行业的这五种作用力决定了行业结构，也决定行业的盈利能力，它们影响价格、成本和企业所需的投资——即影响投资收益的诸多因素。波特指出，并非所有的作用力都同等重要，这些因素是否重要与其依据结构的不同而不同。每一个行业都是独特的，都有其独特的结构。

在对行业结构的五种作用力进行深入分析以后，波特提出了企业的 3 种基本竞争战略——成本领先战略，标新立异战略(特异优势战略)和目标集聚战略。波特认为这 3 种基本战略概念的深层含意是：竞争优势为任何战略的核心所在，而创造竞争优势要求企业做出选择：如果企业要获得竞争优势，它必须要选择它所要获得的竞争优势的类型以及活动于其中的境况。

（三）约翰·科特的领导学说

约翰·科特(John P. Kotter)是举世闻名的领导力专家，世界顶级企业领导和变革领域最权威的代言人。他的核心思想是领导和变革。在《领导变革》(1996)一书中，他勾勒出成功变革的八个步骤：① 增强每个人的变革紧迫感；② 建立一支有力量的指导团队；③ 确立正确而鼓舞人心的变革愿景；④ 进行更大规模的沟通，以使人们认同这种变革；⑤ 更多的授权，以使更多成员能够采取行动；⑥ 取得短期成效，以稳固人们对于变革的信心；⑦ 拒绝松懈，推动变革进一步向前；⑧ 把变革作为一种新的行为规范与企业文化固定下来。这八个步骤，具有极强的可操作性，已经成为全世界经理人的变革指南。

科特还致力于领导与管理的界定，他有一句耳熟能详的名言是："取得成功的方法是75%～80%靠领导，其余20%～25%靠管理，而不能反过来。"这句话道出了领导与管理之间的辩证关系——领导和管理是两个互不相同但又互为补充的行为体系。科特通过一一列举领导和管理的不同职能，得出了精辟的结论：领导未必优于管理，也未必可以取代管理；要获得成功，真正的挑战在于将强有力的领导能力和管理能力结合起来，并使两者相互制衡。他认为有四种基本的领导特征——动力、智力、心理健康和正直是对重要领导职位的最低要求，只有这四种都达到了一定的水平才行，如果这四种中的任一项达不到最低要求都会对领导的行为产生不利影响。

（四）彼得·圣吉的学习型组织理论

20世纪80年代以来，随着信息技术的突破性发展、知识经济时代进程的加快，企业面临着前所未有的竞争环境变化，传统的企业组织已越来越不适应环境，其突出表现就是许多在历史上曾名噪一时的大公司纷纷退出历史舞台。因此，研究企业组织如何适应新的知识经济环境、增强自身竞争能力、延长组织寿命，已成为世界企业界和理论界关注的焦点。

在这样的大背景下，美国麻省理工学院教授彼得·圣吉(Peter M. Senge)用近10年时间对数千家企业进行研究和案例分析，并吸收东西方管理文化的精髓，于1990年完成其代表作《第五项修炼——学习型组织的艺术与实务》，提出了以"五项修炼"为基础的学习型组织理念。学习型组织的出现奠定了未来的企业模式。

所谓学习型组织，就是通过不断的学习来改革组织本身的组织，学习是在个人、团体、组织或组织相互作用的共同体中产生的。学习是持续性地，并可以战略性地加以运用的过程，而且可以同时运用到工作中或者跟工作同时进展。善于不断地学习是学习型组织的本质特征。此外，彼得·圣吉认为，企业的领导者和全体职工都要进行五项修炼：① 锻炼系统思考能力；② 追求自我超越；③ 改善心智模式；④ 建立共同远景目标；⑤ 开展团队学习。而判断一个组织是否是学习型的组织，有以下4条基本标准：① 人们能不能不断检验自己的经验；② 人们有没有生产知识；③ 大家能否分享组织中的知识；④ 组织中的学习是否和组织的目标息息相关。彼得·圣吉还指出，在学习型组织之中，领导者是设计师、仆人和教师，他们负责建立一种组织，能够让其他人不断了解复杂性、愿景和改善共同心智模式，也就是领导者要对组织的学习负责。

（五）戴明和朱兰的质量管理理论

早在20世纪50年代，美国质量管理学家威廉·戴明（William Edwards Deming）和朱兰（Joseph Moses Juran）就分别提出了质量管理思想，但是在美国没有得到支持和欢迎，而在日本却得到欢迎和实践。到20世纪90年代，在诸如电子、家电、汽车等一些产业，日本企业的产品质量和竞争力超过美国，从而引起美国等西方理论界和实践界对全面质量管理的高度重视，掀起了一场质量革命——全面质量管理（TQC）。因此，人们称戴明和朱兰是“质量管理之父”。

全面质量管理的本质是由顾客需求和期望驱动企业持续不断改善的管理理念。它包括以下几个要点：① 关注顾客。顾客不仅包括购买组织产品或服务的外部顾客，而且包括组织内相互联系的内部顾客（如上下游价值活动间的员工）。② 注重持续改善。“很好”不是终点，质量能够永远被提升和改善。③ 关注流程。全面质量管理把工作流程视为产品或服务质量持续改善的着眼点，而不仅仅是产品和服务本身。④ 精确测量。全面质量管理运用统计方法对组织工作流程的每一关键工序或工作进行测量，把测量的结果与标准或标杆进行比较，识别问题，深究问题根源，消除问题产生的原因。⑤ 授权于员工。质量管理是全体员工而不仅仅是管理者或质检员的职责和任务。

（六）企业战略和核心能力理论

企业战略研究的是关于企业的发展方向问题。所谓战略，就是站在明天的角度规划今天，以求在企业经营活动中创造适应性。

20世纪90年代，加里·哈默尔（Gary Hamel）与普拉哈拉德（C. K. Prahalad）锐意求新，重新审视面向新时代的战略并取得了巨大成功。他们认为：战略创新就是革命，是全局性的把握，其他任何事情都是策略问题。有十项原则可帮助一家公司解放其革命精神，并让它发现真正革命性战略的机会正在戏剧性地增加。这些原则不是一系列渐进的指令，而是关于战略的挑战——成为产业革命者的挑战的思考方法。

企业战略理论认为：战略弹性，是指企业竞争的制高点，当前企业面临经营环境的快速变化，使得企业必须具有快速的经营反应能力。获得这个反应能力必须建立自己的战略弹性。战略弹性是指企业依据公司本身的知识能力，为应付不断变化的不确定情况而具有的应变能力，这些知识和能力由人员、程序、产品和综合的系统构成。战略弹性由组织结构弹性、生产技术弹性、管理弹性和人员构成弹性组成。一旦企业建立起自己的战略弹性，企业即形成了组织的活性化、功能的综合化、活动的灵活化，这一切即构成了独特的企业文化，企业从而建立起别人无法复制的战略优势，竞争能力将会得到很大程度的提高。

核心能力，是构成企业竞争能力和竞争优势基础的多方面技能、互补性资源和运行机制的有机融合，是识别和提供竞争优势的知识体系。核心能力修炼的前提是"企业家追求的升华"和"企业家超凡能力的修炼"。为了深入剖析企业核心能力的形成机理，可以把核心能力修炼划分为"企业超凡能力的修炼和延伸"、"理念体系的确立和渗透"、"运行体系和时钟机制的构建"、"人力资源势能形成和动能发挥"等四个环节。经过核心能力的修炼后，即形成诸如洞察预见力、核心技术、运作技巧等能力。只有拥有了这种能力，才能实施这些具有强大威力的战略。

核心理念体系的建设是核心能力修炼的一项核心内容，具体包括以下三个方面——① 理念共鸣是企业与员工的黏合剂。② 理念"杏黄旗"。把集体目标与个人目标统一起来，建立共同愿景，才能把全体员工的积极性和创造力凝聚起来，去完成共同的事业。③ 理念渗透。理念能做多大，公司就能做多大。

（七）企业再造管理理论

企业再造和业务流程理念是迈克·哈默（Michael Hammer）和詹姆斯·钱皮（James Champy）于 1993 年出版的著作《再造企业》中首先系统表述的。哈默和钱皮认为，自亚当·斯密以来的企业运营，都是建立在分工论的基础上的，这种效率低下的功能组织不能适应以顾客主导、竞争激烈、变化迅速为特征的现代企业经营环境。必须彻底摈弃大工业时代的企业模式，即将硬性拆开的组织架构，如市场开发、生产、营销、人事、财务、后勤等功能性部门，按照自然跨部门的作业流程重新组装回去，也就是要求从协作的角度出发，用整体思想重新塑造企业的所有流程，使企业模式与当今时代信息化、全球化相适应，才能大幅度提高企业生产力。显然这种重新组装是对过去组织赖以运作的体系和程序的一种革命。

企业再造中最关键的部分是在公司的核心竞争力和经验的基础上确定它应该做什么，即确定它能做得最好的是什么。之后确定需要做的事最好是由本组织来做还是由其他组织来完成。采取企业再造方法的结果是公司规模的缩小和外包业务的增多。

实践中对流程重新塑造为企业带来惊人变化的例子很多,但由于流程再造失败给企业带来很大损失的例子也不少。究其失败的原因如下:① 流程再造未考虑企业的总体经营战略思想;② 忽略作业流程之间的联结作用;③ 未考虑经营流程的设计与管理流程的相互关系。针对这些缺陷,管理学者发展了一种称为"MTP"即流程管理的新方法,是对企业再造工程的扩展和深化,它使得企业经营活动的所有流程实行统一指挥和综合协调。

(八) 六西格玛理论

从 1981 年到 2001 年,美国通用电气公司的股票市值从 120 亿美元上升到 1700 亿美元,其巨大成功源于杰克·韦尔奇(Jack Welch)成功的管理制度和管理哲学,而其中被提得最多的无疑是"六西格玛"理论。正是通用电气公司的成功才把六西格玛上升为一种高度有效的企业流程设计、改造和优化管理方法,继而成为追求管理卓越性的跨国企业最为重要的战略举措。这也是杰克·韦尔奇作为六西格玛理论的代表人物的原因。

六西格玛是一项以数据为基础、追求几乎完美的质量管理方法。西格玛本是一个描述运作的结果与标准值之间偏差的数理统计术语,即数据的分散程度。六西格玛的重点是把所有的工作作为一种流程,采用量化的方法分析流程中影响质量的因素,找出最关键的因素加以改进从而达到更高的客户满意度。六西格玛包含 6 个主题——真正关注顾客,以数据和事实驱动管理,针对流程采取相应措施,预防性的管理,无边界的合作,力求完美但容忍失败。企业可以从业务变革、战略改进和解决问题三个途径展开六西格玛理论。这些途径对那些想要慢慢体会六西格玛工具的好处又不想在企业内部掀起变革的企业来说,是最合适的。

六西格玛的意义在于众多企业已在开展将其内部形成的、独特的管理方法用一种理论形式固化下来,使管理理论的发展更加具有实践意义,管理理论与实践的统一已成为管理理论发展的新趋势。

(九) 知识管理思想

知识管理是从 1990 年开始在全球范围兴起的学术和商业应用主题,主要用作组织中建构一个量化和质化的知识系统,让组织中的资讯和知识透过获得、创造、分享、整合、记录、存取、更新、创新等过程,不断地回馈到知识系统内,形成永不间断的累积。个人与组织的知识成为组织智慧的循环,在企业组织中成为管理和应用的智慧资本,有助于企业做出正确决策,以应对市场变迁。

知识管理包括建立知识库,促进员工的知识交流,建立尊重知识的内部环境,知识资产管理。但是,知识管理不应被狭义地看待,它涉及许多的相关研究领域，诸如它可以和学习、创新、教育、记忆、文化、人力资源管理、心理科学、脑科学、管理科学、信息科学、信息技术、图书馆学和情报学等联系在一起。它并不单纯是一种管理理论，而是涉及从技术到管理再到哲学的多个层面。因此，通过任何一个简单的框架或模型，也许能理解知识管理的基本含义，但是却远远不能涵盖其全部意义，而且也无此必要。

二、世界管理理论发展的总趋势

（一）创新管理

21 世纪是一个变化的世纪，变是永恒的真理。任何已有的和常规的管理模式都将最后被创新的管理模式所取代。管理创新是管理的主旋律，是创造一种全新的企业资源配置范式并能有效地加以实施。具体包括三层含义：一是管理的创新；二是对创新活动的管理；三是创新型管理。

约瑟夫·熊彼特（Joseph Alois Schumpeter）、吉姆·柯林斯（Jim Collins）、彼德·威廉姆森（Peter Williamson）、彼得·德鲁克（Peter F. Drucker）等人作为管理创新理论的代表人物，从不同角度阐述了管理创新理论，具有重大的理论参考价值。

当前对管理创新发展趋势的研究主要有以下三种观点：① 把创新渗透于整个管理过程中，使管理随着技术、市场等环境的变化而变化，包括战略创新、制度创新、组织创新和市场创新等方面；② 创新是整个组织及其成员活动的主旋律，因而要创造一个适合每个人都可以创新的环境和机制；③ 企业个性化，包括独特的个性化产品和个性化的经营管理方式，以便在激烈的竞争中获得优势，打造自己的核心竞争力。

创新管理不仅要激发新观念、新构想的产生，而且要努力为这些新观念、新构想的付诸实施开辟道路。作为管理者，只有通过各种方法来刺激创新者，保持他们创新的动力，才能使企业在激烈的市场竞争中立于不败之地。

（二）跨文化管理

随着企业全球化浪潮的推进，跨文化管理得到企业的日益重视。它是指通过克服不同异质文化之间的差异，在此基础之上重新塑造企业的独特文化，最终打造卓有绩效的管理行为。

它所研究的是在跨文化条件下如何克服异质文化的冲突，进行卓有成效的管理，其目的在于如何在不同形态的文化氛围中设计出切实可行的组织结构和管理机制，最合理地配置企业资源，最大限度地挖掘和利用企业人力资源的潜力和价值，从而最大化地提高企业的综合效益。

跨文化管理研究兴起的直接原因是二战后美国跨国公司进行跨国经营时的屡屡受挫。美国管理学界一直认为，他们的管理理论和管理实践毫无疑问应该是普遍适用的。然而,二战后美国跨国公司跨国经营的实践却使这种看法受到了有力挑战。实践证明,美国的跨国公司在跨国经营过程中照搬照抄美国本土的管理理论和方法到其他国家很难取得成功,而许多案例也证明对异国文化差异的迟钝以及缺乏文化背景知识是导致美国跨国公司在新文化环境中失败的主要原因,因此美国人不得不去研究别国的管理经验,从文化差异的角度探讨失败的原因,从而产生了跨文化管理这个新的研究领域。与美国相反,日本在 20 世纪 60 年代末和 70 年代初企业管理的成功也是导致跨文化管理研究兴起的重要原因。中国该如何建立既具有中国文化特色又吸纳人类一切先进文化成果的管理文化模式是一个急需深思的问题。

(三)管理的国际化

管理的国际化是 21 世纪管理研究和实践最重要的领域之一。它是指企业的管理具有国际视角,符合国际惯例和发展趋势,能在世界范围有效配置资源。特别是在现代交通、信息、技术等的迅速发展促成了全球经济一体化,世界市场开始生成,国界正失去原有的意义,迫使管理者不得不把自己所在管理系统的管理放置在国际化的大环境中去思考如何更好地满足顾客多样化、个性化的需求,并在此基础上获取更多的经济效益和社会效益;如何培养企业核心竞争力,提高企业在国际市场上的竞争力;如何管理全球企业等,从而在瞬息万变的国际环境和激烈的国际竞争中寻求组织生存的机遇。

管理的国际化在给企业带来挑战机遇的同时,也给企业带来了巨大的挑战,主要涉及:企业能否从国际化角度来思考问题和制定竞争策略;企业能否从全球范围统筹包括资本、技术和人力等资源的合理配置;能否密切注意国际的交流与合作;能否打造世界性的品牌,在全球范围市场和网络营销;能否处理好企业文化与本土商业实践之间的关系。

三、当代的管理挑战

在引导公司方向的同时,当代经理们面临着众多的挑战。

经理们当前面临的最关键的挑战之一是停滞不前的经济,它限制了企业的发展。第二个挑战是如何管理多元化。第三个挑战是员工隐私。与此相关的问题之一则是由于技术进步,员工可以不必在自己的办公室工作。互联网在商业战略中的地位也是一个复杂的问题。

全球化是当代经理们面临的另一个重要的挑战。全球化经济体的管理会带来许多不同的挑战和机会。例如,在宏观层次上,不同国家的产权制度差别很大,自然资源和基础设施更是千差万别,政府在商业中的角色也各不相同。但是,对于我们来说,一个非常重要的考虑因素是不同国家和文化间行为过程的千差万别。例如,价值、符号和信仰在不同文化间存在着巨大的区别。不同的工作模式和工作在个人生活中的角色会影响同工作有关的行为和对待工作的态度，还影响主管关系的性质、决策风格和过程以及组织架构。群体和群体内过程、对压力的反应和政治行为的本质也表现出文化差异。

另一项重新表现出重要性的管理挑战是伦理和社会责任以及它们同公司治理的关系。不幸的是，牵涉不伦理行为的商业丑闻已经成为今天的常例。在社会责任方面，对污染、环境治理、企业对社会的贡献等方面的要求都提高了。适当的公司治理框架通常成为这些争议和讨论的中心。

品质也是当今管理重要的持续性挑战之一。首先，越来越多的组织将品质作为竞争的基础。例如，大陆航空公司在印刷广告上强调自己在包尔(J. D. Power)顾客满意度调查中的高排名。其次，提高品质通常会导致生产率上升，因为高品质产品的生产通常会减少浪费和返工。再次，提高品质可以降低成本。Whistler公司一度发现自己的250名员工中有100人在从事修复未能一次正确制成的雷达探测仪。

最后，经济服务化的转变仍然是一个重要的主题。传统上，绝大多数企业都是制造业企业，它们运用有形资源，例如原材料和机器来创造有形的产品，如汽车和钢铁。然而，在过去数十年里，服务部门的重要性日益提高。事实上，在美国，服务业现在已经占到GDP的一半以上，在许多工业化国家里，服务业也同样扮演着类似的重要角色。服务技术利用有形资源(如设备)和无形资源(如知识产权)创造无形的服务(如理发、保险或运输)。尽管在制造业和服务业的管理中存在许多共同之处，但也存在着许多根本性的差异。

本章基本概念

(1) 管理思想，古典管理理论，科学管理理论，一般管理理论，行为管理理论；

(2) 系统管理理论，权变管理理论，管理过程理论，决策理论，经理角色理论，社会协作系统理论；

(3) 霍桑试验，泰勒的“铁锹试验”，泰勒的“搬运生铁块试验”；

(4) 竞争战略，领导学说，学习型组织，质量管理理论，企业战略，核心能力，企业再造，六西格玛思想，知识管理思想。

问题思考

1. 何为管理？为什么管理实践与人类历史同样悠久？

2. 中国古代杰出的管理思想有哪些?
3. 西方各种管理思想的主要特点是什么?
4. 西方管理思想是如何随着社会的发展而发展的?
5. 霍桑实验得到了什么结果?
6. 亚当·斯密、泰勒、法约尔等人对管理的主要贡献是什么?
7. 根据孔茨的研究,管理者应具备哪些基本职能?
8. 根据明茨伯格的研究,管理者应扮演哪些角色?
9. 简述现代管理丛林 11 个学派的主要思想。
10. 简述当代管理理论的代表人物及其主要观点。

第三章　管理的基本原理

学习目标

1. 掌握管理基本原理的主要内容；
2. 能灵活应用管理的基本原理。

【开篇案例】　**麦肯锡：成就顶级企业**

麦肯锡公司是世界级领先的全球管理咨询公司，是由美国芝加哥大学商学院教授詹姆斯·麦肯锡(James O'McKinsey)于1926年在美国创建的。公司在全球设有100多家分公司，9000多名咨询师，每天都同时在为75个国家600多位客户进行着1000多个咨询项目，是一家真正的全球公司。它们在世界各地区都开展业务，其中50%位于欧洲、中东及非洲地区；30%位于北美地区；20%位于拉美及亚太地区。它们在全球范围内咨询业务的客户包括了最知名的企业及机构，占据《财富》杂志全球500强公司排行榜的80%。它无疑是最高效的"CEO制造商"。2016年，Vault发布的咨询公司排名麦肯锡公司位列榜首(Vault每年的最值得工作的咨询公司排名就相当于咨询行业里的"超级碗")。

自成立以来，麦肯锡缔造了一个又一个神话，而麦肯锡成就全球顶级公司的内在逻辑却从未被深入地挖掘与探究。

价值观第一。企业的核心价值观将直接引导企业的未来走向，绝不能为了经济利益而牺牲公司文化。麦肯锡的一些核心价值观：客户第一；必须直接面对敏感的问题；使公司员工重视真实、正直和信任的重要性。相对于其他的挑战，麦肯锡公司更加关注企业对价值观的坚持，因为这样不仅能够对外树立公众形象，对内也可以提振员工士气。

以客户为中心。长期以来，咨询领域的专家们一直对他们所认为的咨询业核心基本问题感到迷茫，他们把握不住自我的真实价值。从一开始，创始人詹姆斯·麦肯锡就没把重心放在组织结构图底层的流水线工人身上，而是瞄准了日益壮大的白领阶层和高级经理人，通过运用工程学修辞技巧，一举帮助管理层在关系结构中确立了最终的主导地位。作为麦肯锡的继任者，也是公司灵魂人物的马文·鲍尔认为，一切利益在客户面前皆可牺牲。他将麦肯锡定位为客户利益的公仆，在他的心中，除了客户还是客户。

战略思维。麦肯锡公司的专长就是把问题转化为利润，但首要的一件事就是保证自己不会作为企业的寄生虫而被解雇，并确保可以得到和专业人员相同的尊重。战略思维的出现可以说是商业历史上的一个重大突破，战略规划让企业能够掌控自己的命运。它能够让员工从日常琐碎的事务中解脱出来、公司加快对市场变化的反应、管理者可以更明智地做出决定。

"不晋则退"的用人机制。即使是哈佛的毕业生，也很难在麦肯锡谋得终身职位，这种无情的淘汰制度就是现在广泛应用的"不晋则退"制度，麦肯锡采用该体系开启了无情的绩效考核周期，至少每年进行一次详尽的测评。随着时间的推移，这种政策发展到初级合伙人、董事身上，被改成"不发展则退"政策，再后来，又被应用到高级董事身上——"不领导便离开"。

知识型组织。相较于其他公司建立的是知识管理系统，麦肯锡推行的则是一种共享文化，建立一个内部知识网络，每位员工都积极参与到知识的积累与传播中，使其快速纳入公司的知识库。正因为致力于构建知识型组织，才可以为员工提供详尽的数据搜集和分析，最终缔造出诸如汤姆·彼得斯、赫布·亨茨勒和大前研一这样的管理大师。

非凡的人脉网。事实上，让麦肯锡在众多竞争对手中独树一帜的一个主要因素，是其非凡的校友网络——"麦肯锡黑帮"，麦肯锡从来不吝惜在人脉网上的投资，在《财富》500强企业中，有70多位首席执行官曾就职于麦肯锡，至今为止，有超过150名麦肯锡校友运营着多家年销售额过10亿美元的公司，麦肯锡无疑是全世界史无前例的最高效的"首席执行官制造商"。

内部创业文化。尽管大多数麦肯锡咨询顾问不愿承认，但在不必承担太多风险的情况下，麦肯锡备受赞誉的冒险文化实际上也会带来巨大的回报。为一个要求如此严苛的公司效力本身就是一种冒险，但是如果你发现了扩展业务的新机遇，这将成为一个比你安于现状更安全的赌注。麦肯锡允许员工有内部创业的机会，并确保安全保障全部到位，失败了也无所谓，至少还有老客户。麦肯锡以自己独特的方式允许员工有内部创业的机会，这一点确实让人羡慕。

内训的力量。麦肯锡所有的管理顾问都多少有些自负，他们都希望用自己的方式和自己的结论来解决问题。但围绕如何处理问题及处理问题的严谨程度，麦肯锡则为全球制定了一套让人印象深刻的内部培训制度。严格培训和教导的好处是，麦肯锡能够从全球8个不同的城市召集8位不同的咨询顾问，而且只需花5分钟的时间就能围绕项目需求把他们组织起来。这正是麦肯锡独步天下的秘密武器。

麦肯锡方法。麦肯锡方法涵盖了麦肯锡小心守护的一系列管理技巧，不仅涉及企业，而且还涉及如何让这个纷纷扰扰的世界让步于聪明和守纪的头脑。在一生中，你一次又一次地接受培训和选择，最后得到的回报是，你可以做成一些事情，你拥有全方位适应的能力，能够找出原因，然后向人们做出解释。事实上，与其说麦肯锡方法本身是掌握知识，倒不如说是对掌握知识的渴望，但更重要的是一种感觉，这种感觉就像你得到了一把可以开启一切的万能钥匙。

在商业或其他领域，全新的观点是解决许多问题的途径，而将近一个世纪都坚持这样做，确实是一项很高的要求。很明显，麦肯锡已经达到了这个要求。不管怎样，麦肯锡都算是世界上最有影响力的精英集合体，并保持这种改变世界的影响力。

〔主要资料来源：达夫·麦克唐纳《麦肯锡经验：成就全球顶级公司的11条经营法则》，中信出版社〕

管理原理，是指对管理工作的实质内容进行科学分析总结而形成的基本规律，它以科学理论为指导，以管理实践和经验为基础，对管理活动的实质及其基本规律做出高度科学的抽象和概括。

管理原理是规范和指导管理工作的行为指南，是管理主、客体把管理目的和规律在管理实践活动中的具体化。研究管理原理，有助于我们掌握管理原理，探求管理活动的应然状态，提升管理实践的科学化水平，提高管理工作的效率和效益，充分发挥组织功能，实现管理的基本目标。现代管理的原理有很多，本章将系统地介绍以下几个基本原理：① 系统原理；② 人本原理；③ 责任原理；④ 效益原理；⑤ 伦理原理。

第一节 系统原理

任何社会组织都是由人、物、信息组成的系统，任何管理都是对系统的管理，没有系统也就没有管理。系统原理不仅为认识管理的本质和方法提供新的视角，而且它所提供的观点和方法广泛渗透到人本原理、责任原理、效益原理和伦理原理之中。从某种意义上说，系统原理在管理原理的有机体系中起着统率的作用。

一、系统的概念

系统，是指由若干相互联系、相互作用的部分组成、在一定环境中具有特定功能的有机整体。就其本质而言，系统是“过程的复合体”。

在自然界和人类社会中，一切事物都是以系统的形式存在的，任何事物都可以看作是一个系统。在宇宙，从基本粒子到河外星系，从人类社会到人的思维，从无机界到有机界，从自然科学到社会科学，系统无所不在。按宏观层面分类，它大致可以分为自然系统、人工系统和复合系统。自然系统，是由自然物组成的系统，包括生态平衡系统、生命机体系统、天体系统、物质微观结构系统以及社会系统等等。人工系统，是人们为达到某种目的而建立的系统，包括立体成像系统、生产系统、交通系统、电力系统、计算机系统、教育系统、医疗系统、企业管理系统等等。复合系统，是自然系统和人工系统的组合体，包括导航系统、交通管理系统和人—机系统等等。

二、系统的特征

（一）目的性

每个系统都应有明确的目的，不同的系统有不同的目的。目的不明确，或者混淆了不同的目的，均必然导致管理的紊乱。在现代管理系统中常常存在着多种目标的系统，这种多目标性常导致目标间的矛盾，在人、财、物、时空、信息等方面相互干扰，这就需要组织协调。管理者要从主要目标出发，统筹兼顾，妥善处理，以达到整体目标最优。

现实中常常有多种目的存在。为了保证系统有效和高速运转，就应采取多种措施使系统的多种目的协调一致，尽量减少目标间的差距，根据系统各个目的的重要性剔除次要目的，同时还要把系统目的转化为目标。目标是系统目的的具体化和量化，目标的设置便于系统围绕着某个中心任务进行自我组织和调控，激励人们的斗志，尽快实现目标。

（二）整体性

正是因为系统的目的性，使系统内各因素围绕共同目标构成不可分割的整体。即是说，系统是由各个要素结合而成的，这就是系统的整体性。① 从系统的存在方式来说，系统的任何一个组成部分都不能离开整体而孤立存在，同时整体失去某一组成部分也难以发挥整体作用。正像人手在人体中那样，它是劳动的器官，一旦把手从人体中砍下来，它即不再是劳动的器官了一样，同时没有手的人也就成了有缺陷的人，其人的整体作用发挥自然就要受到诸多限制。② 从系统存在的目的来说，系统的整体目标是系统各组成部分共同努力的目标，但是它并不等于各组成部分分目标的简单相加，即“整体大于部分之和”。③ 系统的功能具有整体性。系统作为整体存在时，具有组成部分没有的功能和特性。整体性是系统方法的核心，是指导我们管理工作的指导思想。整体性要求我们在处理事物时，要从全局出发、以大局为重，注重整体效应，在整体规划下不断与系统内各要素部分交换能量和信息。协调各个要素，调动各个要素的积极性，才能实现整体目标。

（三）层次性

一个系统至少由两个或两个以上的子系统构成。因此，系统的结构是有层次的，构成一个系统的子系统和子子系统分别处于不同的地位。系统和子系统是相对而言的，而层次是客观存在的。系统的运行是否有效及效率的高低，在很大程度上取决于层次的划分和确定。系统的层次性体现系统可以逐级分解和集合的特性。逐级分解说明每一层次都应有各自的功能、明确的任务和职责范围。层次之间的关系主要表现为上下、左右关系。上一层次系统要根据系统的功能、目标向下一层次发出指令信息，监督和考核其指令执行的效果，解决下一层次系统之间的不协调问题。下一层次系统要在执行上一层次指令的过程中完成自己的职责，反馈信息、保持与系统总目标的一致。同一层次系统之间的横向联系及各系统内部的各种关系，一般应由各系统全权处理。

（四）关联性

系统与其子系统或要素之间、系统内部子系统或要素之间和系统与环境之间的相互作用、相互依存和相互影响的关系，就是系统的关联性。其一，表现为子系统同系统之间的关系。系统的存在和发展是子系统存在和发展的前提，因而各子系统本身的发展就要受到系统的制约。例如，国民经济系统中的工业、农业、商业等子系统的发展，均受到国民经济这一系统的制约。其二，表现为系统内部子系统或要素之间的关系。某要素的变化会影响另一些要素的变化，而各个要素之间关系的状态，对子系统和整个系统的发展都可能产生重要影响。其三，表现为系统与环境之间的关系。系统必须适应环境才能生存和发展，同时也影响着环境。系统内部诸要素之间的相互作用以及系统与外部环境之间的相互作用，是推动系统发展的动力。

三、系统原理要点

（一）整体性原理

整体性原理，是指系统要素之间的相互关系及要素与系统之间的关系以整体为主进行协调，局部服从整体，使整体效果为最优。实际上就是从整体着眼、部分着手、统筹考虑、各方协调，从而达到整体的最优化。

从系统目的的整体性来说，局部与整体存在着复杂的联系和交叉效应。大多数情况下，局部与整体是一致的。对局部有利的事对整体也是有利的，对整体有利的事对局部也有利。但有时，局部认为是有利的事，从整体上来看并不一定就是有利的，甚至是有害的。有时，局部的“利”越大，整体的“弊”反而越多。因此，当局部和整体发生矛盾时，局部利益必须服从整体利益。

从系统功能的整体性来说，系统的功能并不等于要素功能的简单相加，而是往往要大于各个部分功能的总和，即“整体大于各个孤立部分的总和”。这里的“大于”，不仅指数量上大，而且指在各部分组成一个系统后产生了总体的功能，即系统的功能。这种总体功能的产生是一种质变，其功能大大超过了各个部分功能的总和。因此，系统要素的功能必须服从系统整体的功能，否则就要削弱整体功能，从而失去系统功能。

在现实情形中，经常可以看到一个系统中重局部轻全局，特别是局部之间不协调、互相扯皮，从而损害了全局的利益。在这种情况下，子系统的功能虽好，但不利于达到整体的目的，效果当然不会好；相反，有时候子系统的效益虽然低一些，但有利于实现系统的功能，有利于达到整体的目的，其效果自然一定是好的。

（二）动态性原理

系统作为一个运动着的有机体，其稳态只是相对的，而动态则是绝对的。系统不仅作为一个功能实体而存在，而且作为一种运动而存在。系统内部的联系就是一种运动，系统与环境的相互作用，不断地进行物质、能量和信息的交流，也是一种运动。系统的功能是时间的函数，因为不论是系统要素的状态和功能，还是环境的状态或联系的状态都是随时在变化的，运动是系统的生命。例如，企业是社会经济系统中的子系统，它为了适应外部社会经济系统的需要，必须不断地完善和改变自己的功能，而企业内部各子系统的功能及相互关系也必须随之相应地发展变化。企业系统就是在这种不断变化的动态过程中生存和发展的，因此，企业的产品结构、工艺过程、生产组织、管理机构、规章制度、经营方针、管理方法等都具有很强的时限性。

掌握系统动态原理，研究系统的动态规律，可以使我们预见系统的发展趋势，树立起超前观念，减少偏差，掌握主动，使系统向期望的目标顺利发展。

（三）开放性原理

严格说来，完全封闭的系统是不存在的。事实上，不存在一个与外部环境完全没有物质、能量、信息交换的系统。系统只有与外界不断交流物质、能量和信息，才能维持其生命；也只有当系统从外部获得的能量大于系统内部消耗散失的能量时，系统才能克服熵而不断发展壮大。所以，对外开放是系统的生命。在管理工作中，任何试图把本系统封闭起来与外界隔绝的做法，势必会导致失败。明智的管理者应当从开放性原理出发，充分估计到外部对本系统的种种影响，努力从开放中扩大本系统从外部吸入的物质、能量和信息。

（四）环境适应性原理

系统不是孤立存在的，它要与周围事物发生各种联系。这些与系统发生联系的周围事物的集合，就是系统的环境。环境也是一个更高层次的大系统。如果系统与环境进行物质、能量和信息的交流，能够保持最佳适应状态，则说明这是一个有生机和活力的理想系统。否则，一个不能适应环境的系统则是无生命力的，势必会被淘汰。

系统对环境的适应并不都是被动的，也有能动的，那就是改善环境。环境可以施加作用和影响于系统，系统也可施加作用和影响于环境。例如，构成社会系统的人类具有改造环境的能力，没有条件可以创造条件，没有良好的环境可以改造环境。

（五）综合性原理

系统的综合性原理包括两方面含义：一是系统目标的多样性和综合性。任何系统最优化目标的确定，都是从各种复杂的甚至是对立的因素中综合的结果。二是系统实施方案选择的多样性和综合性。任何系统实施最优方案的确定，都是在对多方案综合的基础上选择和创造的。管理者既要学会把许多普普通通的东西综合为新的构思、新的产品、创造出新的系统，又要善于把复杂的系统分解为最简单的单元加以解决。

第二节　人本原理

世界上一切科学技术的进步，一切物质财富的创造，一切社会生产力的发展，一切社会经济系统的运行，都离不开人的服务、人的劳动和人的管理。原因在于人是社会的主体，一切社会活动都是通过人进行的。现代管理的核心是人，人既是管理的主体又是管理的客体，离开了人就不存在管理。因此，如何创造良好的社会环境和管理环境，充分发挥人的主观能动性，是一个组织管理的重要任务。人本原理就是以人为中心的管理思想。这是管理理论发展到 20 世纪末的主要特点。人本原理，就是管理系统要以人为本，任何组织和系统的管理，必须以人为中心，注重人的思想、情感和需求，以激发人的主动性和创造性为根本，以调动人的积极性为主要目的。

人本原理的基本含义包括三个方面：① 人是组织管理的核心，离开人的管理就谈不上管理；② 人力资源的开发是无限的，管理活动的任务是调动人的能动性、创造性和积极性；③ 管理的手段是通过对人的思想、情感和需求的了解，做好人的思想工作、尊重人的情感，采取各种激励措施最大限度地调动人的积极性、挖掘人的潜能。

人本原理具体体现下面几个观点——员工是组织的主体；员工参与是有效管理的关键；使人性得到最完美的发展是现代管理的核心；服务于人是管理的根本目的。

一、员工是组织的主体——尊重人

劳动是企业经营的基本要素之一。人们对提供劳动服务的劳动者在企业生产经营中的作用是逐步认识的,这个认识过程大体上经历了以下三个阶段。

(一) 要素研究阶段

关于劳动力在生产过程中的作用研究,是随着以机器大生产为主要标志的现代企业的出现而开始的。但在早期,这种研究基本上限于把劳动者视为生产过程中的一种不可缺少的要素。比如,管理科学的奠基人泰勒的全部管理理论和研究工作的目的,都是致力于挖掘作为机器附属物的劳动者的潜能。他仔细研究工人操作的每个动作,精心设计出最合理的操作程序,要求所有工人严格地执行,而不要他们再去创造和革新。他坚信,工人只要按照规范程序作业,就能实现最高的劳动生产效率,从而获得最多的劳动报酬。这样对工人和企业双方都是有利的。泰勒之后几十年中所有对劳动和劳动力的研究大多都未摆脱这种把人视作机器附属物的基本观点和方法。

(二) 行为研究阶段

第二次世界大战前夕特别是战后,有一部分管理学家和心理学家开始认识到劳动者的行为决定企业的生产效率、质量和成本。在此基础上,他们进行了大量的案例分析,研究劳动者行为的影响因素。通过这些研究他们发现,人的行为是由动机决定的,而动机又取决于需要。劳动者的需要是多方面的,经济需要只是其基本内容之一。所以他们强调,管理者要从多方面去激励劳动者的劳动热情,引导他们的行为,使其符合企业要求。这一阶段的认识有其科学合理的一面,但其基本出发点仍然是把劳动者作为管理的客体。

(三) 主体研究阶段

20 世纪 70 年代以来,随着日本经济的崛起,人们通过对日本成功企业的经验剖析,进一步认识到职工在企业生产经营活动中的重要作用,逐渐形成了以人为中心的管理思想。中国管理学家蒋一苇在 20 世纪 80 年代末发表了著名论文《职工主体论》,明确提出"职工是社会主义企业的主体"的观点,从而把对职工在企业经营活动中的地位和作用的认识提到一个新的高度。根据这种观点,职工是企业的主体,而非客体;企业管理既是对人的管理也是为人的管理;企业经营的目的,绝不是单纯商品的生产,而是为包括企业职工在内的人的社会发展而服务的。

二、员工参与是有效管理的关键——依靠人

实现企业有效管理有以下两条完全不同的途径:① 高度集权、从严治理,依靠严格的管理和铁的纪律重奖重罚,使得企业目标统一、行动一致,从而实现较高的工作效率。② 适度分权、民主治理,依靠科学管理和员工参与使个人利益

与企业利益紧密结合，使企业全体员工为了共同的目标而自觉地努力奋斗，从而实现高度的工作效率。

这两条途径的根本区别在于——前者把企业员工视作管理客体，员工处在被动被管的地位；后者把企业员工视作管理主体，员工处于主动地参与管理的地位。当企业员工受到饥饿和失业的威胁时，或受到政治和社会的压力时，前一种管理方法可能是有效的；而当职工经济上已比较富裕、基本生活已得到保证，就业和流动比较容易、政治和社会环境比较宽松时，后一种方法必然更为合理、更为有效。

影响企业发展的因素固然很多，但归纳起来无非就是天时、地利、人和。其中，“人和”最为宝贵。有了“人和”，才能去争取和利用“天时”（客观环境和机遇），有了“人和”，才有可能去逐步完善和充分发挥“地利”（本企业的资源优势）。如果没有“人和”，经营者与劳动者纠纷不断，企业领导内部、上下级之间、各部门之间遇事互相扯皮、遇责互相推诿、遇权或利互相争夺，则再好的外部环境也将错过，再好的内部资源也会耗尽，失败是必然的结果。

“人和”的物质基础是经济利益的一致。真正“人和”的企业应当成为全体员工的命运共同体。然而，并不因为企业的性质是国有企业，员工就会自然地产生这种“主人翁感”，也不会因为企业的非国有性质就一定形不成命运共同体。事实上，新一代的中国人已经摆脱了他们父辈的那种平均主义、空想主义的思潮，而变得非常现实。他们不是根据滔滔不绝、气壮山河的宏论来决定自己的行为，而是根据自身的感受来认识企业。他们从工资报酬分配、企业红利分配、管理者工作态度和作风、管理者对劳动者权益的关心程度等等方面，来判断是否应把自己的命运托付给企业。

另一方面，企业员工，从厂长经理到普通工人，又都是依靠向企业让渡自己的劳动力的使用权而谋生的劳动者。员工的劳动目前仍然是他们谋生的主要手段，并且只有当劳动者具有企业需要的劳动能力时才能成为企业的员工。员工之间的工作岗位和劳动报酬的差别，也基本上都是根据每个人的劳动力状况（受教育程度、专长、能力、经验等）、劳动态度、劳动贡献等因素确定的。所以企业员工都是劳动者，没有主人仆人之分，实际上“主人仆人”的说法是一种很容易引起误解的、很不恰当的、过时的比喻。经营者和管理者不能把下属和工人视作花钱雇来的奴仆随意揉来揉去。普通员工也不应因没有直接决策权或未能指挥别人而感到“主人翁”地位的失落。企业生产经营活动中领导与被领导的分工是集体劳动的客观需要，人人享有平等的人权，人人都是劳动者，人人都可能成为领导者。有许多在生产劳动中表现出聪明才智的工人均担起了企业高级领导的责任；也有不少领导者因不能胜任工作而重新成为普通劳动者。

正是由于企业全体员工的共同努力，才使企业各项资源（包括劳动力本身）得到最合理的利用，才使企业创造出了产品、利润和财富，所以企业全体员工都有权参与企业管理。企业员工中的一部分（经营者和管理人员）其职业就是管理。所以有学者建议要特别重视非专职管理的职工（普通工人、职员和技术人员）参与企业管理的问题。具体的途径和形式是多种多样的，但以下三种形式应当是最基本的：① 通过职工代表大会选举代表参加企业的最高决策机构——管理委员会或董事会。职工代表在管委会和董事会中应占有一定比例，并享有与其他代表同等的权利和义务；② 由职工代表大会选举代表参加企业的最高监督机构——监事会。职工代表在监事会中应占有较多名额，并与其他监事一样享有监督企业生产经营活动的职权；③ 广泛参加日常生产管理活动（如质量管理、设备管理、成本管理、现场管理等）。由于劳动者最了解自己直接参与的那部分生产经营活动的实际情况，因此在参与日常生产管理活动时应有更大的话语权，也一定能取得更好的效果。

三、使人性得到最完美的发展是现代管理的核心——发展人

人之初，性本善还是性本恶？这个问题已经争论了许多世纪。这个争论，不论在中外古代的伦理思想中还是在现代管理学研究中，都得到了不同程度的反映。这两种相互对立的观点都可在社会生活中找到支持或反对的论据和事例。这个事实本身就表明，世界上并不存在绝对善或恶的人性。人性是受后天环境影响而形成的，因而也是可以塑造和改变的。

不同的时代，人性都不可避免地会打上历史的烙印。在封建社会，超经济的人身依附成为人性中最普遍的现象。君臣之间、官民之间、夫妇之间、父子之间、地主农民之间、师徒之间、主仆之间……几乎无不以人身依附作为建立正常关系的准则，并且以是否完全遵守这一准则作为评价人性是否完美的标准，一切管理也都是建立在一方完全无条件服从另一方的基础之上的。资本主义社会摧毁了这种封建的人身依附关系，建立了以人的利己本性为基础的商品经济关系。资本家拥有资本，劳动者拥有自己的劳动力，人们都是“平等”的“商品”所有者，都是为了利己的目的通过市场进行“自由”的交换和买卖，相互讨价还价，然后成交、签订协议。因而“利己”和“守信”遂成为资本主义条件下人际关系的基本准则，并以能否遵守这一准则作为评价人性是否正常、完美的标准，一切管理活动均建立在这一准则之上。

按照马克思的设想，在资本主义高度发展基础上建立的社会主义社会，由于物质财富极大丰富，人们的思想觉悟极大提高，人们之间将形成完全平等的友爱关系，毫不利己专门利人的品格将成为人性的主流。但是实际上，由于社会生产力尚不发达，今天的中国社会主义尚处于初级阶段，人们的物质生活尚不富裕，传统的思想意识尚有较大影响,因此管理所面临的人性状况极为复杂。有专门利他的奉献精神,也有专门利己的个人主义;有自由平等的民主要求,也有官贵民贱的等级观念。这就是中国管理界所面临的挑战。成功的管理者要在应对这个挑战的过程中,积极引导和促进人性的发展。

事实上,任何管理者都会在管理过程中影响下属人性的发展。同时,管理者行为本身又是管理者人性的反映。只有管理者的人性达到比较完美的境界,才能使企业职工的人性得到完美发展,而职工队伍的状况又是企业成功的关键。社会主义精神文明建设实质上是新时代人性的塑造。这绝不是靠喋喋不休的说教能够完成的,而是要靠管理的实践。在多元文化时代,在多样化的组织中,实施每一项管理制度、措施、办法时,不仅要考虑到实施取得的经济效果,更要考虑到对人精神状态的影响。只有从尊重人、尊重人的种族、信仰、文化、爱好、兴趣出发,才能真正促进人的全面发展。

四、管理是为人服务的——为了人

我们说,管理是以人为中心的,是为人服务的,是为了实现人的发展。这个"人",当然不仅包括企业内部、参与企业生产经营活动的人(虽然在大多数情况下,这类人是管理学研究的主要对象),而且包括存在于企业外部的、企业通过提供产品为之服务的用户。

为社会生产和提供某种物质产品(或服务),是企业社会存在的主要理由。在我国传统的计划经济体制下,企业是根据国家指令性计划来组织产品生产的,据此生产出来的产品,交由国家有关部门统一销售,而企业不需研究社会和用户的要求。因此,执行上级指令成为企业活动的主要任务,服务于行政主管部门成为企业管理明显的或隐含的宗旨。随着经济体制改革的开展和不断深化,企业被逐渐地推向市场,市场需求的特点和发展趋势逐渐取代国家指令性计划,成为企业组织生产经营活动的主要依据。市场是否愿意接纳和吸收企业的产品,成为企业能否继续生存、企业经营能否成功的主要决定因素。"服务用户"、"服务市场"逐渐取代"服务上级"、"服务计划",成为企业及其管理必须依循的基本宗旨。

在市场经济条件下,用户是企业存在的社会土壤,是企业利润的来源。人们知道,作为商品生产者,企业生产的目的不是为了企业自己或企业职工对某种产品的直接使用或消费,而是为了通过这些产品的销售而获得销售收入,旨在补偿生产过程中的各种消耗并实现利润。只有实现销售收入和销售利润,企业才能获得继续生存的权力或发展(在更大规模上生存)的条件。销售收入和利润的实现是以市场用户愿意接受和购买企业产品为前提的,而用户是否愿意接受和购买企业的产品,则取决于这些产品的消费和使用能否满足他们希望得到满足的需要。因此,为用户服务、满足用户需要,实质上是企业实现其社会存在的基本条件。① 企业要在这种思想指导下，研究市场需求的特点和发展趋势，据以确定企业的经营和产品发展方向。由于人的社会发展通常需要借助物质产品的消费来实现，因此企业经营和管理为人的发展服务，不仅要研究更应重视那些尚未被消费者认识的新产品的开发，以帮助消费者挖掘他们的潜在需求。② 企业要从用户角度出发，努力提高设备和材料使用效率，加速资金周转，以减少资金占用和材料消耗，降低生产成本，从而降低产品销售价格；以使消费者能够充分利用有限的货币购买力获取更多的物质产品，满足更多的需要。③ 企业还要在这种思想指导下，研究消费者使用本企业产品要求得到满足的实现条件。消费者购买某种产品不是为了这种产品的物质本身，而是为了获得这种产品所具有的使用价值。为了保证产品的使用价值能充分实现，消费者不仅要求企业提供符合需要的产品，而且要求企业提供与其使用有关的各种服务。因此，为用户服务，还要求企业在提供的产品品种对路、功能完善、质量优异、价格合理的前提下，提供使用方法培训和指导、使用过程中的维护和修理等售后服务。

综上所述，尊重人、依靠人、发展人、为了人，是人本原理的基本内容和特点。

第三节 责任原理

管理是追求效率和效益的过程。在这个过程中，要挖掘人的潜能，就必须在合理分工的基础上明确规定这些部门和个人必须完成的工作任务和必须承担的相应责任。这就是管理的责任原理。

一、明确每个人的职责

职责，是指在合理分工的基础上确定每个人的职位，明确规定各职位应担负的任务。职责并不是抽象的概念，而是在数量、质量、时空、效益等方面有严格规定的行为规范。表达职责的形式主要有各种规程、条例、范围、目标、计划等。

分工是社会化的必然产物，也是生产力发展的必然要求。一般而言，分工明确，职责也会明确。然而，实际上两者的对应关系并不这样简单。其理由是：分工一般只是对工作范围做了形式上的划分，至于工作的数量、质量、完成时间、地域、效益等要求，分工本身尚不能完全体现。为此，必须在分工的基础上通过适当方式对每个人的职责做出明确规定。具体做法如下：① 明晰职责界限。在实际工作中，工作职位离实体成果越近，职责越容易明确；工作职位离实体成果越远，职责越容易模糊。应按照与实体成果联系的密切程度，划分出直接责任和间接责任、实时责任和事后责任。例如，在生产第一线的，应负直接责任和实时责任，而在后方部门和管理部门的主要负间接责任和事后责任。② 细化职责内容。职责内容要具体、明了，并要做出明文规定。只有这样，才便于执行、检查和考核。同时,职责中还应包括横向联系的内容。在规定某个岗位工作职责的同时,必须规定同其他单位、个人协同配合的要求,只有这样才能提高组织整体的功效。③ 落实职责人员。职责一定要落实到每个人,只有这样,才能做到事事有人负责。没有分工的共同负责,实际上是职责不清、无人负责,其结果必然导致管理上的混乱和效率低下。

二、职位设计和权限委授要合理

"管理的基本原则是一定的人对所管的一定的工作完全负责。"有了明确具体的职责并不等于一个人就能对自己所承担的工作和任务做到完全负责,这是因为其中还有一个责、权、利、能是否对等的问题。一个人对自己所承担的工作和任务能否做到完全负责,基本上取决于三个因素。

(一) 权限

明确了职责,管理者要使下属部门或人员能够承担目标并顺利实现目标,就要根据他们所承担的责任大小授予相应的权力。因为管理离不开人、财、物的使用,任何管理都要借助于一定的权力。如果没有一定的人权、物权、财权,任何人都不可能对任何工作实行真正的管理。

职责和权限虽然很难从数量上画等号,但有责无权、责大权小,许多事情都得请示上级,由上级决策、上级批准,当上级过多地对下级分内的工作发指示、做批示的时候,实际上即等于宣告此事下级不必完全负责。所以,明智的上级必须克制自己的权力欲,要把下级完成职责所必需的权限全部委授给下级,由他去独立决策,自己只在必要时给予适当的帮助和支持。只有这样,才可能使下级具备履行职务责任的权限,增强他们的责任感,调动他们参与指挥活动和落实各项指令的积极性。

(二) 利益

权限的合理委授,只是完全负责所需的必要条件之一。完全负责,即意味着责任者要承担全部风险,而任何管理者在承担风险时都自觉不自觉地要对风险和收益进行权衡,然后才决定是否值得去承担这种风险。要求管理者承担风险,就必须给其与风险相对应的利益作为补偿;否则责任者就不会愿意承担这种风险。所以,必须使管理者所承担的风险与其收益相符合。为什么有时上级放权下级反而不要呢?原因就是在于风险与收益不对称,没有足够的利益可图。当然,这种利益不仅仅是物质利益,也包括精神上的满足感。

(三) 能力

科学知识、组织才能和实践经验,三者构成了管理能力。在一定时期,每个人的时间和精力有限,管理能力也是有限的,且每个人的能力各不相同。

职责和权限、利益、能力之间的关系遵守等边三角形定理,如图 3-1 所示。

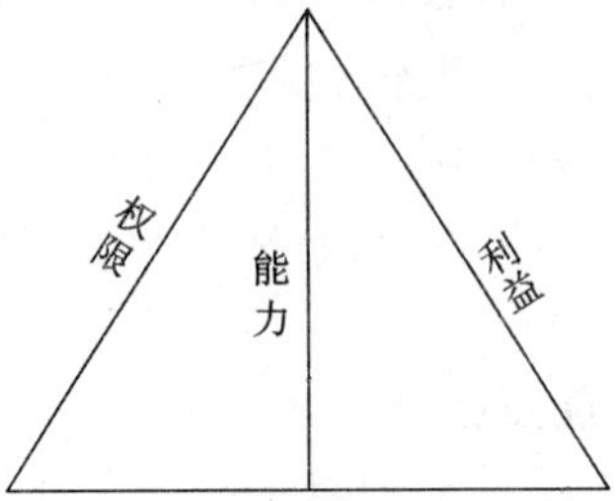

图 3-1 职责、权限、利益、能力关系图

职责、权限、利益是等边三角形的三个边，它们是相等的，能力就是等边三角形的高。根据具体情况，它可以略小于职责，这样使得工作富有挑战性。管理者的能力与其所承担的职责相比，总是感到能力不够。这种压力能使管理者自觉地学习新知识，注意发挥智囊团的作用，使用权限也会慎重些，获得利益时还会产生更大动力，努力把自己的工作做得更好。但是，能力也不可过小，以免形成“挑不起”职责的后果。责、权、利的有机统一有利于提高工作效率。

三、奖惩要分明、公正而及时

在实际管理中，奖惩的公正合理性会直接影响人的情绪和工作态度。对每个人的工作表现和绩效给予公正而及时的奖惩，有助于提高人的积极性，挖掘每个人的潜力，从而不断提高管理成效。

对每个人进行公正的奖惩，要求以准确的考核为前提。若考核不细致或不准确，奖惩就难以做到恰如其分。因此，首先要明确工作绩效的考核标准。

对于有成绩、有贡献的人员，要及时予以肯定和奖励，使他们的积极行为维持下去。奖励有物质奖励和精神奖励，两者都是必需的。如果长期埋没人们的工作成果，就会挫伤人们的积极性，过时的奖赏亦会失去其本身的作用和意义。及时而公正的惩罚也是必不可缺的，惩罚是指利用令人不喜欢的东西或取消某些为人喜爱的东西而改变人们的工作行为。惩罚可能引致挫折感，从而可能在一定程度上影响人的工作热情，但惩罚的真正意义在于杀一儆百，利用人们害怕惩罚的心理，通过惩罚少数人教育多数人，从而强化管理的权威。惩罚也可以及时制止这些人的不良行为，以免给企业造成更大损失。

为了做到严格奖惩，要建立健全组织的奖惩制度，就是我们经常提到的“胡萝卜加大棒”。使奖惩工作尽可能地规范化、制度化，是有效实施责任原理不可或缺的工具，更是实现奖惩公正而及时的可靠保证。

第四节　效益原理

效益，是管理的永恒主题。任何组织的管理都是为了获得某种效益，因为效益的高低直接影响组织的生存和发展。现代管理的效益原理，要求一切管理工作都力图以最小投入和消耗而获取最大的收益，管理者在管理实践中要牢固树立效益观念，把追求最大的经济效益和社会效益放在管理工作的重要位置，克服一切忽视效益的管理思想和方式。

一、效益、效果和效率

效益，是与效果和效率既相互联系又相互区别的概念。

效果，是指由投入经过转换而产出的成果，其中有的是有效益的，有的是无效益的。例如，有的企业生产的产品虽然质量合格，但它不符合社会需要，在市场上卖不出去，积压在仓库里，最后甚至变成废弃物资，这些产品是不具有效益的。所以，只有那些为社会所接受的效果才是有效益的。

效率，是指单位时间内所取得的效果的数量，反映劳动时间的利用状况，与效益有一定的联系。在实践中，效益与效率并不一定是一致的。例如，企业花费巨额投资增添技术设备来提高生产率，如果实际结果使单位产品生产的物化劳动消耗的增量超过了活劳动的减量，从而导致生产成本增加，就会出现效率提高而效益降低的现象。

效益，是指有效产出与投入之间的一种比例关系，可从社会和经济这两个不同角度加以考察，即社会效益和经济效益。两者既有联系又有区别。经济效益是讲求社会效益的基础，而讲求社会效益又是促进经济效益提高的重要条件。两者的区别主要表现在——经济效益较社会效益直接、明显，可以运用若干个经济指标来计算和考核，而社会效益则难以计量，必须借助于其他形式进行间接考核。例如，企业降低成本与保护环境的关系就是如此。管理应通过技术创新和管理创新把讲求经济效益和社会效益有机结合起来。

二、效益的评价

效益的评价，可由不同主体（如首长、群众、专家、市场等）从多个不同角度进行，因此没有一个绝对的标准。不同的评价标准和方法，得出的结论也会不同、甚至相反。有效的管理，首先要求对效益的评价尽可能公正和客观，因为评价的结果直接影响组织对效益的追求和获得。结果越是公正和客观，组织对效益追求的积极性就越高，动力也越大，客观上产生的效益也越多。一般说来，首长评价有一定的权威性，全局性掌握得较好，其结果对组织的影响较大，但可能不够细致和具体；群众评价，一般比较公正和客观，但可能要花费较多的时间和费用才能获得最后的评价结果;专家评价,一般比较细致,技术性强,但可能只注重直接效益而忽视间接效益;市场评价,其结果与市场发育程度有很大的关系,越是成熟、规范的市场,其评价结果就越客观公正,越是发育不成熟或行为扭曲的市场,其评价结果就越不客观、不公正,甚至具有很强的欺骗性。市场评价体现的主要是经济效益。显然,不同的评价都有它自身的长处和不足,应配合运用,以求获得客观公正的评价结果。

三、效益的追求

效益是管理的根本目的,管理就是对效益的不断追求,这种追求是有规律可循的。① 在实际工作中,管理效益的直接形态是通过经济效益而得到表现的。这是因为,由于管理系统是一个人造系统,它基本上是一个通过管理主体的劳动所形成的,按一定顺序排列的、多方面多层次的有机系统。尽管其中有纷繁复杂的因素相互交织,但每一种因素均通过管理主体的劳动而活化,并对整个管理运动产生着影响。综合评价管理效益,当然必须首先从管理主体的劳动效益及其所创造的价值来考虑。② 影响管理效益的因素很多,其中主体管理思想正确与否占相当重要的地位。在现代化管理中,采用先进的科学方法和手段,建立合理的管理机构和规章制度,无疑是必要的,但更重要的则是一个管理系统高级主管所采取的战略。这是更加带有全局性的问题。实际上,管理只解决如何"正确地做事",战略才能告诉人们怎样"做正确的事"。企业如果经营战略错了,局部的东西再好,若产品不适销对路,质量再好、价格再低也毫无意义。实际上,管理效益总是与管理主体的战略联系在一起的。③ 追求局部效益必须与追求全局效益协调一致。全局效益是一个比局部效益更为重要的问题。如果全局效益很差,局部效益提高就难以持久。当然,局部效益也是全局效益的基础,没有局部效益的提高,全局效益的提高也是难以实现的。局部效益与全局效益是统一的,有时又是矛盾的。因此,当局部效益与整体效益发生冲突时,管理必须把全局效益放在首位,做到局部服从整体。④ 管理应追求长期稳定的高效益。企业每时每刻都处于激烈的竞争中。如果企业只满足于眼前的经济效益水平,而不以新品种、高质量、低成本迎接新的挑战,就会随时有落伍甚至被淘汰的危险。所以,企业经营者必须有远见卓识和创新精神,随时想着明天。不能只追求当前经济效益,不惜竭泽而渔、寅吃卯粮,不保持必要的储备,不及时维护修理设备,不进行必要的技术改造,不爱护劳动力,必然损害今后的经济效益。只有不断增强企业发展的后劲,积极进行企业的技术改造、技术开发、产品开发和人才开发,才能保证企业有长期稳定的较高经济效益。⑤ 确立管理活动的效益观。管理活动要以提高效益为核心。追求效益的不断提高,应该成为管理活动的中心和一切管理工作的出发点。特别是在宏观和中观管理中,必须克服传统体制下"以生产为中心"的管理思想。因为这种管理思想必然导致片面追求产值、盲目重复建设和增加产量的倾向,从而可能造成产品大量积压、效益普遍低下的状况。

追求效益要学会自觉地运用客观规律。例如,必须学会运用经济规律,随时掌握市场情况,制定灵活的经营方针,灵敏地适应复杂多变的竞争环境以满足社会需求。

第五节 伦理原理

伦理,是指人与人相处的各种道德准则。伦理与个人及其行为和决定有关,组织本身无所谓伦理,但是组织同环境的关系却经常涉及伦理困境和伦理决策。这些问题通常放在组织的社会责任中进行分析,具体来说,社会责任是一系列组织在其运营的社会环境中必须履行的保护和改善社会的义务。一个组织并不是孤立存在的,总是以这样那样的方式同组织内外的个人和其他组织发生联系,因而其行为不可避免地会涉及伦理问题。伦理原理,是指管理者在管理活动中正视组织行为所引起的伦理规范。对于伦理的正视,有助于经济组织取得较高的经济效益。

一、伦理的重要性

企业是经营性组织,而盈利则是其存在和发展的条件,因此追求盈利就先天地成为企业的目标,企业的经营管理就是围绕着实现这一目标而展开的。企业可以也应该追求盈利,但不能损害社会公共利益,必须遵守法律并加强道德自律,形成以法制经济和道德经济为特征的现代市场经济。不能把"无商不奸"这句古语的影响融进管理之中。

从宏观角度来看,伦理在经济体系中占有重要位置,道德的行为将使买卖双方能获得关于市场、产品和服务的准确信息,并自由选择自己满意的目标消费群、产品和服务,从而保证资源有效配置和市场体系有效地运行;不道德的行为则会限制了自由交换、扭曲市场体系,导致资源配置效率低下。可见,合乎伦理的企业行为是市场体系有效运作的前提和基础。

从微观角度来看,伦理对单个企业的发展亦十分重要。道德的行为是企业建立和保持与相关群体的信任和良好关系的基础,这种互相信任和良好关系支持公平公正的交换,从而使顾客从创造信任的伦理性行为中获益,也使销售者赖以生存和发展的商业交换关系成为可能;不道德的行为则会破坏信任,导致企业消费群体流失及企业形象和经营成果下降。

为了说明伦理对于企业的重要性,现举两个具有生动对比意义的案例。

【案例 1】 双汇:用行动挽回信心

2011 年 3 月 15 日，央视《每周质量报告》曝光济源双汇食品有限公司收购“瘦肉精”猪肉事件。在事件发生后，双汇集团发表致歉声明，承认央视报道属实，同时责令济源工厂停产自查；要求济源双汇收回在市场上流通的产品，对济源双汇总经理、主管副总经理、采购部长、品管部长予以免职，济源双汇停产整顿。双汇董事长万隆亲自在万人大会上鞠躬道歉，总经理杜俊甫接受采访时更是明确表示：“双汇作为一家大公司，对所有问题不会回避，会承担所有的责任。”并把 3 月 15 日定为“双汇食品安全日”，深埋处理含“瘦肉精”猪肉 3769 吨。双汇在危机 48 小时内发出两次《声明》来“致歉”并对相关责任人进行处理，并两次召开视频会议，对此次事件表示负责。同时，双汇集团宣布与中国检验认证集团(该集团是独立的第三方检验机构)合作，将全方位检验、监督双汇质量安全。截至 2011 年 4 月 18 日，全国各地执法部门对双汇产品进行普查和抽检，100 多个地区的执法部门相继公布普查和抽检结果，双汇产品全部合格，均未检出“瘦肉精”。

【案例 2】 三鹿：逃避责任走向破产

2008 年 3 月，南京儿童医院的十例婴幼儿泌尿结石样本的检验使三鹿问题奶粉事件浮出水面。2008 年 7 月 26 日河北省出入境检验检疫局检测出三鹿奶粉中含有三聚氰胺。三鹿集团技术保障部部长李朝旭向三鹿副总经理王玉良汇报情况后，该副总让他配合检疫局做好保密工作。8 月 1 日，三鹿集团组织召开了经营班子扩大会，会议决定，对三鹿奶粉含有三聚氰胺的事件进行保密。戏剧性的是在媒体曝光三鹿奶粉含有三聚氰胺的同一天，三鹿集团传媒部长崔彦锋在接受采访时仍表示，他们所有的产品都是肯定没有问题的。2008 年 9 月 12 日，国家联合调查组确认了含三聚氰胺的三鹿奶粉能够导致婴幼儿泌尿系统结石。同一天下午 14 点，三鹿集团发布消息，宣称三鹿奶粉三聚氰胺事件是由于不法奶农为追求更多的利润向鲜牛奶中掺入三聚氰胺，不法奶农才是这个事件的元凶。2008 年 9 月 16 日，三鹿集团党委书记田文华被免职。同年 12 月 25 日，石家庄市政府新闻发言人称，三鹿集团净资产为负 11.03 亿元，严重资不抵债。2009 年 2 月 12 日，石家庄市中级人民法院正式宣布石家庄市三鹿集团股份有限公司破产。

其实，早在 2007 年 12 月三鹿客服部就曾接到消费者关于患泌尿系统结石病的投诉，但直到 2008 年 5 月 17 日，三鹿集团客户服务部才书面向田文华、王玉良等集团领导班子成员通报了投诉情况。三鹿并没有及时发现并处理，还企图掩盖事实真相。同时，三鹿对外宣传不法奶农是这次事件的始作俑者，刻意逃避了三鹿作为最终面对消费者的生产厂商，有责任和义务检测出原料中的有害物质，反而将责任推卸给奶农，这种做法不仅不能平民愤，反而会激起消费者的愤慨之心，造成三鹿逃避责任、不负责任的形象，导致了事态一步步扩大，并最终走向破产。

上述两个例子形象地告诉我们，重视伦理对于企业的长远发展至关重要。

二、伦理的特性

为了把握一个讲究伦理的组织在行为上表现出来的特征，需要了解伦理具有哪些特性。而为了了解伦理的特性，则需要对伦理与法律进行比较。也就是说，只有在这种比较中，人们才能发现伦理的特性。

（一）非强制性

伦理靠社会舆论、传统习惯和内心信念起作用，体现为自觉性和内在性。“社会舆论通过普遍存在于社会成员中的一种特殊心理机制——荣辱心，而对个人产生强大的约束力。荣辱心根源于人的社会性，……任何人都程度不等地受社会舆论的支配和制约。除了荣辱心之外，良心和义务也是使社会舆论起作用的个人自我控制的道德心理机制。”

伦理虽然没有法律那样的强制性，但其作用不可低估。常言道，“人言可畏”、“众口铄金”、“软刀子杀人”，舆论的威力可见一斑。在前面所举的原油泄漏事例中，舆论的力量迫使埃克森公司最终还是采取了行动，尽管行动较晚。

（二）非官方性

伦理是约定俗成的，不像法律那样需要通过行政命令或法定程序来制定或修改。个人的伦理评判也无须官方批准。

（三）普适性

除了少数不具备行为意识的人（如精神病患者和婴幼儿），所有人都要受伦理的指导、调节和约束。虽然法律面前人人平等，但法律真正规范、约束的只是违法的那部分人。就是说，法律只对违法者起作用；伦理则对包括违法者（一般说来，违法者同时也是严重违背伦理者，但也有例外，即违法是符合伦理的）在内的一切人起作用。

（四）扬善性

伦理既指出什么是恶的、不应该的，也指出什么是善的、应该的。它不仅对不符合伦理的行为予以批评、谴责，也对符合伦理的行为尤其是高尚的行为予以褒奖和鼓励。而法律一般只规定人们不应该如何行动，对不该却这样行动的人，予以惩罚。

三、伦理与法律的关系

伦理与法律不仅有上述的区别，也有一定联系。伦理与法律在内容上相互渗透。伦理是不成文的法律，法律是最低程度的伦理。伦理规范往往是法律制定、修改、废止的依据。许多法律起初只是伦理规范，后来随着问题严重性和公众呼声的提高，这些伦理规范遂升格为法律。

伦理与法律在作用上相互补充。伦理可以引导人们遵守法律，而法律可以作为维护伦理的威慑力量。伦理可以用来防范尚未发生的违法行为，而法律可以用来制止已经发生的违法行为。正是在这个意义上我们才说：伦理、法律是调节和规范非经济组织行为的两个必不可少的手段；伦理、法律、市场机制是调节和规范经济组织行为的三个必不可少的手段。

四、伦理与效益的关系

企业的伦理经营不仅使除所有者之外的利益相关者（如债权人、员工、顾客、供应者、竞争对手、社区和政府等）的利益得到不同程度增进，而且使企业自身的效益得到提高。① 企业的伦理经营，意味着企业注重维护利益相关者的利益，从而需要采取行动并付出一定成本。在大多数情况下，这些成本短期内确实得不到补偿，使企业牺牲了一部分短期利益，但换来的却是多得多的长远利益。采取伦理经营的企业，通常均有催人奋进的远大目标，把伦理分析融进决策中，能吸引并留住人才，信誉卓著从而赢得较多的顾客，在经营困难时能得到利益相关者的理解和支持等等，这些都有助于企业获取较高的经济效益。② 伦理与效益的关系在某种程度上得到了实证研究的支持。尽管在伦理与效益的度量上存在一些困难，但大多数研究均表明，在企业的伦理经营与长期效益之间有某种程度的正相关关系。这至少说明，没有确凿的证据表明企业的伦理经营会显著损害其长期效益。③ 学者周祖城对美国、日本、中国已被历史证明的、长期成功的优秀企业或企业家所做的个案研究表明，效益与伦理具有兼得的可能性。④ 厉以宁对效率与道德的关系有如下看法——“效率实际上有两个基础，一个是物质技术基础，一个是道德基础。只具备效率的物质基础，只能产生常规效率。有了效率的道德基础，就能产生超常规的效率。”这说明，效率与道德可以而且应当结合在一起。

五、伦理与管理结合的前景展望

从西方管理思想发展史来看，根据管理者负责的对象可以把管理学划分为四个发展阶段：

第一阶段：以所有者为中心。只要有投资就能组织生产，只要生产出产品就不愁卖不出去。20 世纪 30 年代以前基本是奉行这一思想。

第二阶段：以员工——所有者为中心。这一阶段的特点是通过激发员工、提高员工的生产率而获得所有者的利益。20 世纪 30 年代人际关系学说的形成和 40、50 年代行为科学的发展，逐渐确立了人本管理思想。

第三阶段：以顾客、员工——所有者为中心。这一阶段的特点是通过满足顾客、员工的需要而获得所有者的利益。20 世纪 60、70 年代随着竞争的激烈，企业越来越意识到只有赢得顾客才能赢得竞争，因而把顾客摆到了首位。“顾客需要什么，企业就生产什么”，“顾客是上帝”，“顾客是老板”，“顾客永远是对的”，成为流行观念。

第四阶段：以利益相关者——所有者为中心。20 世纪七八十年代以来，包含经济责任、法律责任和道德责任的综合企业社会责任观念得到越来越多的人的认同，企业伦理开始受到关注。这一阶段的特点是从社会角度看待企业的目的，以对利益相关者负责的态度获取企业利益。要求企业在经营过程中，不仅要守法，还要遵守企业伦理。从这一角度看，管理与伦理结合代表了管理的最新发展。当然，不仅仅管理者负责的对象发生了变化，管理与伦理结合对传统管理的冲击是全方位的，包括从伦理与管理无关转变成伦理与管理有关；从利润最大化到通过合乎法律和伦理的方式，提供具有竞争力、能增进社会福利的产品和服务来谋求利润最大化；从对所有者负责到对包括所有者在内的利益相关者负责；企业道德品质管理从无到有；从决策的技术经济分析到决策的技术经济伦理分析；从注重目标、战略、结构、制度到强调企业价值观；对管理者的道德素质要求从模糊到明朗；从依靠他律到他律和自律兼顾；从注重技巧到品德为本、品德技巧并举等。

本章基本概念

（1）管理原理，系统原理，人本原理，责任原理，效益原理，伦理原理；

（2）系统，责权利，效率，效益，伦理。

问题思考

1. 什么是系统？系统有哪些基本特征？管理者可从系统原理中得到哪些启示？

2. 如何理解责任原理？责任原理的本质是什么？管理者可从责任原理中得到哪些启示？

3. 何谓“以人为中心的管理”？又如何实现“以人为中心的管理”？

4. 何谓效果、效率和效益？人类一切活动为什么要遵循效益原理？

5. 管理有效性的实质是什么？管理者如何追求自身工作效益？

6. 与法律相比，伦理有哪些特性？伦理与法律及效益的关系各是怎样？

第二篇

决策与计划

第四章 决 策

学习目标

1. 了解决策的定义;
2. 掌握决策的特征和分类;
3. 掌握决策的过程及影响因素;
4. 掌握决策的方法。

【开篇案例】 淘宝商城决策失误 商务部要求妥善处理

2011年10月10日,亚洲最大的购物网站旗下B2C购物平台——淘宝商城发布了《2012年招商续签及规则调整公告》(以下简称“新规则”),将技术服务年费从以往的6000元提高至3万元和6万元两个档次,且规定年营业额60万以上、动态评分超过4.6,才够返还部分该项费用。同时,商铺的违约保证金数额全线提高,由以往的1万元涨至5万元、10万元、15万元不等。此外,如果商家一旦出售假货、水货,将被立即封店,并且扣除全部违约责任保证金。

新规则一经发布,立即遭到部分中小卖家的反对和强烈不满,并且这种不满情绪借势网络逐步演化为一场疯狂的“报复”行动。10月11日,韩都衣舍、优衣库等淘宝商城内年销售过亿的大卖家受到数千自称“中小卖家”的网民集体“攻击”,他们通过“大量拍货、申请退款、给差评”的方式,利用淘宝商城规则干扰、影响大卖家的经营活动,致使多家商户全面瘫痪。10月12日,部分淘宝商城卖家在杭州淘宝总部下拉起横幅,表示对淘宝商城新规则的反对,越来越多的小卖主加入“反淘宝联盟”。

10月15日,商务部介入事件,电子商务和信息化司负责人就发生的淘宝商城新规则事件表示高度关注,要求有关方面从稳定物价和支持小微企业的高度妥善处理。同时淘宝商城官方微博发表《淘宝商城释疑2012新规》,从16个方面阐述了淘宝制定新规则的初衷和目的。

10月17日,阿里巴巴集团宣布,将向淘宝商城追加18亿元投资,同时还宣布了针对商家的五项扶持措施。集团主席马云在接受CCTV新闻频道记者采访时说道：他已经累了，比较难过，没想到市场反应这么快，这个是他们高层的决策失误。

事实上，淘宝商城之所以选择出台新规，也是因为到了不得不变的时候。近年来，随着打着高服务质量旗号的京东、凡客诚品等B2C网站的兴起，淘宝模式中所暴露出的问题也被一再放大。目前，国内消费者的网购习惯已从纯粹的价格驱动逐步提升为性价比驱动。在一些领域，淘宝商城已不具有优势。淘宝急需提升自身平台上的产品与服务质量。

本质上，通过提高商城准入门槛、提高商家诚信违约成本而使淘宝商城从低价低质商品的竞争模式中走出，使消费者获得高性价比的商品和服务，最终实现市场的良性发展。从淘宝商城对自身发展和市场预判的角度来讲，实施这一策略的初衷或出发点是没有问题的。但在具体的实施方面，存在几方面决策失误：

(1) 新规标准提升幅度过大、时间过紧

根据新的收费标准，商家需要将大量资金预先交付淘宝商城，一些资金规模较小的商家将面临流动资金减少的难题。另外，淘宝新规出台于年末，留给商户的时间也相当紧迫，一些商户因无法在短时间内筹集大额资金而面临关门的压力，从商户的角度出发，淘宝商城的这一举动确实给中小卖家带来了巨大生存威胁，无疑成为整个事件的导火索。

(2) 淘宝商城转型缺乏缓冲期

实际上，淘宝商城此举的出发点还是在于适应企业未来发展的转型需要。淘宝商城曾公开表示，“对小微创业者而言，淘宝网可能是他们更好的选择，淘宝商城致力于服务品牌商”。淘宝商城对于自身区别于淘宝网的定位已经更加明晰，但淘宝商城不能回避的是中小卖家在商城中所占比例，以及长期以来在商城人气形成过程中所起到的重要作用。因此，淘宝商城这种快速转型策略不明智之处就在于：希望以“一刀切”的形式将长久以来存在的问题全部解决，而没有为转型预留缓冲期。

(3) 忽视了中小卖家的影响力

尽管中小卖家采用“网络围攻”的方式是不可取的，滥用规则不仅损害了大卖家的利益，也破坏了整个电子商务市场的秩序，但此次事件却暴露了在实力悬殊的渠道供应商和中小卖家之间依然缺乏一个集体的协商态度和协商机制。中小卖家无奈之下选择用这种方式与淘宝商城进行谈判与对话，代价是高昂的，所带来的负面效应及不可控的发展态势则需要整个社会承担。但通过这件事情也可以让淘宝商城重新认识中小卖家的影响力，而这种影响力长久以来被忽略或被低估。

〔资料来源：张爱甜《淘宝商城决策失误分析》，
载于《企业研究》，2011年第12期，略有修改〕

我们都听说过田忌与齐王赛马的故事。田忌之所以取得胜利，在于其正确的决策。决策在我们的生活和工作中无处不在，大到一个国家、企业，小到一个家庭，时时处处均需要做出决策。在组织管理过程中，决策是最重要的工作，在管理的四大职能中，几乎都会遇到决策问题。决策的正确与否，关系组织的成败，对于组织来说决策是非常重要的。

本章主要介绍决策的一些基本理论和方法，从以下四个方面进行讨论：① 决策的定义与决策理论；② 决策的特征与分类；③ 决策的过程和决策的影响因素；④ 决策的方法。

第一节　决策与决策理论

一、决策

（一）决策的概念

决策，是人们生活和工作中普遍存在的一种活动，是为解决当前或未来可能发生的问题而选择最佳方案的过程。关于决策的概念不同的专家有不同的解释，杨洪兰(1996)认为：决策就是从两个以上的备选方案中选择一个方案的过程。周三多(1999)认为：决策就是指组织或个人为了实现某种目标而对未来一定时期有关活动的方向、内容及方式的选择或调整过程。杨文士、焦叔斌等人(2009)认为：决策有广义和狭义之分，狭义地说决策是在几种行动方案中进行选择；广义地说决策是指人们为实现既定目标、从拟定实现目标的各种可行方案中选择一个合理方案的分析判断过程，也就是管理的全过程。决策理论学派的代表人物、美国管理学家 H. A. 西蒙认为决策是一个过程，可以划分为四个主要阶段：① 找出制定决策的理由；② 找到可能的行动方案；③ 对诸行动方案进行评价和抉择；④ 对于付诸实施的方案进行评价。

尽管各专家说法不一，但基本上均包括以下内容：① 决策的本质是一个过程。② 决策是一种自觉的、有目的的活动，总是为了达到一个既定的目标。③ 决策总是要付诸实施的，总要围绕目标拟订各种实施方案。④ 决策总是要在若干个方案中进行抉择，选择最满意的方案是决策的核心。

本书在参考各专家概念的基础上，对决策定义如下：决策是组织管理的重要组成部分，是组织在其管理活动过程中为实现某种目标，在充分分析组织内外条件的基础上拟订出多种备选方案，并按一定标准选择其中最满意的方案进行分析、判断和实施的全过程。

（二）决策的地位

决策是组织管理活动中最重要的工作，它贯穿于组织管理工作的各个层次。

高层管理者要对组织的总体发展目标、长远发展规划做出决策，中低层管理者也要对阶段性目标、日常工作安排及时做出决策。

此外，组织管理工作有许多方面职能，其中计划、组织、领导、控制是其最主要的四大职能，而这些职能的执行和发挥都离不开决策。编制计划时，无论是确定发展速度还是对品种构成规划以及确定产品质量，都需要做出周密的决策。在组织上，建立什么样的组织机构，制定什么样的规章制度，如何把合适的人安排到合适的岗位上，如何及时改进组织机构等，也都需要决策。在领导工作中，如何合理配置人、财、物，如何进行有效沟通和激励，也需要灵活机动地随时做出决定。在计划执行控制过程中，一旦发现有偏离原定目标的迹象，必须采取合理措施加以纠正，这也要求能及时做出决策。由此可见，决策贯穿于管理的全过程，存在于组织的各个方面、各个层次、各个环节。决策是否合理、是否及时，轻则影响组织的效率和质量，重则决定组织的成败。所以，决策在组织管理活动中占有十分重要的地位。

（三）决策的原则

1. 经济效益与社会效益相结合

市场经济条件下，组织是独立的经营者。以赢利最大化为标准衡量决策是否可行，是组织决策时应坚持的首要原则（非营利组织除外）。而组织又处在社会大环境中，一个组织的生存和发展与整个社会的发展是相互联系的，因此组织在考虑其经济效益的同时，还必须同时考虑社会效益，不能做出只顾本组织的利益而损害社会利益的决策，要使组织的利益和社会利益尽可能完美地结合起来。

2. 可能性与现实性相结合

可能性原则要求在决策中绝不能只强调需要而不考虑可能，也不能只片面地考虑有利因素和成功的机会，或片面地考虑不利的因素和失败的风险，必须做到两者同时兼顾。同时还必须考虑各种各样的未来可能性对决策可能造成的影响。

3. 定量分析与定性分析相结合

组织进行决策时，必须尽可能地运用各种数学方法进行定量分析。但是，社会经济现象的复杂性决定数学方法很难完全渗透于组织决策之中，仍有大量的决策问题需要依靠人的主观判断。因此决策时，既要充分注意数学方法的运用又要充分发挥人的主观能动作用。只有定量分析与定性分析充分结合，才能做出最佳的决策。

4. 领导与专家相结合

领导者不论其职位高低，都是不同范围、不同层次的决策者，都在一定程度上参与决策并制定、执行决策。对于一些日常的、业务性的、有章可循的决策，可以由领导者个人做出。但是，对于有关组织战略方面的一些重大决策，由于涉及面广、影响因素多，仅靠领导者个人的知识和经验很难保证决策的质量，因此必须由各方面的专家与领导一起集思广益、集体决策，才能保证决策的准确性。

5. 满意原则

决策遵循的是满意原则而非最优原则。决策者要想制定出最优决策，必须具备以下条件，缺一不可：① 决策者了解与组织决策活动有关的全部信息；② 能够真正了解全部信息的有用性和价值，并制定所有可能的方案；③ 能够准确预测每个方案在未来的执行结果；④ 决策者对组织在某段时间所要达到的目标具有一致而明确的认识。

但是在现实生活中，这些条件往往难以全部具备，其原因为：① 内外部环境因素对组织有或多或少影响，组织很难收集到所有的信息；② 对于有限的信息，决策者的利用能力也是有限的，这决定了组织决策者只能制定出有限数量的行动方案；③ 任何方案都需要在未来付诸实施，而人们对未来的认识能力和影响能力是有限的；④ 即便决策方案的实施带来了预期结果，这种结果也不一定就是组织实现其最终目标所需要的。

综上所述，决策者难以做出最优决策，只能选择相对满意的决策。

二、决策理论

（一）古典决策理论

古典决策理论又称规范决策理论，它是基于“经济人”假设提出来的，主要盛行于 20 世纪 50 年代以前。古典决策理论认为，应该从经济角度看待决策问题，即决策的目的在于为组织获取最大的经济利益。

1. 古典决策理论的基础

① 组织要实现的目标是明确的、组织一致同意的，问题是可以识别并精确陈述的。② 决策者可以收集完全信息，有效排除各种不确定因素，从而使决策状态成为确定性的，所有可行性方案和可能的结果都是可以量化和评估的。③ 方案评估标准是明确的或可以确定的，决策者能够选择使组织利益最大化的方案。④ 决策者是理性的，他们总是能够按照理性和逻辑评估标准和偏好（权重），评估每一方案的各个方面并做出使组织利益最大化的决策。

2. 古典决策理论的主要内容

① 决策者必须全面掌握有关决策环境的信息情报。② 决策者要充分了解有关备选方案的情况。③ 决策者应建立一个合理的自上而下的执行命令的组织体系。④ 决策者进行决策的目的始终在于使本组织获取最大的经济利益。

3. 古典决策理论的意义

古典决策理论模型描述了决策者应该怎样做出决策，但却没有告诉人们管理者实际上是如何制定决策的。古典决策理论模型的价值在于它促使管理者在制定决策时具有理性。

古典决策理论假设，作为决策者的管理者是完全理性的，决策环境条件的稳定与否是可以被改变的，在决策者充分了解有关信息情报情况下是完全可以做出实现组织目标的最佳决策的。古典决策理论这种完全忽视非经济因素在决策中的作用的观点受到了两种决策模式的挑战，即西蒙的"有限理性"决策模式和查尔斯·林德布洛姆(Charles Eduard Lindblom)的"渐进决策"模式。此后，古典决策理论，这种理性决策模式和逐渐被更为全面的行为决策理论所代替。

（二）行政决策理论

西蒙，西方管理决策学派创始人之一，美国经济学家、心理学家和认知科学家，诺贝尔经济学奖获得者。行政决策理论是西蒙行政学理论体系的核心，它包括决策在管理中的地位、有限理性与满意决策准则、管理决策的过程及决策的类型和技术等内容。

1. 管理的实质是决策

西蒙认为：管理的实质是决策，决策贯穿于管理的全过程、决定整个管理活动的成败。

2. 决策是一个复杂的过程

决策的过程至少应该分成4个阶段：提出制定决策的理由；尽可能找出所有可能的行动方案；在诸行动方案中进行抉择，选出最满意的方案；对该方案进行评价。这四个阶段中都含有相当丰富的内容，同时各个阶段有可能相互交错、相互渗透，因此决策是一个复杂的过程。

3. 程序化决策和非程序化决策

西蒙认为，根据决策的性质可以把决策分为程序化决策和非程序化决策。程序化决策，是指反复出现和例行的决策。这种决策主要解决例行问题，即日常的、重复出现的问题。由于其经常出现，人们已经制定出一套专门的程序来解决这类问题。非程序化决策，是指那种从未出现过的，或者其性质和结构还不很清楚或相当复杂的决策。这种决策主要解决例外问题，即过去尚未发生过的、偶然发生的、新颖的、性质不完全清楚、结构上不很分明的、具有重大影响的问题。由于这类问题不经常出现，没有既定的程序可用来解决，需要决策者以"现裁现做"的方式进行处理。

程序化决策与非程序化决策的划分并不是严格的，随着人们认识的深化，许多非程序化决策可以转变为程序化决策。

4. 满意的行为准则

西蒙认为，由于组织处于不断变化的社会大环境之中，想要搜集到决策所需要的全部资料是困难的，而要列举出所有可能的行动方案就更加困难，加之人的知识和能力也是有限的，所以在制定决策时很难求得最佳方案，只能寻找一个令人比较满意的方案。

5. 组织设计的任务就是建立一种制定决策的人—机系统

计算机的广泛应用对管理工作和组织结构产生了重大影响，这使得程序化决策的自动化程度越来越高，许多非程序化决策已逐步进入程序化决策领域，从而导致组织决策的重大改革。自动化技术的引入，使组织由决策者个人所组成的系统变成一个由人与计算机共同组成的结合体。组织设计的任务就是要建立这种制定决策的人—机系统。

（三）现实渐进决策理论

针对理性决策模式的缺陷，美国政治经济学家林德布洛姆提出了现实渐进决策理论。他认为：人的理性由于受到种种不利因素制约，决策无法达到完全理性，因而理性决策模式提出的决策必备条件是不现实的。林德布洛姆提出：决策的制定和完善是一个渐进发展过程，由于时间和资源等因素的制约，决策者不可能了解和制定全部方案并弄清每种方案的结果，因而只需考虑和评估有限的几个有渐进差异的方案并根据过去的经验和现实情况做出修正，它是一个谨慎的步步试错过程，而不是对以往方案的全盘否定。这一理论要求决策者在进行决策时，要认真分析研究以往的决策方案，总结经验教训，并结合组织外部环境和内部条件的变化进行适时的调整和补充。

（四）行为决策理论

行为决策理论始于 1953 年阿莱斯悖论和 1961 年爱德华兹悖论的提出，是在古典决策理论难以解决问题的基础上发展起来的。

行为决策理论的主要内容如下：① 人的理性介于完全理性和非理性之间，即人是有限理性的。正因如此，在高度不确定和极其复杂的现实决策环境中，人的知识、想象力和计算力是有限的。② 决策者在识别和发现问题中容易受知觉上偏差的影响，而在对未来的状况做出判断时，直觉的运用往往多于逻辑分析方法的运用。所谓知觉上的偏差，是指由于认知能力有限，决策者仅把问题的部分信息当作认知对象。③ 由于受决策时间和可利用资源的限制，决策者即使充分了解和掌握有关决策环境的信息情报，也只能做到尽量了解各种备选方案情况，而不可能做到全部了解，决策者选择的理性是相对的。④ 在风险型决策中，与经济利益的考虑相比，决策者对待风险的态度起着更为重要的作用。厌恶风险型决策者往往倾向于接受风险较小的方案，尽管风险较大的方案可能带来较为可观的收益。⑤ 决策者在决策中往往只求满意结果，而不愿费力寻求最佳方案。导致这一现象的原因有多种：第一，决策者不注意发挥自己和别人继续进行研究的积极性，只满足于在现有的可行方案中进行选择；第二，决策者本身缺乏有关能力，在有些情况下决策者出于个人某些因素的考虑而做出自己的选择；第三，评估所有的方案并选择其中的最佳方案需要花费大量的时间和金钱，这可能得不偿失。

行为决策理论对古典决策理论把决策视为定量方法和固定步骤的片面性提出了批评，主张把决策视为一种文化现象。威廉·大内(William Ouchi)对美日两国企业在决策方面的差异进行了研究。他发现，东西方文化的差异是导致这种决策差异的一种不容忽视的原因，从而开创决策的跨文化比较研究。

第二节　决策的特征与类型

一、决策的特征

决策的基本特征主要有决策的普遍性、目标性、抉择性、风险性。

(一) 普遍性

决策是组织日常活动的重要内容，决策无处不在、无时不有，就组织而言，决策具有普遍性特征。① 决策关系组织的生存和发展，贯穿于管理活动的始终，影响制约着计划、组织、领导和控制等管理职能活动的开展，对组织成员的行为具有普遍的指导作用。② 在当今信息社会，人们获得的信息越多就越难做出决策，这就需要人们群策群力，在众多的信息中去粗取精、去伪存真，科学的决策需要普遍参与。③ 决策者的角色亦具有普遍性。各级管理者在自身职责范围内需要做决策，高层管理者需要制定关于组织发展的战略决策，中低层管理者需要制定组织基层的具体决策，即战术决策。

(二) 目标性

任何组织都是为实现组织目标而进行决策的，决策是为了实现组织在某一时间内的特定目标的活动，目标是组织在未来特定期限内所要达到的预期结果。进行决策首先要确定组织决策活动的目标，围绕这一目标开展活动、制定决策并加以实施。没有目标就无从决策，目标已经实现也就无须开展决策活动。

(三) 抉择性

决策的基本含义是抉择。如果只有一种方案可供选择，也就无所谓决策。没有比较就发现不了差别，决策就是通过评估、对比，在众多的方案中选出令决策者最满意的方案。这就要求管理人员善于调查、集思广益，利用科学的方法产生尽可能多、尽可能合理的方案，从中择优。

(四) 风险性

决策是在一定的环境条件下，组织结合自身特点，对其生存、发展、经营等所做的策划。由于环境的复杂和变化以及管理者自身因素的限制，决定了风险存在的必然性。① 决策失误带来风险。由于决策者受自身学识、技能、经验等的影响，难免会做出错误的决策。② 环境变化带来风险。组织处在社会大环境中，而环境是不以人的意志为转移的、是在不断变化的，很多因素的变化是决策难以完全预计的，因而可能会导致决策方案在执行过程中因环境的变化而难以实行。③ 组织自身的不确定性带来风险。组织内部自身的条件也是不断变化的，因此也可能由于组织自身资源条件的变化或能力失衡而导致决策执行困难。

二、决策的类型

决策的内容十分广泛，所要解决的问题多种多样，因而管理者的决策也多种多样。按照不同的划分标准，决策可分为以下几类。

（一）根据决策的重要程度可以分为战略决策、战术决策和业务决策

1. 战略决策

战略决策是指事关组织生存和发展的全局性、长期性、决定性的大政方针决策。这种决策重点解决的是组织与外部环境的关系问题，即组织的长远目标、组织的内部条件和外部环境三者之间如何达到动态平衡的问题。如企业关于经营目标、投资方向、重大科研项目、人力资源开发、领导体制改革和市场开拓目标等的抉择；政府关于区域经济的发展规划、公共风险的应对预案、国家机构的撤并、外贸政策的制定等，都属于战略决策。

2. 战术决策

战术决策是指带有局部性、短期性、为实现战略目标服务的具体决策。这种决策重点解决的是如何组织、动员内部力量以实现组织短期、局部目标的具体问题。如有关资金的筹集、组织变更、设备更新、产品定价、广告宣传等问题的决断，就属于战术决策。

3. 业务决策

业务决策是指为保证战术决策实现、提高业务工作效率和经济效益而对日常业务工作所进行的决策。如人力的调度、具体任务的分配等都属于业务决策。

（二）根据做出决策的单位在组织中的地位可以分为高层决策、中层决策和基层决策

1. 高层决策

高层决策是指由组织最高层领导集团或个人所做出的决策，所要解决的是全局性的、与外界环境有关的重大问题，即战略决策。

2. 中层决策

中层决策是指由组织下属机构和职能部门的管理人员为执行企业战略决策所做出的具体安排。中层决策所涉及的问题多半是属于安排一定时期的任务，

或者是解决生产中存在的某些问题，即战术决策。

3. 基层决策

基层决策是指基层管理人员做出的经常性的作业安排，主要是解决作业任务中出现的问题，即业务决策。一般而言，越是高层决策越是具有战略性、长期性特点，越是低层的决策越是具有策略性、短期性、技术性特点。

(三) 按决策问题所处的条件不同，可以分为确定型决策、风险型决策和不确定型决策

1. 确定型决策

确定型决策是指决策的条件是确定的，即影响决策的因素或自然状态是明确的，同时决策实施的结果也是可以预先计算的，因此，只要比较各种不同方案的结果就可以选择出满意的方案。这类决策可通过科学的定性和定量方法取得，具有较高的准确性。

2. 风险型决策

风险型决策是指决策各方案均存在多种自然状态和可能结果，但各种自然状态和所出现结果的客观概率可通过测算获得的决策。由于决策的最后结果受概率影响，而实际情况不一定完全和概率相符合，所以此类决策带有一定的风险性。

3. 不确定型决策

不确定型决策是指决策各方案均存在多种自然状态和可能结果，但各种自然状态和所出现结果的客观概率均无法测算的决策。此类决策方案的评价和选择难度较大，执行风险也较高，需要依靠决策者自身的能力、胆识和经验，综合分析组织环境未来的发展态势，估计各种状态和结果的主观概率，借助相关的定量决策标准加以评估和筛选。

(四) 按决策问题是否重复出现，可以分为程序化决策和非程序化决策

1. 程序化决策

程序化决策是指对组织内部经常反复出现的问题进行的决策，又称常规性决策。这类决策主要涉及组织内部的一些日常管理工作，通常是有章可循、有例可查的，虽然决策的次数比较多但难度不大。如企业签订销售合同、接受订货、购买原材料等；政府公务员的离退休、国家机关法定节假日的值班等都属于此类决策。

2. 非程序化决策

非程序化决策是指对组织内部首次出现的新情况或新问题进行的决策。处理这些问题往往是既缺乏经验又缺乏信息且无章可循，难度较大。如 2003 年春“传染性非典型肺炎”(SARS) 在亚洲首度流行所面临的公共风险决策就属于此

类决策。

此外,组织决策还可以按决策问题是否用数量来表现区分为数量决策和非数量决策;按决策目标的多少分为单目标决策和多目标决策;按决策问题涉及时间长短区分为长期决策、中期决策和短期决策,等等。

第三节 决策的过程和影响因素

一、决策的过程

决策是一个提出问题、分析问题和解决问题的系统分析过程。因而,要提高决策的科学性和有效性,就必须遵循正确的决策过程。科学决策的过程包括——诊断问题并确定决策目标,拟订各种可行方案,选择决策方案,组织实施并评估效果。在决策的每个过程之中又有许多相应的步骤。

(一)诊断问题并确定决策目标

决策过程的第一步,首先要诊断问题并确定决策目标。目标,是反映组织在一定时期所要达到的目的,决策目标的确定是组织决策的起点。目标明确与否、根据是否充分、目标数量的多少以及目标之间是否一致,都是确定目标时应当考虑的问题。确定决策目标时必须注意解决以下几个方面的问题。

1. 确定决策目标的根据

决策目标是根据决策所要解决的问题确定的,只要找到所要解决问题及其产生的原因,决策的目标就容易确定了。众多管理学家把确定目标这个步骤称为诊断阶段,认为诊断是合理决策的前提条件,只有问题诊断清楚了,以后的一系列行动和结果才会正确。在这个阶段,决策主要解决两个方面的问题:① 通过收集大量有用的信息,开展调查研究,查明现存问题及潜在问题,并以差距形式把问题的症结表达出来。② 针对问题找到产生差距的原因。这两个问题解决了,决策目标也就有了确定依据。

2. 决策目标的需要和可能

产生决策目标的原因,要么工作中出现了问题,要么上级领导提出了批评或命令,要么社会公众发出了呼吁,等等。有可能是单个原因,也可能是几个原因共同作用引起的。面对出现的问题,决策者不能仅仅局限于考虑几个直接原因,而要结合客观环境和组织自身条件,系统全面地考虑各方面的需要和可能。

3. 决策目标必须具体明确

决策目标是决策的起点,是以后几个步骤的依据,所以制定的目标必须明确,既不能含糊不清也不能抽象空洞,否则在方案制订和选择时会感到无所适从。一般情况下,确定的目标应符合以下方面的基本要求:① 目标必须是单义的。所谓单义，是指只能有一种理解。如果目标含义不明，不同的人可以有不同的理解，这样的目标就没有多大用处。因此，决策者在制定目标时要反复推敲，尽可能使目标数量化。② 目标必须落实。目标必须落实，是指目标的可分性。组织目标，总是一个由总目标和具体目标构成的层次复杂的体系，下一级目标往往又是上一级目标实现的手段。这样一级一级自上而下目标逐级落实、越来越具体，既便于考核也便于确定职责。③ 必须有一个衡量目标的具体标准。组织在制定目标时，同时要制定一个衡量目标的具体标准，这样才能知道目标是否实现及实现的程度，选择方案时才有所依据。

对于数量指标，标准容易制定，比如产量、成本、利润等，都可以确定出具体的数量界限。而对于组织管理中大量的质量问题和抽象问题——如专业化程度、职工素质、领导者能力等，确定衡量标准就比较困难，通常采用间接测定方法反映。譬如，按质量不同可把生产产品分为一等品、二等品、不合格品、废品四类，通过各类产品所占比重反映产品的质量。类似的方法很多，其目的都是尽量使非数量目标数量化。

4. 多目标问题

组织的经营情况比较复杂，有时候一项决策的目标往往不止一个，而是多个，甚至各目标之间还有矛盾，因而往往给决策带来困难。对于多目标问题的处理通常遵循以下两条原则：① 尽量减少目标的数量；② 了解各目标重要性的差异。

需要指出的是，尽量减少目标的数量并不是说在决策时少考虑几个目标，或是放弃本来应该考虑的目标。恰恰相反，决策理论要求人们在做决策时必须全面地考虑与决策有关的所有目标，尽量避免忽视和遗漏那些同决策有关的目标。

（二）拟订各种可行方案

在目标确定之后，就要探索和拟订各种可能方案。如果只拟订出一个方案，没有比较和选择的余地，就不称其为决策。决策在于选择，没有选择就没有决策。

1. 拟订方案的原则

拟订可行方案，是指拟订可供选择使用的各种可能方案。拟订备选方案的理论要求是：① 整体详尽性。是指在拟订方案时，应当把所有的可能方案都包括在内，如果漏掉了某些可能的方案，那么最后选择的方案就有可能不是最优的。② 相互排斥性。是指不同的备选方案之间必须相互排斥，为实现同一目标所拟定的各种可行方案中，执行了其中一个方案就不能同时执行另一个或另几个方案。只有这样才有可能进行选择和必须进行选择。

2. 拟订方案的过程

拟定备选决策方案是一项十分复杂的工作。一般分为大胆寻找、勇于创新阶段和精心设计、严格论证阶段。

（1）大胆寻找、勇于创新阶段

寻找备选方案，一般可以从过去的经验入手。对于程序化决策，基本上可以依据过去成功的经验拟订出可供选择的方案，即使对于非程序化决策，决策者也要以过去有关类似情况的经验作为参考。决策者个人的经验、经历和对有关情况的把握，都是寻找备选方案的基础。尤其是过去成功的经验，往往会变成某项决策中的一个备选方案。但是在寻找备选方案时，又不能把思路完全限制在过去的经验之中，因为外部环境和组织内部的状况都是不断变化的，因此寻找备选方案时要勇于探索、摆脱束缚、自由思考，制订出既能切合现实问题又有别于过去和他人的新方案，争取有所突破和创新。

（2）精心设计、严格论证阶段

在大胆探索的基础上，精心设计出完整的方案，这就要求决策者要有冷静的头脑和坚毅的精神。精心设计这个阶段主要包括两项工作：一是对方案细节的确定，包括说明方案提出和实施所依据的条件、研究并陈述方案与决策目标的关系等，如安排日程、配备人员、落实经费等；二是对方案后果的估计，对一些复杂的问题还要进行敏感性分析。如果对方案后果没有估计，方案好坏就无从识别，最后也无法进行选择。

（三）选择决策方案

在所有的备选方案拟订完成之后，就要对所有的方案进行比较评价，从各种可供选择的方案中权衡利弊，选择出其中最满意的方案。如果说，在整个决策过程中确定目标是前提、拟订方案是基础的话，那么方案的评价和选择则是最关键的一步。这一阶段主要解决两个方面的问题：一是确定合理的选择标准；二是确定合理的选择方法。

1. 选择决策方案的标准

（1）价值标准

组织决策中所说的价值，是泛指一个方案的作用、效果、意义等。价值标准是评价决策方案的基本标准，价值标准不同对各个因素在决策中的地位就有不同的看法，同时也会影响决策方案的选择。

（2）最优标准和满意标准

用“满意化”标准代替“最优化”标准，是美国管理学家西蒙对决策理论的一大贡献。过去人们在选择方案时总是提到“最优化”方案，即：“最大经济效益”方案、“最低生产费用”方案等，事实上这是最理想的状况。在实际工作中，由于种种主观和客观方面的原因，加之组织内外部环境的多变性，最优的决策方案事实上很难被找到，决策者所选择的往往只是满意的方案。也就是说，选择方案的标准应当以决策者“足够满意”和“令人满意”为标准，而不必追求“最优”。

（3）期望值标准

在风险型决策和不确定型决策中，一个方案可以产生几种可能的结果。在这种情况下，选择方案标准时除了上述价值标准和满意标准以外，还有期望值标准，即如何对待不确定结果的标准。

2. 选择决策方案的方法

（1）经验判断法

经验判断法是传统的选择决策方案的方法。这种方法，是指直接利用人的知识、经验和能力来选择方案。在信息化时代，数学模型分析方法的应用已相当普遍，但经验判断法依然适用，尤其是对组织战略决策方案的选择更多的是采用经验判断法。

（2）数学分析法

这种方法是指利用一定的数学模型，通过定量分析选择决策方案。数学分析法在组织管理决策中的运用时间虽然不长，但其发展却极为迅速。

（3）试验法

一般适用于科技领域，在组织管理决策中应用并不普遍。在组织进行重大决策时，如果既缺乏经验又不能确切地评价各备选方案的好坏及执行后的效果，同时也无法采用数学方法进行分析时，可选择少数几个典型单位作为试点，取得经验后再作为决策依据。

选择一个方案看起来很简单，但实际上做出选择是很困难的事。决策者在评选过程中，必须仔细考察所掌握的全部事实，通盘考虑并确信自己已获得足够信息，同时还要注意发挥群体智慧。

（四）组织实施并评估效果

决策是一个动态过程，方案选定并不意味着决策活动的完结，优选出来的方案还要付诸实施。决策的实施、追踪和评估也是决策全过程中不可缺少的环节。只有通过实施，才能发现原方案是否有不周密的地方，是否需要补充和修正。因此，建立灵敏的信息反馈系统，及时将实施结果与预期目标进行比较，及时采取必要的措施或者补充新方案，也是组织决策的重要内容。决策是一个循环往复的动态过程。通过一项决策的执行追踪，验证其科学性和合理性，才能更有效地开展下一轮的决策活动。

与前几个阶段相比，决策方案的实施阶段有显著的特点。前几个阶段着重于搜集、分析、判断、评价，而实施阶段主要在于组织，即将决策转变为行动。这一阶段一般要解决两个方面的问题：一是如何组织落实；二是如何加强实施过程管理。关于如何组织落实问题，一般需要组织根据一定的决策目标进行组织分工，分解目标，将个人的目标、局部的目标与组织的决策目标一致起来。同时，在决策的实施过程中还要制订完整的计划、制定执行人员标准、合理配置人财物及职工的选择培训等。只有具体措施落实好了，决策才能贯彻落实、才会取得成效。

二、决策的影响因素

决策是为组织的运行服务的，而组织的运行总是在一定环境之中，所以决策首先会受到环境影响，环境的不同会导致不同的决策行为。其次，决策作为一个过程，是在组织中完成的，决策所要解决的问题是组织内部产生的或组织所面临的，最终的决策行动方案是要在组织内部实施且需要消耗组织大量的人、财、物等资源，所以决策还受到组织内部自身因素影响。此外，决策所要解决的问题是组织在自身运行过程中所遇到的，问题的大小、重要与否、是否紧迫等等也会影响组织决策。因此，问题的性质是影响决策的又一因素。影响决策的最后一个因素是决策主体，决策是由决策者做出或组织讨论并最终拍板的，无论是个体决策还是群体决策，决策者的心理和行为特征均会左右决策。

上述四大类影响因素相互联系，共同影响组织的决策。

（一）环境因素

1. 环境的稳定性

一般而言，在环境比较稳定的情况下，现在决策面临的环境与过去的环境是基本相同的，组织可以参考过去同类问题所做的决策，甚至可以简单地重复过去的决策。这类决策一般是战术决策或业务决策，由组织的中底层管理者负责。而在环境变动较大的情况下，现在决策面临的环境与过去的环境变化较大，过去的决策基本没有参考价值，组织所要做的决策通常是重大的、紧迫的、无章可循的。为了更好地适应环境，组织可能需要对经营活动的方向、内容和形式进行及时调整。这类决策一般是战略决策，由组织的高层管理者负责。

2. 市场结构

在垄断程度较高的市场中，组织的决策重点通常是如何通过改善生产条件、扩大生产规模等来降低生产成本、降低产品售价，从而赢得市场。垄断程度高的市场中，组织的经营思想通常以生产为导向。

在竞争程度较高的市场中，组织的决策重点通常是如何通过关注竞争对手的动向、如何通过了解竞争对手的行为而做出快速反应；如何决策才能不断向市场推出新产品；怎样完善组织的营销网络等。竞争程度较高的市场中，组织的经营思想通常是以市场为导向的。

3. 买卖双方在市场中的地位

在卖方市场条件下，卖方提供什么产品消费者就只能购买什么产品，组织作为卖方在市场中居于主动和主导的地位。组织所做的决策通常是——积极组织自身的生产条件和生产能力，能生产什么就生产什么，生产什么就向市场提供什么。

在买方市场条件下，消费者为主导，消费者需要什么就购买什么，组织作为卖方在市场中居于被动、被支配的地位。组织所做的决策通常是——依市场需求组织自己的生产，市场需求什么、消费者需要什么组织就生产什么，用户是上帝，组织是为用户服务的。

(二) 组织自身因素

1. 组织文化

如果组织文化是保守型的，组织成员往往受这种文化的影响而反对变革，他们害怕变化、害怕失败，宁愿维持现状。他们对于有所变化的行动方案，总会产生抵触情绪，并以实际行动加以抵制。在这种文化氛围中，决策者想要实施具有较大变化的决策必将难上加难，必将受到各种各样的阻力。因而决策者决策时，就会顾虑重重，经常会将有所变化的行动方案置之高阁，而不管其是否合理。结果是，那些旨在维持现状的行动方案被最终选出并付诸实施，从而进一步强化了文化保守性。

而在进取型组织文化中，组织成员容易接受新思想、勇于创新、宽容地对待失败、欢迎变革。在这样的组织中，决策者没有顾虑，容易接受更多的、具有创新性的、能给组织带来变革的行动方案，甚至有时候他们进行决策的目的就是为了制造变化。结果是，组织往往能够做出最合理、最满意、最具创新精神的行动方案并付诸实施。

此外，具有伦理精神的组织文化会引导决策者做出并采取符合伦理的行动方案，而没有伦理精神的组织文化则可能会导致决策者为了达到目的而不择手段。

2. 组织的信息化程度

组织信息化程度的高低，也会对决策产生影响。信息化程度较高的组织，拥有较先进的信息技术，可以快速获取大量的、质量较高的信息；决策者也容易掌握较先进的决策手段；决策者还可以快速地从他人那里获取信息反馈。高质量的信息、先进的决策手段和快捷的信息沟通渠道使决策者能够快速做出较高质量的决策。

在信息时代，组织的信息化程度越高，越容易快速做出准确决策，因此组织应加强自身信息化建设，以提高决策的效率和效果。

3. 组织目的

任何组织都是为了达到一定的目的而进行决策活动的，组织的目的是否适当、是否合理、是否现实，关系决策是否正确、是否可行，甚至影响到决策的最终绩效。

此外，组织对环境的应变模式、组织资源充裕与否等等，都会影响组织的正确决策。

（三）决策问题性质因素

1. 问题的大小和重要性

组织所要解决的问题越大、越重要，越需要决策者慎重对待。这类问题一般都关系组织的长远发展和生死存亡。因此，遇到这类问题，应引起高层领导重视，由高层领导亲自决策，或者组织专家进行群体决策。

2. 问题的紧迫性

如果组织所要解决的问题非常紧迫、急需处理，则这类决策被称为时间敏感型决策。时间敏感型决策在组织中虽不常出现，但每次出现都会给组织带来重大影响。一旦面对此类决策，组织的当务之急就是快速行动，而不是花费大量时间考虑决策质量，如组织在发生重大安全事故时所做的决策、战场上军事指挥官的决策多属于此类。

如果组织所要解决的问题不很紧迫，组织有足够的时间从容应对，则这样的决策被称为知识敏感型决策。对于这类决策，组织不需要快速行动，但要求决策者在充足的时间内利用丰富的知识做出高质量的决策。组织中的大多数决策均属于此类。

（四）决策主体因素

1. 个人对待风险的态度

人们对待风险的态度有三种类型：风险厌恶型、风险中立型、风险爱好型。决策者对待风险的态度不同，他们做出的决策也不同，即使在完全相同的环境下最终的决策方案也各有侧重。风险厌恶型决策者，讨厌冒风险，不愿意开拓进取，害怕带来风险，因循守旧，因而他们做出的决策一般都比较保守。风险爱好型决策者，甘冒风险、愿意改革，勇于创新、勇于尝试，不惧怕风险，敢于承担责任，因而他们做出的决策风险较大。为了规避风险，要求决策者必须有胆识有勇气，不要蛮干，要清醒地估计到各项决策方案的风险程度并拟定出相应的对策，使风险降到最低。风险中立型决策者，处于两者之间，处于中立地位，倾向于既不保守也不激进的决策方案。

决策者对待风险的不同态度也会影响行动方案的选择。

2. 个人能力

决策者的个人能力也对决策有影响。一般来说，决策者对问题的认识能力越强、获取信息的能力越强、沟通能力越强、组织能力越强，越有可能快速地做出高质量的、易于被接受的、容易实施的决策并能取得预期效果。

3. 决策群体的关系融洽程度

组织常常会通过群体决策解决一些问题，群体的特征也会对决策产生影响。决策者个人的亲和力，群体成员之间的融洽关系，往往会使大家毫无顾忌，积极发表看法，产生更全面、更合理、成本更低的决策备选方案。群体成员心往一处想、劲往一处使、话往一处说，更容易选择最满意的决策方案并一致通过。相反，在关系紧张的情况下，决策所遇到的阻力通常较多，花费的时间也较多，最后被通过的方案可能是一种折中方案，却未必是较好的方案。

此外，决策者个人的价值观、个人的经验、个人的学识等等也是影响决策的因素。

三、决策过程容易犯的错误

当管理者制定决策时，他们不但采用自己特定的方式，还运用经验原则或直觉以简化决策。经验原则很有用，因为它可以帮助理解复杂、不确定和模糊的信息。尽管管理者可以运用经验原则，但这并不表明它们是可靠的。为什么呢？因为它们可能会导致信息加工与评估出现错误和偏差。图 4-1 指出了管理者会犯的 12 种常见错误和偏差。下面简单介绍每一种错误。

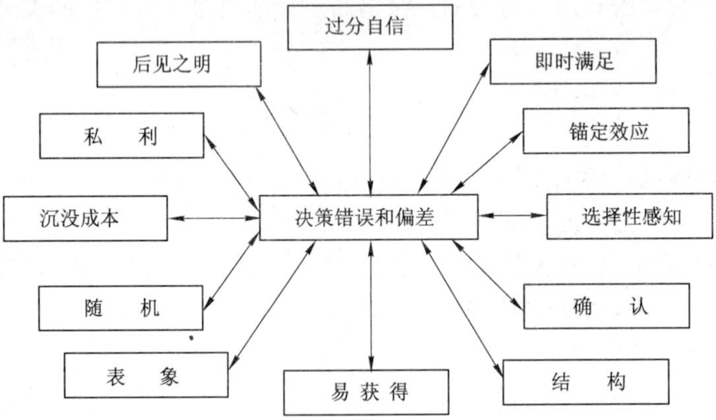

图 4-1　决策常见错误和偏差

当管理者倾向于认为自己知道的事情很多，或对自己和工作绩效持不现实的肯定态度，他们就会产生过分自信偏差。即时满足偏差是指决策制定者倾向于获得即时的回报和避免及时的成本。对他们来说，能迅速获得回报的决策比将来才能获得回报的决策更有吸引力。锚定效应是指决策制定者过分看重初始信息而难以考虑后续信息来做出调整。也就是第一印象、想法、价格和估计比其后得到的信息更为重要。当决策制定者根据他们带有偏差的感知有选择地组织和解读事件时，他们是在运用选择性感知偏差。这会影响他们所关注的信息、所界定的问题以及所制定的备选方案。当决策制定者寻找可以再次确认他们过去选择的信息，并低估与以往判断相悖的信息时，他们表现出来的是确认偏差。他们倾向于接受那些可以确认他们预想之中看法的信息，而对那些挑战这些看法的信息持批评和怀疑的态度。结构偏差是指决策制定者选择和强调一种情况的某些方面或排除其他方面。当他们过分关注和强调一种情境的特定方面，同时轻视或排除其他方面时，就会扭曲他们所看到的现象并产生不正确的参照标准。易获得偏差是指决策制定者倾向于记住那些记忆中最近发生和生动的事件。结果呢？它扭曲了他们客观地回忆事件的能力，导致判断和对可能的估计也出现扭曲。当决策制定者根据其所熟悉的其他事件推断某事发生的可能性时，这就是表象偏差。存在这种偏差的决策制定者将过去和现在的情况进行类比，并认为情境是相同的(实际上并不是)。随机偏差是指决策制定者根据随机事件进行推断。他们之所以会这样做，是因为大多数决策制定者难以处理可能性这一问题。尽管随机事件会发生在每个人身上，但人们无法对此进行预测。沉没成本偏差是指决策制定者忘记现在的决策并不能更正过去的决策。他们在评估备选方案时，不是从将来的结果出发，而是错误地依据以往所花费的时间、金钱或精力，即他们难以忘记而不是忽略沉没成本。当决策制定者很快地将成功的功劳归于自己而把失败归咎于外部因素时，这就是私利偏差。最后，后见之明偏差是指当结果已是众所周知时，决策制定者还错误地认为他们已经恰当地预测到事件的后果。

管理者如何避免决策错误和偏差的消极影响？首先，管理者可以保持警觉并避免这些决策错误和偏差。其次，管理者还应该关注“如何”制定决策，努力区分出他们经常会使用的直觉，并批判性地评估其准确性。最后，管理者可以让同事帮助指出其决策方式的不足之处并努力完善它们。

第四节　决策方法

组织进行决策的方法很多，早期主要是依靠习惯和个人经验进行的。随着管理实践和科学技术的不断发展，决策的方法发生了根本性变化，表现为：① 管理方法的数量化、模型化、计算机化，同时建立了电子计算机数据处理系统和管理信息系统这样的组织保证；② 决策时非常注重利用人的智慧，即注重发挥专家的创造能力，这里主要介绍基本的定性决策方法和定量决策方法。

一、定性决策方法

定性决策的方法很多，较为常用的主要有以下几种。

（一）头脑风暴法

头脑风暴法又称智力激励法，是针对所要解决的问题，相关专家聚集在一起，在轻松的氛围里畅所欲言、各抒己见，寻求多种决策思路的一种激发性思维方法。时间一般是1～2小时，人数以5～6人为宜。

头脑风暴法应遵守如下原则：① 严格限制所讨论问题的范围，把参加者的注意力集中于所讨论的问题。② 各自发表自己意见，认真对待任何一种设想，而不管其是否适当和可行。对别人的意见不做批评和评价。③ 鼓励独立思考、各抒己见，欢迎参加者提出奇思妙想。④ 探索取长补短和改进办法，鼓励参加者对他人已经提出的设想进行补充、改进和综合。

实践经验表明，利用头脑风暴法进行预测、决策，通过专家之间直接交换信息，充分发挥创造性思维，有可能在比较短的时间得到富有成效的创造性成果。近年来头脑风暴法在军事和民用预测、决策中得到了广泛应用。

（二）名义小组法

名义小组法，又称名义小组技术。在集体决策中如果对问题的性质不完全了解且彼此之间意见分歧比较大，则可采用名义小组法。利用这种方法时，小组成员互不通气，先各自独立思考，尽可能详细地提出自己的方案并写出书面文字，在随后召开的会议上让小组成员一一陈述。在此基础上所有成员对所有备选方案投票，选出大家最赞成的方案，并把对其他方案的意见提交给管理者以备参考。

（三）特尔斐法

特尔斐法，是美国兰德公司于20世纪40年代首先提出的、用以进行预测、决策的一种方法。特尔斐法的具体步骤如下：① 根据课题所需要的知识范围和涉及面大小，确定相关专家及人数并组成小组，一般以不超过20人为宜。② 向所有专家提供所要解决问题的相关信息及有关要求，请各专家独立发表自己的意见并做书面答复。③ 管理者将各位专家的意见汇总、综合后，再次分发给各位专家，让专家对比并再次发表自己的意见和判断。如果分歧较大，可以开会集中讨论。④ 将所有专家的修改意见收集起来、汇总，再次分发给各位专家，以便做第二轮修改。如此反复3～4轮，最后形成代表专家组意见的最终方案。

逐轮收集意见并为专家反馈信息是特尔斐法的主要环节。

二、定量决策方法

（一）确定型决策方法

确定型决策的基本特征，就是事件的各种自然状态是肯定而明确的，经过分析计算可以得到各方案的明确结果。

1. 盈亏平衡分析法

盈亏平衡分析法也称量本利分析法、保本点法。其基本原理，是根据产品产量（销售量）、成本、利润三者之间的内在联系建立数学模型，以此来分析决策方案对企业盈亏产生的影响。决策者可以借助它对方案进行设计和优选。

企业在生产经营活动过程中需要投入大量的人力、物力，这些人力、物力的货币表现就是企业成本。现代管理理论把总成本区分为固定成本和变动成本两部分。固定成本，是指在一定产量范围内其总额不随产量变动而变化的费用。如固定资产折旧费，这类成本即使不生产也要照常支付。但是，单位产品的固定成本却是随产量变化而变化的，产量越大单位产品的固定成本越小。变动成本，是指在一定时期其总额随产量变动而变化的费用。如原材料、动力费用等。但是，单位产品的变动成本却是固定不变的。如果用 Q 代表每期的生产（或销售）数量，用 P 代表单价，用 R 代表销售收入，M 代表利润，F 代表固定费用，V 代表单位变动成本，则盈亏平衡分析法的基本公式如下：

$$\begin{aligned} M &= R - F - V \times Q = P \times Q - F - V \times Q \\ &= Q\,(P - V) - F \end{aligned}$$

盈亏平衡分析的首要问题是寻找盈亏平衡点，即确定使企业既不赢利也不亏损的产量（保本点的产量）。保本是获得利润的基础，任何一个企业要预测利润、确定目标利润，首先要预测盈亏平衡点，超过平衡点再扩大产量（销售量）才能获得利润。

寻找盈亏平衡点（保本点）的方法通常有两种，即图解法和公式法。

（1）图解法

如图 4-2 所示，以横轴表示产量（销售量），以纵轴表示成本（或收入），绘成直角坐标图，然后将销售收入线（OB）、固定成本线（AD）、总成本线（AC）标到坐标图上。只要单位产品的销售价格大于单位产品的变动成本，则销售收入线（OB）与总成本线（AC）必然会有交点，交点（E）就是盈亏平衡点，该点所对应的产量（Q_0）即为保本点产量，也叫临界产量。

由图 4-2 可知，当产量（销售量）低于 Q_0 时，企业处于亏损状态，产量越小亏损额越多；当产量（销售量）大于 Q_0 时，企业处于赢利状态，产量越大企业的赢利额就越多。

（2）公式法

公式法是根据盈亏平衡分析的基本公式来确定盈亏平衡点。由于盈亏平衡点处利润为零，因此：

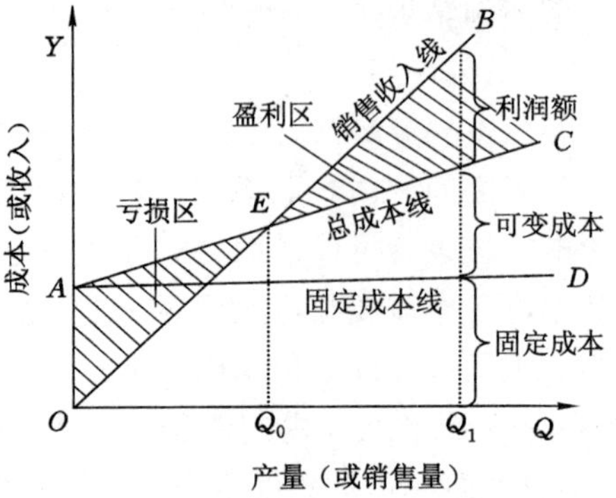

图 4-2　盈亏平衡分析图

$$P \times Q_0 = F + V \times Q_0$$

$$Q_0(P - V) = F$$

$$Q_0 = \frac{F}{P - V}$$

此时的 Q_0 代表的就是盈亏平衡点的产量(或销售量)。

例如,某企业生产某种产品,单位产品变动成本为每件 200 元,销售单价为每件 500 元,固定成本为 600 万元。求盈亏平衡点销售量。

将上述资料代入公式:

$$Q_0 = \frac{F}{P - V}$$

$$Q_0 = \frac{F}{P - V} = \frac{6000000}{500 - 200} = 20000$$

即该企业生产销售这种产品的数量达到 20000 件时,企业处于不盈不亏的状态。

以上公式只能适用于单一品种的盈亏(量本利)分析。在多品种情况下,由于不能将不同品种产品的销售量直接相加,因此必须把不同产品的销售量转化为以货币单位表示的销售额时才能进行计算。计算公式为:

$$S_n = \frac{F}{1 - V/P}$$

式中　S_n——盈亏平衡点的销售额。

盈亏平衡分析法在企业经营决策中的应用非常广泛。企业经营安全状况的分析、目标利润的确定、目标成本的确定、新产品是否投产等,都会涉及盈亏平衡分析内容。

2. 线性规划

线性规划是一种寻求单位资源最佳效果的数学方法,常用于组织内部有限资源的调配问题。线性规划是在线性的约束条件下求解线性目标函数的最大值或最小值的方法。

从实际问题中建立数学模型一般有以下三个步骤：① 根据影响目标的因素找到决策变量；② 由决策变量和目标之间的函数关系确定目标函数；③ 确定决策变量所要满足的约束条件。

例如，某企业要安排生产桌子、椅子两种产品，它们都要经过制造和装配两道工序（相关信息见表 4-1）。假设企业生产状况良好，生产出来的产品都能卖出，问企业应该如何安排生产活动以获利最大。

表 4-1　　企业生产相关信息

—	桌子	椅子	工序可利用时间(h)
在制造工序上的时间(h)	2	4	48
在装配工序上的时间(h)	4	2	60
单位产品利润(元)	8	6	—

求解上例，(1) 确定决策变量：设 x，y 分别为桌子、椅子的生产数量；

(2) 确定目标函数：获利最大，即求 $8x+6y$ 的最大值；

(3) 需满足的约束条件：

在制造工序上的时间约束：$2x+4y\leqslant 48$；

在装配工序上的时间约束：$4x+2y\leqslant 60$；

且满足：$x\geqslant 0$，$y\geqslant 0$；

解得当 $x=12$，$y=6$ 时，目标函数 $8x+6y$ 可以得到最大值，最大值为 132。

（二）风险型决策方法

风险型决策与确定型决策相比，主要区别在于：① 存在着两种或两种以上的不以人的主观意志为转移的自然状态；② 不同自然状态下的概率可以根据过去的经验和科学的理论预先估计或计算出来。由于在决策中引入了概率概念，因此在所拟订的备选方案中，无论选择哪一个方案都要承担一定风险。

风险型决策的方法很多，有期望值法、边际分析法、连续变量问题决策法等。在组织决策中应用最多的是期望值法。

期望值决策法的基本原理是：先求出每个方案的期望值，然后以期望值作为选优依据判断备选方案的优劣。期望值一般分为两类：一类是收益期望值，如利润期望值、产值期望值；另一类是损失期望值，如成本期望值、费用期望值、投资期望值等。如果决策目标是要使收益最大，则备选方案中期望值最大的方案为最优方案；如果决策目标是要使损失最小，则备选方案中期望值最小的方案为最优方案。

1. 决策表法

当决策方案不多、自然状态也不太多时，可直接把决策问题列成决策表的形式，然后计算出各备选方案的期望值进行决策。

【例 1】 甲公司对未来 5 年做了预测，认为产品 A 的市场需求情况为——高需求的概率为 30%，中等需求的概率为 50%，低需求的概率为 20%。针对这种情况，公司设计出 3 种方案——新建厂房、扩建厂房和对老厂设备进行技术改造。有关资料如表 4-2 所示，其中损益值为年度指标。

表 4-2　　决策表法实例资料列表　　单位：万元

损益值 / 方案 \ 自然状态 需求 概率	高需求	中等需求	低需求	投资额
	0.3	0.5	0.2	
方案 1　新建	120	40	−30	100
方案 2　扩建	100	50	0	50
方案 3　改造	40	30	20	20

要求：根据上述资料，通过决策分析判断该公司应该选择哪个方案。

〔解〕 根据已知资料，三个方案的期望值计算如下：

方案 1(新建)：

$E_1=[120\times0.3+40\times0.5+(-30)\times0.2]\times5-100=150$(万元)

方案 2(扩建)：

$E_2=(100\times0.3+50\times0.5+0\times0.2)\times5-50=225$(万元)

方案 3(改造)：

$E_3=(40\times0.3+30\times0.5+20\times0.2)\times5-20=135$(万元)

比较三个方案的收益期望值可以看出：方案 2(扩建)的收益期望值为 225 万元，在三个方案中最大，因此应选择方案 2(扩建)方案。

2. 决策树法

决策树法，也是一种以期望值为依据进行选优的决策，所不同的是决策树是一种图解方式，它不仅能解决单阶段决策问题，还可以解决用决策表无法解决的多阶段决策问题。

(1) 单阶段决策

图 4-3 中符号“□”表示决策点，从决策点引出的若干分枝代表若干方案，称为方案枝。“○”表示状态节点，其上方数字表示该方案的效益期望值。从状态节点引出的分支表示不同自然状态，称为状态枝，每条分枝的上面写明自然状态

及其出现概率，状态枝数反映可能的自然状态数。

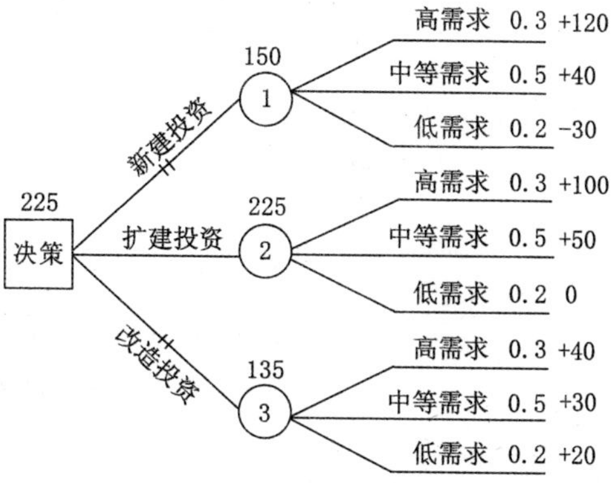

图 4-3 决策树法实例图

状态枝末端的数字是每一方案在相应状态下的效益值。

把各状态节点上的期望值加以比较，选取最大的效益期望值 225，写在决策点上方，说明选定了方案 2。在方案枝 1、3 上打上删除记号，表示将该方案删除掉，或称剪枝。

运用决策树法进行决策时，需要掌握以下几个关键步骤：① 画决策树。把某个决策问题未来发展情况的可能性和可能结果所做的预测，用树状图反映出来。画决策树的过程实质是拟订各种抉择方案的过程。② 预计可能事件发生的概率。概率值的确定，可凭有关人员的估算或根据过去的历史资料确定。概率的准确性很重要。如果误差过大，就会给决策带来偏差，从而给企业带来损失。为了便于决策，通常要把确定好的概率值标在树状图的相应位置上。③ 计算损益期望值。在决策树计算中是由末梢开始由右向左的方向顺序考虑，利用损益值及其相应的概率计算出每个方案的损益期望值。

以上的例子只包括一级决策，叫作单阶段决策。实际工作中经常出现两级或两级以上的决策，叫作多阶段决策。

(2) 多阶段决策

【例 2】 某公司为满足某种新产品的市场需求，拟规划建设新厂，根据市场预测新产品销路好的概率为 0.7，销路差的概率为 0.3。公司面临以下三种可行方案：

方案 1——新建大厂，需投资 350 万元，据初步设计，销路好时每年可获利 100 万元，销路不好时亏损 20 万元，服务期限 10 年。

方案 2——新建小厂，需投资 150 万元，销路好时每年可获利 40 万元，销路不好时仍可获利 30 万元，服务期限 10 年。

方案 3——先建小厂，三年后销路好时再扩建，概率 1.0，追加投资 250 万元，服务期限 7 年，每年估计获利 95 万元。

要求：根据上述资料，通过决策分析判断该公司应该选择哪个方案。

〔解〕 图 4-4 所示为例 2 问题的决策树。

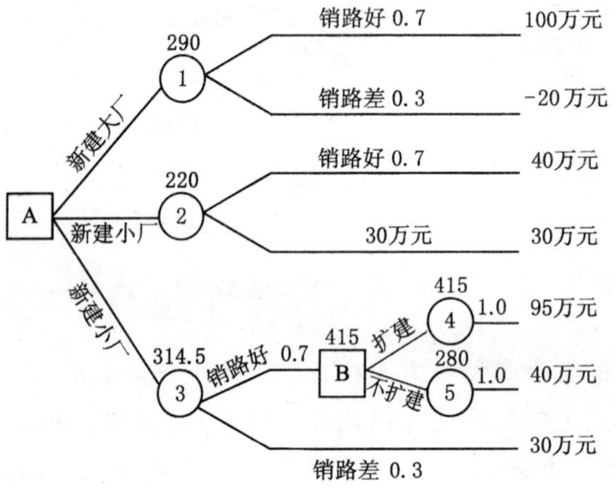

图 4-4 多阶段决策树法实例图

求解的次序是由状态枝末梢开始从右向左方向顺序考虑，其步骤如下：

(1) 先计算决策点 B 的期望收益。取从该决策点出发的方案枝中的最大值，作为该决策点的值。即比较状态节点 4 和状态节点 5 的期望收益。

$$E_4 = 95 \times 1.0 \times 7 - 250 = 415 \text{ 万元}$$

$$E_5 = 40 \times 1.0 \times 7 = 280 \text{ 万元}$$

415＞280，因此取 415 作为决策点 B 的值。

(2) 再依据各种状态的概率计算状态节点 1、2、3 的期望收益。

$E_1 = [100 \times 0.7 + (-20) \times 0.3] \times 10 - 350 = 290$ 万元

$E_2 = (40 \times 0.7 + 30 \times 0.3) \times 10 - 150 = 220$ 万元

$E_3 = (40 \times 0.7 \times 3 + 415 \times 0.7 + 30 \times 0.3 \times 10) - 150 = 314.5$ 万元

(3) 在决策点 A，比较三个方案枝相连的三个状态节点上的期望收益。状态节点 1 期望收益 290 万元，状态节点 2 期望收益 220 万元，状态节点 3 期望收益 314.5 万元，取其中最大值 314.5 万元所对应的方案。因此采用方案 3，即先建小厂、三年后若销路好再扩建的方案。

(三) 不确定型决策方法

不确定型决策问题，是指在连自然状态发生的概率也不知道的情况下对几个备择方案进行选择。这时，最佳方案的选择，主要取决于决策者的态度和经验以及他所选择的决策准则。不确定型决策遵循的准则有乐观主义准则、悲观主义准则、折中主义准则、等可能性准则、“后悔值”准则。由此产生几种不确定型决策方法。

1. 乐观主义准则

乐观主义准则的思想基础是决策者对客观情况总是持乐观态度。

【例 3】 某企业准备生产一种新产品，对未来的销售情况只能做出大概估计——即可能出现较高需求、中等需求，也有可能出现低度需求。企业拟订有三种方案可供选择：第一，新建一个车间；第二，扩建原有车间；第三，对原有车间的生产线进行改造。采取上述三种方案在两年之内的损益值计算如表 4-3 所示。

表 4-3 例 3 损益值计算列表 单位：万元

方案 \ 自然状态	高度需求	中等需求	低度需求
方案 1：新建	400	100	−50
方案 2：扩建	300	250	0
方案 3：改造	120	100	80

〔解〕 乐观主义准则决策的步骤如下：

(1) 把每个方案在各种自然状态下的最大效益值计算出来：

Max 1 (400,100,−50)＝400(万元)

Max 2 (300,250,0)＝300(万元)

Max 3 (120,100,80)＝120(万元)

(2) 求各最大效益值的最大值。就是在 400、300、120 中选出最大的数字 400(万元)。400 万元所对应的方案 1 就是应选择的方案，即新建一个车间。

这种方法是找出各行动方案在各种自然状态下的最大收益值，并选取最大收益中的最大值所对应的行动方案作为决策方案，因此也叫作大中取大法，又称“冒险型决策法”。

2. 悲观主义准则

悲观主义准则的思想基础是决策者对客观情况总是持悲观态度，总是把事情的结果估计得很不利。而为保险起见，他们总是力求在各种最坏的情况下找出一个好的方案。

悲观主义准则决策的步骤仍以前例说明如下：

(1) 把每个方案在各种自然状态下的最小效益值求出来。

Min 1 (400,100,−50)=−50(万元)

Min 2 (300,250,0)=0

Min 3 (120,100,80)=80(万元)

(2) 求出最小效益值的最大值。就是在−50、0、80 中选出最大的数字 80(万元)。80 万元所对应的方案 3,就是应选择的方案,即对原有车间的生产线进行改造。

这种方法是找出各种行动方案在各种自然状态下的最小收益值,并选取最小收益值中的最大值所对应的行动方案作为决策方案,因此也叫作小中取大法,又称“保守型决策法”。

3. 折中主义准则

折中主义准则是介于乐观主义准则和悲观主义准则之间的一项原则。它要求决策者根据市场预测和自己的经验,确定一个折中系数 α 作为主观概率(α 值应介于 0 和 1 之间)。然后,按公式计算出各个方案的折中期望值,最后依据期望值的大小确定方案。计算公式如下:

$$折中期望值=\alpha\times最大收益值+(1-\alpha)\times最小收益值$$

按此方法进行决策时,折中系数 α 的确定很重要。α 取不同数值则会得出不同的结论。

4. “后悔值”法

“后悔值”法遵循的是后悔准则。这种方法的思想基础是当决策者做出决策之后,若情况未能如愿必然有后悔感觉,因此要寻找后悔值最小的方案。

“后悔值”法的决策步骤如下:① 在每种自然状态中找出最大值为理想目标值。② 在每种可能发生的情况中,以理想目标值减去该种情况下的各值,余额即为“后悔值”。③ 挑选在每种方案中在各种自然状态下的后悔值的最大值。④ 然后在各最大的后悔值中挑选后悔值最小的方案。

仍以前述例 3 为例说明之:

(1) 各种自然状态下的理想目标值,如表 4-4 所示。

表 4-4　　各种自然状态下的理想目标值列表　　单位:万元

	高度需求	中等需求	低度需求
理想目标值	400	250	80

(2) 计算后悔值,如表 4-5 所示。

表 4-5 后悔值计算列表 单位:万元

	高度需求	中等需求	低度需求
方案 1:新建	400－400＝0	250－100＝150	80－(－50)＝130
方案 2:扩建	400－300＝100	250－250＝0	80－0＝80
方案 3:改造	400－120＝280	250－100＝150	80－80＝0

(3) 挑出每种方案中在各种自然状态下的最大后悔值,如表 4-6 所示。

表 4-6 最大后悔值列表 单位:万元

后悔值 / 自然状态 / 方案	高度需求	中等需求	低度需求	最大后悔值
方案 1:新建	0	150	130	150
方案 2:扩建	100	0	80	100
方案 3:改造	280	150	0	280

(4) 取三种方案中后悔值的最小值 100 万元所对应的方案 2,即扩建一个车间。它就是应选择的方案。

以上介绍的几种不确定型决策的方法都带有一定程度随意性。对于不确定型决策问题,采用不同的决策准则会得出不同的决策结果,实际工作中也难以判别哪个准则好、哪个准则不好,因为没有一个统一的评比标准。在实际工作中,为了使决策的结果更合理一些,通常都要设法预测出各种自然状态的概率,将不确定型决策转化为风险型决策。

除了以上介绍的决策方法以外,还有很多决策方法可供组织选择。如计算机模拟决策方法、现值分析法、经济效益分析法、概率论、效用论、博弈论等决策方法,详细内容可参阅其他管理学书籍。

本章基本概念

(1) 决策,普遍性,风险性,满意原则,古典决策理论,行为决策理论;

(2) 战略决策,战术决策,程序性决策,非程序性决策;

(3) 确定型决策,风险型决策,不确定型决策;

(4) 特尔斐法,名义小组法,头脑风暴法;

(5) 盈亏平衡分析法,决策树法;

(6) 乐观主义准则,悲观主义准则,后悔值法。

问 题 思 考

1. 怎样完整地理解决策概念的内涵?

2. 古典决策理论的基础是什么?

3. 如何理解行为决策理论?

4. 决策遵循的原则有哪些?

5. 决策包括哪些基本活动过程?

6. 决策的影响因素有哪些?

7. 什么是"最小最大后悔值"法,其步骤怎样?

8. 在计算机已经普及的今天,为什么定性决策方法仍有用武之地?

9. 某企业计划生产甲、乙两种产品,每种产品均需使用A、B、C、D四种设备,其加工时间及单位利润数据如表4-7所示。请用线性规划的方法,确定产品甲、乙的产量,使得企业利润最大。

表 4-7 某企业产品的相关信息表

单位产品所需时间 产品 / 设备	甲	乙	计划期的设备能力(台时)
A	2	2	12
B	1	2	8
C	4	0	16
D	0	4	12
单位产品的利润(万元)	2	3	

10. 某企业现在生产一种产品,上半年的销售量为1万件,每件售价20元,单位产品变动成本15元,半年的固定成本5000元,销售税税率5%。试计算下半年的盈亏平衡点,并测算如在上半年基础上使利润提高10%,企业应采取哪些措施。

11. 某企业拟生产一种新产品,现在有新建和改建两种方案,分别需要投资140万元和80万元。未来5年的销售情况预测是:畅销的概率为0.4,销售一般的概率为0.4,滞销的概率为0.2。各生产状态下的损益值如表4-8所示,问应采用哪种生产方案?试用决策树法进行决策。

表 4-8　　某企业的损益表

方案	各种状态下的收益值(万元)		
	畅销(概率 0.4)	一般(概率 0.4)	滞销(概率 0.2)
新建	120	50	−30
扩建	100	30	10

第五章　计划与计划工作

学习目标

1. 把握计划的概念及其性质；
2. 了解计划的各种划分类型和计划内容；
3. 掌握计划的制订方法；
4. 把握计划工作的原理和计划的编制过程。

【开篇案例】　隆海实业有限公司的明年怎么办?

进入12月份以后，隆海实业有限公司（以下简称隆海公司）的总经理顾俊一直在想着两件事：一是，年终已到，应该开个年终总结大会，总结一年来的工作，今年外部环境发生了很大的变化，尽管公司想方设法拓展市场，但困难重重，看看问题到底在哪儿；二是该好好谋划一下明年怎么办？更远的该想想以后5年，乃至于以后10年怎么干？

隆海公司是一家民营企业。15年前，顾氏三兄弟带着父母给的全部积蓄800元，来到工业重镇A市想创一番事业。老大顾俊经过观察和向人请教，发现A市的建筑业发展很快，但当时由于种种原因，建筑材料时常短缺，因而建筑公司也失去了很多工程。于是顾俊与A市需要水泥的建筑队做起水泥生意。利润虽不丰厚，但积少成多，两年下来他们成了中国最早的“万元户”。顾氏三兄弟感到第一步走对了，那时他们已有一定的经济实力和一张不错的关系网。之后，在看到A市大兴土木、建筑队供不应求时，顾家三兄弟又成立了一个工程队。于是，水泥继续贩，工程队照样做，这也算是两条腿走路了。

一晃15年过去了，公司现有三家分公司，分别是贸易公司、建筑装饰公司和房地产公司，有员工近300人。老大顾俊当公司总经理，老二、老三做副总经理，兼下属公司的经理。顾俊老婆任财务主管，他们表舅的大儿子任公司销售主管。总之，公司的主要职位都由家族成员担任，顾俊具有绝对权威。公司的管理全靠经验，尤其靠总经理顾俊自己的经验，遇事都由顾总拍板，从来没有公司通盘的目标与计划，因而常常是干到哪儿是哪儿。可现在公司已发展到有几千万资产，三百来号人，再这样下去可不行了。到底该怎样制订公司的目标与计划呢？这正是顾俊一直在苦苦思考的问题。

公司总经理顾俊是顾氏兄弟中的老大，他为人真诚、好交朋友、又能吃苦耐劳，因此深得两位弟弟的敬重，只要他讲如何做，他们都会去拼命干。但公司这几年，尤其是今年，盈利情况不太好。建筑公司任务还可以，但由于成本上升，企业利润已不能与前几年同日而语了，只能是维持略有盈余。同时建筑市场竞争日益加剧，公司的前景难以预料。贸易公司能勉强维持已是上上大吉了，今年做了两笔大生意，挣了点钱，其余的生意均没成功，况且仓库里还积压了不少货无法出手。房地产公司更是一年不如一年，房地产市场疲软，生意越来越难做。好在顾俊当机立断，即便微利或持平也把积压的房屋脱手了，即便这样，现在还留着的几十套房子把公司压得喘不过气来。

面对这些困难，顾总一直在想如何摆脱现在这种状况，如何发展。当然，公司发展的机会还是有的。上个月在天津大学听讲座时，顾俊认识了A市一家国有大公司的老总，交谈中得知：这家公司正在寻找在非洲销售他们公司拳头产品的代理商，据说这种产品在非洲很有市场。这家公司的老总很想与隆海公司合作，利用民营企业的优势，抢占非洲市场。顾俊深感这是个机会，但该如何把握呢？前几天，顾总与市建委的一位处长在一起吃饭，这位老乡告诉他，市里规划明年开始江海路拓宽工程，江海路在A市就像上海的南京路，两边均是商店。借着这一机会，好多大商店都想扩建商厦，但苦于资金不够。这位老乡问顾俊，有没有兴趣进军江海路。如想的话，他可牵线搭桥。隆海公司的贸易公司早想进驻江海路了，但苦于没机会，现在机会来了，也很诱人，但投入也不会少，该怎么办？同时，随着我国住房分配制度的改革，顾俊想到房地产市场一定会逐步转暖。隆海公司的房地产公司已有一段时间没正常运作了，现在是不是该动了？

总之，摆在隆海公司老板顾俊面前的困难很多，但机会也不少，新的一年到底该干什么？怎么干？以后的5年、10年又该如何干？这些问题一直盘旋在顾总的脑海中。

〔资料来源：胡宁主编《管理学》，武汉理工大学出版社2009年版，略有修改〕

计划是管理过程中的一个重要环节，也是一项基本的管理职能。在组织管理中，计划具有承上启下的作用。一方面，计划是决策的组织落实过程。决策是计划的前提，计划是决策的逻辑延续，为决策选择的目标活动提供实施保证；另一方面，计划又是组织、领导、控制和创新等管理活动的基础，这些活动只有在计划确定了之后才能进行，且均随计划和目标的改变而改变。

本章主要介绍以下四个问题：① 计划的概念与性质；② 计划的类型与内容；③ 计划的制订方法；④ 编制计划的过程。

第一节　计划的概念与性质

一、计划的概念

美国管理学家彼得·德鲁克认为：一个管理者的首要任务是制定目标和计划，管理者先要确定目标是什么和为了实现这些目标应该做些什么以及实现目标过程中严格考核的具体指标是什么。管理者的这项任务就是计划工作。组织或企业的计划是他们当前需要和未来需要的一种平衡，也是他们所要达到的目标同现实条件的一种平衡。一个管理者必须通过计划去安排和组织人们开展他们实现目标的活动。

所谓计划，是指为了实现组织既定的目标，对未来行动进行规划、安排以及组织实施的一系列管理活动的总称。

计划有两种含义，一个是动词含义的计划工作(planning)，另一个是名词含义的计划(plan)。作为动词的计划，通常是指包括定义组织目标、制定全局战略以实现这些目标、开发一个全面的分层计划体系等一系列相关联的特定行为或活动过程，实际上就是计划工作。作为名词的计划，是指计划工作的结果和产物，是关于组织未来的蓝图，反映组织在未来一段时间内的目标、实现目标途径的策略和安排。计划包括对组织所拥有的和可能拥有的人力、物力、财力等资源所进行的设计和谋划的结果。计划包括各种明确的书面化的使命、目标说明以及战略、政策、预算书等。

计划又有广义和狭义之分。广义的计划包括制订计划、执行计划和检查计划的执行情况三个紧密衔接的工作过程。检查计划的执行情况又属于管理的控制职能。计划为控制提供标准，没有计划控制就失去了依据。因此，计划和控制就像剪刀的两个刃，必须同时使用才能达到有效管理目的。狭义的计划就是指制订计划。本章内容叙述以狭义计划为主。

二、计划的性质

计划的性质体现在五个方面：首位性、目的性、普遍性、效率性和创新性。

(一) 首位性

也可以说是先导性，是指计划工作相对于其他管理职能而处于首要地位。首先，组织、人员配置、领导和控制等活动都是为了促使和保证目标的实现，故旨在确定目标及实现目标的途径的计划职能就理所当然地成为必须首先实施的职能。另外，组织、人员配置、领导和控制工作都离不开计划。例如，组织结构的设计本身就是一项计划工作，控制的标准也是计划的产物。计划同其他职能的关系如图 5-1 所示。

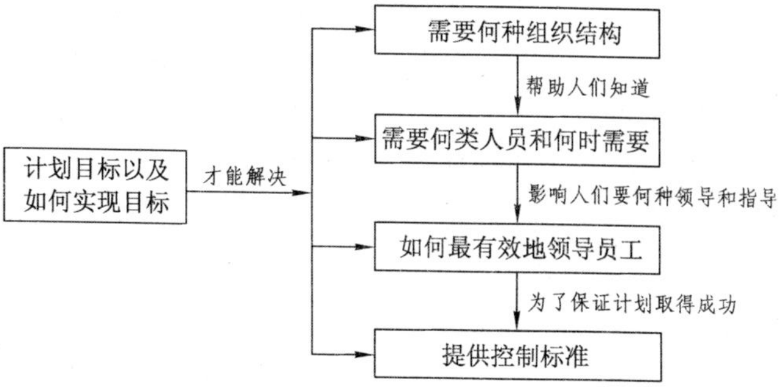

图 5-1 计划在管理中的首要地位

（二）目的性

正如美国管理学家哈罗德·孔茨所言："管理的计划工作是针对所要实现的目标而设法取得一种始终如一的协调的经营结构。如果没有计划，行动就必然成为纯粹杂乱无章的行为，只能产生混乱。"在组织中，每一个计划及其派生计划的制订，都是旨在促使组织的总目标和一系列子目标的实现。计划的有效制定能对组织行为的执行产生积极的指导作用，从而确保组织的生存和发展沿着既定的方向和目标前进。所以计划工作具有强烈的目的性，它以行动为载体，引导着组织的经营运转。

（三）普遍性

计划工作具有普遍性，主要体现在两个方面：① 在一个高效的组织中，每一位管理人员都需要从事计划工作，只不过不同层次的管理者所从事的计划工作的侧重点和内容有所不同而已，高层管理者负责制定战略计划，而中基层管理人员负责制定战术计划或作业计划；② 由于资源的有限性，使得人们在从事各种活动时都需要事先进行计划，因为只有这样才能有效地利用资源。

（四）效率性

可以用计划对组织目标的贡献来衡量一个计划的效率。贡献，是指扣除在制定和实施该计划时所需要的费用和其他因素后所得到的剩余。在计划要完成的目标确定情况下，同样可以用制订和实施计划的成本及其他连带成本（如计划实施带来的损失、计划执行的风险等）来衡量效率。如果计划能得到最大的剩余，或者如果计划按合理的代价实现目标，这样的计划即是有效率的。如果一个计划能够达到目标，但在计划的实现过程中付出了较高的代价或者不必要的代价，那么这个计划的效率就是很低的。特别需要注意的是，在衡量代价时，不仅要用时间、金钱或生产等来衡量,而且还要用个人和集体的满意程度进行衡量。例如,一个新上任的公司总经理为了扭转公司亏本状况,计划通过解雇大批员工来削减公司开支,其结果是造成员工恐惧、不满和士气低落,这反而导致了生产效率锐减,致使原来扭亏为盈的目标归于失败。所以,在制订计划时要时时考虑计划的效率,不仅要考虑经济方面的利益,而且还要考虑非经济方面的利益和损耗。要使计划工作有效,不仅要确保实现目标,还要从众多方案中选择最优的资源配置方案,以求合理利用资源和提高效率。

(五)创新性

计划工作是针对需要解决的新问题和可能发生的新变化、新机遇而做出的决定,因此它是一个创造性的管理活动。类似于产品设计,计划工作实际上是对管理活动的一种设计。正如一种新产品的成功在于创新一样,成功的计划也在于创新。

第二节 计划的类型与内容

一、计划的类型

由于计划工作的普遍性,计划的目标、内容、应用情况千差万别,使计划的具体表现形式多种多样。按不同的标准可以将计划划分为不同的类型。各种类型的计划并不是割裂的,而是由分别适用于不同条件下的计划组成一个计划体系。不同的分类方法有助于人们从不同的角度研究计划体系。

(一)按计划的时间期限划分的分类

计划按时间期限的长短可分为长期计划、中期计划和短期计划。

财务分析人员习惯于把投资回收期分为长期、中期和短期。长期通常指 5 年以上,短期一般指 1 年以内,中期则介于两者之间。管理人员亦采用长期、中期和短期来描述计划。习惯上,人们把 5 年以上(含 5 年)的计划称为长期计划,把 1 年以上 5 年以内的计划称为中期计划,把 1 年及其以内的计划称为短期计划。但是,计划期的长短是一个相对概念,必须考虑行业特点和环境变化速度。如对于一些环境条件变化很快、本身节奏很快的组织活动,其计划分类也可能年度计划就是长期计划,季度计划就是中期计划,而月度计划就是短期计划。

这三种计划中,长期计划描述组织在较长时期的发展目标和方针,规定组织的各个部门在较长时期从事某种活动应达到的目标和要求,应绘制组织长期发展蓝图,是组织成长发展的纲领性文件;中期计划是根据长期计划制定的,它比长期计划要详细具体,是考虑组织内部和外部条件及环境变化情况后制定的可执行计划;短期计划是指导组织具体活动的行动计划,具体规定组织各部门在目前到未来的较短的时期阶段，特别是最近时段应该从事何种活动及相应要求，从而为组织成员在近期的行动提供依据。它一般是中期计划的分解和落实，比中期计划更为详细具体、更具可操作性。

在管理实践中，长期计划与中期计划、短期计划是密不可分的，必须有机地衔接起来。科学的长期计划对中短期计划具有指导作用，中短期计划则必须根据长期计划的要求制定；中短期计划的实施有助于长期计划实现。

（二）以涉及时间长短及其范围划分的分类

根据涉及时间长短及其范围广狭的综合性程度，可以把计划分为战略性计划和战术性计划。

战略性计划，是指应用于整体组织的、为组织未来较长时期（通常为5年以上）设立总体目标和寻求组织在环境中的地位的计划。长期性和整体性是战略性计划的两个显著特点。长期性，是指战略性计划涉及未来较长时期；整体性，是指战略性计划是基于组织整体而制定的，强调组织整体的协调。

战术性计划，是指规定总体目标如何实现的细节的计划，其需要解决的是组织的具体部门或职能部门在未来各个较短时期的行动方案。

战略性计划是战术性计划的依据，战术性计划是在战略性计划指导下制定的，是战略性计划的落实。

（三）按计划的职能划分的分类

按计划的内容和计划涉及的职能可以把计划分为业务计划、财务计划和人力资源计划等。组织要从事业务活动、财务、人力资源等方面的活动，就要相应地为这些活动和职能业务部门制订计划。

因为组织总是通过一定业务活动立足于社会的，所以业务计划是组织的主要计划。财务计划和人力资源计划等是为业务计划服务的，也是围绕着业务计划展开的。业务计划涉及物、供、产、销，包括销售计划、生产计划、采购计划、供应计划、新产品开发计划等。财务计划涉及财，研究如何从资本的提供和利用上促进业务活动的有效进行。人力资源计划涉及人，分析如何为业务范围的维持或扩大提供人力资源保证。这些职能计划，通常即是组织中相应的职能部门编制和执行的计划，因而会更具体、更准确、更详尽。

（四）按计划的表现形式划分的分类

哈罗德·孔茨和海因茨·韦里克（Heinz Weihrich）按不同的表现形式，从抽象到具体把计划分为一个层次体系——宗旨（目的或使命）、目标、战略、政策、程序、规则、方案和预算，如图5-2所示。

1. 宗旨

各种有组织的活动，如果要使它有意义的话，至少应该有自己的目的或使

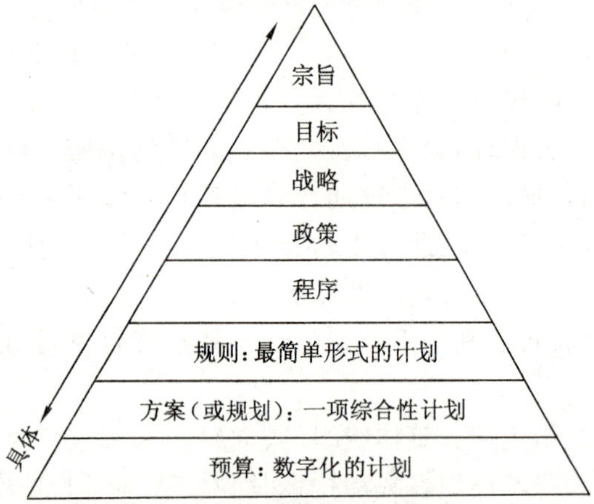

图 5-2 计划的层次体系

命。这种目的或使命，是社会对该组织的基本要求，通常称之为宗旨。换句话说，宗旨从根本上告诉人们组织是干什么的、组织应当干什么。比如，大学的宗旨是教书育人和科学研究，研究院所的宗旨是科学研究，医院的宗旨是治病救人，企业的宗旨是从事生产和服务。组织宗旨是一切计划之本。

2. 目标

目标是在宗旨指导下提出的，它具体规定了组织及其各个部门的经营管理活动在一定时期要达到的具体成果。对于一个组织而言，目标往往具有不同的层系，即多样性。目标管理源于美国管理学者彼得·德鲁克，他在 1954 年出版的《管理的实践》一书中，认为企业的目的和任务必须转化为目标。企业如果无总目标及与其相一致的分目标来指导职工的生产和管理活动，则企业规模越大、人员越多，发生内耗和浪费的可能性越大。德鲁克之后，一些学者对目标管理理论做了进一步地完善和发展。但无论如何，目标总是被看作不仅仅是计划工作的终点，而且也是组织工作、人员配备、领导及控制等活动所期望达到的结果。

3. 战略

战略，是指为实现组织宗旨、组织重大目标而确定的具体发展方向、行动方针和组织资源的总体配置方案。它并不是要具体说明组织如何实现目标，而是无数主要的和次要的支持性计划的任务。

4. 政策

政策，是指在决策或处理问题时指导及沟通思想活动的方针和一般规定。政策指明了组织活动的方向和范围、鼓励什么和限制什么，以保证行动同目标一致并有助于目标实现。对于一个组织而言，制定政策往往有助于事先决定问题处理的方法，以减少对某些例行事件处理的成本。政策支持分权，同时也支持上级主管对该项分权的控制。

政策允许对某些事情有酌情处理的自由，一方面切不可把政策当作规则；另一方面又必须把这种自由限制在一定范围。自由处理的权限大小，既取决于政策自身又取决于主管人员的管理艺术。

5. 程序

程序的实质是对所要进行的活动规定时间顺序。例如，采购部门采购材料应由使用材料的部门申请购买，经有关部门和领导审批再实施采购活动；会计部门记载往来业务的程序等。管理者一般把反复出现的业务编制出程序，一旦该项业务再次出现，执行人员只要按照以前编好的程序去做就能得到较好的效果。因此，程序可以看作一种经过优化的计划，它是对大量日常工作过程和工作方法的提炼和规范。制定程序的目的是减轻主管人员的决策负担，明确各个工作岗位的职责，提高管理活动的效率和质量。管理的程序化水平是管理水平高低的重要标志。制定和贯彻各项管理工作的程序是组织的一项基础工作。

6. 规则

规则没有酌情处理的余地。它详细地阐明了必需行动或非必需行动，其本质是一种必须或无须采取某种行动的管理决策。用哈罗德·孔茨的话来说，规则通常是最简单形式的计划。

规则常常与政策和程序相混淆，因而必须注意区分。规则与政策的区别在于政策的目的是指导行动，并给执行人员留有酌情处理的余地；而规则虽然也起指导行动的作用，但是在运用规则时执行人员没有自行处理之权。规则与程序的区别主要表现在两个方面：一方面，规则指导行动但不说明时间顺序；另一方面，可以把程序看作一系列规则，但是一条规则可能是也可能不是程序的组成部分。比如，“禁止吸烟”是一条规则，但和程序却没有任何联系；而一个规定为顾客服务的程序则可能表现为一些规则，如“在接到顾客需要服务的信息后 30 分钟内必须给予答复”。

必须注意的是，就其性质而言，规则和程序均旨在约束思想；因此只有在不需要组织成员使用自行处理权时才使用规则和程序。

7. 方案(或规划)

方案是一个由目标、政策、程序、规则、任务分配、要采取的步骤、要使用的资源以及为完成既定行动方针所需的其他因素等构成的综合性计划。一项方案，可能很大也可能很小。如为实现我国社会经济发展的大目标，国家制定了一个个五年规划，而一个大学校园里的小零售店为实现向小型超市发展的目标，也可以制定一个改变货架的规划。通常情况下，大的规划往往派生有许多小的规划，而每个小的派生规划都会给总规划带来影响,它们相互依赖、相互影响。因此,规划工作的各个部分彼此协调需要有严格的技能以及系统思考和行动的方法。

8. 预算

预算,是指数字化的计划,是一份用数字表示预期结果的报表。预算通常是为规划服务的,其本身可能也是一项规划。

(五) 按计划的明确性程度划分的分类

按计划的明确性程度分类,可分为指令性计划和指导性计划。

指令性计划,是指由上级下达的具有约束力的计划,它规定了计划执行单位必须执行的各项任务,它不存在模棱两可,也没有容易引起误解的问题,其规定的各项指标没有讨价还价的余地。比如,销售部经理打算使企业的销售额在未来的6个月中增长15%。为此,他制定了明确的工作程序、预算分配方案和与实现该销售目标有关的各项活动的进度表,就是指令性计划。指令性计划的内容一般关系组织发展的重大问题或必须完成的任务。

指导性计划,是指由上级给出的一般性的指导原则,它虽提出重点但并不把管理者限定在具体目标或特定行动方案上,具体如何执行具有较大灵活性。例如,一个增加利润的指令性计划,可能要明确规定未来6个月内销售额要增加5%,成本要降低5%;而指导性计划可能只提出未来6个月内计划使利润增加6%~10%。

相对于指导性计划而言,指令性计划虽然更易于执行、考核和控制,但是对不确定性因素的应变能力较差,而且它要求的明确性和可预见性条件往往很难得到满足,也不利于调动下级管理人员的积极性和创造性。指导性计划虽然较充分地考虑了不确定性因素的影响,下级管理人员拥有一定的应变权力,但操作起来不如指令性计划简单明了。组织通常要根据计划的内容、未来的不确定性和可预见性程度,来确定使用哪一种计划形式。

二、计划的内容

计划的基本内容通常用5个"W"和2个"H"表示,即计划必须清楚地确定和描述下述内容。① 做什么(what to do?),即明确计划的具体任务和要求,明确每一个时期的中心任务和工作重点。例如,面对激烈的市场竞争,企业的原有产品已经慢慢失去竞争优势,经过市场调查和预测企业决定迅速推出新产品,那么近期的计划的目标和内容就是筹集资金,组织相关科研技术人员进行技术研发,在短时期内推出换代产品。② 为什么做(why to do it?),即明确计划的宗旨、目标和战略并论证可行性,也就是要提供制订计划的依据。实践证明,管理人员对组织的宗旨、目标和战略认识得越清晰,就越有助于他们在计划工作中发挥积极性、主动性和创造性,即由"要我做"变为"我要做"。因此,管理人员在分析和预测市场竞争基础上，要进一步认识到市场竞争的残酷，为了企业盈利必须选择开发新产品战略，主动淘汰原有的旧产品，同时结合自身条件对计划的可行性进行论证。③ 何时做(when to do it?)，就是要明确计划工作开始和完成的时间，规定计划中各项工作的开始和完成进度，以便进行有效的控制和对能力及资源进行平衡。企业在市场竞争中尤其应注重时间效率，哪个企业率先推出新产品就可以先抢占商机、抢占市场份额。④ 何地做(where to do it?)，规定计划的实施地点或场所，了解计划实施的环境条件和限制，以便合理安排计划实施的空间组织和布局。⑤ 谁去做(who to do it?)，计划不仅要明确规定目标、任务、地点和进度，还要明确由哪个主管部门、哪个人负责。比如，开发一种新产品，要经过市场调查、产品设计、样品试制、小批量试制和正式投产几个阶段。在计划中要明确规定每个阶段由哪个部门负主要责任、哪些部门协助配合，各阶段交接时由哪些部门和哪些人员参加鉴定和审核等。⑥ 怎么做(how to do it?)，制定实施计划的措施以及相应的政策和规则，对资源进行合理分配和集中使用，对人力、生产能力及各类资源进行平衡，对各种派生计划进行综合平衡等。⑦ 需要多少？(how much to do it?)，它是一个定量指标，是指做这些工作要完成多少数量？成本多少？利润多少？需要多少人力？需要多少物力？……这些方面都要进行详细的预算。

实际上，一个完整的计划还应包括控制标准和考核指标的制定，也就是告诉实施计划的部门和人员做成什么样、达到什么标准才算完成计划。

第三节 计划制订的方法

计划工作效率的高低和质量好坏，在很大程度上取决于所采用的计划制定方法，方法的选择为制定切实可行的计划提供手段。过去，人们常常采用定额换算法、系数推导法和经验平衡法制订计划。定额换算法，是指根据有关的技术经济定额来计算确定计划指标的方法。系数推导法，是指利用过去两个相关经济指标之间长期形成的稳定比率来推算确定计划期的有关指标的方法，也叫作比例法。经验平衡法，是指根据计划工作人员以往的经验，把组织的总目标和各项任务分解并分配到各个部门，经过与各部门的“讨价还价”最终确定各部门计划指标的方法。

在稳定的管理环境下，上述传统的计划方法简单易行，具有较大的优越性。进入 21 世纪以后，组织面对更加复杂和动荡的环境，组织规模在不断扩大，未来的各种不确定因素也日渐增多，传统的计划方法已不能完全适应现代计划工作需要，各种现代计划方法应运而生。由于它们可以帮助组织确定各种复杂的经济关系，提高综合平衡的准确性，并能采用计算机辅助工作，加快计划工作的速度，因此已为越来越多的管理人员采用。现代计划工作中编制计划的方法有许多种，目前常用的方法有滚动计划法、网络计划技术、投入产出法、运筹学方法和计量经济学方法等。

一、滚动计划法

滚动计划法，是一种把短期计划、中期计划和长期计划有机地结合起来，根据近期计划的执行情况和环境变化情况，定期修订未来计划并逐期向前推移的方法。在计划工作中，很难准确地预测影响组织未来发展的各种因素的变化，而且计划期越长这种不确定性就越大。为提高计划的有效性，可以采用滚动计划方法。由于这种方法在每次编制和修订时都要根据前期计划执行情况和内外部环境的变化将计划期向前延伸一段时间，使计划不断向前滚动、延伸，故称滚动计划法。其具体做法是在制订计划时，同时制定未来若干期的计划，但计划内容采用近细远粗的办法，即近期计划尽可能详尽、远期计划的内容则较粗；在计划期的第一阶段结束时，根据该阶段计划执行情况和变化了的环境条件，确保实现从计划目标出发对原计划进行修订，并将整个计划向前滚动一个阶段；以后根据同样的原则逐期滚动。图 5-3 所示为一个滚动计划编制过程的示意图。

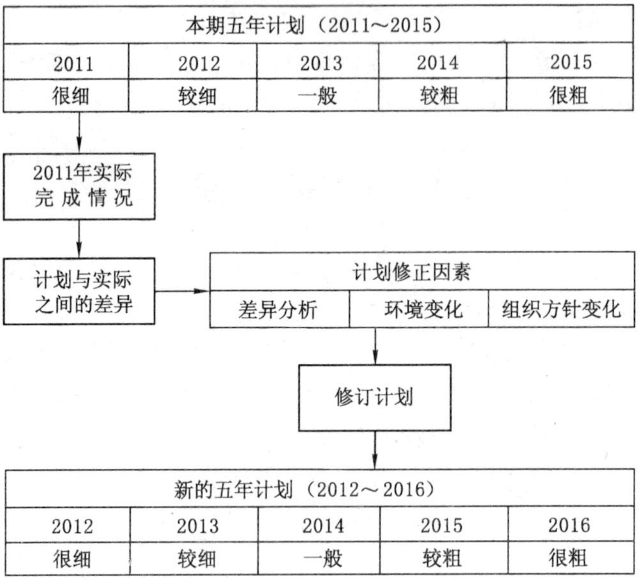

图 5-3　滚动计划法示意图

滚动计划法由于要同时编制若干期计划，使得计划编制和实施工作的任务量加大，但在计算机普遍应用的今天其优点更为明显。这种方法推迟了对远期计划的决策,加大了对未来估计的准确性,从而提高了计划质量;同时它使长期计划、中期计划和短期计划相互衔接,保证能够根据环境的变化及时进行调整,保证长期计划的指导作用,并使各期计划基本保持一致。此外,它使计划更富有弹性,特别是在环境剧烈变化的今天,可提高组织的应变能力、实现组织和环境的动态协调。

二、网络计划技术

网络计划技术是20世纪50年代后期在美国产生和发展起来的。它是一种运用网络图形式来组织项目和进行计划管理的一种科学的现代计划方法,包括以网络为基础制订计划的各种方法,如关键路线法(CPM)、计划评审技术(PERT)和组合网络法(NT)等。

(一)网络计划技术的基本步骤

网络计划技术的原理,是把一项工作或项目分成各种作业,然后根据作业顺序进行排列,通过网络图对整个工作或项目进行统筹规划和控制,以便用最少的人力、物力和财力资源及最快的速度完成工作。网络计划技术的基本步骤如图5-4所示。

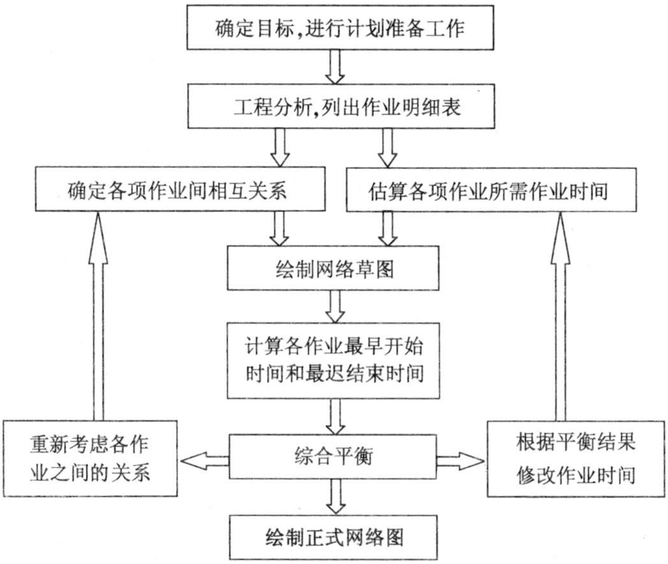

图5-4 网络计划技术的基本步骤框图

(二)网络图

网络图是网络计划技术的基础。任何一项工作都可分解成许多步骤的作业,根据这些作业在时间上的衔接关系用箭线表示其先后顺序,画出一个由各项作业相互联系并注明所需时间的箭线图。这种箭线图即称作网络图。

1. 网络图的组成

(1)"→",活动(作业或工序)

它是一项工作的过程,有人力、物力参加,经过一段时间才能完成。在网络图中,活动用一条箭线"→"表示,箭线上方标明活动名称,下方标明该项活动所需的时间,箭尾表示该项活动的开始,箭头表示该项活动的结束。箭线长短与活动消耗的时间无关。在网络图中,还经常要引入一种虚工序。所谓虚工序,是指这些工序既不占用时间也不消耗资源,是虚设的。以虚箭线表示。网络图中应用虚工序的目的是为了避免工序之间关系的含混不清,以正确表明工序之间先后衔接的逻辑关系。

(2)"○",事项(节点、网点、时点)

它是两个工序间的连接点。事项既不消耗资源也不占用时间,只表示前道工序结束、后道工序开始的瞬间。一个网络图中只有一个始点事项、一个终点事项,其余事项都叫作中间事项。中间事项具有双重含义,它既表示前一项活动的结束,又表示后一项活动的开始。网络图中的节点应进行编号,以便识别、检查和进行计算。编号写在圆圈内,其顺序由小到大可采用连续编号,也可采用非连续编号。非连续编号的优点是当节点有增减变化时不用打乱全部编号。

(3)路线

路线是网络图中由始点事项出发,沿着箭线方向前进,连续不断地到达终点事项为止,由一系列首尾相连的节点和箭线所组成的通道。一个网络图中往往存在多条路线。比较各路线的路长,可以找出一条或几条最长的路线。这种路线被称为关键路线。关键路线上的工序被称为关键工序。关键路线的路长决定整个计划任务所需的时间。关键路线上各工序完工时间提前或推迟都直接影响整个活动能否按时完工。确定关键路线,据以合理地安排各种资源,对各工序活动进行进度控制,是利用网络计划技术的主要目的。

2. 网络图的绘制

(1)绘制网络图的步骤

① 任务分解,活动划分。即根据计划的性质、构成、工作程序等具体情况,把任务分解为许多小的作业或工序,划分的粗细程度根据工作情况而定。如一道工艺流程可划分为若干道工序,一个工程项目可划分为若干个施工阶段等。

② 明确各项活动之间的逻辑关系。各项活动之间具有相互制约、相互依存的逻辑关系,主要表现为先后顺序、衔接关系和平行交叉等,最常见的是"紧前"和"紧后"关系。

③ 确定各项作业时间,汇总并开列作业明细表。确定作业时间的方法通常

有两种。一是单一时间估计法：即对各项活动的作业时间仅确定一个时间值。这种方法适用不可知因素较少、有类似项目的工时资料可供借鉴的情况；二是三点估计法：在没有肯定可靠的工时资料时，只能用估计时间确定。三点估计法，就是对活动的作业时间预估三个时间值(即可能需要的最短时间、可能需要的最长时间和最可能需要的时间)，然后求出可能完成的平均值。其计算公式

如下：

$$T_{均} = (a + 4 \times m + b)/6$$

式中 $T_{均}$——平均作业时间；

a——最短时间；

b——最长时间；

m——最可能的时间。

④ 作图并给节点编号。根据作业清单和各项活动之间的逻辑关系绘制网络图。绘制网络图有顺推法和逆推法两种方法。顺推法，就是从始点起，按工作顺序由前向后(由左向右)逐项连接各项活动，直至终点止。逆推法，就是自终点开始，由后向前(由右向左)逆向连接各项活动，直至始点为止。一般来说，逻辑关系如果是紧后关系采用顺推法比较方便，如果是紧前关系则采用逆推法较为方便。

(2) 绘制网络图的原则

绘制网络图应遵循如下原则：各项工序都要用箭线表示；网络图中不能出现循环回路；两个节点之间只能有一条箭线；网络图只能有一个起点和一个终点；节点编号应从小到大、从左到右，不能重复。

现以某项计划为例说明之。该项计划的作业明细表如表 5-1 所示。根据表中资料绘制的网络图如图 5-5 所示。

表 5-1 某项计划作业明细表

作业代号	紧后工序	作业时间(天)
A	D	3
B	EG	2
C	F	4
D	G	5
E	H	7
F	H	8
G	—	8
H	—	6

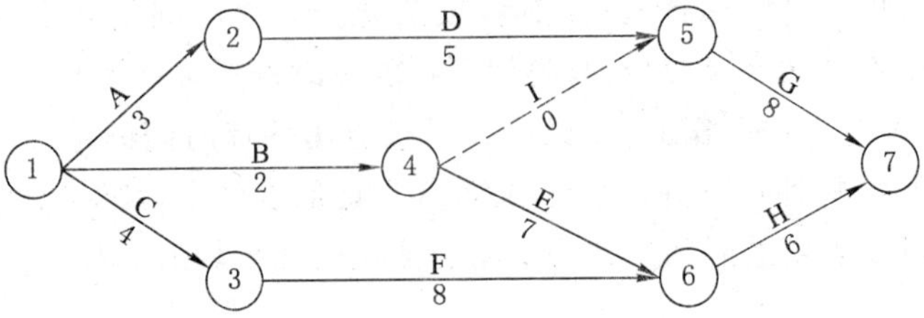

图 5-5　网络图示例

(3) 计算网络时间和确定关键路线

根据各工序所需作业时间，计算网络图中各路线的路长，找出关键路线。

图 5-5 中从始点①连续不断地走到终点⑦的路线共有 4 条，即：第一条：①⟶②⟶⑤⟶⑦；

第二条：①⟶④⟶⑤⟶⑦；

第三条：①⟶④⟶⑥⟶⑦；

第四条：①⟶③⟶⑥⟶⑦。

比较以上 4 条路线的路长，可知第四条路线，即①→③→⑥→⑦为关键路线，路长为 18 天。

（三）网络计划技术的特点

网络计划技术虽然需要大量而烦琐的计算，但在计算机广泛运用的时代，这些计算大多已程序化了。这种技术之所以被广泛地运用，是因为它有一系列的优点：① 该技术能清晰地把整个工程的各个活动的时间顺序和相互关系表示出来，指出完成工程的关键环节和路线。因此，管理者在制订计划时既可统筹安排又不失重点。在实施过程中管理者可以进行重点管理。② 可对工程的时间进度与资源利用实施优化。它可通过调动非关键路线上的人力、物力和财力，对关键作业进行综合平衡。这样既可节省资源又能加快工程进度。③ 可事先评价达到目标的可能性。该技术指出了计划实施过程中可能发生的困难点及其影响，有利于准备好应急措施，从而减少完不成任务的风险。④ 便于实施和控制。管理者可以把工程特别是复杂的大项目分成许多支持系统而分别组织实施和控制，这种既化整为零又聚零为整的管理方法，可以达到局部和整体的协调一致。⑤ 易于操作并具有广泛的应用范围，适用于各行各业及各种任务。

三、投入产出法

投入产出法，是由俄裔美国经济学家瓦西里·里昂惕夫(Wassily Leontief)于 20 世纪 40 年代首先提出的。它作为一种应用广泛的现代计划方法，曾经有 100 多个国家采用该方法进行经济方面的研究，我国于 20 世纪 60 年代正式引用该计划方法编制各种计划。

所谓投入产出法，是把一系列内部部门在一定时期内投入（购买）来源与产出（销售）去向排成一张纵横交叉的投入产出表格，根据该表建立数学模型，计算消耗系数，并据以进行经济分析和预测的方法。严格而言，投入产出法是一种特殊的经济计量模型，其基本原理是：任何系统的经济活动都包括投入和产出两大部分，投入是指生产活动中的消耗，产出是指生产活动的结果。在生产活动中，投入与产出之间具有一定的数量关系。投入产出法，即利用这种数量关系建立投入产出表，根据投入产出表对投入与产出的关系进行科学分析，再用分析的结果编制计划并进行综合平衡。

投入产出法的基础是投入产出表，如表 5-2 所示。

表 5-2　　投入产出表

<table>
<tr><th colspan="2" rowspan="2">产品的分配去向（产出）
产品的消耗来源（投入）</th><th colspan="4">中间产品</th><th colspan="3">最终产品</th><th rowspan="2">总产品</th></tr>
<tr><th>部门1</th><th>部门2</th><th>…</th><th>部门 n</th><th>合计</th><th>积累</th><th>消费</th><th>合计</th></tr>
<tr><td>物质消耗</td><td>部门1
部门2
…
部门 n
合　计</td><td colspan="4">Ⅰ</td><td colspan="3">Ⅱ</td><td></td></tr>
<tr><td>净产值</td><td>劳动报酬
纯收入
合　计</td><td colspan="4">Ⅲ</td><td colspan="3">Ⅳ</td><td></td></tr>
<tr><td colspan="2">总产值</td><td colspan="4"></td><td colspan="3"></td><td></td></tr>
</table>

投入产出法主要有以下优点：① 通过分析，可以确定整个国民经济或部门、企业经济发展中的各种比例关系，并为制定合理的价格服务；② 投入产出法可预测某项政策实施后所产生的效果；③ 可以从整个系统的角度编制长期或中期计划，且易于搞好综合平衡。

投入产出法的缺点在于它假定生产要素之间的不可替代性，直接消耗系数在一定的期限（3～5 年）内是固定不变的，过于强调结构刚性，同时也不能反映占用与投入、占用与产出之间的关系。

四、运筹学方法

运筹学方法也是一种有效的计划方法。这种方法的核心是运用数学模型，力求将相关因素都转化为变量形式反映在模型中，然后通过数学和统计学方法在一定范围解决问题。这种方法的具体步骤如下:① 建立问题的数学模型。首先界定问题,确定描述问题的主要变量和问题的约束条件,然后根据问题的性质建立数学模型。为使问题简化和突出主要影响因素,需做出各种必要的假定。② 根据模型中变量与结果之间的关系,建立目标函数作为对各种可能的行动方案进行比较的尺度。③ 确定目标函数中各参数的具体数值。④ 求解模型,找出使目标函数达到最大值或最小值的最优解,即问题的最佳解决方法。

运筹学方法广泛用于解决如何合理运用有限资源以实现既定目标的问题,典型的运筹学方法是线性规划法。运筹学方法的优点是用定量的思路替代定性的传统思路,使计划更加客观;而该计划方法的不足之处是容易导致问题的简单化和绝对化,与计划工作较富弹性和复杂性的实际状况不尽相符。

五、计量经济学方法

计量经济学方法,是指运用现代数学和各种统计方法描述和分析各种经济关系的方法。它以经济学中关于各种经济关系的学说为假设,运用数理统计方法,根据实际统计资料,对经济关系进行计量,然后把计量结果和实际情况进行对照。这种方法对于管理者调节经济活动、加强市场预测以及合理安排生产计划和改善经营管理等均具有很大的实用价值。

用计量经济学方法解决实际问题的程序分为以下四步:① 因素分析。即按问题的实际情况分析影响它的因素的种类、因素之间的相互关系以及各因素对问题的影响程度。② 建立模型。根据分析结果,把影响问题的主要因素列为自变量,把所有次要因素都用一个随机误差表示,而把问题作为因变量,然后建立起含有一些未知参数的数学模型。③ 参数估计。用计量经济学方法,利用统计资料确定参数。进而计算相关系数,以检查自变量对因变量的影响程度。此外,还要对参数进行理论检验和统计检验,如果这两项结果不好就要分析原因、修改模型并重新进行第三个步骤,直至模型满意为止。④ 实际应用。计量经济学模型主要用于经济预测、评价方案和结构分析。计量经济学模型的这三种用途都可以应用于计划工作,从而使计划更加完善和科学。

第四节　计划编制的过程

一、计划工作原理

计划工作是一个指导性、科学性、预见性很强的管理活动,同时又是一项复杂而又困难的任务,为了更好地进行计划工作,就必须掌握这些基本原理。

(一) 限定因素原理

限定因素原理,就是分析找出妨碍组织目标实现的瓶颈因素,然后有针对性地改变这些因素，以影响组织目标的实现程度。其含义正如木桶原理所表述的那样，一个木桶能盛多少水，是由木桶壁上最短的那块木板条决定的。也就是说，管理者在制订计划时应该尽量了解那些对目标实现起主要限制作用的因素或战略因素，才能有针对性地采取有力措施。

（二）灵活性原理

计划必须具有灵活性，即当出现意外情况时有能力改变方向而不必花费太大的代价。灵活性原理可以表述为，计划中体现的灵活性越大，由未来意外事件引起损失的危险性就越小。需要注意的是，灵活性原理是指制订计划时要留有余地，至于执行计划则一般不应有灵活性。对管理者来说，灵活性原理是计划工作中最重要的原理，尤其是在承担的任务重、目标计划期限长的情况下，灵活性原理更能显示出其重要作用。当然，灵活性是有一定限度的，其限制条件是：不能以推迟决策的时间而确定计划的灵活性；不能以牺牲计划的效率性为代价而强调计划的灵活性；不能以局部的、派生计划的灵活性影响整个计划的实施。所以，要保证计划本身具有灵活性，在制订计划时应量力而行并要留有余地。

（三）许诺原理

任何一项计划都是对完成各项工作所做出的许诺。许诺越大，实现许诺的时间越长，实现许诺的可能性就越小，这就是许诺原理。该原理关系确定计划的期限问题。合理地确定计划期限，不能随意缩短计划期限，计划承诺也不能过多致使计划期限过长，如果主管人员实现承诺所需的时间比他可能正确预见的未来期限还要长，他的计划就不会有足够的灵活性适应未来的变化，因而他应减少承诺、缩短计划期限。

（四）改变航道原理

计划是面向未来的，而未来情况随时都可能发生变化，所制定的计划显然也不能一成不变，在保证计划总目标不变的情况下随时改变实现目标的进程（即航道），就是改变航道原理。应该注意的是，该原理与灵活性原理不同，灵活性原理是使计划本身具有适应未来情况变化的能力；而改变航道原理是使计划执行过程具有应变能力，就像航海家一样随时核对航线，一旦遇到障碍就绕道而行。

二、计划编制过程

虽然计划的类型和表现形式多种多样，但科学地编制计划所遵循的逻辑和步骤却具有普遍性。管理者在编制各类计划时可遵循以下步骤：估量机会，确定目标，确定前提条件，确定备选方案，评估方案，选择方案，制定派生计划和编制预算。

（一）估量机会

严格来说，对机会的估量是在编制计划之前进行的，它不属于编制计划的活动，但却是编制计划的真正起点。估量机会，就是根据环境和组织的现实情况对可能存在的机会做出现实判断，并在反复斟酌的基础上确定组织切合实际的目标。机会源于对组织外部环境和内部条件的分析。运用科学方法对组织内外部环境进行综合分析，找出外部环境带给组织的机会和威胁、组织自身的优势和劣势，在此基础上才能确定组织可行的目标。

（二）确定目标

在估量机会的基础上，为组织及其各个部门确定计划工作的目标。在这一阶段，要说明组织的基本方针和要达到的目标，确定组织为达到目标需要做哪些工作及其工作重点，如何运用战略、程序、规章、预算等计划形式完成计划工作的任务等等。

目标选择是计划工作中极为关键的环节。在目标的制定上，首先要注意目标的价值。计划设立的目标应对组织总目标的实现有明确的价值并与之相一致，这是对计划目标的基本要求。其次要注意目标的内容及其优先顺序。在大多数情况下，组织需要几个目标共存，但这些目标的重要性可能不同，而目标的重要程度不同将导致不同的行动内容和资源分配的先后顺序。因此，恰当地确定目标的优先顺序，是目标选择过程中的重要工作。最后，目标不能含糊不清，应有明确的衡量指标。目标应该尽可能地量化，以便度量和控制。

（三）确定前提条件

计划工作的第三个逻辑上的步骤是确定一些关键性的前提条件，并使计划制定人员对此取得共识。确定计划的前提条件，就是研究、分析和确定计划工作的环境，或者说是计划实施时的预期环境。对计划工作的前提条件认识得越清楚、越深刻，计划工作越有效，而且组织成员越彻底地理解和同意使用一致的计划前提条件，则计划工作就越容易协调。因此，预测并有效地确定计划的前提条件具有重要意义。最常见的预测方法是特尔斐法。

由于计划的未来情况比较复杂，要想对每个细节都做出预测是不可能的、也是没有必要的。因此，应选择那些对计划具有关键性的、有战略意义的、对计划执行情况最有影响的因素进行预测。

（四）确定备选方案

“条条道路通罗马”，“殊途同归”，这些词语都描述了实现某一目标有多条途径。组织目标确定后，要围绕组织目标设计和编制具体可行的实施方案。通常最显眼的方案不一定就是最好的方案，在过去的计划方案上稍加修改或略加推演也不会是最好的方案。拟定可行性方案，要发扬民主、集思广益、开阔思路、大胆创新，从而发现多种高质量的方案。同时要对拟订的方案进行初步筛选，减少备选方案数量，以便把主要精力集中在少数最有希望的方案的分析上。

（五）评估方案

找出了各种可供选择的方案并明确了它们的优缺点以后，下一步就是根据计划的前提条件和目标、权衡各备选方案的利弊，对各备选方案进行评估。

评价备选方案，要注意考虑以下几点：① 认真分析和认识每一个计划方案的制约因素和隐患。例如，组织的目标是增加利润，而有的备选方案可能存在着资金限制因素、技术限制因素和市场限制因素等，评估工作中的一项重要任务就是对这些限制性因素进行分析和认识。② 要用总体效益观点衡量计划。这是因为，对某一部门有利的因素不一定对全局有利，对某项目标有利的因素不一定对总体目标有利。③ 全面掌握每个方案的实效，对每个方案可能取得的效果做全面衡量。不仅要掌握每个方案的有形实效，如对扩大再生产、增加利润的贡献，也要考虑它们的无形实效，如对企业文化、企业形象等方面的影响；不仅要考虑计划执行带来的利益，还要考虑计划执行带来的损失，特别应注意那些潜在的、间接的损失。

评价方法分为定性和定量两类。这一阶段的最后一步是按一定的原则选择出一个或几个较优计划。

（六）选择方案

选择方案，即正式通过方案，这是在上一步基础上做出的关键一步。应当指出的是，有时会发现两个或两个以上的方案都是合适的，它们之间难分伯仲。在这种情况下，管理者在确定出哪个方案是首选方案的同时，也应将其他几个方案进行细化和完善并作为后备方案，这样有利于提高计划工作的弹性，使之能更好地适应未来环境变化。

（七）制定派生计划

为了保证计划的落实，应将计划逐级分解到各单位、部门甚至个人，形成派生计划系列并制定相应政策。派生计划是总计划下的分计划，总计划要靠派生计划来保证，派生计划是总计划的基础。比如，一家公司年初制定了“当年销售额比上年增长20%”的销售计划，与这一计划相关的有许多计划，如生产计划、促销计划等。再如当一家公司决定开拓一项新的业务时，这个决策即发出了要制定很多派生计划的信号，如雇佣和培训员工的计划、筹集资金计划和广告计划等。

（八）编制预算

计划工作的最后一步是将计划转化为预算，使计划数字化。预算可以是财务性的，如投入、支出、成本等，也可以是非财务性的，如工作量、生产量等。高质量的预算，可成为汇总和平衡各种计划的工具，也是衡量计划完成程度的重要标准。

本章基本概念

(1) 计划,计划的性质,首位性,目的性,普遍性,效率性和创新性;

(2) 长期计划,中期计划,短期计划,战略性计划,战术性计划,指令性计划,指导性计划;

(3) 滚动计划法,投入产出法,网络计划法,运筹学方法,计量经济学方法;

(4) 限定因素原理,灵活性原理,许诺原理,改变航道原理。

问 题 思 考

1. 简述计划的含义和性质。

2. 计划有哪几种分类方法?这些分类对实际工作有何指导意义?

3. 规则与政策、程序有何不同?

4. 计划的主要内容有哪些?

5. 编制一个完整计划包括哪几个阶段工作?如何把握计划的各阶段以提高计划工作的效率?

6. 什么是滚动计划法?其优点是什么?

7. 网络计划技术的基本原理是什么?

第六章　战略性计划及其实施

学习目标

1. 了解企业战略性计划的使命、愿景与目标；
2. 掌握战略管理的概念与过程；
3. 把握战略性计划的环境；
4. 把握战略性计划的类型及其特点；
5. 了解战略管理的职能及实施。

【开篇案例】　诺基亚：你以为它死了，其实它已重回世界第二

2015年诺基亚宣布并购阿尔卡特朗讯，2016年完成并购并且全年营收超越爱立信成为全球第二大通信设备制造商。诺基亚是一家伟大的企业，它的历史就是一个典型企业的自我救赎和转型重生之路。

在它150年的历史中，保守和封闭的战略让诺基亚多次濒于破产边界，但聚焦与并购的战略也让它屡屡化险为夷，重回巅峰。

第一战：木浆磨坊并购成集团公司

1865年，芬兰Espoo的诺基亚河畔，采矿工程师弗雷德里克·艾德斯坦创办了诺基亚公司，主营业务为木浆与纸板，之后逐步进入胶鞋、轮胎、电缆等领域。到1967年，诺基亚已经成为横跨造纸、化工、橡胶、能源、通信等多领域的大型集团公司。

第二战：砍掉附庸，集团公司聚焦成手机帝国

到20世纪90年代，底端产业逐步转移到东南亚等资源丰富且劳动力廉价的第三世界国家。1992年，时任总裁奥利拉作出公司历史上第一次最重要的战略转型——走出欧洲，剥离橡胶、胶鞋、造纸、家电等濒临破产的底端产业，专注于电信业。因此电缆事业部脱颖而出，并逐步转型为一家新型科技通信公司。到1996年，诺基亚已经成为全球移动电话的执牛耳者，而且连续14年占领市场第一的宝座。

第三战：拒绝开放，帝国倾覆

2011年，由于长期坚守塞班这个封闭的智能操作系统，诺基亚手机被苹果和安卓系统超越，错失世界第一的宝座。诺基亚在短暂地尝试了自主研发操作系统 Meego 后，宣布了第二次重要的战略转型——抛弃主流的开放式操作系统，选择与微软深度合作。但事与愿违，仅仅过了2年，诺基亚手机帝国彻底颠覆，曾经的世界第一被以37.9亿欧元的超低价格出售给了微软公司。讽刺的是，在交易完成后，诺基亚花重金从微软挖来的总裁史蒂芬·埃洛普(Stephen Elop)随即宣布离职，拿着巨额补偿重新回到微软任职。

第四战：重新聚焦创新，并购抢占市场

虽然在手机业务失败，诺基亚坚守的另外一块业务却没有放弃——通信设备制造和解决方案。2010年诺基亚西门子通信公司宣布全资收购了美国摩托罗拉通信公司及其全球业务，2014年完成了对合资公司诺基亚西门子通信公司中西门子所持的50%股份回收，2015年宣布以166亿美元收购全球主流通信设备商阿尔卡特朗讯通信公司，同年以28亿欧元出售非主营业务 Here 地图。

2016年各大公司财报显示，全球通信设备及解决方案提供商中，华为收入751亿美元成为行业第一，诺基亚收入249亿美元排名第二，昔日冠军爱立信则以3亿美元之差排名第三。

一叶而知秋，通过对诺基亚公司150年重大事件的盘点，我们可以了解战略选择对于一家企业的重要性，有的时候甚至是致命性的。战略成功，可以铸就世界第一；相反也可以毁掉世界第一，诺基亚手机帝国在2年内迅速倒塌就是典型的案例。

1. 危机时及时聚焦战略选择

从时间轴可以看出，诺基亚共遇到过2次重大危机。第一次是在20世纪90年代初，诺基亚集团通过剥离不良资产，扩大手机市场到北美、亚洲和非洲，成功摆脱危机。第二次是在2013年左右，诺基亚出售手机业务，全面调整20年前的战略，聚焦通信设备。

2. 鼎盛时更需及时更新企业战略

早在2000年初，诺基亚就已经开发出了全触屏手机。但是诺基亚高级管理层还沉浸在世界第一的荣耀中以及引以为傲的手机砸核桃这样的耐用性能，在最鼎盛时没有及时更新企业战略。而此时消费者已经把目光转向了手机上网、互联互通、掌上娱乐功能，最终用户把票投给了苹果和安卓。

3. 通过产业并购加速企业发展

诺基亚在企业创业之初的快速发展和卖掉手机后的二次复苏，除了正确的战略方向以外，更是运用了产业并购扩大了企业规模，形成市场效应，快速发展。

诺基亚战略转型之路告诫高速发展的企业仍须不断调整战略，管理与创新并存，即使做到世界第一，如果战略过时，企业仍然会被市场无情地抛弃；战略聚焦和战略转型是企业成长壮大的必经之路，企业在必要时只有成功地进行战略调整，才能打开新的局面；企业壮大离不开合理的企业并购与资本运作，合理的企业并购与资本运作是一家公司迅速崛起的必要条件；业绩＋资本的方式双轮驱动企业市值高速发展，企业该战略聚焦的时候就要大刀阔斧，剥离淘汰的产业，发展优势战略，该战略转型的时候就要积极引入并购机制，加速企业转型或者获取某项特殊技术、人才和市场，在资本市场通过市值管理的方法扩大公司规模。

〔资料来源：中华网．http://finance.china.com/list/11173296/20170613/30724857_1.html，2017－06－13〕

战略（strategy）一词，原为军事用语，指的是作战谋略，指导战争的方略。《中国大百科全书·军事卷》中对"战略"的定义是："战略是指导战争全局的方略，即战争指导者为达成战争的政治目的，依据战争规律所制定和采取的准备和实施战争的方针、策略和方法。"随着经济水平的不断发展和社会实践内涵的不断丰富以及社会环境的复杂多变，"战略"后来被广泛地应用于军事以外的其他领域，从而给"战略"一词增添了许多新的含义。第二次世界大战后，大量军工企业转向生产民用产品，由于科学技术的进步和生产力水平的不断提高，社会产品供给量迅速增长，市场竞争日趋激烈，企业所要面对的外部环境越来越复杂，面临的挑战也越来越严峻，使得战略思想和理论开始应用于工商界。当人们将战略管理思想运用于企业经营管理活动时，便产生了企业战略管理这一概念。本书所指的战略，是指企业组织为了自身的生存、稳定和发展，根据其所处的外部环境变化和内部资源条件，对组织发展目标以及实现组织目标途径的总体谋划；战略管理亦即企业战略管理是着眼于企业现有资源条件下的投入产出全过程，并对未来发展做出预见性的战略设计、战略实施和战略控制。

本章将对战略性计划的一些问题进行介绍，主要涉及以下四个方面：① 企业使命与战略愿景；② 战略环境分析；③ 战略性计划选择；④ 战略性计划的组织实施。

第一节　企业使命与战略愿景

从开篇案例可以看出，公司兴起的一个重要原因在于企业确立了正确的发展方向。企业发展的第一步就要确立战略方向，明确战略方向包括企业使命、愿景和目标的制定。一旦明确了发展方向，企业就会有目的地进行机遇的把握和优势的培养，通过合适的战略选择向既定的方向发展。企业使命和愿景陈述的主要作用体现在确立企业宗旨和经营理念方面，它像一个人的座右铭，表明企业生存的目标、价值及达到目标的手段。企业在形成自己的战略时，首先需要构想企业的使命和愿景，并确立实现使命和愿景的战略目标，从而为企业战略的制定提供基础性依据。大量研究指出，认真遵守或执行企业的使命和愿景，是"常青"企业和其他企业最大的差别所在。

一、企业使命和愿景的内涵

（一）企业使命的内涵

企业使命，是指企业战略管理者所确定的企业生产经营的总方向、总目的、总特征和总体指导思想。企业在使命表述中，应反映出企业战略管理者的价值观和力求树立的企业形象，揭示本企业与同行业其他企业在竞争目标上的差异，界定企业的主要产品和服务范围以及本企业试图满足的顾客需求。企业使命的定义有产品导向型和市场导向型两种类型。产品导向型的企业使命从企业提供的产品和服务出发，市场导向型的企业使命从顾客的特定需求出发。例如，一家提供西双版纳旅游的公司，其产品导向的使命陈述为——我们提供西双版纳民俗旅游服务；其市场导向的使命陈述为——与您一起感受西双版纳的绮丽风光和异族风情。显然，产品导向型企业的使命，是对企业做什么的最为基本的浅层次描述；而市场导向型企业的使命陈述，更为关注顾客所关注的核心内涵。因此，好的使命陈述不仅能够为公司发展什么业务提供定位指导，而且还能够在对外宣传时发挥巨大的差异化作用。

（二）企业愿景的内涵

企业愿景描绘的是企业未来的发展轨迹，定义企业未来的业务组合，指出未来的"技术—产品—顾客"重点，说明企业要发展的能力，描绘企业未来要成为什么样的企业。制定愿景需要管理者具有远见能力。

企业愿景不是一成不变的，正如开篇案例所阐释的当企业内外部环境发生巨大变化时，企业的战略方向就会受到影响，这时企业必须决定新的发展方向和发展战略，这种时刻被称为战略转折点。能够成功发展的企业，正是把握住了战略转折的关键时刻，进行了新的使命和愿景的调整。例如，英特尔公司在 20 世纪 80 年代中期以前，其业务主要集中于储存器；20 世纪 80 年代中期以后，公司放弃储存器业务，选择了新的战略愿景，即成为个人计算机业的著名微处理器供应商；1998 年，公司又重新确立公司的使命和愿景，即成为驱动个人计算机技术发展的领导者。

目前，很多企业或组织之所以倾向于使用愿景一词作为描绘企业发展方向的术语，是因为愿景与使命相比更加关注未来，更加关注员工共同心愿的表达。如果把企业使命定义为企业存在的目的或理由，是企业为了生存必须完成的任务的话，而企业愿景则可以定义为企业对未来的憧憬和梦想，是企业的一种主动追求。

与使命相比，愿景更重视精神的内涵，使命更为重视物质内涵。企业在定义使命时，多从顾客角度出发，为顾客提供产品或服务，或者创造顾客。如果说使命是顾客导向的话，那么愿景更应该体现出员工导向。企业生存和发展的目的，不应该把员工作为工具，企业应该成为实现员工个人理想和实现企业使命及愿景的一个整合平台。大凡成功的企业，都能够在顾客导向和员工导向之间实现完美结合。例如，美国西南航空公司之所以能够在美国航空业中脱颖而出、成为最优秀的公司，其中一个重要原因就是它把员工看作比顾客更为重要的对象，知道员工满意是实现顾客满意的必由之路。企业只有把员工当作发展的目的，员工才能真正把企业的使命和愿景与个人的理想结合起来。这才是企业发展的硬道理。

例如，世界著名咖啡零售商星巴克公司，其战略愿景是"使星巴克成为最受尊敬的咖啡品牌，公司因其责任感而受到赞美"；其使命是"使星巴克成为世界上优质咖啡的最佳经销商，同时在发展中保持我们永远不变的准则"。从星巴克愿景和使命的定义可以看出，公司愿景更加重视精神内涵，具有理想主义特征；而公司使命则更加务实，突出公司的具体业务。二者之间也存在密切关系，使命是实现愿景的基础，是愿景的具体化；愿景则对使命制定起着指导作用。

企业使命和愿景的关系类似于位置与目光的关系，使命类似于企业所处的位置，愿景则是企业的目光指向。一般而言，位置高低会影响目光的高远，目光的高远也会促进位置的改善和提高。但是，这并不意味着处于行业领导地位的企业目光就一定高远，也并不意味着目光高远的企业一定会提高其现有位置。因此，任何企业既不能因为位置低而妄自菲薄，也不能一味好高骛远而忘了脚踏实地。

由于企业使命与愿景之间存在十分密切的互动关系，因而难以区分孰重孰轻。对于创业的企业而言，因为它尚未具有明确的使命定位，也就是尚未建立明确的位置，这时愿景对使命的指导作用就十分强大。这是因为，不同的目光，会选择不同的行业，会选择生产不同的产品，会选择不同的服务和技术。对于已经建立市场地位的企业而言，这时位置已经明确，如果它能够更好地发挥自己位置的优势、规避劣势，加之愿景的指导，就能够顺利发展。例如，像通用电器这样的一流跨国公司，其许多新业务的拓展都是发挥 GE 作为一流大企业的位置优势的结果，其许多经验并不适用于其他企业。

二、企业使命和愿景的构成要素

在制定企业使命和愿景时，一般包括以下构成要素：顾客、产品和服务、市场、技术、生存发展和盈利、经营哲学、自我认知、企业形象、对员工的关心、社会责任感等因素。

（一）顾客

顾客，是使命陈述的重要构成要素，回答企业为谁服务问题。例如，娃哈哈公司在初创期顾客定位在儿童市场，为儿童提供儿童营养液，后来又进入成人饮料市场。联想的使命是为客户利益而努力创新，其中包括创造世界最优秀、最具创新性的产品，像对待技术创新一样致力于成本创新，让更多的人获得更新、更好的技术，最低的总体拥有成本，更高的工作效率。

（二）产品和服务

产品和服务是使命定位中不可或缺的因素，回答企业从事的业务是什么问题。例如，娃哈哈公司是从事食品饮料开发、生产和销售的企业。除了企业之外，社团也在使命定义中界定自己的主要工作。例如，美国红十字会的使命定义是“提高人们的生活质量，增强自我保护能力及关心他人的能力，帮助人们避免、防范、处理紧急事件。”

（三）市场

市场主要回答企业参与哪些产业市场和地区市场的竞争问题。例如，某公司的市场定位是“我们注重亚洲市场，尽管我们也要开拓全球市场”。

（四）技术

技术明确企业的基本技术或技术竞争力是什么。例如，某计算机公司的使命定位是“经营应用微电子和计算机产业，两个主要业务领域是为计算机硬件和计算机升级服务，具体服务范围是计算机、信息、教育和金融”。

（五）生存目的

生存目的的定位说明企业要满足顾客某种需求而非某种产品。例如，一家公司的生存目的定位是“成为汽车租赁业中发展最快、利润最多的公司”。这个定位其实即排除了公司开设汽车旅馆和从事旅行业的考虑。

（六）经营哲学

企业经营哲学是对企业经营活动本质性认识的高度概括，包括企业的基础价值观、企业共同认可的行为准则及企业共同的信仰等在内的管理哲学。例如，招商银行提出的“因您而变”经营理念，是一种追求客户至上的服务宗旨。

（七）自我认知

自我认知反映企业对于自身主要力量和竞争优势的认识。例如，蒙牛公司对自己的核心竞争力的认识体现为——以成功经营人为终极目标，以双赢利益机制和学习创新的方法整合全球有效资源，实现战略目标的能力。

（八）对员工的关心

但凡成功的公司都十分重视员工，如在沃尔玛的术语中，公司员工不是“雇员”而被尊称为合伙人（associate）。沃尔玛要求每一个员工都要尊重同事的意见，鼓励员工对工作提出建议和不满，并采用激励方式表扬员工的创造性工作，让所有员工都了解和掌握公司的业务指标、同员工共享信息，从而使员工产生强烈的责任感和参与感。

（九）社会责任感

社会责任感关注企业的公众形象，重视企业对社会承担的责任，是企业使命的一项重要内容。很多企业的使命和愿景中都包含这项内容。例如，TCL 的使命是"为顾客创造价值，为员工创造机会，为股东创造效益，为社会承担责任"；TCL 的愿景是"成为受人尊敬和最具创新能力的全球领先企业"；其核心价值观是"诚信尽责、公平公正、知行合一、整体至上"。

三、制定企业使命和愿景的原则

使命和愿景是对企业目的和雄心的正式表达，它能够为公司所有利益相关者界定价值和行为标准，提供方向和路标，并指导其行为。使命和愿景陈述往往体现企业的文化特征，通过以一种激动人心的方式传达，能够给予全体员工一种归属感和激励感；通过传达给股东、政府、社会团体等利益相关群体，还可获得最大限度地支持和认同。

企业在制定、撰写使命和愿景陈述时，需要把握以下原则：① 使命和愿景的陈述应该简洁明了、易于传达。根据公司的特性，使命和愿景陈述可长可短，但一定要简洁易懂且能够浓缩为简单易记的口号。例如，美国通用公司的使命和愿景陈述只有 3 个词——无边界（boundaryless）、速度（speed）、延伸（stretch）。② 企业可由高级主管起草使命和愿景宣言，也可以请公司外的专家参与使命宣言拟定，但要尽可能让全体员工参与。使命和愿景陈述要向员工传达并用以凝聚员工，因此员工的参与感极为重要。③ 企业使命和愿景陈述要反映公司特性，不能流于空泛，应该体现公司自身的特征。④ 企业使命和愿景应该具有一定的灵活性，不能成为一劳永逸的宣言，在业务范围和发展方向的制定上应该具有更多的发展空间。⑤ 企业使命和愿景的制定要按一定步骤进行。

一般使命和愿景的形成可以按以下步骤进行：建立规划小组；形成使命和愿景的核心要素；讨论这些核心要素；阐述经过考验的愿景和使命说明；在组织范围内推广使命和愿景。

第二节　战略环境分析

进入 21 世纪以来，国际国内环境复杂多变，尤其是美国金融危机爆发以来，企业所面临的环境的不确定性越来越高，使得企业经营管理的难度越来越大。在一定程度上，战略管理的主要问题就是应付环境的不确定性。对企业战略环境的分析，是企业进行战略管理的基础，是对企业战略态势分析的重要组成部分。只有在充分认识企业战略环境的基础上，才能制定出明确的战略模式，设计出有效的战略实施方案。

企业战略环境，是指影响企业生产经营管理活动的内部和外部因素。对企业所处的战略环境的划分通常有两种方式：按环境因素对企业产生间接影响还是直接影响把战略环境分为宏观环境和微观环境；按环境因素对所有相关企业都产生影响还是仅对特定企业具有影响而把企业的战略环境分为系统环境和非系统环境。本节按宏观环境和微观环境的划分对战略环境进行分析。

一、企业宏观环境分析

宏观环境，是指企业活动所处的外部环境，主要由政治和法律环境（political）、经济环境（economic）、社会环境（social）、技术环境（technological）等因素构成，即 PEST 分析。宏观环境对处于该环境中的所有相关企业都会产生影响，这几种要素通常是间接地影响企业的经营管理活动、潜在地对企业的生产经营活动产生影响，但其作用却是根本性的、深远的。

（一）政治环境

政治环境，泛指一个国家的社会制度、执政党性质、政府的方针和政策等。

1. 政治制度

不同的国家有不同的政治制度，不同的政治制度对企业生产经营活动有不同的限制和要求。即使在政治制度保持一致性和连贯性的同一个国家，政府在不同时期的基本路线、方针、政策也是不断变化的。对于这些变化，企业必须进行分析研究。

2. 政治团体

一些国家的工会、青年团体等政治性团体对国家政治决策具有很大影响作用，有时甚至会使企业政治环境发生重大变化。因此在分析一国或地区宏观环境时这一要素不可忽视。

3. 国家的方针政策

国家的方针政策，是指在一定时期指导国家政治、经济、文化等全局方向性、原则性的规范，它对企业的领导制度、生产经营和管理方式具有约束和控制作用，企业必须遵循这些规范。

（二）法律环境

法律环境，泛指一个国家根据社会现实所制定的有关企业成立、经营管理、破产、劳动者权益等方面的法律、法规等。法律法规，是影响企业战略管理的社会法律系统，它为规范企业的主体资格、企业竞争行为、市场交易规则、市场环境优化和消费者保护提供法制依据。企业制定和实施战略管理，必须在法律法规许可的框架范围内进行。法律环境是一把双刃剑,既有限制作用同时又具有保护作用。

通过对政治和法律环境的研究,组织可以明确其所在的国家和政府目前允许企业做什么、禁止企业做什么及鼓励企业做什么,以便使企业活动符合所在国家和地区的利益并受到有关方面的保护和支持。

（三）经济环境

宏观经济环境,主要指构成企业生存和发展的社会经济状况,包括一国或地区的经济发展水平、社会经济结构、经济体制、宏观经济政策等要素。对于企业而言,宏观经济环境是影响企业未来发展诸多因素中最关键、最基本的因素。

1. 经济发展水平

经济发展水平,是指一个国家经济发展的规模、速度及其所达到的水平。衡量宏观经济发展的指标有国民收入、国民生产总值及其变化情况,以及通过这些指标反映出来的国民经济发展水平和发展速度。较高的宏观经济发展水平会为企业的生存和发展提供有利机会,而萧条、衰退的形势则可能给所有企业带来生存困境。宏观经济的发展又会导致企业所在区域和所服务市场的消费者收入水平、消费偏好、储蓄情况和就业状况等因素的变化,这些因素直接决定企业目前及未来的市场规模。

2. 社会经济结构

社会经济结构,主要包括产业结构、消费结构、投资结构、就业结构等方面的内容。社会经济结构一旦出现失衡,立即会波及相当范围和数量的企业不能正常开展生产经营活动。其中产业结构的影响最为重要。

3. 经济体制

经济体制包含经济形式和经济制度两个方面内容,企业进行战略环境分析,重点要分析特定经济形式下的特定经济制度问题。经济体制规定国家与企业、企业与企业、企业与各经济部门的关系,并通过一定管理手段和方法,调控或影响社会经济活动的范围、内容和途径。在经济体制改革的过程中,企业还应加强对新经济体制的实质、形式和运行规律的了解,以树立新的经济体制意识、适应新的经济体制环境。

4. 宏观经济政策

宏观经济政策,主要指国家经济发展战略、产业政策、国民收入分配政策、金融货币政策、财政政策、对外贸易政策等,往往从政府支出总额和投资结构、利率、汇率、税率、货币供应量等方面反映出来。一国或地区的宏观经济政策规定企业活动的范围、原则,引导和规范企业经营的方向,以协调企业之间、各经济部门之间的关系,保证社会经济正常有序地运转。

（四）社会环境

社会环境包含的内容十分广泛，如人口的数量、结构及地理分布、教育文化水平、信仰和价值观念、行为规范、生活方式、文化传统、风俗习惯等。这些环境因素的变化，均会反映到企业中去，影响社会对企业产品和劳务的需求，制约着企业战略决策的制定。

1. 人口统计要素

人口因素是一个极为重要的因素。人口数量制约着个人或家庭消费品的市场规模。如我国的移动电话起步较晚，但现在移动电话的用户却占世界第一位。人口的地理分布决定消费者的地区分布。消费者的地区分布范围越广，消费者的嗜好越多样化，这就意味着会出现多种多样的市场机会。年龄分布决定以某年龄层为对象的产品的市场规模，如我国有大量独生子女和老年人，这些都分别形成了独特的消费市场。中国乳制品业在近年来发展十分迅速、生产规模不断扩大，这有多方面的原因，人们的可支配收入增多、人口结构的变化、消费观念和习惯的改变等均起着重要作用。

2. 社会文化因素

社会文化，主要指一个国家或地区的民族特征、价值观念、生活方式、风俗习惯、宗教信仰、伦理道德、文化水平等要素的总和。社会文化因素对企业战略管理活动的影响是全方位、多层次、渗透性的，通常通过间接的、潜移默化的方式影响企业战略决策的制定和实施。

3. 自然地理因素

社会环境中还包含一个重要的因素，即企业所处地理位置的自然资源和生态环境，包括土地、森林、河流、海洋、生物、矿产、能源、水源等自然资源状况。针对这些要素，企业应当进行相应的环境保护、生态平衡等方面的努力。

（五）科学技术环境

科学技术环境，是指与企业生产经营活动相关的科学技术要素的总和，它既包括导致社会巨大发展的革命性的产业技术进步，也包括与企业生产直接相关的新技术、新工艺、新材料的发明情况、应用程度和发展趋势，还包括国家和社会的科技体制、科技政策和科技水平。当前，没有任何一个企业可以把自己与新技术隔离开来而设计自身的战略，也不可能忽略技术进步对企业的影响，不可能不重视识别和评价关键技术带来的机会和威胁，否则将无法在激烈的市场竞争中长期站稳优势地位。

随着以电子技术和信息处理技术为中心的新技术革命的迅猛发展，一些新兴产业高速发展，老产业亦在不断进行革新，企业管理也受到前所未有的重要影响。科学技术是第一生产力，它可以创造新的产品、新的市场、降低成本、缩短生产周期、改变企业的竞争地位和盈利能力,任何成功的企业无一不对新技术的采用予以极大重视。

二、企业所处的行业环境分析

深入分析企业所处行业环境,从而挖掘出行业竞争结构、行业内战略集团以及行业价值链的相关信息,是企业战略环境分析的一个重要组成部分。一个行业的竞争激烈程度取决于行业内的经济结构,行业的经济结构状况又对竞争战略的制定和实施起制约作用。

美国哈佛大学商学院教授迈克尔·波特(Michael Eugene Porter)指出,在一个行业中,存在着五种基本的竞争力量——即行业中现有的竞争者、替代品、潜在的加入者、购买者和供应者之间的抗衡。如图6-1所示,一个行业中的竞争状态是各个竞争力量共同作用的结果。

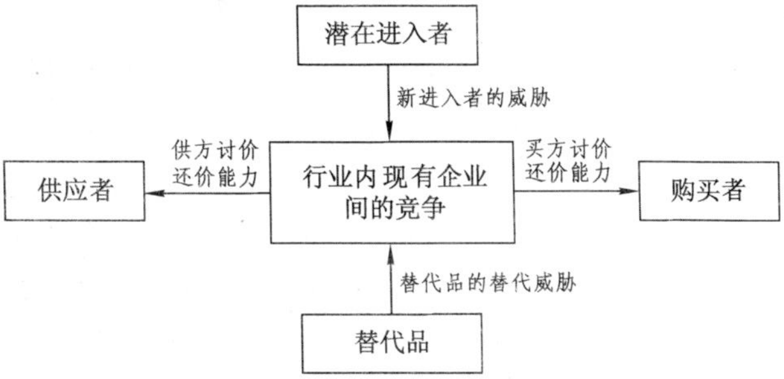

图6-1 五种竞争力模型

从静态角度看,这五种基本竞争力量的状况和综合强度,决定行业内的竞争激烈程度,决定着行业内的企业可能获得利润的最终潜力。从动态角度看,这五种竞争力量抗衡的结果,共同决定着行业的发展方向。作为特定行业内的企业,必须时刻关注行业竞争结构的现状和行业竞争结构的变化趋势,并以此制定企业拟从事的行业领域和企业发展战略。同时,企业还必须根据行业竞争结构的态势适时适度地做出相应的战略调整。

从战略形成观点看,五种竞争力量共同决定行业竞争的强度和获利能力,但各种力量的作用是不同的,常常是最强的某种力量或某几种力量处于绝对的市场支配地位。五种竞争力量所构成的行业结构相应稳定但又随着行业发展的进程而变化。结构变化能够改变各种竞争力量的相对强度,从而能够以积极或消极的方式影响行业盈利能力。实践证明,成功的企业在对五种竞争力量的认识方面较其竞争对手略胜一筹。

(一)行业内现有竞争者的抗衡

行业内现有的竞争者往往是五种竞争力量当中最强大的一股竞争力量,为了赢得市场地位和购买者的青睐，它们通常不惜代价、无计不施。当一个或更多的行业竞争者感到有市场竞争压力或者看到存在改善竞争地位的机会，现有竞争者之间的抗衡便产生了。在绝大多数行业，当某个企业采取一定的竞争行为时，则会对其竞争对手产生影响，进而引发竞争对手的抵制甚至是报复行为，如果行动进一步升级则该行业内所有的企业都将受到影响。

在有些行业，竞争的核心是价格，在某些情况下会爆发激烈的价格战，致使产品的价格低于单位成本，从而导致绝大多数竞争者亏损。在有些行业，价格竞争很弱，竞争的焦点主要围绕产品的性能特色、新产品开发、广告战、产品质量和耐用度、售后服务、品牌形象等因素。

不论在什么行业，影响行业内现有企业之间的竞争强度的因素主要有以下几点。

(1) 竞争结构

竞争结构是指一个行业中企业的数量和规模的状况。不同的竞争结构决定不同的竞争强度。在行业市场容量一定情况下，行业中同一价值环节上竞争对手的数量较多且对手的力量对比差距很小时，在共同的行业活动规律性支配下，各企业在获利能力、为了争夺市场所能支配的资源量、可能采取的竞争方式、能够利用的行业协作体系，乃至企业对市场的影响力和影响方式等方面都是相近的，此时的行业竞争强度一定较高。特别是在行业处于其相对成熟阶段后，市场容量扩大的可能性逐渐消失。在一个行业中如果企业较多，常常会有一些表现特殊的企业引发竞争。如果行业中企业在规模和资源上比较均衡，也会产生不稳定现象。

(2) 需求条件

决定现有企业的竞争强度的另一个因素是行业的需求条件。在一个迅速扩张的市场上，每个企业都可以获得增长。这时企业无须从其他企业夺取市场份额，竞争自然趋缓。相反，需求下降的结果是企业间更加激烈的竞争。这是因为，当市场增长缓慢或市场需求下降时，急需扩张的企业或生产能力过剩的企业常常会降低价格，采用其他提高销售的策略，从而点燃一场争夺市场份额之战，其结果可能就会把那些比较弱小和效率低下的企业淘汰出局。

(3) 成本结构

当一个行业固定成本较高时，企业为降低单位产品的固定成本，势必采用增加产销量的措施。企业的这种发展趋势，会使生产能力急剧膨胀直至过剩，而且还会导致产品价格竞争，从而使现有竞争者的竞争激化。这种情况在民用航空、高档宾馆、纸张、铝等行业都会发生。某种与高固定成本有关的情况是，产品一旦生产出来储存是十分困难的，或者必须要花费较高的库存成本。在这种情况下，企业为了尽快销售完产品，也不得不采取削减价格销售行动，结果企业能够获得的利润将会减少。在某些行业如捕虾业、危险化学品制造业和某些服务性行业中，这种压力会使利润保持很低水平。

（4）产品差异化程度

在市场上提供的产品缺乏差异化的情况下，买主的选择主要从价格和服务两个方面考虑，由此导致激烈的价格和服务竞争压力。而事实证明，通过价格战进行竞争的方式是十分不可取的，一个企业的降价行为可以很轻易地被竞争对手模仿，现有竞争者之间恶性的价格竞争对所有参与者都没有好处，结果会使行业内所有企业的利润空间均降低。相反，如果能够成功实现产品差异化，则在某种程度上能够形成一定化解冲突的余地，因为购买者对一些提供差异化产品的卖主往往有其自身的特殊偏好和忠诚。

（5）规模经济要求

在规模经济要求大量增加企业生产能力的行业，新的生产能力不断增加，这就必然会经常打破行业供需平衡，使行业产品供过于求，降价竞争在所难免。这类情况在我国的农用车、玻璃等行业都产发生过。

（6）退出障碍

退出障碍是指那些迫使投资收益低、甚至亏损的企业仍然留在行业中从事生产经营活动的各种因素。退出障碍过高，过剩的生产能力不能及时离开本行业，那些在竞争中失利的企业也难以放弃经营。结果，这些经营不善的企业不得不在市场上艰难地维持着最后一线生机、消耗着最后一点资源，而这种情况也会导致整个行业的利润率保持在较低水平。退出障碍主要包括高度专门化的资产、高额的退出成本、相关经营单位的战略联系、业务单位关系的限制、情绪障碍以及政府和社会的约束等因素。

要确定行业内现有企业之间的竞争激烈程度，其中的关键是准确判断企业所面临的竞争会给赢利带来多大压力。行业内现有企业的竞争行为如果降低了行业平均利润水平，就可以认为竞争是激烈的；如果绝大多数企业的利润都达到可以接受水平，那么就可以认为竞争是一般的；如果行业中的绝大多数企业都可以获得超过平均水平的投资回报，那么就可以认为竞争是较弱的，该行业具有一定吸引力。

（二）潜在进入者的威胁

行业外可能并准备进入该行业的企业称为潜在进入者。事实上，任何一种产品的生产经营，只要有利可图都会有潜在进入者。这些潜在进入者一旦加入，即可能给行业经营注入新的活力、促进市场的竞争和发展，势必给现有厂家造成压力。当潜在进入者进入到某一新领域时，会向该行业注入新的生产能力和物质资源，以获取一定的市场份额，其结果可能导致原有企业因与其竞争而出现价格下跌、成本上升、利润下降的局面。这种由于竞争力量的变化而对行业内原有企业产生的威胁称为进入威胁。

新企业进入特定行业的可能性大小取决于两大因素：① 该行业对潜在进入者设置的进入障碍的高低；② 该行业内现有企业对进入者的预期反应。进入障碍也称进入壁垒，是指那些能够起到阻止行业外企业进入的因素。进入障碍的存在使新进入者的进入成本提高，加大了一个企业进入某行业的难度。进入障碍越大，对欲进入该行业的企业来说就会越困难，这时即使该行业的收益较高也会将许多企业挡在门外，对行业内现有的企业来说进入威胁就小一些；反之，进入威胁增大，这时该行业内现有企业所面临的威胁程度就增大。决定进入障碍的因素主要有以下几点：① 规模经济。在一个规模经济明显的行业，新进入者不得不面临两难选择：要么以很大的规模进入该行业、承担巨大的初始投资，更为严重地是致使市场供给大幅度提高，压低了产品价格，招致该行业现有企业的激烈报复；要么以小的生产规模进入该行业，结果是产品成本过高、在竞争中处于劣势。② 品牌偏好和客户忠诚。产品的购买者往往忠于一定的既有品牌。例如，日本的消费者非常忠诚于日本品牌的机动交通工具、电子产品、相机和胶卷，欧洲消费者一般都忠诚于欧洲品牌的家用器具产品。品牌忠诚度很高，意味着一个潜在进入者必须建立一个分销和特约经销网，然后愿意并有能力花足够的资金用于产品广告和产品促销以克服客户的品牌忠诚，然后建立自己的客户群。建立客户对品牌的认知和忠诚，是一个缓慢的、代价高昂的过程。同时，如果一个客户转换品牌的难度较大或成本较大，那么新进入者就必须说服购买者相信其品牌值得他付出这个成本。要超越、克服转换成本壁垒，新进入者必须给予购买者一定的价格折让或者给予额外的质量和服务。这一切都意味着新进入者的利润率比较低，这就加大了新进入的企业在早期利润方面所承受的风险。③ 资源要求。成功进入某一市场所需的总资本投入额和其他资源条件越高，符合的条件的进入者就越有限。最明显的资本要求体现在以下一些方面：制造工厂及设备、分销设施、为存货及用户信用提供资金的营运资本、为新产品建立客户群的支出（新产品推出的广告和促销费用）、为弥补业务起步时产生的亏损而设置的现金储备等，其他资源壁垒还有技术、专业技能和诀窍、研发要求、劳动力要求、客户服务要求等要素。④ 学习和经验曲线效应。如果单位成本降低的原因部分或大部分来自产品生产的经验和经验曲线产生的效益，那么新进入者与那些有更多经验的厂家竞争时就会有相对的资源和成本劣势。⑤ 与规模无关的成本劣势。现有厂家可能拥有潜在进入者不可企及的成本优势。这些优势可能是——可以获取最好的最便宜的原材料，可以获得专利和专有技术，拥有学习和经验曲线效应带来的利益，现有厂家的生产工厂和设备在几年前就以低成本建立，选址有利，购买成本低等等。⑥ 分销渠道。企业在进入一个新的行业时，如果没有自己的产品分销渠道，也会面临进入障碍。原有的分销渠道一般都是为已有的企业服务，他们往往不愿意接受尚未被顾客认知的产品。新加入者必须通过让利、合作、广告津贴等方式使原有的分销渠道接受其产品，这样必然减少新加入企业的利润，这种状况一直要到其产品赢得分销商和零售商足够的接受度之后才会有所改善。⑦ 政府政策。政府的政策、法规、法令等都会在某些行业中限制新加入者。例如，在许多国家都有一些受政府管理的行业，如有线电视、通讯、电气设施、医疗设备、铁路等，其市场进入常常受政府控制。严格的安全管理条例和环境保护标准都是进入障碍，因为它们往往会提高进入成本。国家政府通常用关税和贸易限制条款（当地化、贸易额度和控股比例）来提高外国厂商的进入壁垒。

（三）替代品厂商的威胁

还有一种竞争力量是替代品的威胁，即其他行业的产品可以与该行业的产品一样满足消费者的相同需求。替代品所提供的可供选择的价格越是有竞争力，则对行业利润的限制越是严格，就越有可能降低原有企业利益。例如，我国铁路运输业虽然近乎独家经营，但仍要面对公路运输、航空业的竞争。来自替代品的竞争压力的强度取决于以下三个方面的因素：① 替代品的市场潜力。容易获得并且价格上有吸引力的替代品往往会产生竞争压力，替代品会给行业中的企业定出一个最高限价，超过这一限价就会冒着已有顾客转向替代品的风险。② 产品的独特价值效应。替代品的易得性会不可避免地刺激顾客去比较彼此的质量、性能和价格。例如，人们在购买热水器时，往往对电热水器、太阳能热水器和燃气热水器进行全面比较。③ 购买者转向替代品的难度。来自替代品的竞争强度的另一个决定因素，是本行业中的客户转向替代品的难度和成本。最常见的转换成本有——可能的额外价格、可能的设备成本、测试替代品质量和可靠性的时间和成本、断绝老供应关系建立新供应关系的成本、转换时获得技术帮助的成本、职员培训成本。如果转换成本不高，那么替代品的生产商说服购买者转向它们的产品就容易得多。

因此，一般来说，替代品的价格越低，替代品的质量和性能越高，用户的转换成本越低，替代品所带来的竞争压力就越大。测评替代产品竞争优势的指标有销售额和利润的增长速度、所渗透进入的市场以及其产品生产能力的扩大计划等。

（四）供应者的讨价还价能力

企业生产经营所需的生产要素通常需要从外部获取，提供这些生产要素的供应商对企业具有两方面影响：① 这些供应商能否根据本企业要求按时、按质、按量地提供所需的生产要素，这影响着企业生产经营规模的维持和扩大；② 这些供应商提供供应品时要求的价格在相当程度上决定着企业生产成本的高低，从而影响企业的获利水平。因此，供应者对任何一个企业来说是一股强大的力量。来自供应者的压力强度主要取决于以下几个因素：① 供应者的集中程度和本行业的集中程度。如果是集中的少数供应者供给本行业分散而众多的企业，那么将对本行业构成较大的竞争压力；反之，则竞争压力较小。② 供应品的可替代程度。如果供应品的可替代程度高，即使供应者再强大，对行业也不会构成较大竞争压力；反之，则会形成较大的竞争压力。③ 本行业对供应者的重要程度。如果本行业是供应者的重要用户，供应者对本行业有很大的依赖性，则来自供应者的压力会较小；反之，则会形成较大的压力。④ 供应者对本行业的重要程度。如果供应品对本行业的产品起关键作用，则来自供应者的压力大；反之，则小。⑤ 供应品的差异性和转变费用。如果供应品具有特色且转变费用很大时，供应者讨价还价的能力就会增强，会对本行业施加较大压力；反之，如果供应品是标准商品或容易得到替代品时，供应者的压力就较小。⑥ 供应者前向一体化的可能性。如果供应者有可能向前发展、进入本行业，就会增强它们对本行业的压力。⑦ 行业内企业后向一体化的可能性。如果行业内的企业有可能向后发展、自己生产供应品，就会降低他们对供应者的依赖程度，从而减弱供应者对本行业的压力。

（五）购买者的讨价还价能力

对于行业中的企业而言，购买者也是一个不可忽视的竞争力量。购买者所采取的手段主要有：要求压低价格，要求较高的产品质量或更多的服务，甚至迫使行业中的企业互相竞争等。所有这些都会降低企业的获利能力。来自购买者的压力主要取决于以下因素：① 购买者的集中程度。供应商行业只有大量的小企业而购买者只有少数大企业，这时购买者比供应商强大。② 购买者购买产品的数量。购买者购买产品的数量很大时，它可以把它们的购买力当作要挟的手段，为降低价格讨价还价。这种情况在购买者的订单占供应商订单总数的较大比例时更为突出。③ 购买者购买的产品对其产品的重要程度。如果企业的产品对购买者的产品质量影响很大时，购买者一般在价格上不太敏感。④ 购买者从本行业购买的产品的标准化程度。如果产品标准化程度高、差别小，购买者常常确信自己总可以找到可以挑选的供应者，并使供应企业互相竞争而获利。⑤ 购买者的转换费用。购买者转向购买其他行业产品的选择余地越大，则对本行业形成的压力越大。⑥ 购买者的盈利能力。如果购买者的盈利能力很低，则这些用户对价格就会很敏感，这一点在购买者所购产品占其成本的比重较大时更为突出。⑦ 购买者采取后向一体化的威胁。如果买方已部分一体化或形成可信的后向一体化的威胁，那么他们会在讨价还价中处于有利的迫使对方让步的地位，从而增加对本行业的竞争压力。例如，大型汽车生产企业会在自己内部生产所需的一部分零部件，一方面使一体化的威胁更加可信，另一方面会更好地了解有关成本情况，从而使自己处于更有利的谈判地位。⑧ 购买者掌握的信息。购买者掌握了有关市场需求、产品成本等方面的充分信息，就会有较强的讨价还价能力。

三、企业内部微观环境分析

任何一个企业的战略态势分析，既要考虑特定的外部环境，又要注意分析企业内部的微观条件。不断变动的外部环境可能给各企业带来潜在的、可以利用的机会，但只有具备了相应内部微观优势的企业，才能够将外部机会转化为企业现实的盈利条件。因此，全面系统地分析企业内部微观环境，成为有效利用企业有限资源的关键，具有十分重要的现实意义。

（一）企业资源分析

企业资源分析，是指企业为找出具有未来竞争优势的资源，对所拥有的资源进行识别和评价的过程。这一过程包括确定公司所拥有的资源，然后应用资源价值原理确定哪些资源真正具有价值。

企业资源分析，是从全局把握企业资源在量、质结构和分配、组合方面的情况，它不仅是形成企业的经营结构，也是构成企业实力的物质基础。企业资源的现状和变化趋势是制定总体战略和进行经营领域选择最根本的制约条件。这是因为，企业能投入到经营活动中的资源是有限的，这种有限性是双重的，外部能提供的资源也是有限的，这种能力除了资金的限制外还与供应渠道等其他要素有关。所以，在企业战略管理中的资源分析，一是要对企业现有资源的状况和变化趋势进行分析；二是要对战略期应增加哪些资源进行预测。

在分析企业资源时，可以从企业的实物资源、财务资源、人力资源、无形资产等方面进行。这些资源的辨识、确认是战略能力分析的基础。

1. 企业实物资源

企业的厂房、设备是固定资产的主要组成部分。衡量一个企业的资源特征，不仅要看其所生产的产品，还要看其生产产品所依托的生产工具条件。分析企业的实物资源，主要从企业的生产设备、原材料及零部件供应、生产所需能源的供应等方面进行。

2. 企业财务资源

对企业财务资源进行分析的重点，是中长期企业净收入和总资产利用情况，同时要准确判断并预测企业在计划期内为保持战略所要求的增长率而必须进行再投资的数量，从而推断出企业能否单独依靠自身的财务力量来实现未来发展的目标。

企业财务资源分析紧紧围绕资金运动展开，主要包括分析如何筹措资金(筹资决策)、如何使用资金(投资决策)、如何分配利润(分配决策)等三个方面。

3. 企业的人力资源

人力资源是推动企业发展的能力性因素，企业管理的重点是要调动员工的生产经营积极性、改进工作效率，进而实现预期目标。

企业人力资源分析的主要内容有：企业人力资源结构分析，企业人力资源配置情况分析，企业战略管理者的层次分析，企业薪酬制度分析等。

4. 企业的无形资产

无形资产，是指企业拥有或者控制的没有实物形态的可辨认非货币性资产，主要包括专利权、非专利技术、商标权、著作权、土地使用权、特许权等。

资产满足下列条件之一的，符合无形资产定义中的可辨认性标准：其一，能够从企业中分离或者划分出来并能够单独或者与相关合同、资产或负债一起用于出售、转移、授予许可、租赁或者交换；其二，源自合同性权利或其他法定权利，无论这些权利是否可以从企业或其他权利和义务中转移或者分离。

(二) 企业活力分析

1. 企业活力的内涵

企业活力，是指企业作为有机体通过自身的素质和能力，在与外界环境交互作用的良性循环过程中所表现出来的自我发展的旺盛生命力。对于这一定义，可从以下四个方面进行理解：① 交互作用。指企业的活力状态，它既不完全取决于外界环境也不完全取决于企业自身素质，而是两个方面不断地相互作用。因此，既要看到外界环境对企业活力的影响和制约作用，又要看到企业充分发挥活力对外界环境提出的要求。② 良性循环。指在内外环境交互作用中要不断地向更好的方面转化，在转化中达成新的平衡，促使这样的循环往复。③ 自我发展的旺盛生命力状态。强调企业生存和发展的能力。生存是发展的基础，生存应在发展和创新中求得，发展也不仅仅是外延扩大再生产，也不只是数量的增加。应当首先注重内涵式扩大再生产，包括自身素质的增长、产品质量的提高、新产品的开发、品种结构的调整。基础管理的转化和经济效益的提高，要注重企业素质的增长，只有这样企业才能更好地生存并具有旺盛的生命力。④ 企业的自身素质和能力。要明确，企业活力的基础在于企业内部。在一定社会条件下，企业内部总机能所具有的生存和应变能力是企业活力的决定性因素，而外部环境则是企业活力的影响和制约条件。

企业活力的基本类型如图 6-2 所示。

第Ⅰ象限，外界环境适合企业发展、企业自身素质好，则企业活力一定很强。

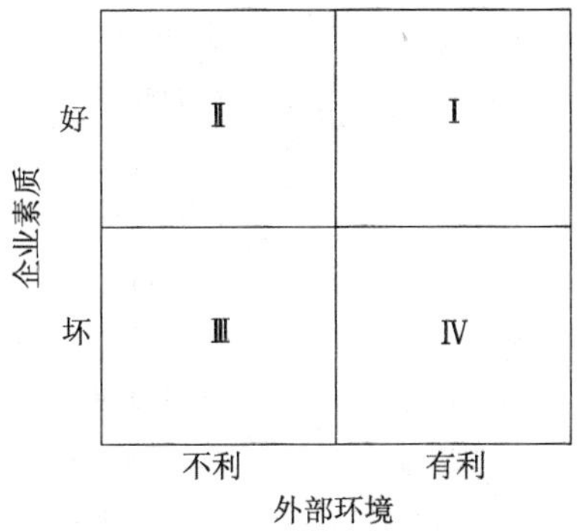

图 6-2 企业活力分析图

第Ⅱ象限，外界环境不适合企业发展但企业素质好，则企业活力不会很强。第Ⅲ象限，外界环境不适合企业发展、企业自身素质又不好，则企业活力一定很差。第Ⅳ象限，外界环境适合企业发展、企业自身素质不好，则企业活力不会强。

2. 企业活力的结构

企业活力可以用企业的获利能力、竞争能力、生长能力、适应能力、凝聚能力表示，其结构如图 6-3 所示。

企业活力结构图表示的是影响企业活力的各种因素，根据这些因素就可以对企业活力进行分析和诊断，由此可以找出企业的薄弱环节，然后对症下药提高企业活力，有效地发挥企业的整体功能。通过对构成企业活力的五种能力进行分析可以得到如下认识：① 企业获利能力是企业赖以生存的最基本要求，是企业竞争能力、生长能力、适应能力和凝聚力的基础和综合体现，是企业活力的结果。② 企业竞争能力是企业生存本能的表现，如同人只有运动才有活力一样，企业只有竞争才有活力、才会有压力、才会充分发挥潜力、才会促使企业增强自我积累、自我改造、自我发展、自我约束的能力。竞争是经济规律的要求，凡是在社会竞争环境中能够生存的企业，都必然是有活力的企业，否则只能在市场竞争中被淘汰。③ 企业生长能力是企业在竞争中生存的前提条件，企业生存必须建立在内涵扩大再生产的基础上，否则企业必将会失去生长能力。④ 企业适应能力是企业对外界环境的应变能力，主要通过改善企业经营管理实现。企业要根据市场需求和外界环境的变化对生产进行调整，调整得越及时越顺利企业应变能力就越强。⑤ 企业凝聚力是以企业职工对企业的态度表现出来的，凝聚力的强弱关系到企业职工积极性和创造性以及企业整体功能的发挥。

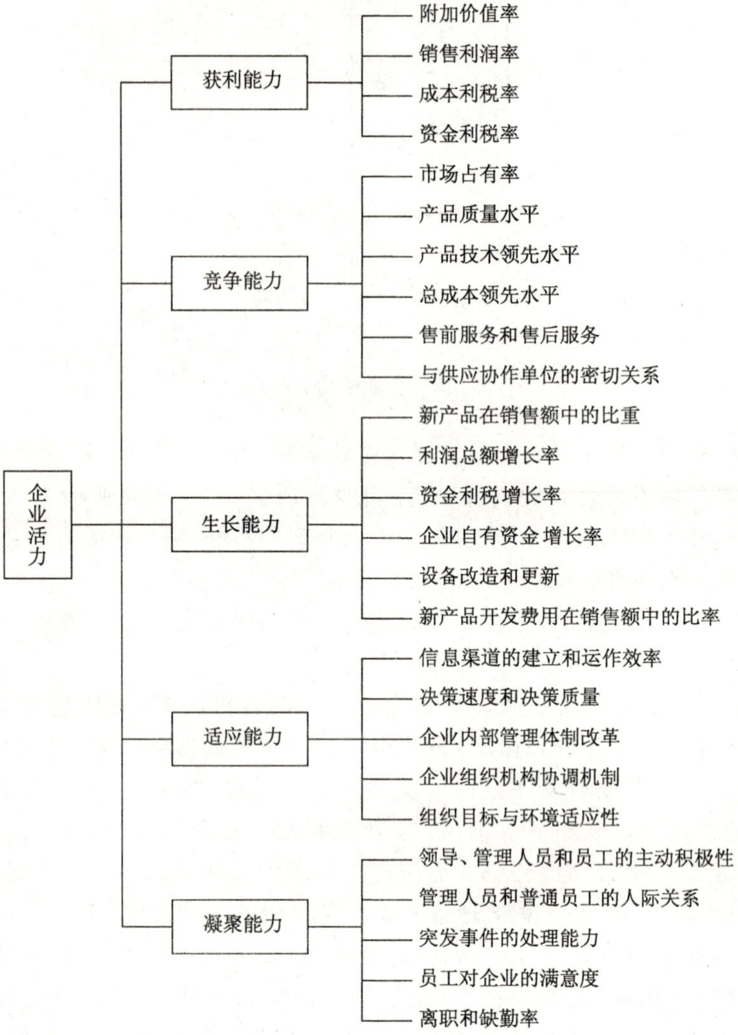

图 6-3 企业活力结构图

第三节 战略性计划选择

战略的核心在于选择，没有哪家企业能够发展所有行业，也不是所有行业都具有发展潜力，因此必须选择企业战略。企业战略方案选择，是企业的一项重大战略决策，这是企业通过对若干种战略方案进行比较和优选、从中选择一种较满意的战略方案的过程，是企业领导人的专业知识、工作能力、业务水平、实际经验、领导作风和领导艺术的集中体现。企业战略方案的选择，是战略评价工作的继续及其必然结果。

一、战略方案选择的原则

（一）择优原则

决策的基本属性之一就是选择性。如果只有一个方案，就不能进行选择，也就不能做出决策。因此，在智囊专家对多种企业战略方案进行评价的基础上，应对多种可行的战略方案做出决断，选择最优的企业战略方案。

（二）民主协商原则

企业战略方案选择的专家会议一般由企业战略决策者主持，应让各战略方案的制订者进行充分表述，创造宽松气氛。要特别重视反面意见，使与会者畅所欲言，激起思想共振。最高决策者切不可急于发表倾向性意见，要从全局利益出发，广泛听取意见，坚持公平立场，做出最终决断。

（三）综合平衡原则

企业战略方案的决策原则之三是代价、效益和风险度综合平衡原则。在企业战略方案选择的过程中，战略决策者主要考虑3个因素，即战略方案要付出的代价、所能取得的效益和实施方案的风险程度。理想的战略方案应当是代价最小、效益最高、风险度最小的。当然，在实际中由于环境条件的错综复杂，不可能三者都能处于理想状况，更何况这三个因素往往相互制约、发生矛盾。因此，对代价、效益、风险度三者进行平衡，在多次比较中选出最适宜的战略方案或以其中一个因素为主、兼顾其他两个因素的选择最优方案。

二、战略方案选择的方法

企业战略的选择分为两个层次。

第一个层次是公司总体战略方案选择，其主要过程是——根据下属各经营单位的实力及所处行业的吸引力和发展阶段对整个公司进行统筹分析；判断企业各经营单位保持现有战略组合条件下的工作绩效；将预期公司绩效与公司战略目标比较，确定主要绩效差距；判定采用缩小绩效差距的备选战略方案（包括经营单位不同战略的组合）；评价备选战略，做出战略选择。

第二个层次是企业经营单位战略方案选择，其主要过程是分析企业经营单位根据环境要求采取相应战略后可能出现的结果；将预计结果和企业经营单位的战略目标相比较，确定绩效差距和战略重点；判定用以缩小绩效差距和解决战略重点的备选战略；评价备选战略方案，做出战略选择。

企业战略方案的选择事关全局，一招不慎将会造成全盘皆输的后果。方案选择正确与否，与方案选择的方法息息相关。企业战略方案的决策，一般采取定性分析和定量分析相结合的办法。通常条件下的定性选择方法很多，如召开座谈会、专家评议、类比法、职工代表大会民主审议等；定量选择的方法也很多，主要方法是数量模型评价法。

（一）定性分析方法的程序

① 企业决策者在股东会和职工代表大会上，向会议报告方案策划、设计、评估以及出台的背景情况和经过，阐明讨论和选择方案对本企业发展的意义等。② 组织股东代表、职工代表学习、研究和讨论方案，在大家充分发表意见的基础上收集、归类、分析和整理两会的意见和建议并通报方案制定部门，同时报告决策当局。③ 由方案制订部门向两会的代表介绍方案制定过程，说明制订方案的指导思想和达成的目标，解释代表们提出的问题和建议，回答代表提出的被采纳意见建议的询问。④ 企业决策者依据方案预选的根据、影响方案选择的因素做出原则选择判断，继而对方案涉及的不同利益集团进行技能型说服。但作为决策者，对不同利益集团的冲突需持公正态度、客观进行协调，努力避免冲突激化。⑤ 通过方案制定部门筛选来自股东和职工方面的正确意见和建议，对方案进行补充和修改，使之更加完善和具有可操作性、具有代表性和群众性。⑥ 在此基础上将修改后的方案再次提交股东会和职工代表大会讨论，有的可以无记名投票方式决定方案取舍，有的也可以根据讨论的集体意见由企业领导集团做出选择决定。

（二）SWOT 分析法

SWOT 分析法，是一种结合内外部环境要素进行综合分析的战略选择方法。这种选择方法，需要把企业内部的优势（strength）和劣势（weakness）及外部的机会（opportunity）和威胁（threat）匹配起来，这样才能更好地实现整体目的。决策准则是选择能够发挥企业优势、弥补劣势、抓住机遇、规避威胁的战略。SWOT 分析法分析的内容十分广泛，在分析时企业不仅需要从内部获得评价，而且需要考虑外部评价，这样才能更为客观地选择行业的成功因素，也能够更为客观地对自身进行评价。SWOT 法是通过将特定的外部因素与内部因素进行匹配组合而形成了四种组合：SO（优势/机会）战略、ST（优势/威胁）战略、WO（劣势/机会）战略，WT（劣势/威胁）战略。不同组合可根据实际情况选择不同的战略计划。

三、影响战略选择的行为因素

通常，企业战略的选择要受多种行为因素影响，这些因素在不同的企业和不同的环境中所起的作用是不同的。了解这些因素，对于企业战略管理者选择合适的战略方案非常重要。

（一）现行战略的传承性

在战略制定过程中，由于现行战略在实施过程中已经投入相当多的时间、精力和资源，人们对之也都承担了相应责任，而进行新的战略制定的人又多半是现行战略的制定者，因而企业在新战略的选择和制定时往往会选择接近于现行战略的战略或是对现行战略做局部修改，这就体现了现行战略对新战略制定的传承性。这种对现行战略的继承性或惯性有其优点，即便于战略实施。如果现行战略具有重大缺陷或者环境条件发生巨大变化，仍沿袭现行战略，则将使企业陷入危险。因此，在战略选择中应该对这种传承性保持警惕，既要吸收其有利的方面也要避免不利的方面，必要时应做相应的人事调整以克服这种惯性。

（二）利益集团的压力

任何企业战略决策都会受到企业内部和外部各种利益集团压力的影响。从企业外部来说，政府和其他社会团体都希望企业更好地承担社会责任、遵守国家和政府的法规；股东希望企业不断提高投资回报率；企业债权人希望企业能按时还本付息。从企业内部来说，有来自不同利益团体和关系团体的压力，他们希望企业新的战略至少不损害他们的利益；也有来自企业文化或传统的压力，希望企业战略不要过分改变企业的传统习惯和观念。各种内、外压力最终会以各种形式反映到企业高层管理者身上，也会使他们的个人利益产生差异，一些高层管理者甚至可能会将个人利益或他所代表的小团体的利益放在第一位。

为了使高层管理者在战略决策中克服或减少这些压力影响从而做出最佳的战略决策，下列指导原则能够提供一定帮助：① 淡化个人和小集团意识，培养和增强整体观念。② 学会和做到协调各种利益团体的利益关系，同时保证能够代表和反映企业内外不同利益集团的观点。尤其是要考虑那些新进入企业的人的意见，因为这些人较少受企业原有文化和思维方式影响，会以新的观念看待企业。③ 企业的战略制定者应能对企业内部的各种利益关系进行有效管理，在决策前应使不同的意见和建议都有机会表达出来，但应在关键时刻行使自己的权力，其作用是维护企业的整体利益和长远利益。④ 企业战略管理者、尤其是主要负责人，要注意自己的行为和语言对他人的影响。相当多的企业管理者是看领导脸色行事，一旦他们错误地理解了领导意图，那么整个决策过程就会向相反方向进行。⑤ 企业决策在多数情况下不可能使企业内外的所有利益集团都感到满意，因此决策者要明确哪一种利益和要求对企业是更为重要，如果这些团体的要求得不到满足将会产生什么样反应以及有多大的可能会产生这种反应，企业对这样的反应应该做什么样的准备。如果企业高度依赖少数利益集团，其战略方案的选择就会不得不迁就这些集团的压力。这种依赖性越大，企业战略选择的余地就越小。

（三）企业领导人的价值观和对待风险的态度

企业领导人的价值观和对待风险的态度对战略选择影响极大。敢冒风险、对风险持乐观态度的决策者有较大的战略选择余地，最后会选择风险较大、收益也较大的战略方案；相反，不愿冒风险、对风险持畏惧和反对态度的决策者，其战略选择余地较小，风险型方案就会受到排斥，最后会选择较为稳妥的、收益适中或较小的战略方案。过去的战略对保守型管理者的影响比对冒险型管理者的影响要大得多，因此企业领导人的价值观不同、对风险的态度不同，最后选定的战略是很不同的。

（四）企业内部的人事和权力因素

许多事例说明，企业的战略选择更多地是由权力决定的，而非由理性分析决定。在大多数组织中，权力主要掌握在最高负责人手里，在战略选择中常常由他们做决定，在他们权力很大时尤其如此。在许多企业，当企业主要领导人倾向于选择某种战略时，其他决策者就会同意这种选择。还有另一种权力来源，人们称之为联盟。在大型组织中，下属单位和个人特别是主要管理人员，往往因利益关系而结成联盟，以加强他们在主要战略问题上的决策地位。企业中的这些有影响力的联盟往往会对战略选择起决定作用。在决策的各个阶段都有相应的联盟力量在施加影响。不同的联盟有其不同的利益和目标，不应简单地将其视为坏事，联盟行为在组织决策中是不可避免的，应将其纳入战略管理之中。组织内部存在的各种正式和非正式谈判和讨价还价，是组织协调的必要。这样，在选择未来战略时就能强化向心力，选择出更切合实际的战略。因此，战略的选择往往是一个协商的过程，是企业内部各方面人事关系和权力平衡的结果，而并不仅仅是一个系统分析过程。

（五）时间因素

时间因素也会影响战略选择：① 有些战略决策必须在某个时限前做出，在时间紧迫、来不及做全面、仔细评价分析的情况下，决策者往往着重考虑采用这种战略方案所产生的后果，而较少考虑接受这种战略方案所产生的效益，这时迫不得已会选择防御性战略。② 战略选择也有一个时机问题。一个很好的战略如果出台时机不当也会给企业带来麻烦、甚至是灾难性后果。③ 不同战略产生效果所需的时间是不同的，如果经理人员关心的是最近二、三年内的企业经营问题，他们就不会选择五年以后才产生效果的经营战略。可见，战略决策者考虑战略的时间框架长短与选择什么战略有重要关系。

战略考虑的时间长短与战略决策者对目标实现的预期前景时间是关联的。如果企业管理者着眼于长远前景，则他们就会选择较长时间跨度的战略。

（六）竞争对手的反应

企业高层领导在做出战略选择时，需要全面考虑竞争对手可能会对战略做出哪些反应。如果选择的是一种进攻型战略、向竞争对手发起挑战，则很可能会引起竞争对手强烈反击。企业领导必须考虑反应、估计竞争对手的反击能量以及对战略成败的影响力度。

除上述六项因素外，企业在最后做出战略决定时应采取权变态度，如果企业战略的基本假设条件发生变化，就要调整或修改已选定的战略。因此，那些没有入选的战略方案不应放弃而应当存档，在今后的战略调整或修改过程中仍会有较大的参考价值。

四、可供选择的战略

（一）公司方向战略

根据企业战略指导思想，公司方向战略可划分为增长型战略、稳定型战略和紧缩型战略。

1．增长型战略

增长型战略又称为扩张型战略、进攻型战略和发展型战略，它是指企业尽可能地利用外部环境中的机会、避开威胁、充分发掘企业内部资源潜力，以求得企业长足发展的战略。

（1）增长型战略的特征

从企业发展角度来看，任何成功的企业都应当经历长短不一增长型战略实施期，因为从本质上说只有增长型战略才能不断扩大企业规模，使企业从竞争力弱小的小企业发展成为实力雄厚的大企业。

与其他类型的战略态势相比，增长型战略具有以下特征：① 实施增长型战略的企业不一定比整个经济增长速度快，但它们往往比其产品所在的市场增长得快。市场占有率的增长可以说是衡量增长的一个重要指标，增长型战略的体现不仅应当有绝对市场份额增加，更应有在市场总容量增长的基础上相对份额的增加。② 实施增长型战略的企业往往取得大大超过社会平均利润率的利润水平。由于发展速度较快，这些企业更容易获得较好的规模经济效益，从而降低生产成本、获得超额利润率。③ 采用增长型战略态势的企业倾向于采用非价格手段同竞争对手抗衡。由于采用增长型战略的企业不仅仅在开发市场上下功夫，而且在新产品开发、管理模式上都力求具有竞争优势，因而其赖以作为竞争优势的是并不会是损伤自己的价格战，而一般来说总是以相对更为创新的产品和劳务以及管理上的高效率作为竞争手段。④ 增长型战略鼓励企业的发展立足于创新。这些企业常常开发新产品、新市场、新工艺和产品的新用途，以把握更多的发展机会、谋求更大的风险回报。⑤ 与简单的适应外部条件不同，采用增长型战略的企业倾向于通过创造以前本身并不存在的某物或对某物的需求来改变外部环境并使之适合自身。这种引导或创造合适的环境是由其发展的特性决定的：要真正实现既定的发展目标，势必要有特定的、合适的外部环境，被动适应环境显然不一定有帮助。

（2）增长型战略的适用条件

增长型战略并不是简单地从单一经营上考虑，而往往与经营者自身的利益相关。因此，增长型战略的使用确实存在着一定的误区，因为其使用是有相应的适用条件的：① 企业必须分析战略规划期内宏观经济景气度和产业经济状况。这是由企业增长型战略的发展公司决定的——企业要实施增长型战略，就必须从环境中获得更多的资源。如果未来阶段宏观环境和行业微观环境较好的话，企业比较容易获得这些资源，所以就降低了实施该战略的成本。另一方面，从需求角度看，如果宏观和中观环境的走势都较为乐观的话，消费品的需求者和投资品需求者都会有一种理性预期，认为未来的收入会有所提高，因而其需求幅度将会有相应增长，从而保证企业增长型发展战略的需求充足。从上面的分析可以看出，在选择增长型战略之前必须对经济走势做一个较为细致的分析，良好的经济形势往往是增长型战略成功的条件之一。② 增长型发展战略必须符合政府管理机构的政策法规和条例等的约束。世界上大多数国家都鼓励高新技术发展，因而一般来说这类企业可以考虑使用增长型战略。③ 公司必须有能力获得充分的资源来满足增长型战略要求。由于采用增长型战略需要较多的资源投入，因此从企业内部和外部获得资源的能力就显得十分重要。这里的资源是一个广义概念：既包括通常意义上的资本资源，也包括人力资源、信息资源等。在资源充分性评价过程中，企业必须自己回答一个问题："如果企业在实行增长战略的过程中由于某种原因暂时受阻，它是否有能力保持自己的竞争地位？"如果回答是肯定的，那表明企业具有充分的资源来实施增长型战略，反之则不具备；④ 判断增长型战略的合适性还要分析公司文化。如果一个企业的文化是以稳定性为其主旋律的话，那么增长型战略的实施就要克服相应的文化阻力。当然，企业文化也并不是一成不变的事物，事实上积极和有效的企业文化的培育必须以企业战略作为指导依据。这里要强调的只是企业文化可能会给某种战略的实施带来一定成本，而并不是认为企业文化决定企业战略。

（3）增长型战略的利弊分析

增长型战略的优点是：① 企业可以通过发展扩大自身价值，体现为经过扩张后的公司市场份额和绝对财富的增加。这种价值既可以成为企业职工的一种荣誉，又可以成为企业进一步发展的动力。② 企业能通过不断变革创造更高的生产经营效率和效益。由于增长型发展，企业可以获得过去不能获得的崭新机会，避免企业组织的老化，使企业总是充满生机和活力。③ 增长型战略能保持企业的竞争实力、实现特定的竞争优势。如果竞争对手都采取增长型战略，如果企业还在采取稳定型或紧缩型战略，那么就很有可能在未来实现竞争优势。

增长型战略的缺点是：① 在采用增长型战略获得初期效果后，很可能导致盲目发展和为了发展而发展，从而破坏企业的资源平衡。要克服这一弊端，要求企业在做每一个战略态势决策之前都必须重新审视和分析企业的内外部环境，判断企业的资源状况和外部机会。② 过快的发展很可能降低企业的综合素质，使企业的应变能力虽然表面上不错而实质上却出现内部危机和混乱。这主要是由于企业新增机构、设备、人员太多而未能形成一个有机的相互协调的系统所引起的。针对这一问题，企业人可以考虑设立一个战略管理的临时性机构，负责统筹和管理扩张后企业内部各部门、人员之间的协调，在各方面的因素都融合在一起后再考虑取消这一机构。③ 增长型战略很可能使企业管理着更多地注重投资结构、收益率、市场占有率、企业的组织结构等问题，而忽视产品的服务或质量，重视宏观发展而忽视微观问题，因而不能使企业达到最佳状态。这一弊端的克服，需要企业管理者对增长型战略有一个正确而全面的理解，要意识到企业的战略态势是企业战略体系中的一个部分，因而在实施过程中必须进行通盘考虑。

2. 稳定型战略

稳定型战略，又称防御型战略，它是指在充分分析企业内外部环境变化的基础上，计划在未来一段时期基本不改变企业内部原有资源的分配和经营风格的战略。

（1）稳定型战略的特征

按照稳定型战略，企业目前所遵循的经营方向及其正在从事经营的产品和面向的市场领域，在其经营领域所达到的产销规模和市场地位都大致不变或以较小的幅度增长或减少。

从企业经营风险角度来说，稳定型战略的风险是相对较小的，对于那些曾经成功地在一个处于上升趋势的行业和一个不大变化的环境中活动的企业会很有效。由于稳定型战略从本质上追求的是在过去经营状况基础上的稳定，因而它具有如下特征：① 企业对过去的经营业绩表示满意，决定追求既定的或与过去相似的经营目标。比如说，企业过去的经营目标是在行业竞争中处于市场领先地位，稳定型战略意味着在今后一段时期依然以这一目标作为企业经营目标。② 企业战略规划期内所追求的绩效按大体的比例递增。与增长性战略不同，这里的增长是一种常规意义上的增长，而非大规模的和非常迅猛的发展。例如，稳定型增长可以指在市场占有率保持不变的情况下，随着总的市场容量的增长企业的销售额增长，而这种情况并不能算典型的增长型战略。实行稳定型战略的企业，总是在市场占有率、产销规模或总体利润水平上保持现状或略有增加，从而稳定和巩固企业现有竞争地位。③ 企业以过去相同的或基本相同的产品或劳务服务于社会，这意味着企业在产品的创新上较少。

从以上特征可以看出，稳定型战略主要依据企业前期战略。它坚持前期战略对产品和市场领域的选择，以前期战略所达到的目标作为本期希望达到的目标。因而，实行稳定型战略的前提条件是企业过去的战略是成功的。对于大多数企业来说，稳定型增长战略也许是最有效的战略。

（2）稳定型战略的适用条件

采取稳定型战略的企业，一般处在市场需求和行业结构稳定或者较小动荡的外部环境中，因而企业所面临的竞争、挑战和发展机会都相对较少。但是，有些企业在市场需求以较大幅度增长或是外部环境提供了较多发展机遇的情况下也会采取稳定型战略。这些企业一般来说是由于资源状况不足以使其抓住新的发展机会而不得不采用相对保守的稳定型战略态势。

（3）稳定型战略的利弊分析

稳定型战略的优点是：① 企业的经营风险相对较小，由于企业基本维持原有的产品和市场领域，从而可以用原有的生产领域、渠道，避免开发新产品核心市场的巨大资金投入、激烈的竞争抗衡和开发失败的巨大风险。② 能避免因改变战略而改变资源分配的困难，由于经营领域主要与过去大致相同，因而稳定战略不必考虑考虑原有资源的增量或存量的调整，相对于其他战略态势而言显然要容易得多。③ 能避免因发展过快而导致的弊端，在行业迅速发展的时期许多企业无法看到潜伏的危机而盲目发展，结果造成资源的巨大浪费。④ 能给企业一个较好的修整期，使企业积聚更多的能量，以便为今后的发展做好准备。从这个意义上说，适时的稳定型战略是增长型战略的一个必要的酝酿阶段。

稳定型战略也有不少缺陷：① 稳定型战略的执行是以市场需求、竞争格局等内外条件基本稳定为前提的。一旦企业的这一判断没有得到验证，就会打破战略目标、外部环境、企业实力之间的平衡，使企业陷入困境。因此，如果环境预测有问题的话，稳定型战略也会有问题，特定细分市场的稳定型战略也会有较大的风险。② 稳定型战略也会使企业的风险意识减弱，甚至形成害怕风险、回避风险的文化，这就会大大降低企业对风险的敏感性、适应性和冒风险的勇气，从而增加以上风险的危害性和严重性。

稳定型战略的优点和缺点都是相对的，企业在具体的执行过程中必须权衡利弊、准确估计风险和收益并采取合适的风险防范措施。只有这样，才能保证稳定型战略优点的充分发挥。

3. 紧缩型战略

紧缩型战略，又称退却型战略、收缩战略，是指企业在客观分析了内外部环境变化的基础上选择在原有战略经营领域收缩或撤离且偏离战略起点较大的一种消极型战略。

（1）紧缩型战略的特征

与稳定型战略和增长型战略相比，紧缩型战略是一种消极的发展战略。一般情况企业实施紧缩型战略只是短期的，其根本目的是使企业挨过风暴后转向其他的战略选择。有时，只有采取收缩和撤退的措施才能抵御竞争对手的进攻、避开环境的威胁和迅速地实行自身资源的最优配置。可以说，紧缩型战略是一种以退为进的战略。

紧缩型战略有以下特征：① 对企业现有的产品和市场领域实行收缩、调整和撤退战略，比如放弃某些市场和某些产品系列。因而从企业的规模来看是在缩小，同时一些效益指标比如利润率和市场占有率等，都会有较为明显下降。② 对企业资源的运用采取较为严格的控制和尽量削减各项费用支出，往往只投入最低限度的经管资源，因而紧缩型战略的实施过程往往会伴随着大量裁员、一些奢侈品和大额资产的暂停购买等等。③ 紧缩型战略具有明显的短期性。与稳定型和发展型两种战略相比，紧缩型战略具有明显的过渡性，其根本目的并不在于长期节约开支、停止发展，而是为今后发展积蓄力量。

（2）紧缩型战略的适用条件

采用紧缩型战略的企业可能是出于不同的动机，从这些动机来看有三种类型的紧缩型战略：适应性紧缩战略、失败性紧缩战略、调整性紧缩战略。下面分别论述一下这三类不同动机的紧缩型战略的适用性。① 适应性紧缩战略，是指企业为了适应外界环境而采取的一种战略。这种外界环境包括经济衰退、产业进入衰退期、对企业产品或服务的需求减小等情况。在这些情况下，企业可以采取适应性紧缩战略来度过危机、以求发展。因此，适应性紧缩战略的使用条件就是企业预测到或已经感知到外界环境对企业经营的不利性，同时企业认为采用稳定型战略尚不足以使企业顺利度过不利的外部环境。② 失败性紧缩战略，是指企业由于经营失误造成企业竞争地位虚弱、经营状况恶化，只有采用紧缩型战略才能最大限度地减少损失、保存企业实力。失败性紧缩战略的使用条件是企业出现重大问题，如产品滞销、财务状况恶化、投资已无法收回的情况下。这里就涉及一个“度”的问题，即究竟在出现何种严重的经营问题时才考虑实施紧缩型战略？要回答这一问题，需要对企业的市场、财务、组织机构等方面做全面估计，认真比较实施紧缩型战略的机会成本，经过细致的成本—收益分析，最后才能下结论。③ 调整性紧缩战略的动机既不是经济衰退也不是经营失误，而是为了谋求更好的发展机会，使有限的资源分配到更有效的使用场合。因而，调整性紧缩战略的适用条件是企业存在一个回报更高的资源配置点。为此，需要比较企业目前的业务单位和实施紧缩型战略后的资源投入的业务单位，在存在较为明显的回报差距的情况下，可以考虑采用调整性紧缩型战略。

(3) 紧缩型战略的利弊分析

紧缩型战略的优点有：① 能帮助企业在外部环境恶劣的情况下节约开支和费用，顺利地度过面临的不利处境。② 能在企业经营不善的情况下最大限度地降低损失。在许多情况下，盲目且顽固地坚持经营无可挽回的企业，而不是明智地采用紧缩型战略，会给企业带来致命打击。③ 能帮助企业更好地实行资产最优组合。如果不采用紧缩型战略，企业在面临一个新的机遇时，只能运用现有的剩余资源进行投资，这样做势必影响企业在这一领域发展的前景；相反，通过采取适当紧缩型战略的话，企业往往可以将不良运作处的资源转移到这一发展点上，从而实现企业长远利益的最大化。

与上述优点相比，紧缩型战略也能为企业带来一些不利之处：① 实行紧缩型战略的尺度较难以把握，如果盲目地使用紧缩型战略，可能会扼杀具有发展前途的业务和市场，使企业的总体利益受到伤害。② 一般来说实施紧缩型战略会引起企业内外部人员不满，从而引起员工情绪低落，因为实施紧缩型战略常常意味着不同程度地裁员和减薪，而且实施紧缩型战略在某些管理人员看来意味着工作的失败和不利。

(二) 公司基本战略

公司基本战略，主要是指公司总体层面上所要采取的战略，所要解决的问题是确定企业的整个经营范围和公司资源在不同经营单位之间的分配事项。公司基本战略主要包括：专业化战略，多元化战略，一体化战略。

1. 专业化战略

(1) 专业化战略的含义

专业化战略，是指集中公司所有资源和能力于企业擅长的核心业务，通过专注于某一点而带动公司成长的战略。其中，核心业务是指在公司从事的所有经营领域中占据主导地位的业务，核心业务构成公司的基本骨架。专业化战略，也可以指企业选择一个或几个小市场目标而实行专业化生产和销售，集中力量力争在这些小市场上占有较大份额。我们这里所说的专业化，包括两方面的意思：一是行业专业化，即公司专注于某一个行业内经营；二是业务专业化，即公司专注于行业价值链中某一环节的业务。

采用这种战略时，企业的扩张速度随行业发展的阶段不同而有所不同。如产品正处于成长期，速度可能很快；如已进入成熟期，速度就可能放慢；扩张速度还因企业采用市场营销策略的不同而不同，如策略正确而有效，则速度可望加快。

(2) 公司采用专业化战略的动因

专注于核心业务求发展，是公司成长最基本的战略，也是公司成长的必由之路。与通过扩大业务范围而获得公司增长的方式相比，专注于核心业务的做法更值得鼓励。这种成长方式更有助于增强公司的核心竞争力、建立稳固的竞争优势，因而它所驱动的增长更加健康、更加稳定、更加长久。管理大师彼得·德鲁克对此指出：系统地把注意力集中在生产率上的公司，几乎肯定可以取得竞争优势且会很快获取市场优势。

(3) 专业化战略的利弊分析

采用专业化战略的优点——实行专业化经营，可以使企业更清楚"我们是谁？我们做什么？"可以深入地了解产品市场的需求；节省开支，增加利润；有限资源放到同一经营领域，可以集中各种优势资源创造竞争优势。一家专业化经营的公司越成功，就越能成功地利用其积累的经验、特别的竞争力和品牌的声誉，形成持久的竞争优势，占据行业领先者地位。

采用专业化战略的缺点——即如果企业产品或服务的市场需求下降，则企业会遇到麻烦。一些非企业所能控制的因素可能会引起对企业产品或服务需求的下降。如顾客偏好的不稳定性增加，竞争的激烈程度和复杂性增强，技术变革，政府政策改变，这些都会对实行专业化战略的企业构成主要威胁。

(4) 专业化战略的适用条件

一般来讲，专业化战略适合于公司刚刚成立时，其拥有的资源是有限的，规模和实力还相对较弱，而面临的外界竞争压力又越来越大，可以通过专注于发展某项业务或选择一个或几个小市场目标来壮大公司的规模和竞争实力；或者公司涉及的业务有非常大的增长空间，单独发展这项业务可以在很大程度上满足公司的发展、获得较高的利润；或者公司的核心能力尚未形成、不利于发展多元化战略时，则公司加大投入尽量开发自身的核心能力，以保证在发展多元化战略时有坚强后盾。

2. 多元化战略

(1) 多元化战略的含义

多元化战略，又称多种经营战略或多角化战略，是企业增加新产品种类和增加新市场战略，也可以是企业最高层为企业制定的多项业务组合战略，是企业为涉足不同行业环境中的各项业务制定的发展规划，包括进入何种领域、如何进入等。多元化战略通过进入与现有事业在价值创造活动上相互有关的事业或进入一个全新的事业领域，而求得企业的长期稳定地经营和追求最大商品经济效益。

多元化经营战略已成为当今世界大公司特别是跨国公司普遍采用的战略。

(2)公司采用多元化战略的动因

下面就公司采用多元化战略的动因从外部和内部两个方面进行分析。

外部原因:① 产品需求趋向停滞。当企业原有产品处于其寿命周期的衰退期时,原有产品由于需求停滞而无法满足企业发展要求,企业必须寻求增长快的新产品和新市场,从而开展多种经营。② 市场的集中程度。所谓集中程度,是一个卖方结构指标。计算这个指标时,将企业按规模大小顺序排列,然后计算几个主要企业占行业总体的百分比。集中程度高时,产品由少数卖方企业控制。在集中程度高的行业,企业要想得到更高的增长率,一般用降低价格、增加供应能力、支付高额广告费等方法蚕食对手企业的市场占有率,而用这些方法既增加费用又有风险。因此,在集中程度高的行业,企业想追求较高的增长率和收益率,只有进入本企业以外的新产品、新市场。企业所在行业的集中程度越高,越能诱发行业从事多种经营。③ 需求的不确定性。由于市场需求的不确定性,企业经营单一产品或服务便会面临着很大风险,其增长率和收益率会为该产品的需求动向所左右。假如该产品的需求动向有很大的不确定性,企业为了分散风险便要开发其他产品、从事多种经营。即使原来已从事多种经营的企业,当原有产品市场需求有很大风险时,为了分散风险也将积极从事各种经营。

内在动因:① 纠正企业目标差距。企业制订有关增长率、收益率目标,并根据这些目标的实际完成情况决定下一阶段的行动方针。当实际完成情况低于原订目标而产生目标差距时,往往不得不从事多元化经营来弥补,以实现预期目标。一般而言,目标差距越大企业从事多元化经营的可能性越大。② 挖掘企业内部资源潜力。企业在日常的经营活动中常常积累有未能充分利用的资源,企业可以通过多元化经营来充分利用富余的资源提高企业的经济效益。③ 实现企业规模经济。企业规模是一种经营资源。为了实现规模经济,企业要考虑是使用职能要素还是产品要素而获得最低单位成本,即实现最佳使用密度。导致规模经济的具体要素一般有特殊用途的机器设备、专门的技术技能、专门的营销服务和专门的信息等。④ 实现范围经济。导致范围经济的非具体要素一般有通用机器设备、普通应用的技术技能、一般的营销服务和通用的信息网络等。从寻求范围经济的角度出发,企业希望在两个或多个经营单位中分享资源,减少在各经营单位的投资、降低成本。⑤ 转移竞争能力。在这方面,企业进行多种经营是希望将企业中现有的竞争能力转移到新的经营业务中去,以改善新的经营单位的竞争能力。企业也可以通过并购将具有竞争能力的企业或经营单位并入本企业,形成差别化的竞争优势。⑥ 企业重建。企业为了更多地创造价值,可以购入一些无效率或经营不善的企业并加以改善。企业在进行这种多种经营时,可以不考虑被购入的经营单位是否与本企业同属于一个产业。企业重建的措施基本上是重新组建被购单位的管理层,处理无生产力的资产,改善其生产运作。

当然,无论何种原因促使企业采用多种经营战略,在多种经营中企业要获得成功,还需要考虑以下几个方面因素:① 外行业的经营业务要与本行业的经营业务有共同的经营基础,即要有共同的市场或共同的技术;② 在多种经营中,新经营的业务要处于产品或市场发展的初级阶段,至少不超过成熟阶段,否则便达不到多元化经营的目的;③ 构成多种经营需求的原因有一定的时间性,过了这段时间企业所面临的市场和竞争环境都会发生变化;④ 加强企业内部协调。多元化经营的企业由于所辖的经营单位数目过多,使得企业高层管理人员难以了解企业经营的全貌、也难以协调,因此企业必须加强管理,做好内部协调、减少混乱。

(3) 多元化战略的类型及利弊分析

根据采用多元化战略的企业各项事业的关联程度,可以把多元化战略分为相关多元化战略和不相关多元化战略。

相关多元化战略,是指各项经营业务的价值链活动之间存在着有价值的竞争性联系。反之,如果各自的价值链中没有共同的相似点或互补性,那么这些业务就是不相关的。相关的多元化经营,是指企业进入与现有业务在价值链上存在有价值的竞争性的新业务的活动。相关多元化经营战略,是指企业在多元化经营中于相关业务中寻找“战略匹配关系”的计划和方案。采用相关多元化战略有以下优势——相关多元化可以获得范围经济性和市场力量。范围经济性(economies of scope),是指当一个企业在多个行业或多个市场经营时,企业通过将其在某项业务经营中所形成的能力和竞争能力移植到一项新的业务中,从而降低企业的总成本所产生的经济性。采用相关多元化战略,可以获得市场影响力的扩张效应,可以使得经营风险分散,有利于规避市场中的不确定因素造成的毁灭性损失。采用相关多元化战略有以下劣势——使管理跨度增加,产生“X-非效率”带来的负效应。“X-非效率”,指大企业内存中的资源配置的非效率性。其产生原因是——在企业经理阶层发生的损失和非效率;激励机制不够而造成的非效率;管理层次增多,有效管理难度增加,指令和信息被歪曲;造成资源的分散化,不利于培育和保持企业的核心竞争力。相关多元化虽然会给企业带来战略匹配利益,但是一些企业为了获得丰厚的利润,常选择不相关多元化战略,进入与现有业务不相关的行业。

不相关多元化战略,就是企业进入与原有行业不相关的新业务,企业经营的各行业之间没有联系。美国通用电器公司(GE)是高度多元化的典范。这种战略的特点是能够分散经营，把发展新产品和新的目标市场有机结合起来，以提高企业在竞争环境中的应变能力。然而，不相关多元化的实施比较复杂，容易陷入盲目性，一旦处理不好企业可能会陷入瘫痪。不相关多元化战略的优势：① 经营风险可以在一系列不同行业里获得分散。与相关多元化相比，这是分散财务风险的好方法。公司的投资可以分散在有着完全不同的技术基础、市场特征和顾客群的业务之中。② 向有利润前景的行业进行投资，可以最大限度地发挥企业的财力资源，以更加稳定企业的获利能力。企业进入一些高增长行业，可以不受已有业务利润下降的影响，继续保持一定的利润水平。不相关多元化战略的劣势：① 正确评价每项业务的难度大。联合大公司式的多元化经营的致命弱点，就是企业的管理人员要充分考虑到在不同行业中完全不同的经营特点和经营环境并做出合理的决策。一个企业所涉足的经营越多，多元化程度越高，企业的经理越是难以对每个子公司进行监督和尽早地发现问题，越难以形成评价每个经营行业吸引力和竞争环境的真正技能，也更加难以判断由各业务层次的经理们提出的计划及其质量。② 总体绩效差。不相关多元化的企业不可能像相关多元化企业那样依靠战略匹配关系带来竞争优势潜力，而且，各种不相关多元化业务的总效率并不见得比各业务独立经营时所获效益的总和多。如果企业的高层管理者再不适当地干预经营单位的运作，就会更糟。此外，除非有巨大的财力做后盾，不相关多元化战略不可能对各个经营单位在获得竞争优势上有多大帮助。③ 难证明利润的稳定性。从理论上讲，在经济周期性波动中，不相关多元化可以使销售和利润更加稳定。但实际上，这种反周期的多元化往往难以取得预期效果。从历史资料看，没有几种富有吸引力的经营业务具有相反的波动周期，以保持利润的稳定。绝大多数的经营业务都是随着经济的繁荣而繁荣、萧条而萧条。

（4）多元化战略的适用条件

有多元化经营的动因，只是多元化经营的一个条件，企业要成功地实施多元化战略，还必须具备一些其他条件——企业具备必要的资源才能使多元化具有可行性，才能顺利实施多元化。多元化的动力和资源缺一不可。资源包括有形资源和无形资源。无形资源比有形资源更具灵活性，有形资源的共享可以促进多元化；灵活性差则用于相关多元化。总之，对资源的共享越少，多元化的价值越小。因此，灵活性资源可以使多元化走向更高层次。资本市场和管理者市场是多元化经营的条件，特别是当企业通过并购进行多元化时，需要资本市场的支持。管理者市场也非常重要，能否获得合适管理者常常是多元化经营的前提条件。企业应建立一套多元化投资决策管理体系和程序，使多元化经营决策科学化。多元化战略的实施至关重要。

综上所述，多元化的程度是由市场和企业自身所具备的战略性特点（如资源）决定的，并建立在企业各种资源的优化组合基础上，需要管理者用正确的动因去推动。动因越强烈，资源的灵活性越好，多元化的程度就越高。为了不使企业盲目地、过度地多元化，需要科学的内部决策和监控体制。正确的战略决策，加上高效战略实施，才能获得理想的企业经营业绩。

3. 一体化战略

（1）一体化战略的含义

一体化战略，是指企业充分利用自己在产品、技术、市场上的优势，根据物资流动的方向，使企业不断地向深度和广度发展的一种战略，它有利于深化专业分工协作、提高资源的利用深度和综合利用效率。

（2）公司采用一体化战略的动因

对处于颇具吸引力的产业，特别是技术是可预见的、市场正在扩展的产业且位于强竞争地位的企业来说，通过采用一体化战略来扩大自己的规模和竞争实力是一种不错的选择。因为一体化战略可以达到迅速扩大规模的目的，而在动态环境中快速增长是一种生存手段，是增强竞争能力的一种捷径。通过采用一体化战略可以获得规模经济或经验曲线效益。另外，公司受到管理者理念和认识上的影响——迅速扩大规模就等于成功；增长过快容易掩饰其失误和低效率；快速扩张意味升迁或奖励等。这些原因也促使公司采取一体化战略。

（3）一体化战略的类型及利弊分析

一体化战略的类型主要包括纵向一体化战略和横向一体化战略。纵向一体化战略又称为垂直一体化战略，是一种生产企业和原材料供应企业或者生产企业与产品销售商连接在一起的组织形式。其战略目标是：巩固企业的市场定位，提高企业竞争优势，增强企业实力。按企业在同行业中两个可能的方向扩大竞争范围划分，纵向一体化可以划分为后向一体化和前向一体化。实行纵向一体化的优点是：① 前向一体化有利于企业了解市场信息和提高产品差异化水平。这对于生产原材料的企业更有指导意义。如果实行前向一体化，使企业进入制造领域非常有助于实现产品差异化，从而摆脱单一的价格竞争。因此，向着最终消费者的一体化趋势越大，形成产品差异化的机会就越高，产品的附加价值就越高，给企业带来的经济利益也就越大。另外，生产与销售一体化有利于及时准确地获得市场信息，使企业能迅速了解消费者对产品、服务等方面需求的信息并迅速进行调整，从而增强企业产品的市场适应性和竞争力。② 纵向一体化可以降低成本。企业自制零部件的成本一般会低于外购。但是，由于业务范围的扩大而增加的盈利是与投资的增加相联系的，需要考虑投资的机会成本等因素。企业需要考虑除了零部件外扩大业务所带来的利润扣除追加投资成本后的效益。

③ 纵向一体化可以加强生产过程控制。纵向一体化可以避免由于供应中断或销售造成生产大幅度波动甚至被迫停工的情况发生。它可以削弱来自供应上游和用户的讨价压力,能够获得原来难以得到的信息,从而有利于提高管理效能。由于企业一体化后规模扩大、成本降低和控制能力得到加强,因而可提高行业的进入壁垒。由于对关键零部件设计的控制力加强,有可能更好地满足不同市场层面用户的特殊要求,强化差异化的竞争力,从而增强对最终用户的控制。实行纵向一体化的缺点有:① 不如专业化生产效率高。企业强化自己制造和销售能力后,其效率往往低于专业制造和专业营销的效率。② 机动性差。企业纵向一体化后,对厂房和原材料来源的巨额投资常常阻碍新产品的设计或材料品种的完备。如果不实行纵向一体化,企业可以根据外界环境变化而削减原材料的采购量,或转向其他供应企业,而采用纵向一体化战略的企业就缺乏这种机动性,同时经营方向的调整也更加困难,因而增大了经营风险。③ 需要较多的经营资金。虽然企业实行纵向一体化战略后,一些零部件和原材料由企业自制而不需外购,但自制所需的生产资金、材料资金等要比外购多,企业财力不够雄厚者实行纵向一体化难度较大。④ 管理复杂。首先,纵向一体化导致内部管理更加困难。纵向一体化在加强控制方面会带来好处,但在实际工作中要实现上述这些好处并不容易,上述有利因素有一个假设前提,即一个企业内部对一体化的各个方面成功地进行协调,而这些往往正是困难所在,公司内部供应的零部件质量不符合要求有时比外购产品或原料质量不合要求更难处理;其次,实施纵向一体化对各级领导的能力要求更高。实行一体化战略,需要各级各类人员掌握各个方面的技术,在供应、生产、销售、质量、服务等方面都较联合前复杂得多,人际关系更加复杂;最后,纵向一体化导致管理幅度加大,意味着管理部门控制幅度增大,如果管理者的组织能力不强,管理组织的机构投入的精力与新的经营活动不相适应,就可能不会达到一体化战略的预期目标。⑤ 容易忽视原有的上游企业的技术研发,实行后向一体化的公司对后向的生产不熟悉,容易忽视对它们的研发工作。

横向一体化战略又称为水平一体化战略,是指同行业竞争企业之间进行的联合,目的是扩大生产规模、降低生产成本、提高市场占有率、强化竞争优势、增强控制市场的能力。实施横向一体化战略可以提高行业的集中度,有利于提高行业的进入壁垒。这种战略一般是企业在较激烈的竞争情况下的一种选择。当今战略管理的一个最显著的趋势是将横向一体化作为促进企业发展的战略。竞争者之间的兼并和接管,提高了规模经济和资源的及能力的流动。目前,我国为了调整产品结构,改变某些产品内部布点过多、力量分散、形不成规模经济效应的情况,鼓励行业中的优势企业兼并劣势企业,实施横向一体化战略。采用横向一体化战略的优点是：能够吞并或减少竞争对手；能够形成更大的竞争力量与对手抗衡；能够取得规模经济效益；能够取得被吞并企业的市场、技术及管理方面的经验。采用横向一体化战略的缺点：容易导致管理问题。因为收购一家企业往往涉及两者在管理上的协调问题。这一点在兼并国际企业上更为突出，因为文化上的差异很难一下子消失。另外，还有规模扩大之后造成的管理层次多、管理效率低，容易导致政府相关部门的反垄断调查；容易导致其他相关企业的联手抗衡等问题。

（4）一体化战略的适用条件

想做整个产业链，是所有成功企业家下意识想走的路。要判断一个企业要不要一体化，在战略上取决于以下两个因素：一是企业有没有自己最核心的优势，在没有形成核心竞争力前是不适合长线作战的，因为四面开花分散资源，还会加大经营管理难度。二是企业能不能在未来预计的时间内、在所延伸出来的新产业链上形成真正的竞争优势。因此，在进行一体化战略决策的过程中，对每一个产业链条的延伸都应该认真考察它能否为企业带来局部或整体竞争优势后再做出战略决策。

纵向一体化战略的适用条件：① 企业现在合作的供应商（或销售商）或成本昂贵或不可靠或不能满足企业的销售需要；② 可合作的高质量供应商（或销售商）数量有限；③ 企业具备自己生产原材料（或销售自己产品）所需要的资金和人力资源；④ 企业可以在销售自己的产品中获得高额利润，或者可以为自己的产品制定更有竞争力的价格；⑤ 现在利用的供应商利润丰厚，十分值得进入。

横向一体化战略的适用条件：① 不会被政府指控为垄断；② 扩大规模，可以提供很大的竞争优势；③ 企业具备管理更大组织所需的资金和人才；④ 兼并对象由于缺乏管理经验或特定资源而停滞，而非整个产业萧条。

（三）公司竞争战略

1. 总成本领先战略

总成本领先战略，是指企业在较长时期通过加强成本控制和低廉价格来扩大市场占有率，从而在竞争激烈的市场中取得竞争优势的战略。一般来说，如果行业内的产品基本上是标准化的产品，如果绝大多数购买者对产品的使用方式一样即用户要求相同，如果购买者对价格的差异十分敏感时，总成本领先战略能够确保企业获得显著的竞争优势。

成本领先要求建立起高效、大规模的生产设施，在以往生产经验的基础上全力以赴降低成本，抓紧成本与管理费用的控制，以及最大限度地减小研究开发、服务、推销、广告等方面的成本费用。为了达到这些目标，就要在管理方面对成本给予高度重视。尽管质量、服务以及其他方面也不容忽视，而贯穿于整个战略之中的则是使成本低于竞争对手。一个企业的成本较低，意味着当别的企业在竞争过程中失去利润时，该企业依然可以获得利润。

赢得总成本最低的有利地位，通常要求具备较高的相对市场份额或其他优势，诸如与原材料供应方面的良好联系等，或许也可能要求产品的设计便于制造和生产，易于保持一个较宽的相关产品线以分散固定成本，以及为建立起批量而对所有主要顾客群进行服务。总成本领先地位非常吸引人。一旦公司赢得了这种地位，所获得的较高的边际利润又可以重新对新设备、现代设施进行投资以维护成本上的领先地位，而这种再投资往往是保持低成本状态的先决条件。

2. 产品差别化战略

产品差别化战略，是指将企业提供的产品或服务差别化，树立起一些在整个产业范围中具有独特性的东西。实现差别化战略可以有许多方式，如设计名牌形象、技术上的独特性能特点、顾客服务、商业网络及其他方面的独特性。最理想的情况是企业在几个方面都有其差别化特点。

如果差别化战略成功地实施了，它就成为在一个产业中赢得高水平收益的积极战略，因为它可建立起防御阵地对付五种竞争力量，虽然其防御的形式与成本领先有所不同。美国哈佛大学教授迈克尔·波特认为，推行差别化战略有时会与争取占有更大市场份额的活动相矛盾。推行差别化战略往往要求企业对于这一战略的排他性有思想准备。这一战略与提高市场份额两者不可兼顾。在建立企业的差别化战略的活动中总是伴随着很高的成本代价，有时即便全产业范围的顾客都了解企业的独特优点，也并不是所有顾客都会愿意或有能力支付企业要求的高价格。

产品差异化带来较高的收益，可以用来对付供方压力，同时可以缓解买方压力。当客户缺乏选择余地时其价格敏感性并不高。采取差异化战略而赢得顾客忠诚的公司，在面对替代品威胁时，其所处地位比其他竞争对手更为有利。

实现产品差异化有时会与争取占领更大的市场份额相矛盾。它往往要求公司对于这一战略的排他性有思想准备，即这一战略与提高市场份额两者不可兼顾。较为普遍的情况是，如果建立差异化的活动总是成本高昂，如广泛的研究、产品设计、高质量的材料或周密的顾客服务等，那么实现产品差异化将意味着以成本地位为代价。在其他产业中，差异化战略与相对较低的成本和与其他竞争对手相当的价格之间可以不发生矛盾。

3. 重点集中战略

重点集中战略，是指主攻某个特殊的顾客群、某产品线的一个细分区段或某一地区的市场。正如差别化战略一样，重点集中战略可以具有许多形式。虽然低成本与差别化战略都是要在全产业范围内实现其目标，重点集中战略的整体却是围绕着很好地为某一特殊目标服务这一中心建立的，它所开发推行的每一项职能化方针都要考虑这一中心思想。这一战略依靠的前提思想是——企业所从事业务的专一化能够以更高的效率、更好的效果为某一狭窄的战略对象服务，从而超过在较广阔范围竞争的对手们。波特认为，这样做的结果，是企业或者通过满足特殊对象的需要而实现差别化，或者在为这一对象服务时实现了低成本，或者二者兼得。这样的公司可以使其盈利的潜力超过产业的普遍水平。这些优势可以保护企业抵御各种竞争力量的威胁。

值得注意的是，重点集中战略常常意味着限制了可以获取的整体市场份额，它不可避免地包含着利润率与销售额之间互以对方为代价的关系。

波特在《竞争战略》中还对三种通用战略实施的要求进行了详细分析并逐一列举出来。波特认为，这三种战略是每一个企业必须明确的，因为徘徊其间的企业处于极其糟糕的战略地位。这样的企业缺少市场占有率，缺少资本投资，从而削弱了"打低成本牌"的资本。全产业范围的差别化的必要条件是放弃对低成本的努力。而采用重点集中战略，在更加有限的范围内建立起差别化或低成本优势，更会有同样的问题。徘徊其间的企业几乎注定是低利润的，所以它必须做出一种根本性战略决策——向三种通用战略靠拢。一旦企业处于徘徊状况，摆脱这种不利的状态往往要花费时间并经过一段持续努力。而相继采用三个战略，波特认为注定会失败，因为它们要求的条件是不一致的。迈克尔·波特的竞争战略研究开创了企业经营战略的崭新领域，对全球企业发展和管理理论研究的进步做出了重要贡献。

第四节　战略性计划的组织实施

由开篇案例可知，企业发展不仅需要战略指导，更需要把战略落实，如组织结构建立、企业文化建设、技术支持等活动都是影响战略成败的关键。目前，尽管越来越多的企业开始重视战略管理，希望通过制定正确的战略增强自身的核心竞争力，但是许多企业并没有收到预期效果。其中，一个重要的原因就是不能快速有效地实施战略，主要表现如下：① 重视战略制定而忽视战略实施。一些企业的战略制定大多采取借助咨询公司的方式，它们把战略制定等同于撰写战略方案和咨询报告。其实，咨询公司制定的战略方案只是一个战略框架，只能为企业的发展提供借鉴，具体的战略实施还需要企业根据自身实际和环境变化特点进行战略思考并灵活调整。② 重视战略而忽视战术。战略关注的是实现企业发展的长远性和全局性的目标，这些目标的实现必须建立在大量的短期目标和局部目标的实现基础之上。这些短期目标和局部目标的实现，需要企业制定严密的战术作为保障。因此，企业为了保证战略管理的成功，绝对不能忽视战略实施的重要性。如果说战略制定在很大程度上依赖于战略决策者的分析洞察力和企业家的判断力的话，那么战略实施则需要做大量的日常管理工作，在很大程度上依赖于管理人员的组织管理技巧。

一、战略实施的八项任务

战略实施远比战略制定复杂得多，战略制定一般只涉及领导层，而战略实施要涉及企业的所有人员。尽管每个企业由于所处环境和自身条件的不同及所选战略的不同，战略实施的具体内容和方法也会有所不同，但是一般而言，企业战略实施中主要包括以下八项任务，这些任务完成的好坏将直接影响战略实施的成败。这八项任务是：① 建立一个与战略相匹配的组织结构，保证战略的顺利实施；② 合理预算并进行资源配置，保证将足够的资源投入到对战略实施至关重要的价值链活动中去；③ 制定支持战略实施的相关政策；④ 持续改进生产和运作，不断提高价值链各个环节的运作水平；⑤ 建立技术和信息系统，支持战略的实施；⑥ 建立与战略目标及实施战略相关联的业绩考核及薪酬激励体系；⑦ 塑造一种支撑企业战略管理的工作环境和企业文化；⑧ 发挥战略领导作用，不断提高战略实施水平。

企业在实施战略的过程中，根据影响因素的不同，上述任务中的一项或两项往往会比其他任务更为关键。例如，海尔属于多元化的家电制造企业，所以公司就把组织结构重组和业务流程再造作为重要的战略实施任务。而以英特尔为典型代表的高新技术企业，就把技术创新和人员激励作为重要的战略实施任务；以沃尔玛为代表的零售服务企业，则更重视技术支持系统和人员激励的重要作用。

在制定企业战略计划时，战略实施者应首先明确为了成功地推行战略，企业必须做些什么不同的事情、务必做好哪些事情，然后开始考虑如何尽快地做出必要的内部变革。战略实施者的行动，应当集中于使企业价值链的各项活动与战略要求相适应，这就需要企业建立一系列的匹配关系：企业的资源和能力必须很好地与战略的需求相匹配；企业财务资源的配置必须能够提供给各部门有效地实施其战略的预算资金；企业的政策、薪酬体系、信息系统和运营活动也需要围绕战略有效实施而进行调整。与此同时，企业需要能够创建和培育一种支持战略的工作环境和企业文化。

二、建立组织结构

组织结构，是指组织各要素之间的相互关系，它具有普遍性和共同性特点。组织中的人员、任务、层次、信息和控制程序等要素相互作用，形成组织的框架体系，即组织结构。没有这种结构，组织中的人、财、物和信息就无法正常流通，管理人员就无法正常行使职权，组织目标也就无法实现。

组织结构是管理者有意识地创造的结构，组织能否顺利地达到目标，能否促进个人在实现目标过程中做出贡献，在很大程度上取决于这种结构的完善程度。因此，管理者必须掌握进行组织结构设计的基本原则，并根据组织的目标和规模设计并不断完善组织结构。在管理实践中，人们创造出许多典型的组织结构形式，有四种基本的组织结构类型：直线结构、直线职能结构、事业部结构和矩阵结构。

组织战略与组织结构关系的基本原则是组织结构服从于组织战略，即企业战略决定组织结构类型变化。这一原则指明企业不能从现有的组织结构角度去考虑经营和发展战略，而应根据外部环境要求制定相应的战略，然后根据新制定的战略调整企业原有的组织结构。只有这样，企业的战略才能得到组织保障，真正获得经济效益。

在组织结构选择中应该明确的是，任何组织结构都有其自身的优势和劣势，并不存在完美的组织结构设计。对特定战略或特定类型的企业而言，也不存在一种最理想的组织结构设计。对某一企业适用的组织结构不一定适用于另一家类似的企业，尽管特定产业中成功的公司趋向于采用类似的组织结构。例如，生产消费品的公司倾向于按产品设置组织结构，小企业倾向于按职能设置组织结构(集中化的)，中型企业一般实行分部式组织结构(分散式的)，大型企业则采用战略事业部(SUB)或矩阵式组织结构。随着企业的不断成长，企业的组织结构将经历由简单到复杂的发展过程。

我国学者对职能制、事业部制、矩阵式和网络式四种组织结构的优、劣势进行了比较分析，为企业进行组织结构选择提供了依据。相比较而言，网络式组织结构的时间效率最高，市场的反应能力最强，环境适应能力也最强，但资源配置效率不如职能制，组织的责任感也较弱。网络式结构在多数指标上都处于较高水平，最适合剧烈变化的环境及选择快速反应和创新战略的企业。

战略与结构的关系原则，是美国学者阿尔弗烈德·钱德勒(Alfred Dupont Chandler)在1962年出版的专著《战略与结构：美国工商企业成长的若干篇章》一书中揭示的。钱德勒研究了70家公司的发展历史，特别是通用汽车公司、杜邦公司、新泽西标准石油公司和西尔斯-罗巴克公司四家大公司的发展历史。通过研究，他提出了"结构跟随战略"原则。因此，组织结构好坏的评价标准就是看能否支持战略的顺利实施，每个企业的组织结构都应该反映企业所处环境要求和企业自身条件要求。为了保证结构与战略的匹配性，首先需要选择一个基本设计，然后根据要求进行必要修正，同时以协调机制和信息交流进行补充。

战略的变化往往要求组织结构发生相应变化，其主要原因有两个：① 组织结构在很大程度上决定战略目标如何建立。例如，地域性组织结构的企业目标和政策以地域性的术语表述，而按产品类型构造企业组织结构的公司的战略目标则在很大程度上用产品型语言予以描述。组织结构的方式也会对企业文化、人力资源等其他战略实施活动产生相当大的影响。② 企业的组织结构决定资源配置。如果企业组织是按用户群体构造的，那么资源便也按这一形式配置。同理，如果企业组织是按职能型业务领域构造的，那么资源亦将按职能领域配置。

改变组织结构的侧重点通常是战略实施活动的一部分，除非新的或修改后的战略同原战略所侧重的职能领域相同。战略的变化将导致组织结构变化，组织结构的重新设计应能够促进公司战略实施。

三、培养企业文化

企业文化是企业内部的一种共享价值观体系，是企业全体职工在长期的生产经营活动中培育形成并共同遵循的最高目标、价值标准、基本信念和行为规范，它在很大程度上决定着员工的行为。企业文化是一种管理文化、经济文化和微观组织文化，包括多个方面内容。加强企业文化建设，保证企业文化同企业宗旨、理念、目标统一，是企业战略实施成功的一个重要环节。通过企业文化的导向、激励和凝聚作用把员工统一到企业的战略目标上是战略实施的保证，因此企业文化应适应并服务于新制定的战略。由于企业文化的刚性较大且具有一定持续性，当新战略要求企业文化与之相匹配时，企业原有文化的变革会非常慢，旧的企业文化常常会对新的战略实施构成阻力。我国一些企业在战略实施过程中，常忽视企业文化建设，从而影响了战略实施效果。

（一）企业文化与企业战略的关系

在企业战略管理中，企业文化与企业战略的关系主要表现在以下 3 个方面：① 优秀的企业文化是企业战略获得成功的重要条件。优秀的企业文化能够突出企业特色，形成企业成员共同的价值观念。企业文化具有鲜明的个性，有利于企业制定出与众不同的、克敌制胜的战略。② 企业文化是战略实施的重要手段。企业战略制定以后，需要全体成员积极有效地贯彻实施，正视企业文化的导向、约束、凝聚、激励和辐射等作用，激发员工热情，统一企业成员的意志和欲望，为实现企业的目标而努力奋斗。③ 企业文化与企业战略必须相互适应和相互协调。企业战略制定以后需要与之相配合的企业文化的支持。如果企业原有的文化与新的战略存在很大的一致性，那么新战略实施就很顺利。如果原有的企业文化与新制定的战略有冲突，则新战略的实施就会遇到困难，这时就需要变革企业文化。然而，一个企业文化一旦形成，要对企业文化进行变革难度很大。也就是说，企业文化具有较大的刚性，而且它还具有一定的持续性，在企业发展过程中会逐渐得以强化。因此，从战略实施角度来看，企业文化要为实施企业战略服务，又会制约企业战略实施。当企业制定了新的战略要求企业文化与之相配合时，企业的原有文化变革速度非常慢，很难马上对新战略做出反应，这时原有的企业文化就有可能成为实施新战略的阻力。因此，在战略管理的过程中，企业内部新旧文化的更替和协调是保证战略顺利实施的重要条件。

（二）企业文化与战略的匹配

为了建立与战略相匹配的企业文化，首先需要明确现有的企业文化是否与战略相匹配，企业文化中哪些方面能够支持战略的实施，哪些不能支持战略的实施，并且要对那些需要改变的文化进行公开说明并采取行动进行改变。然而，对不符合战略需要的企业文化进行改变并不是一蹴而就的事情，需要采取一系列的行动。例如，采取标杆管理和最佳方法，设立一流的业务目标，不断改进业务流程和经营绩效；吸引符合企业文化的新人，取代传统的管理者，这是改变企业文化的一种快捷方式；改变组织结构，政变奖惩制度，加强员工培训，重新配置资源，缩小或扩大企业规模，这些行动都能够对企业文化产生重要影响。

由上述企业文化与战略的关系可以看出，要想成功实施企业战略，一定要有与之相匹配的企业文化。企业在进行战略实施时，企业的各种组织要素（如结构、技能、生产、运作等）会发生变化，这些变化与目前企业文化之间的一致性或低或高。以纵轴表示各种组织要素的变化程度，用横轴表示组织要素发生的变化与目前企业文化相一致的程度，这样组成四个象限的矩阵，处于不同象限的企业文化与战略匹配呈现出四种不同的模式，如图 6-4 所示。

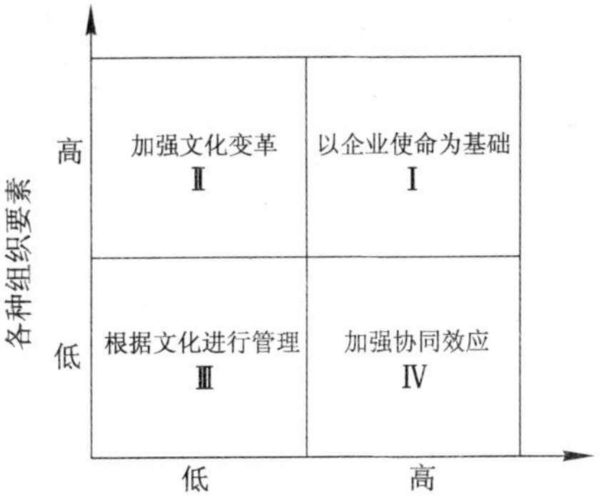

图 6-4 企业文化与战略的匹配关系

第Ⅰ象限以企业使命为基础，指企业实施一个新战略，组织要素会发生很大变化，但这些变化与企业目前的文化有潜在的一致性。这种企业由于有企业文化的大力支持，实行新战略没有太大困难，一般处于较有前途的地位。企业在进行重大变革时，必须考虑以企业使命为基础，主要体现在——高层管理人员在处理战略与企业文化关系的过程中，一定要注意企业的任务可以发生变化，但战略的变化不能从根本上改变企业的基本性质和地位，因而仍然与企业原有文化保持着不可分割的联系；企业可以发挥企业现有人员的作用，因为这些人员保持着企业原有的价值观念和行为准则，这样可以保证企业在原有文化一致的条件下实施变革；在必须调整企业奖惩制度时要注意与目前企业的奖励措施相衔接；企业高层管理者要着重考虑与企业原有文化相适应的变革，不要破坏企业已经形成的行为准则。

第Ⅱ象限需要加强文化变革，表示企业实施一个新的战略时，组织要素发生了很大变化，而且这些变化与企业现有文化很不一致。在这种情况下，企业的高层管理者要下定决心进行变革并向全体员工讲明变革企业文化的意义。为了形成新的企业文化，企业要招聘一批具有新的企业文化意识的人员或在企业内部提拔一批与新企业文化相符的人员；企业要奖励具有新企业文化意识的分部或个人，以促进企业文化转变；企业要让全体职工明确新企业文化所需要的行为，要求企业职工按照变革的要求进行工作。

第Ⅲ象限需要根据文化进行管理，是指企业实施新战略时组织要素变化不太大，但这些要素的变化却与企业现有文化不太协调。在这种情况下，企业的高层管理者需要在不影响企业文化总体一致的前提下对某种经营业务实施不同的文化管理，但同时要注意加强全局性协调。因此，企业要对与企业文化密切相关的因素进行变革时，根据文化的不同要求进行分别管理是一个重要手段。

第Ⅳ象限是加强协同效应，表示企业实施一个新战略时组织要素变化不大，而且这种变化与企业原有文化一致。在这种情况下，高层管理者可以利用目前的有利条件巩固和加强企业自己的企业文化，并利用企业文化相对稳定和持续性特点，充分发挥企业文化对战略实施的促进作用，加强二者之间的协同效应。

企业高层管理者应该认识到，改变企业文化的难度是相当大的。原有企业文化持续时间越久，企业文化变革就越困难；企业规模越大、越复杂，企业文化的变革就越困难；原有企业文化越深入人心，企业文化的变革就越困难。但是，不管改变企业文化的难度如何，如果实施的战略与原有的文化不相匹配，就必须要考虑对策。企业高层管理应该认识到，急剧的、全面地改变企业文化在多数情况下均难以办到，但逐步地调整也并非不可能。当然，这是一个费时费力的过程。因此有人认为改变企业文化的最方便的办法是更换人员，甚至更换企业高层管理者，即当企业的确有必要实行新的战略而渐进式改变企业文化的措施又不能立即取得预期的效果时，企业只能做重大的人事变动，更换领导人员，聘用新的工作人员，并对他们灌输新的价值观念。对企业职工要加强教育和培训，抓住每一个机会不断使职工理解实施新战略的必要性和重大意义，最终使新战略与职工的价值观念达成一致。

四、配置资源

对于任何一个企业而言，其能够利用的资源都是有限的，而这正是经济学和管理学的价值所在。如何对有限的资源进行优化配置，是战略实施中一个不容忽视的问题。

所谓资源的战略配置，是指对人、财、物、技术等在企业内部进行的分配。由于部门本位主义存在，人人都会认为自己所在的部门最重要。这种思维方式不但于事无补，而且会在部门间引发矛盾。评价资源配置是否有效，需要从战略角度入手，看资源配置是否能够体现战略重点和价值链各项活动之间的关系，从而支持战略的实施。因此，以支持战略有效实施的方式进行资源配置包括以下三项主要内容：① 对有助于战略实施的战略行动进行投资；② 对能够增强企业现有竞争力和各种能力以及创造新的能力的活动进行投资；③ 进行资源转移，缩小或增加某些领域的规模，去除不合理的项目，资助具有关键战略作用的新活动。

五、制定政策

在战略实施过程中，相关政策的制定能够对预期的行动提供自上而下的指导——协调内部活动与战略的关系，使活动按预期的计划发展；能够引导各种行为和决策以改进战略实施；对抵制战略的倾向进行抵御；加强地理分散的经营单位之间的一致性；发挥作用，改变文化，使之与新的战略相匹配。

但是，在创造支持战略的政策时也要明确，如果制定太多的政策，其效果类似于错误的政策，会经常由于政策之间的矛盾而导致混乱局面。通常，最好的政策是向员工授权，让他们在许可范围内自行决策。

六、改进生产经营管理

改进生产经营管理，寻找并选择保证有效战略实施的最佳实践。通过标杆管理，企业可以有效地向行业内外的先进企业学习，通过流程再造、全面质量管理和持续改进项目等方法，企业能够有效地提高生产经营水平。

同时，公司还应该树立持续改进哲学。在公司方方面面都灌输正确做事的热情，每天努力进步一点，激发员工从事价值链活动的创造力，宣传任何事情都有继续改善的可能性，以变革企业文化。

为了利用最佳实践作为战略实施的工具，企业首先要选择成功进行战略实施的指标，根据最佳实践进行标杆管理，再造业务流程，建立全面质量管理文化。

七、技术支持

技术支持系统对于战略的成功实施具有重要作用，通过有效利用信息并创造利用知识的系统，可以为企业创造竞争优势。一些需要信息系统的领域包括——顾客数据，经营数据，员工数据，供应商/合作伙伴/合作性联盟的数据，以及财务业绩数据等。技术支持系统的类型包括——在线数据系统，互联网和公司的局域网，电子邮件，电子商务系统等。例如，联邦快递公司的计算机化的包裹跟踪系统，领先的飞行操作系统和电子商务工具等，都是为企业进行价值增值的支持系统。

为了充分利用新技术带来的支持力量，企业必须把握先进技术的发展趋势，尤其对于一些高新技术公司而言，技术发展不仅仅能发挥战略支持作用，而且其本身就是战略的重要组成部分。企业必须明确自身的技术战略选择，为企业可持续发展提供动力。① 企业需要分析确认行业内外正在发生的技术变革的潜力。如果技术变革力量主要来自产业内部，则为渐进性的、连续性的技术变革提供机会，此时企业应当仔细分析现有技术体系，确认其薄弱环节或技术上的其他改进机会。如果技术变革的动力来自产业外部，这些技术可能带来非连续的变化，会对原有的技术体系造成破坏性影响。② 企业需要确认哪些关键技术需要变革，在确认变革的可行性时必须把企业发展战略的需要和市场需求结合起来考虑，不能不考虑市场的需要，也不能局限于当前市场的需要，还要为未来的竞争做准备。③ 企业还需要决定关键技术的获取方式。有的是通过自我开发，有的则需要通过联合开发或购买的方式获得，需要根据获取的成本、时间、技术能力培育、可行性和风险等因素进行综合考虑。④ 企业需要评估技术能力和实施技术变革所需要的资源的调用能力。通过技术的变革和创新，为战略的实施提供支持和保障。

随着技术环境的日益变化，技术对战略的支持作用越来越大，有时技术战略甚至能够为企业发展开拓新的空间、确立新的战略方向。

八、人员激励

员工是企业的关键资源，有效激励员工是战略实施的重要保障。实施战略的有效方法包括激励员工发挥最大努力，鼓励员工参与战略实施；把个体活动组织成团队工作，形成支持性环境；允许员工参与与工作有关的决策，使工作有趣并令人具有满足感；设立支持战略的激励性方法。

激励方法包括物质激励和精神激励两种。物质激励包括提高工资、业绩奖金、股票期权、退休的福利提升、额外补贴等；精神激励包括表扬或建设性的批评，特殊的认可，提高工作安全性，授予有趣的任务和荣誉等。

例如，日本的汽车制造商和一些美国企业，如西南航空公司、联邦快递公司等都有无裁员政策，把给予员工安全感、积极激励员工作为加强战略实施的有力工具。许多美国企业，包括思科、宝洁等都为所有员工提供股票期权，使员工分享公司成功，从而成为一种积极的激励系统。

在进行激励的过程中，企业需要把激励系统与业绩考核结合起来，对完成目标的员工进行奖励，对未完成目标的员工予以批评或惩罚，把战略业绩指标作为设计激励方法、评价努力、分配奖励的主要基础。

设计激励制度需要考虑许多方面的内容，其中包括创造一个结果导向的系统，对活动结果进行奖励，而非对活动本身进行奖励；根据取得什么结果来界定工作；整合几种业绩标准，激励性补偿与相关的结果联系起来，如把高层管理者与企业整体业绩的关键指标相联系，部门主管、团队和个人的激励与他们负责领域的业绩目标结合起来。

九、战略领导

在战略实施中领导的作用体现在如下方面：① 通晓所发生的一切。领导需要形成广泛的正式和非正式的信息渠道网络，与各层的人员进行交谈，掌握第一手资料，定期监控经营结果，获得顾客信息反馈，关注对手的竞争性反应。② 形成一个有文化活力的组织以完成战略。说服组织成员选择的战略是正确的，并强调战略实施的重要性；培养价值观；建立和培养一种保证战略实施的文化。在文化与战略的匹配中，领导的作用体现在——贯彻一种“利益相关体是上帝”的哲学，向基本的现状问题发起挑战，所有管理者都需要仔细倾听来自顾客、联盟方、员工、股东和政府部门的意见和建议并给予积极反馈。领导还需要激发员工的积极性以实现新战略，采取大量行动以加强理想的文化特征，奖励那些体现理想文化规范的员工。③ 使企业对变化的条件做出反应，保持组织的灵活反应能力。领导需要促进对新思想的开放性，追求有吸引力的新机会，对员工提出的有关创新产品和创新观点、更好的服务及新技术方面的意见要予以积极支持，促进对环境的变化做出持续性适应，建立新的竞争力和各种能力。由于企业的核心竞争力需要建立在对各项活动的整合基础之上，需要加强企业内外的各种联系和合作，因此更需要高层管理者加强领导，为新的能力的形成创造有利环境。④ 在伦理道德建设上发挥领导作用。领导者应该积极参与伦理道德建设，加强伦理道德标准；鼓励遵从道德标准，对不道德的行为进行严厉惩罚；使员工有义务遵从道德的准则并对违反道德的行为进行报告。在道德伦理建设中，领导者应当树立一个优秀的道德榜样，为员工提供培训，对道德与不道德的标准进行辨析；重申对道德准则的极力支持；如果发现某人有违背道德的行为，使其离开关键职位；批评那些疏于道德标准监督的人。⑤ 领导战略调整过程，采取矫正行动以改善整体战略业绩。要求领导对战略进行反应性调整和前瞻性调整，包括重新形成长期的方向、目标和战略；采取行动促使内部活动和行为与战略保持一致。

本章基本概念

（1）战略管理，战略管理者，战略环境，战略选择，企业文化战略实施；
（2）企业使命，企业愿景，企业目标；
（3）战略，战术；
（4）通用竞争战略，行业竞争战略，企业总体战略；
（5）组织结构，配置资源，制定政策，技术支持，人员激励。

问 题 思 考

1. 怎样理解战略管理？
2. 企业使命、企业愿景、企业目标之间的关系如何？
3. 怎样理解战略与战术？
4. 如何进行战略环境分析？
5. 怎样进行战略选择？有哪些可供选择的战略？
6. 如何进行战略实施？

第三篇

组　织

第七章 组织设计

学习目标

1. 了解组织设计的内容；
2. 了解组织设计的影响因素；
3. 掌握组织结构的基本形式。

【开篇案例】 西门子等跨国公司组织结构案例分析

案例一 西门子确立已久的德国事业部体制

西门子公司于1874年成立，它在德国电气工业史上发挥着核心作用并成为德国工业最具声望的品牌。其早期历史与德国工业的发展是密切联系在一起的，西门子公司是多国多分部管理最初的代表之一。

二战后该公司经历了两次重大的结构变化，两次的目的都是为了加强分权化和运营的灵活性，同时保持利用和发展组织协调的能力。第一次结构变化发生在1966～1969年，起初组建了6个事业部，后来增加到7个。公司组建了5个总部职能部门，分别是计划、组织、财务、人事、人力资源管理和分配。这一结构实行到1989年，由于规模的扩张以及电气和电子市场的快速变化，西门子于1989年采纳了一种修正结构，即引入更小、更为专业化的“事业部”。值得注意的是，和许多其他组织（如梅赛德斯—奔驰公司）不同的是，这种事业部大多数不具有独立的法律地位。

案例二 联合利华公司的组织结构

英-荷联合利华是一家国际食品和家庭及个人卫生用品集团。在过去，联合利华是高度分权化的，各国的子公司均享有高度的自治权。该集团在20世纪90年代初经历了彻底重组。公司开始引入新的创新和战略流程，同时清理其核心业务。同时，1996年启动的杰出绩效塑造计划也造成了公司结构的实质性改变。

1996年之前，由荷兰和英国的董事长以及他们的代表组成的一个特别委员会和一个包括职能、产品和地区经理的15人董事会一直独揽着公司的决策大权，整个结构是矩阵式的。其中特别委员会负有西欧和美国的利润责任，地区经理则负有本地区和其他地区的利润责任，责任经常是模糊不清的。董事会使自己过多地卷入了运营，从而对战略领导造成损害。

杰出绩效塑造计划废除了特别委员会和地区经理这一层级，代之以一个8人(后变为7人)的董事会，由董事长加上职能和大类产品(即食品、家庭和个人卫生用品)的经理组成。向他们报告的是13位(后来是12位)负有明确盈利责任的业务集团总裁，后者在特定地区对其管理的产品类别负有完全的利润责任。全球战略领导被明确到执委会一级；运营绩效则是业务集团的直接责任。

在这种正式结构调整之后，国际协调由许多正式和半正式的网络促成。研究和发展由国际网络创新中心负责实施，其领导责任通常属于中心的专家而不是属于英国或荷兰的总部机构。产品和品牌网络(即国际业务小组)在全球范围协调品牌和营销。

同时，职能网络也开展一系列计划，以便使一些关键问题如录用和组织效能实现全球协调。所有这些网络均大大依赖于非正式的领导和社会过程，同时也依赖于电子邮件和内部网络方面投入的增加。是否参与这种协调在很大程度上由业务集团而非公司总部确定并资助。

案例三　从职能组织到多分部专业化的英国钢铁公司

英国钢铁公司成立于1967年，由14个国有化钢铁生产商组成。在此之前的几十年中，公司尝试过多种组织形式——按地区或者按产品构造，而为了整合其凌乱的业务，一直在加强中央控制。到1983年，英国钢铁公司拥有了”事业部”，但权力仍牢固地保留在总部，贸易、购买和工业关系职能都是集中化的。在事业部缺乏对投入或产出政策控制的情况下，英国钢铁公司实际是以职能模式组织的。1988年，公司进行了私有化改革，因而转向一种更注重盈利的组织形式。1990年该公司收购英国主要的钢铁批发商 Walker Group，随之组成批发事业部。1992年英国钢铁公司发动了名为“组织·深度变革·风格”的重组，旨在大幅度地消减总部职能和成本，并将管理责任分散到12个业务单位。英国钢铁公司组织结构形式遂由职能组织转变为多分部专业化。

〔资料来源：中国人力资源开发网．http://www.chinahrd.net/case/info/56286，2007-01-15〕

组织结构设计能清晰地指明集团总部与下属业务单元或公司内部各职能部

门的功能定位，信息指令传递途径，组织结构就是这种功能定位的具体体现，反映资源是如何在内部优化配置和有效使用的，并在很大程度上决定发展战略的实施和管理目标的实现。为了更好地应对外界环境的变化，任何一个组织在成长和发展的过程中，在某个特定时期或阶段，无论从组织结构还是组织功能上都需要经历一个优化阶段。

本章主要讨论以下三个问题：① 组织设计的内容；② 组织设计的影响因素；③ 组织结构的基本形式。

第一节　组织设计的内容

一、组织设计概述

（一）组织的定义

不同学科的学者给“组织”一词下过不同的定义。管理学者路易斯·A.艾伦(Louis A. Allen)把正式的组织定义：为了使人们能够最有效地工作并实现目标而进行明确责任、授予权力和建立关系的过程。社会协作系统学者切斯特·巴纳德则将一个正式的组织定义为有意识地协调两个或多个人活动或力量的协作系统。根据巴纳德的定义，组织的三个要素是共同的目的、服务的意愿和沟通。

从管理学意义上来说，根据国内外有关学者的最新研究，可以给组织做出如下的定义：所谓组织，是指为了有效地配置内部有限资源的活动和机构，为了实现一定的共同目标而按照一定的规则、程序所构成的一种责权结构安排和人事安排，其目的在于确保以最高的效率使目标得以实现。

（二）组织设计概述

美国管理学家彼得·德鲁克认为：良好的组织机构其本身并不创造良好的业绩，就像一部好的宪法并不保证产生伟大的总统、好的法律并不保证有一个道德社会一样。但是，糟糕的组织机构会使企业与良好的业绩无缘，而无论管理人员是多么出色。

组织设计是一个动态的工作过程，包含众多的工作内容。科学的组织设计，要根据组织设计的内在规律性有步骤地进行，才能取得良好效果。组织设计常在以下三种情况中发生：① 新建的企业需要进行组织结构设计；② 原有组织结构出现较大的问题或企业的目标发生变化，对原有组织结构需要进行重新评价和设计；③ 组织结构需要进行局部调整和完善。

（三）组织设计的特点

组织设计，是指管理者将组织内各要素进行合理组合，建立和实施一种特定组织结构的过程。组织设计是有效管理的必备手段之一。组织设计有以下特点。

1. 组织设计是一个系统过程

组织设计是一个系统工程。咨询人员或组织设计人员进行企业组织设计时，要在总体上进行把控，进行系统缜密的全过程分析。这个过程可分为：组织设计前期、组织设计中期、组织设计后期。

组织设计的总体流程框架如图 7-1 所示。

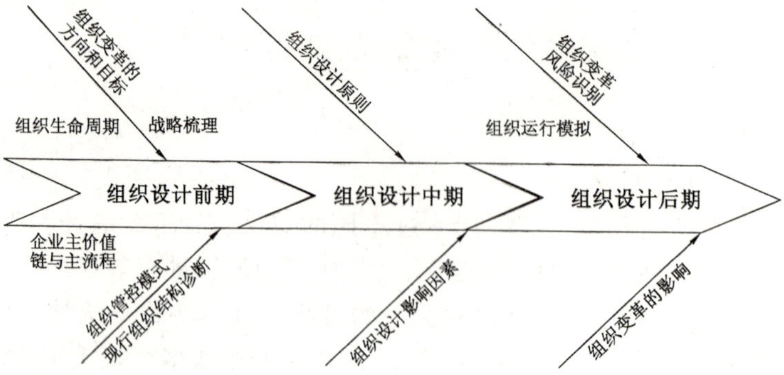

图 7-1　组织设计总体流程框架

2. 组织设计是随机制宜和因地、因时、因人而异的

组织是由人、事、时、财、物组成的，在这五个变量中人是最重要的变量，在组织设计中应注意突出人在组织中的主导地位，因事择人、量材而用，充分发挥人的主动性和积极性。另外，组织的各种活动总是要受到组织内外各种因素的影响，因此组织设计也应随着组织的内外部环境、技术、战略等因素的变化而变化。

3. 组织结构的动态性

对于不同的企业或某一企业处于不同的阶段、状况，影响组织设计的主导因素各不相同，因此组织设计的侧重点也不同。有的组织变革重点基于战略进行，有的基于流程进行，等等。组织设计建立的组织并不是一成不变的，组织设计也不是一蹴而就的事，相反，它是一种连续的或至少说是周期性的活动。

二、组织设计的任务和内容

（一）组织设计的任务

组织设计的任务，是指设计清晰的组织结构，规划和设计组织中各部门的职能和职权，确定组织中直线职权、参谋职权的活动范围并编制职务说明书。为了达到组织设计的理想效果，组织设计者需要完成以下主要工作：① 职能与职务的分析和设计；② 部门的划分；③ 层级和划分。组织系统示意图把组织的活动分解为横向和纵向两种结构形式，组织纵向结构设计的结果是决策的层级化，即确定由上到下的指挥链以及链上每一级的权责关系，显然，这种关系具有明确的方向性和连续性；组织横向结构设计的结果是部门化，即确定每一部门的基本职能、每一位主管的控制幅度、部门划分的标准以及各部门之间的工作关系。

（二）组织设计的内容

1. 职能和职务的分析和设计

组织首先需要将总的任务目标进行层层分解，分析并确定为完成组织任务究竟需要哪些基本的职能和职务，然后设计和确定组织内从事具体管理工作所需的各类职能部门及各项管理职务的类别和数量，分析每位职务人应具备的资格条件、应享有的权利范围和应负的职责。

部门职能，是指部门负责的工作范围和责任。部门职能分解，是指通过组织结构把公司各个部门、各个单位的责、权、利进行匹配以形成一种最佳的合作和协作模式。

组织系统图是自上而下绘制的，在构建组织时可以根据组织的宗旨、任务和组织内外环境的变化，自上而下地确定组织运行所需要的部门、职位及相应的权责。另外，组织设计也可以根据组织内部的资源条件，在组织目标层层分解的基础上从基层开始自下而上地进行。

职务分析和职务设计是组织设计的内容之一。经过职务分析和职务设计形成的职务说明书和职务规范，是企业进行人力资源规划、员工招聘选拔、员工培训、员工绩效评价等活动的必不可少的依据。

2. 部门的划分

根据担任职务的人员所从事的工作性质不同以及职务间的区别和联系，按照组织职能相似、活动相似或关系紧密的原则，把各个职务人员聚集在“部门”这一基本管理单位之内。组织活动的特点、环境和条件不同，划分部门所依据的标准也是不一样的。对同一组织来说，在不同时期不同的战略目标指导下，划分部门的标准可以根据需要进行动态调整。

3. 层级的划分

在职能与职务设计及部门划分的基础上，必须根据组织内外能够获取的现有人力资源情况对初步设计的职能和职务进行调整和平衡，同时根据每项工作的性质和内容确定管理层级并规定相应的职责和权限，通过规范化的制度安排，使各个职能部门和各项职务形成一个严密、有序的活动网络。

三、职务的分析和设计

（一）职务分析的含义和内容

职务分析，是指全面收集某一职务的有关信息，对该职务的设置目的、工作内容、承担责任、工作环境和条件以及员工为承担该职务所需具备的资格条件等方面所进行的系统分析和研究，并制定出职务说明书和职务规范的过程。

在职务分析中，需要掌握和理解如下概念和术语：任务、职位、职务、职务描述、职务规范、任职资格等。任务，是指安排给一位员工要完成的一项具体工作，如派某人完成一份财务报表。职位，是指某员工要完成的一组任务，如办公室秘书需要接待来宾、接转电话、打印文件、记录会议内容等。职务，是由许多工作性质、类别、环境相同的职位组成的，如秘书就是一个职务。职务描述，是指根据职务分析的结果，以书面形式加以描述并整理成文的过程，最终的体现就是职务说明书。职务规范，是指任职者承担某职务需达到的任职资格，包括知识、技能、经验、身体健康状况等。

职务分析的内容如下：① 对职务所承担的工作任务的分析。包括工作任务的内容、形式、操作程序和方法、使用设备工具等。为了实现企业目标，需要完成许多相互联系的工作任务，将这些工作任务按照分工协作原则落实到个人，就形成了许多不同的职务。② 对工作职责的分析。是指对该职务权限范围、责任大小、重要程度的分析。某职务权限范围越广、对实现企业目标的贡献越大，那么其职责就越重要，职务等级也越高。③ 对职务关系的分析。职务关系，是指某职务与相关的上下左右各职务的关系。④ 对任职者应具有的、起码的知识、技术、能力、经验、身体状况的分析。⑤ 对劳动环境和劳动条件的分析。包括工作环境（如温度、粉尘、光线、有毒物等）、工作进度安排、组织文化和激励机制等。

（二）职务分析的程序

1. 准备阶段

这一阶段的具体任务包括：① 确定职务分析的目的。职务分析的目的可能仅仅是为了完善职务说明书，也可能是用于绩效考评，或确定培训内容和对象等。② 根据职务分析目的对企业的各类职务的现状进行初步了解，掌握各种基础数据和资料。③ 设计调查方案，包括确定信息类别、信息来源、信息标准、工作进度、调查方法等。④ 做好员工的思想工作，使他们知道该项工作的目的和意义，以取得他们的支持和配合。⑤ 组织培训工作人员，使他们掌握职务调查和分析的基本程序和方法。

2. 调查阶段

这一阶段的主要任务，就是根据调查方案对企业各职务进行认真细致的调查研究。企业可以灵活运用现场观察、谈话、调查问卷、集体讨论等方法，广泛深入地收集各种有关职务工作和任职者的信息。

3. 分析总结阶段

这是职务分析中的关键环节。其主要任务是对获得的信息进行分析、研究，揭示各职务的主要任务和关键因素，并归纳出职务说明书和职务规范。

4. 对职务分析结果进行评价

对职务分析工作进行评价，目的是评估此次职务分析工作的经济性、可靠性和有效性。经济性，是指对职务分析的成本和收益的权衡。职务分析工作越细致，收集信息越详尽，越容易对职务之间的差别进行区分，但花费的成本也越高。可靠性是指不同的分析人员对同一职务的分析结果的一致性以及同一个分析人员在不同时期对同一职务的分析所得结果的一致性。有效性，是指职务分析的精确性，这需要将职务分析结果与实际的职务进行比较。

（三）职务分析的方法

1. 观察法

是指职务分析人员到工作现场，直接对员工的工作进行观察并以标准格式记录有关工作的信息。该方法的优点是，有关人员可以比较全面、深入地了解工作的内容、人一机关系、不同工作间的关系，以及工作环境、条件等信息。其缺点是，容易使员工感到自己正在受人监督，在内心产生对观察人员的反感并导致动作变形。因此，采用观察法进行职务分析时，必须取得员工的理解、支持和配合。该方法比较适合于身体活动较多的工作，如流水线工人、维修工等，但不适合脑力劳动含量高的工作和需要处理紧急情况的间歇性工作，如会计师、工程师等。

2. 面谈法

是指通过与职务承担者交谈而收集职务分析信息的方法。采用面谈法时，也需要以标准的格式记录谈话内容，目的是使提出问题和回答问题限定在与工作直接相关的范围，同时也便于比较不同员工的反应。面谈法的种类有个别员工面谈法、集体面谈法和主管人员面谈法。个别员工面谈法适用于各个员工的工作有明显差别、时间又比较充裕的情况。集体面谈法适合于多名员工从事同一职务的情况。主管人员面谈法，是指同某职务的主管进行面谈，因为主管人员对于下属职务有相当了解，可以减少职务分析时间。

面谈法的优点是可以简单而又迅速地收集到职务分析信息，适用面广。由于任职者对工作有长期的自身体会，而这些体会往往是观察不到的，因此通过深入地交谈可以提高收集信息的全面性和准确性。该方法的缺点是员工容易把职务分析看成是变相的绩效考评，这可能会增加员工面谈中的压力，使之夸大岗位的责任和难度，从而导致信息失真和扭曲。

为了使面谈取得成功，职务分析人员应注意以下问题：① 在面谈过程中职务分析人员要做聆听者，尤其是当员工提意见或发牢骚时不要发表个人主观看法，以防止破坏合作的气氛或产生误导。② 尽快与面谈对象建立融洽氛围，让对方清楚面谈的原因和意义。③ 事先设计好完整的问题表。④ 面谈中要给予对方充分地回答问题的时间，结束时还可以请对方阅读记录内容，目的是让对方有补充或修改的机会。

3. 调查问卷法

是让员工在一份列有许多问题项的问卷上把他们工作中的任务、相关因素标出或给予排序。调查问卷是高度结构化的且面面俱到，被调查者只需把自己的选择标出即可。也有比较开放性的问卷，即问卷中的问题多为开放性问题，如“请叙述您的工作职责”。结构化的问卷便于分析、归纳；开放性的问卷则便于员工谈出体会。因此，最佳的问卷应是以结构化问题为主并附于开放性问题。

调查问卷法的优点是：① 可以迅速得到职务分析信息，节省时间和人力。② 调查表可以在工作之余填写，对工作影响不大。③ 调查的样本可以很大，这在一定程度上是由于调查问卷可以通过计算机处理。其不足主要是，设计理想的调查问卷比较困难，为了提高问卷质量有时不得不借助外部咨询机构，因此必会增加费用。

4. 工作日志法

是指让员工将其每天的活动以比较规范的格式记录下来，以供职务分析人员查阅。工作日志可以提供大量信息，如工作内容、工作效率、例外事项及工作中涉及的关系等。工作日志不仅可以为职务分析提供信息支持，同时也是员工自我诊断的工具。

（四）职务说明书和职务规范

职务分析的结果，即形成职务说明书和职务规范。职务说明书和职务规范既有联系又有区别。前者主要说明任职者需要做什么、怎么做和为什么要做，具体包括工作内容、承担责任、环境条件与其他职务的关系以及从业要求等；后者的内容则主要说明任职者成功开展工作应具备的起码的资格标准，具体包括知识、技能、经验等。因此，从内容上看，职务规范仅是职务说明书的一个重要组成部分，而且在实际工作中企业往往以职务说明书把两方面的内容都包括了。两者的区别就在于，职务说明书以“事”为中心，对职务做出全面、系统、深入的描述；而职务规范则以“人”为中心，解决“什么样的人员才能胜任该职务”的问题。

（五）职务设计的方法

职务设计，是一个将任务组合起来构成一项完整职务的过程。职务设计与职务分析的共同点是，它们最后都形成职务说明书和职务规范。所不同的是，职务分析是对现有职务的客观描述，而职务设计是对现有职务的认定、修改或产生新的职务。职务设计的方法有以下几种。

1. 职务专业化

职务专业化的基本工具就是时间—动作研究，即通过分析工人的手、臂和身体其他部位的动作，工具、身体和原材料之间的物理机械关系，寻找工人的身体活动、工具和任务之间的最佳组合，以实现工作的简单化和标准化，从而使所有工人都能够达到预定的生产水平。

按照职务专业化思路设计出来的职务简单、可靠、安全，但由于它很少考虑工人的社会需要和个人成长需要，会有很大的副作用，包括工作的单调乏味、工人对工作产生厌倦和不满情绪、管理者和工人之间产生隔阂，离职率和缺勤率增高、怠工和工作质量下降等。

2. 职务轮换

职务轮换，是指通过让员工工作多样化从而避免产生工作厌倦的职务设计。职务轮换有两种类型：纵向的和横向的。纵向轮换，指的是升职或降职。横向轮换，往往被视为培训的手段并有计划地进行。

职务轮换的优点是：① 它可拓宽员工的工作领域，给予他们更多的工作体会，减少工作厌倦和单调感。② 它可以使员工对企业中的多种活动有更多的了解，为其承担更大责任的职务做好的准备。职务轮换的不足之处，在于将一名员工从先前的职位上转入一个新的职位需要增加培训成本，还会导致生产效率下降。这是因为，员工在原职位上的高效率正为企业创造着效益，若把他换到新的职位上，不仅由于经验缺乏而影响他在新职位上的效率，原职位上的效率也会受到影响。

3. 职务扩大化

职务扩大化，是指通过增加某职务所完成的不同任务的数量而实现工作的多样化。职务扩大化所增加的任务，往往是与员工以前承担的任务内容具有类似性，因此它只是工作内容水平方向的扩展。

职务扩大化因为只是工作内容水平方向的扩展，不需要员工具备新的技能，因此它并不能改变员工工作的枯燥感觉。正如一位经历过职务扩大化设计的员工所说的："以前，我只有一份烦人的工作；现在我有了三份烦人的工作！"职务扩大化试图避免职务专业化造成的缺乏多样性，但它并没有给员工的活动提供多少挑战性和兴趣。

4. 职务丰富化

职务丰富化，是指赋予员工更多的责任、自主权和控制权。根据美国心理学家赫兹伯格的激励—保健理论，公司政策和薪酬等属于保健因素，如果这方面的因素达到可以接受的水平，就可能使员工对工作满意却不能产生激励作用。能够产生激励作用的因素是员工的责任感、成就感和个人成长。因此,给工作中增添激励因子,使工作更有趣、更有自主性和挑战性,成为职务丰富化的基本思想。

职务丰富化的途径有:① 实行任务合并,即让员工从头到尾完成一项完整的工作,而不是只让他承担其中的某一部分。② 建立客户关系,即让员工有和客户接触的机会,出现问题也由其负责处理。③ 让员工规划和控制其工作,而不是由别人控制,员工可以自己安排时间进度,可以自己处理遇到的问题。④ 建立畅通的反馈渠道,使任职者能够迅速地评价和改进自己的工作绩效。

职务丰富化作为现今职务设计的思想而备受推崇,但职务丰富化也是有限制的:① 如果绩效低下不是由于激励不足导致的,而是由于员工技能不够、培训不足或工作环境问题所致,职务丰富化就没有多大意义。② 职务丰富化必须在经济上、技术上是可行的。③ 员工必须愿意接受有挑战性的工作。

5. 工作团队

在工作团队中,每位员工都具有多方面技能,他们不再从事某一特定的任务。当一系列任务被分派给团队后,由团队决定谁在什么时候做什么工作,并在需要时轮换工作。团队可以有管理者,也可以没有管理者。有管理者的团队,被称为综合性工作团队;没有管理者的团队,被称为自我管理式工作团队,在这类团队中,成员间的关系是协助式的,成员可以自主决定工作时间和合作伙伴,并让成员相互评价工作绩效。

四、部门的划分

部门,是指组织中主管人员为完成规定的任务有权管辖的一个特定的领域,它在不同的组织中有不同的称呼,企业中称为分公司、部、处等;军队中称为师、团、营;政府机关中则称为部、局、处、科等。

部门的划分反映对组织活动的分工和安排,其目的是为了通过实施这些活动而高效率地实现组织的目标。通过对上述各种部门化方法的单独或综合应用,便形成了各种各样的现实的组织结构。

(一) 部门划分的原则

1. 精简原则

组织结构要求精简,部门必须力求最少。该原则是以有效实现组织目标为前提的。现实中,有人常常追求在组织结构第一级以下的一切部门都要按完全相同的方式进行设置,建立在组织结构中各级平衡并以连续性和对等性为特征的刻板结构。这是对组织部门划分的一种误解,建立组织机构应当以有效地实现组织目标为前提。

2. 弹性原则

这是指组织机构应具有弹性。划分部门应随业务的需要而增减。在一定时期划分的部门并不是永久性的，其增设和撤销应随业务工作而定。临时出现的问题可通过设立临时部门或工作组的方式加以解决。

3. 目标实现原则

组织中必要的职能均应具备，以确保目标实现。在企业中其主要职能是生产、销售和财务等。在医院，其主要职能是医疗服务等。这些职能都必须有相应的部门加以对应，当某一职能涉及两个以上的部门时，每一部门所承担的部分要有明确规定。

4. 任务平衡原则

是指部门的任务指派应尽量达到平衡，避免忙闲不均、工作量分摊不均。

5. 督查与执行部门分立原则

是指承担监督检查职能的部门与承担执行职能的部门要分别设立。

（二）管理幅度和管理层次

管理幅度，是影响组织内部各单位规模大小的重要决定因素。在一个单位内，究竟能将多少相近或相关的工作职位或职务组合在一起，主要取决于该单位主管人员的有效管理幅度。所谓管理幅度，是指一位管理人员直接指挥和监督的下属人数。一个人受其注意力范围的限制，他能直接有效管理的下属数量总是有限的。

管理幅度的大小与管理层次的数量成反比例关系。对于拥有相同数量员工的企业，管理幅度增大时管理层次就会减少；反之，管理层次数目就增多。

管理幅度的宽窄对组织形态和组织活动会产生显著影响。在组织作业人数一定的情况下，管理幅度越窄组织层数设置就越多，从而组织就表现为高而瘦的结构特征，人们称这种组织为高耸型组织；反之，管理幅度越宽组织层次设置就越少，从而该组织就成为扁平型组织。

（三）部门划分的方式

部门划分可以采用多种多样的方式，从而形成不同形态的组织结构。

1. 按人数、时间、地点划分部门

这是最传统的部门划分方式，形成简单组织结构。它只是为了管理方便而把完成相同任务的人员划分为几个部分、划归不同的管理者领导。这种简单结构并不体现管理的专业化分工思想。例如：医院、军队、航空公司、消防大队等单位，他们的基层作业常采用轮班制方式加以组织，这种部门划分方式考虑的是工作的人数、时间和地点，而不管这些人做什么和做这些工作的内容和方法。

2. 按设备、工艺阶段或工作技能划分部门

这是一种把工作方法作为部门化的依据而形成的职能结构。例如：机械厂的生产加工车间分为车、铣、磨班组，就是按工作手段——设备划分的；纺织厂的

纺纱、织布和印染车间是按工作过程的工艺阶段设置的。这类部门划分的方式有利于充分发挥专业化分工优势，以取得工作的规模经济和高效率，但它容易导致各部门产生狭隘的职能眼光，不利于全面考虑组织的总体利益。

3. 按产品、地区、顾客或营销渠道划分部门

这是一种基于工作结果而进行的组织划分。例如：通用汽车公司是按产品品牌和类别设立了别克事业部、雪佛兰事业部、通用轿车及货车事业部等；美国电话电报公司和麦当劳公司则将自身业务划分为几大地理区域；教育机构中的校本部、夜校部和函授部等是按学生划分部门；美国普莱克斯公司按营销渠道设立了超级市场事业部和杂货店事业部。

五、层级的划分

（一）集权和分权

集权和分权反映组织的纵向职权关系，是指组织中决策权限的集中或分散程度。所谓分权，是指在组织中把决策的权限分配给中下层组织单位的一种倾向。集权，是指决策权限主要集中在高层领导者手中。集权和分权作为两种倾向，它们所体现的只是权力分散程度上的差别，实际上组织都是处于一定程度的集权和分权状态之中。一般来说，分权化程度较大的组织，其低层次的管理人员有较大的权力自主处理问题或做出决策。一个组织的分权化程度高还是低，并没有绝对的结论。分权程度低，则集权程度高，便于从整个组织目标出发处理问题，避免局部利益行为，但可能降低决策的质量和速度，影响组织的应变能力，并容易挫伤低层人员的积极性和主动性，同时高层管理人员也难以集中精力处理重大问题。反之，分权程度提高虽然可以克服集权的弊端，但相应地也丧失了集权的好处。因此，企业的集权和分权程度应该多大，需要根据具体情况确定。

（二）直线职权和参谋职权

职权，是指组织内部授予的指导下属活动及其行为的决定权，这些决定一旦下达，下属必须服从。职权与组织层级化设计中的职位紧密相关，跟个人特质无关。

主要的职权分为直线职权和参谋职权。所谓直线职权，是指管理者直接领导下属工作的职权。这种职权由组织的顶端开始，延伸向下至最低层，形成所谓的指挥链。在指挥链上，拥有直线职权的管理者有权领导和指挥其下属工作。当组织规模逐渐增大且日渐复杂时，直线主管将会发现他们在时间、技术知识、精力、能力和资源等各个方面都不足以圆满完成任务，这时就需要参谋职权，以支持和弥补直线主管在能力方面的缺陷和障碍。所谓参谋职权，是指管理者拥有某种特定的建议权或审核权，可以评价直线方面的活动情况并进而提出建议或提供服务。

直线与参谋概念可以泛指部门的设置，也可以专指职权关系。直线部门通常被认为是指对组织目标的实现直接做出贡献的单位，如大工业公司中的生产系统、销售系统都被列为直线部门；而把会计、人事、采购、设备和质量管理等列为参谋部门。

需要强调指出的是，一个人获取权利的同时就必须负担起责任，这种责任称为职责。职权是一种权利，其合法性来自于组织中的职位，职权需要围绕工作而展开，而职责则要求下属完成的任务必须符合上级所规定的标准。因此，权责必须一致、权责必须分明。有职权而无职责必然会导致职权滥用，而有职责无职权必然会导致执行者无所适从。

第二节　影响组织设计的因素

一、组织设计的原则

在组织设计的过程中，应该遵循一些最基本的原则，这些原则都是在长期管理实践经验中总结出来的，应该得到组织设计者的重视。

（一）统一指挥原则

统一指挥原则，是指每位下属应该有且只有一个上级，要求在上下级之间形成一条清晰的指挥链。如果下属有多个上级，就会因为上级可能存在有彼此不同甚至相互冲突的命令而无所适从。虽然有时在例外场合必须打破统一指挥原则，但是为了避免多头领导和多头指挥，组织的各项活动应该有明确的区分，并且应该明确上下级的职权、职责以及沟通联系的具体方式。

（二）控制幅度原则

控制幅度原则，是指一个上级直接领导和指挥下属的人数应该有一定的控制限度，并且应该是有效的。由于每个人的知识水平、能力水平都是有限的，这就意味着管理幅度不能无限度增加，但是随着计算机技术的发展和信息时代的到来，运用信息技术处理信息的速度大大加快，每个管理者对知识和信息的掌握以及实际运用的能力都有普遍提高，这在一定程度上增加了管理者的管理幅度。

（三）柔性经济原则

所谓组织的柔性，是指组织的各个部门、各个人员都是可以根据组织内外环境的变化而进行灵活调整和变动的。组织结构应当保持一定的柔性以减少组织变革所造成的冲击和震荡。组织的经济，是指组织的管理层次与管理幅度、人员结构以及部门工作流程必须设计合理，以达到管理的高效率。组织的柔性与经济是相辅相成的，一个柔性的组织必须符合经济的原则，而一个经济的组织又必须使组织保持柔性。

（四）权责对等原则

组织中的每个部门和部门中的每个人员都有责任按照工作目标的要求保质保量地完成工作任务，同时组织也必须委之以自主完成任务所必需的权利。职权与职责应当对等。如果有责无权，或者权利范围过于狭小，责任方就有可能会因缺乏主动性、积极性而导致无法履行责任，甚至无法完成任务；如果有权无责，或者权利不明确，权利人就有可能不负责任地滥用权利，从而影响组织系统的健康运行。

（五）人本原则

设计企业组织结构前要综合考虑企业现有的人力资源状况以及企业未来几年对人力资源素质、数量等方面的需求，以人为本进行设计，不能因人设岗或因岗找事。

二、影响组织设计的因素

组织时时处在一个日趋激烈的外部环境变化和不确定的市场需求变化之中，因此人们在进行组织设计时就应考虑权变的组织设计思想。所谓权变的组织设计，是指以系统、动态的观点来思考和设计组织，它要求把组织看成是一个与外部环境有着密切联系的开放式组织系统。影响组织设计的因素有五个：环境，战略，技术，组织规模和生命周期。

（一）环境影响

环境，包括一般环境和特定环境两部分。一般环境，包括对组织管理目标产生间接影响的诸如经济、政治、社会文化及技术等环境条件，这些条件最终会影响到组织现行的管理实践。特定环境，包括对组织管理目标产生直接影响的诸如政府、顾客、竞争对手、供应商等具体环境条件，这些条件对每个组织而言都是不同的，并且会随一般环境条件的变化而变化，两者具有互动性。

环境的复杂性和变动性决定了环境的不确定性。由于这种不确定性导致决策者缺乏完整的外部环境信息，以至于无法预测未来的变化而做出正确的判断和决策，只有那种与外部环境相适应的组织结构才可能成为有效的组织结构。

组织设计者可以通过以下几种方法提高组织对环境的应变能力。

1. 对传统的职位和职能部门进行相应调整

当外部环境变得复杂时，传统的应变方法是增设必要的职位和缓冲部门。这些职位和缓冲部门应当围绕核心能力设立，其目的是促使组织资源和环境之间更好地交流和平衡。

2. 根据外部环境的不确定程度设计不同类型的组织结构

当外部环境较为稳定时，内部组织为了提高组织运行效率，往往需要制订明确的规章制度、工作程序和权力层级，组织的规范化、集权化程度比较高，其组织结构的设计可以采用机械式的层级结构形式；而在环境较为不确定时内部组织比较松散，决策权力分散并下移，权力层级不明确，组织结构设计可以采用柔性灵活的结构形式。

3. 根据组织的差别性、整合性程度设计不同的组织结构

组织差别性，是指不同职能部门管理人员在组织目标与价值取向上的差别程度。组织整合性，是指各个部门努力的方向趋向于一致性的程度。

一个企业中不同的部门有着不同的外部环境，因此必须采用不同的组织结构与之相匹配。例如，研究开发部门，因为面临的是不稳定的市场环境，选择灵活的结构形式比较妥当；生产部门面临的是相对稳定的环境，选择层级结构则比较合适。

4. 通过加强计划和对环境的预测减少不确定性

在一个相对稳定的环境条件下，组织考虑的是如何集中精力解决当前的主要问题，对组织本身而言制订长期计划并预测未来似乎意义不大。这是因为，未来环境的要求与当前是一致的，组织的效率似乎体现在对一些现实问题的有效处理上。而在一个相对动态、不确定的环境条件下，加强计划和对环境的预测可以大大减轻外部环境变化对组织所造成的负面影响，当然，计划需要随时加以更新和调整。

5. 通过组织间的合作尽量减小组织自身要素资源对环境的过度依赖性

组织存在的一个重要前提是能够确保从外部环境中连续不断地获取关键的组织要素资料，如原材料、资金、劳动力等。如果组织中的这些资源被其他组织所控制，组织活动将会变得十分被动。为此，组织需要通过与其他组织建立广泛的合作关系以确保这些资源的及时供给。合作的方式是多种多样的，如通过并购获取对关联组织的控制；通过与其他组织建立战略联盟而实现资源共享和互补等。

（二）战略影响

战略，是指决定和影响组织活动性质和根本方向的总目标，以及实现这一总目标的路径和方法。一般来讲，战略发展有四个不同的阶段，每个阶段应有与之相适应的组织结构。

第一个阶段为数量扩大阶段，即许多组织开始建立时往往只有一个单独的工厂，只是比较单一地执行制造或销售等职能。这个阶段的组织结构很简单，有的只是一个办公室。组织面临的重要战略是如何扩大规模。

第二个阶段为地区开拓阶段，即组织随着向各地区开拓业务，为了把分布在不同地区的同行业组织有机地组织起来，就产生了协调、标准化和专业化的问题。这就要求建立一种新的组织结构即职能部门。

第三个阶段为纵向联合发展阶段，即在同一行业发展的基础上进一步向其他领域延伸扩展，如从专门销售服装用品的零售商店扩大到销售各种用具和家具等等。这种发展战略要求建立与此相适应的职能结构。

第四个阶段为产品多样化阶段，即为了在原产品的主要市场开始衰落的时候能更好地利用和组织现有的资源、设备和技术而转向新行业新产品的生产和新服务的提供。这种战略的组织结构要考虑对新产品与新服务的评价和考核，考虑到对资源的分配以及部门的划分、协调等问题，要求建立与此相适应的产品型组织结构。

实践表明，许多经营成功的公司如果保持在单一行业内发展，则偏好采用集权的职能结构，而那些实施多元化经营的公司一般多采用分权的事业部结构。

（三）技术影响

技术，是指把原材料等资源转化为最终产品或服务的机械力和智力转换过程。任何组织都需要通过技术将投入转换为产出，那么组织的设计就需要因技术的变化而变化。特别是技术发生重大变化时，往往要求组织结构做出相应的改变和调整。

随着技术复杂程度的提高，企业组织结构复杂程度也相应提高，管理层级数、管理人员同一般人员的比例以及高层管理者的控制幅度也会随之加大。总之，成功的企业大多是那些根据技术的要求而采取合适组织结构的企业。

（四）组织规模和生命周期影响

组织规模，是影响组织结构的最重要因素，组织规模的加大会提高组织复杂性程度并连带提高专业化和规范化的程度，这必然给组织的协调管理带来困难，而随着内外环境不确定因素的增加，组织进行分权式的组织结构变革就成为必要。

大型组织与小型组织在组织结构上的区别主要体现在以下方面：① 规范化程度。大型组织可以通过制定和实施严格的规章制度，并按照一定的工作程序来控制和实现标准化作业，组织的规范化程度较高；相反，小型组织可以凭借管理者的能力对组织进行控制，组织的规范化程度较低。② 集权化程度。为了快速响应日趋复杂的环境变化，组织规模越大就越需要分权化。而在分权化程度较高的组织中，决策更多地是由较低层级做出的，决策速度越快信息反馈就越及时。③ 复杂化程度。大型组织由于横向纵向关系的复杂性，经常需要构建新的部门以应付由于规模扩大而带来的新问题。随着组织部门规模的扩大，部门管理者控制力会不断减弱，部门也会产生新的再细分部门。另外，在一定管理幅度条件下管理的层级数也会增多。这些都大大增加了管理的成本、减低了管理的效率。④ 人员结构比例。研究表明，在迅速成长的组织中，管理人员要比其他人员增幅大得多，在组织衰退过程中管理人员要比其他人员减幅小得多，这说明管理人员最先被聘用而最后被解聘。也有研究表明，随着组织规模的扩大管理人员的比率是下降的，而其他人员的比率则是上升的。总体而言，高层管理人员与一般员工之间的结构比率应当是均衡配置的，任何不一致都应当通过积极主动的变革而加以调整。

美国管理学者罗伯特·奎因（Robert E. Quinn）和金·卡梅隆（Kim S. Cameron）把组织的生命周期划分为四个阶段——创业阶段、集合阶段、规范化阶段和精细阶段。企业的成长是一个由非正式到正式、低级到高级、简单到复杂、幼稚到成熟的阶段性发展过程。在创业阶段，组织是小规模和非规范化的，高层管理者制定组织结构框架并控制整个运行系统，组织的精力放在单一产品的生产和服务上。随着组织的成长，组织需要及时调整产品结构，这就必然要调整组织结构。在集合阶段，这是组织发展的成长期，员工受到不断激励之后开始与组织的使命保持一致，尽管某些职能部门已经建立或调整，可能也已经开始程序化工作，但组织结构仍可能欠规范合理。在规范化阶段，组织进入成熟期，可能会大量增加人员，并通过构建清晰的层级制和专业化劳动分工进行规范化、程序化工作，组织的主要目标是提高内部的稳定性和扩大市场，组织往往会通过建立独立的研究和开发部门来实现创新。在精细阶段，这时的组织往往规模巨大，继续演化可能会使组织步入僵化的衰退期，组织管理者可能会尝试跨越部门界限组建团队来提高组织的效率，如果绩效不明显，必须考虑更换高层管理者并进行组织重构以重塑组织的形象，否则组织的发展将受到很大限制。

第三节 组织结构的基本形式

组织结构反映组织的各个组成部分之间的相互联系和相互作用，它是实现组织目标的框架或体制。从一定意义上而言，关于部门的探讨是一种分析的研究，通过这种研究在一定程度上可揭示组织结构形成的机理；而组织结构类型的分析可以使人们从总体上了解组织结构的全貌。

一、直线型组织结构

这是一种最简单的组织结构形式。职权或命令的流向呈一条直线，由上至下贯穿组织的纵向，每个下属只有一个直接上级、只接受一个上级的指挥，也只向一个上级报告。这种结构的特点是结构简单、职权集中、责任分明、指挥统一、沟通简捷。直线型结构是最原始的组织结构形式，现实中只应用于最简单的小型组织。

二、职能型组织结构

这种结构是按职能划分部门的方式建立起来的，它分工明确，有利于发挥职能专业化优势，同时各个部门之间相互依赖，任何部门都不可能离开其他部门而独立存在。各部门容易过分强调本部门的重要性而忽视与其他部门的配合、忽视组织的整体目标。这种结构比较适合于中小型组织，它便于最高主管对整个组织的活动进行监督和协调。其主要优点是：适应大生产分工合作的要求，提高了专业化管理水平；同时会减低设备和职能人员的重复性，高层管理人员可以专心致力于最主要的决策工作。其缺点是：各职能部门往往会片面追求本部门的利益，部门之间缺乏交流和合作且矛盾冲突增多；最高主管协调、统管全局的难度加大；职能结构难以培养出管理通才。

图 7-2 所示为一个职能型组织结构示意图。

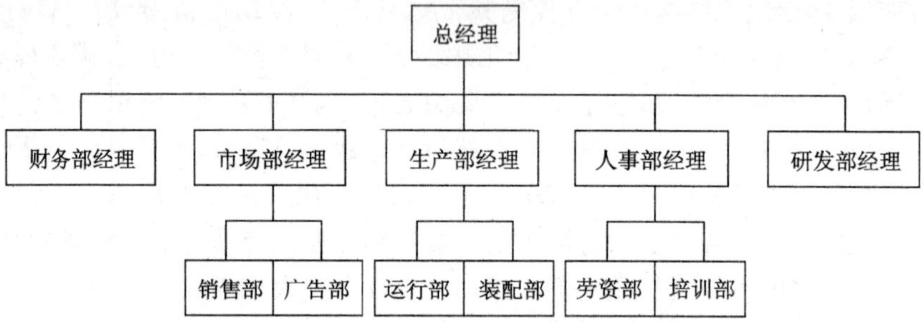

图 7-2 职能型组织结构示意图

三、事业部型组织结构

这是一种大型企业普遍采用的组织结构形式，是组织面对不确定的环境，按照产品或类别、市场用户、地域以及流程等不同的业务单位分别成立若干事业部，每个事业部都有其独立的产品和市场，实行独立核算，有独立的责任和利益。事业部结构是一种高度自治的分权化经营结构，即在独立的市场、独立的利益、独立的自主权的特点下，进行"集中政策指导下的分散经营"。事业部型组织结构的优点是：高层管理部门摆脱了日常繁杂的行政事务，可以专注于公司的战略决策事务；各个事业部独立自主经营，可以充分调动其积极性，并且能更好地以顾客为中心促进资源的有效整合；事业部结构形式能够发挥经营者的灵活性和主动性，提高对市场竞争环境的敏捷适应性。其缺点是：每个事业部都有完备的职能部门，由于机构重复常会造成管理人员增多和管理成本增高；各个事业部之间的相互支持和协调比较困难，从而限制了组织资源共享，导致组织总体利益受损，影响组织长期目标的实现。

图 7-3 所示为事业部型组织结构示意图。

四、矩阵型组织结构

这种组织结构是按照职能部门化建立的结构，和按产品（或项目）部门化所

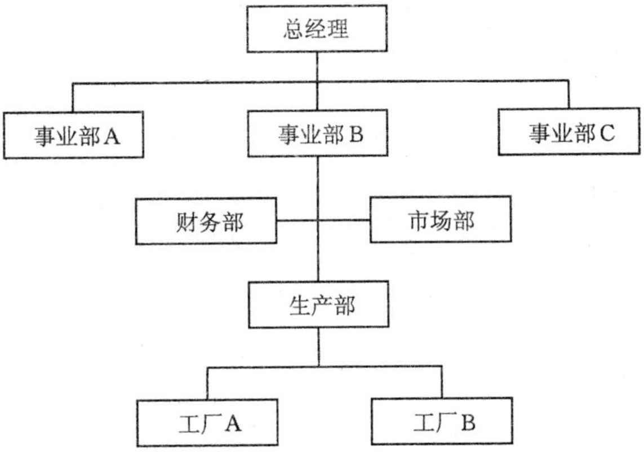

图 7-3 事业部型组织结构示意图

建立的结构重合而成的一个双重结构。在这种类型的组织结构中，每一个成员隶属于纵向的职能单位，又同时隶属于一个或几个横向的产品单位或项目单位。即矩阵中的每一个成员要接受至少两个上级的指示，同时要向至少两个上级汇报。当组织面临较高的环境不确定性，组织目标需要同时反映技术和产品双重要求时，矩阵型组织结构是一种理想的组织形式。图 7-4 所示为矩阵型组织结构示意图。

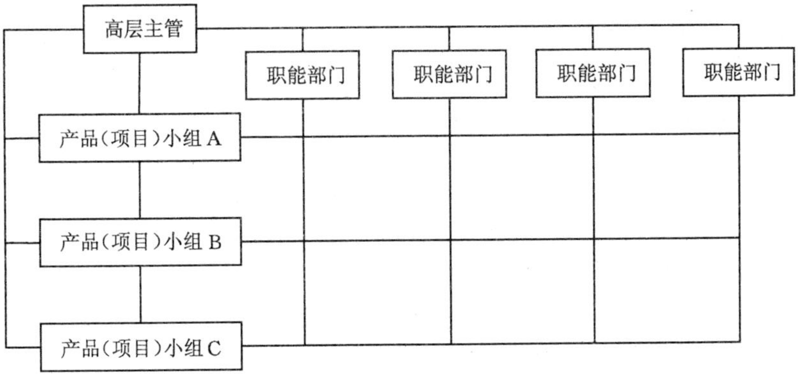

图 7-4 矩阵型组织结构示意图

矩阵型组织结构的优点是：由不同背景、不同技能、不同专业知识所组成的项目人员为某个特定项目共同工作，一方面可以取得专业化分工的好处，另一方面可以跨越各职能部门获取他们所需要的各种支持活动，资源可以在不同产品之间灵活分配，有效地克服职能部门之间相互脱节的缺陷，同时易于发挥事业单位机构灵活的特点。其缺点是：组织中的信息和权力等资源一旦不能共享，项目经理与职能经理之间势必会为争取有限的资源或权力不平衡而发生矛盾，处理这些矛盾必然浪费管理者更多的精力并付出更多的组织成本。另外，一些项目成员接受双重领导，成员之间可能会存在任务分配不明确、权责不统一问题，从而影响到组织效率的发挥。

五、联合型组织结构

组织结构的另一种常见类型是联合型，联合型组织结构通常实行于由一组不相关业务构成的组织中，它主要用于由不相关多元化所产生的控股公司。

这一结构的基础大致上是产品的部门化。每一业务单位或业务组合设一位总经理，负责其盈亏，总经理之间相互独立运营。三星电子就实行联合型组织结构。如图 7-5 所示，三星电子由 4 个业务集团构成。其他采用联合型组织结构的企业还有通用电气公司（飞机引擎、家电、广播、金融服务、照明、塑料和其他不相关产品）和 Tenneco（管道、汽车配件、造船、金融服务和其他不相关业务）。

在联合型组织结构中，公司职员的工作是评估各个业务分支的绩效，在下属公司间分配公司资源，作出购买和销售业务的决策。联合型组织结构的主要缺点是持有分散的不相关业务所带来的复杂性，对分散和多元化的业务进行比较和整合是一件令人头疼的工作。迈克尔波特的研究指出，许多采用这一方法的组织只能实现平均或弱于平均的财务绩效。因此，许多美国企业已经放弃了联合型组织结构。

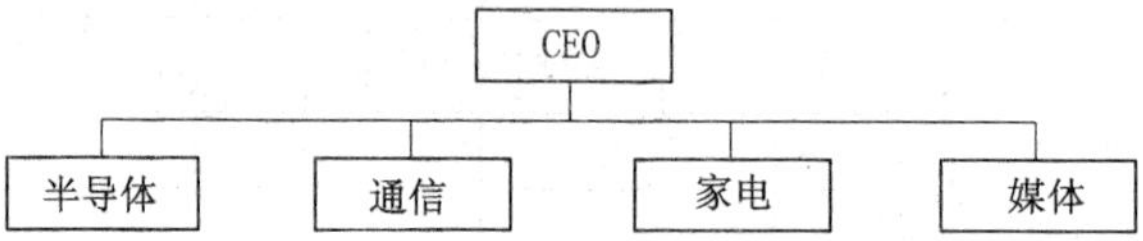

图 7-5　三星电子的联合型组织结构

六、网络型组织结构

网络型组织结构是随着新技术的发展和企业低成本竞争的加剧而出现的一种新颖组织结构，它对外部环境具有很强的适应能力和应变能力。网络型组织结构有一个中心组织，中心组织的主要工作是创造一个关系网络，它与许多独立的设计者、制造商、代理销售商保持联系，依靠他们以合同形式来执行相应的职能。也就是说，在网络型组织结构中，各种职能大部分是从组织外“购买”来的。这给最高层管理提供了高度的灵活性，使组织集中精力做好它最擅长的事。图 7-6 所示为一个网络型组织结构的示意图。

七、混合型组织结构

有些组织采取了上述两种或更多种组织形式的混合形态。例如，某一组织

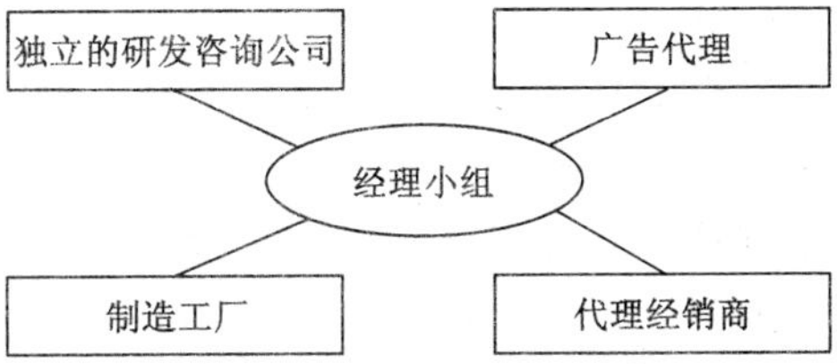

图 7-6 网络型组织结构

可能有 5 个相关业务部门和 1 个不相关的部门，从而其形式介于联合型和事业部型组织之间。事实上，很少有哪家组织采用上述纯粹的一种形式。绝大多数组织选择一种基本的组织形式作为运营的基础，同时又保留充分的灵活性，可以根据战略目标进行临时的或永久性的修正。例如福特汽车公司在设计野马和 T 型车时运用了矩阵型组织结构，但整个公司基本上采用职能型组织结构并逐渐转向事业部型组织结构。

本章基本概念

(1) 组织，组织设计，组织设计的特点，组织设计的任务；

(2) 职务分析，部门职能，组织系统图，任务，职位，职务，职务描述，职务规范，任职资格；

(3) 管理幅度，集权和分权，职权，直线职权，参谋职权；

(4) 战略；

(5) 直线型组织结构，职能型组织结构，事业部型组织结构，矩阵型组织结构，网络型组织结构。

问题思考

1. 什么是组织？
2. 组织设计发生在哪些情况下？
3. 组织设计有哪些特点？
4. 组织设计主要完成哪些工作？
5. 职务分析的内容有哪些？
6. 职务分析的程序是什么？
7. 职务设计的方法有哪些？
8. 部门划分的原则有哪些？

9. 部门划分的方式有哪些？

10. 组织设计的原则有哪些？

11. 组织设计的影响因素有哪些？

12. 组织结构的基本形式有哪些？

第八章　人力资源管理

学习目标

1. 了解人力资源计划的内涵；
2. 理解员工的招聘与解聘；
3. 把握员工的培训；
4. 掌握绩效评估与薪酬。

【开篇案例】　富士康的人力资源管理困境

员工的不可替代性往往会成为企业的魔咒。为了消除这种不可替代性对企业发展的影响，企业常会采取精细分工方法。然而这种精细分工却在一定程度上阻碍了员工的职业发展。

据《中国经营报》报道：很多在富士康工作的员工，无论是高级技术工程师还是生产线上的工人，都会有一种同样感觉——自己就是一个庞大机器上的螺丝钉，尽管每天忙碌不停，却并不知道为何忙碌。

在富士康工作的人员告诉记者："基于保密的考虑，富士康内部有严格的分工，比如要生产一个杯子，它会把这个杯子分成不同的组织或部件，交给不同的人分别进行研发，有的人几年甚至十几年下来一直做的就是杯盖，对其他的组织或部件并不了解。"

"这样做的目的，可以有效地防止技术泄密，并防止'制造'新的竞争对手。但对员工来说，一旦离开富士康这样的大型企业，到其他中小企业谋取管理职位，由于缺少对整个系统的了解，他的选择余地就会非常小。"

如果留在富士康，按照富士康的晋级制度并没有多少人能熬出来。

"在富士康的干部层次，一共分为 14 级，从师一级到师十四级，新人进来从师一级开始，两三年调升一级，要调到师四五级这样的管理职位大概就要 10 年工夫。"

"需要说明的是，富士康是制造型企业，在制造工艺上有诸多创新性专有技术，但从某种意义上来说，这种创新却并非‘主动创新’，而是‘客户驱动创新’。有了客户需求，富士康才会发动工程师进行研发，而研发的内容在高层就进行了分解，到了基层很多工程师就只会知道在某一个细节上研发某一项工艺，对项目的整体任务往往并不解，也不需要了解。”

这样的分工方式对企业技术保密和技术的精深很有帮助，但是却非常容易忽略人力资源需求。尤其是80后、90后这些年轻人，他们主观意识强烈，强调自我价值的实现，喜欢追求新鲜事物，不守旧不保守，这样的工作方式对他们来说无疑是十分残酷的。太过于残酷就会有反抗，2010年富士康接连发生14起跳楼事件，震惊天下，令人痛心，事发员工年龄绝大部分在18岁到23岁之间，只有一名是28岁。刚进入富士康工作不久的80后、90后员工，在这样的工作方式下，他们对自己的职业生涯十分迷茫。是管理体制不到位？是劳资关系有问题？还是人文关怀不够？……总之，人力资源管理已经成为富士康目前亟待要解决的问题。

〔资料来源：陈国杰：《透视富士康现象强化人力资源管理的危机意识管理》，载于《企业导报》2010第9期，第219～220页〕

人力资源管理，是管理学的一个很重要的构成部分，它同其他管理职能如生产管理、营销管理、财务管理和技术管理等一样，对企业的成功来说是至关重要的。人力资源管理可以决定企业能否正常运转，可以影响企业前进的速度，是企业整体战略的前提和基础。也就是说，没有人力资源管理是万万不可的。

基于人力资源管理在管理学中的重要地位，本章主要讨论四个问题：① 人力资源计划；② 员工的招聘与解聘；③ 员工的培训；④ 绩效评估与薪酬。

第一节 人力资源计划

一、人力资源计划的含义和内容

（一）人力资源计划的含义

《礼记·中庸》载：“凡事豫则立，不豫则废。”意思是说在做任何事情的时候，如果想要取得成功就必须提前做好计划、做好准备，否则就会失败。人力资源管理同样如此，为了保证整个系统正常运转、发挥其应用作用，也必须认真做好计划。人力资源管理的计划是通过人力资源计划这一职能实现的。

人力资源计划，是指在企业发展战略和经营规划的指导下进行人员的供需平衡，以满足企业在不同发展时期对人员的需求，为企业的发展提供符合质量和数量要求的人力资源保证。简单而言，人力资源计划就是对企业在某个时期的人员供给和人员需求进行预测，并根据预测的结果采取相应的措施以平衡人力资源的供需。

准确地理解人力资源计划的含义，必须把握以下几个要点：① 人力资源计划要在企业发展战略和经营规划的基础上进行。人力资源管理是企业经营管理系统的一个子系统，为企业经营发展提供人力资源支持，因此人力资源计划必须以企业的最高战略为坐标，否则人力资源规划无从谈起。② 人力资源计划应当包括两个部分的活动，一是对企业在特定时期的人员供给和需求进行预测；二是根据预测结果采取相应的措施进行供需平衡。这两部分内容，前者是后者的基础，离开了预测将无法进行人力资源平衡；后者是前者的目的，如果不采取措施平衡人力资源的供需，进行预测将失去意义。③ 人力资源计划对企业人力资源供给和需求的预测要从数量和质量两个方面进行，企业对人力资源的需求，数量只是一个方面，更重要的是要保证质量，即是说供给和需求不仅要在数量上平衡，还要在结构上匹配，而对于后者，人们往往容易忽视。

（二）人力资源计划的内容

人力资源计划的内容主要包括以下两个方面。

1. 人力资源总体计划

人力资源总体计划，是指对计划期内人力资源计划结果的总体描述，包括预测的供给和需求分别为多少，做出这些预测的依据是什么，供给和需求的比较结果是什么，企业平衡供需的指导原则和总体政策是什么，等等。

2. 人力资源业务计划

人力资源业务计划是总体计划的分解和具体，它包括人员补充计划、人员配置计划、人员接替和提升计划、人员培训开发计划、工资激励计划、员工关系计划和退休解聘计划等内容。这些业务计划的每一项都应当设定出自己的目标、任务和实施步骤，其有效实施是总体计划得以实施的重要保证。人力资源业务计划的内容如表 8-1 所示。

二、人力资源计划的程序

（一）人力资源计划的时间

根据时间跨度划分，人力资源计划可以分为短期计划、中期计划和长期计划。短期的人力资源计划时间跨度为 1 年或更短时间，这种计划的特点是目标明确、内容十分具体并具有一定灵活性。中期的人力资源计划时间跨度一般为 3～5 年，其特点是适合组织中期的总体发展目标、方针、政策、措施，内容比较多，但不像短期计划那么具体。长期的人力资源计划跨度在 5 年以上、10 年以下。长期的人力资源计划适合组织长期的总体发展目标，对组织有关人力资源开发和管理的总战略、总方针和总目标等进行系统筹划。这种计划具有战略性

表 8-1　　人力资源业务计划的内容

计划名称	目　　标	政　　策	预　　算
人员补充计划	类型、数量、层次对人员素质结构改善	人员的资格标准、人员的来源范围、人员的起点待遇	招聘选拔费用
人员配置计划	部门编制、人力资源结构优化、职位匹配、职位轮换	任职条件、岗位轮换的范围和时间	按使用规模、类别和人员状况决定薪酬预算
人员接替和提升计划	后备人员数量保持、人员结构的改善	选拔标准、提升比例，为提升人员安置	职位变动引起的工资变动
人员培训开发计划	培训的数量和类型、提供内部供给、提高工作效率	培训计划的安排、培训时间和效果的保证	培训开发的总体成本预算
工资激励计划	劳动供给增加、士气提高、绩效改善	工资政策、激励政策、激励方式	增加工资奖金的数额
员工关系计划	提高工作效率、员工关系改善、离职率降低	民主管理、加强沟通	法律诉讼费用
退休解聘计划	劳动力成本降低、生产率提高	退休政策和解聘程序	安置费用

和指导性，不及短期和中期计划具体，但它直接为人力资源短期和中期计划制定和实施提供框架和基础。人力资源计划时间跨度的划分，必须与组织总体的发展计划保持一致。

（二）人力资源计划的步骤

为了能够达到预期目的，在进行人力资源计划时需要按照一定的步骤进行，人力资源计划的过程一般包括五个步骤，如图 8-1 所示。

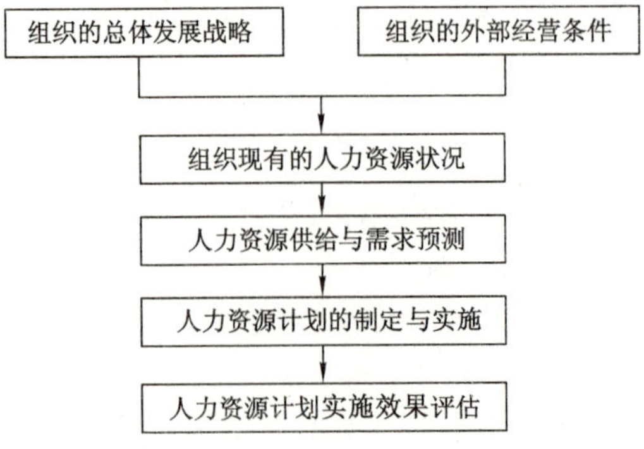

图 8-1　人力资源计划的步骤

① 制定组织人力资源计划的基础，是组织的总体发展战略和外部经营条件。组织的发展方向、企业的技术设备要求、产品销售状况、经营规模和扩展方向等，都会对人力资源计划提出的各种不同要求，而人力资源计划必须满足组织的这些要求。除此，制定组织的人力资源计划还要考虑到组织面临的外部经营条件，即组织的外部经营环境和市场环境。社会的政治、经济、文化、法律环境等，外部劳动力市场的供求状况，政府的职业培训政策，劳动者的文化素质，本地区平均工资水平以及人们的择业偏好等等，这些影响企业生产经营的因素都会对人力资源的供给和需求产生作用，并进而制约人力资源计划的内容。因此，对这些外部条件必须有明确的认识和科学的分析，并将其作为制定人力资源计划的必要依据。② 分析组织现有的人力资源状况。对照组织发展的要求，对现有人力资源的数量、质量、结构和潜力等进行人力资源盘点。根据经验，“盘点”的资料应当包括员工的自然情况、录用资料、教育资料、工作经历、工作业绩记录、工作能力和态度记录等方面的信息。在盘点的基础上，一方面充分挖掘现有的人力资源潜力，首先考虑人力资源的培训、内部流动等以满足组织的人力资源需求；另一方面，找出人力资源与组织发展要求的差距，以便能够及时地修正和更新相关的信息。③ 对组织的人力资源供给与需求状况进行预测。即在充分掌握信息的基础上，选择使用有效的预测方法，对企业在未来某一时期的人力资源供给和需求做出预测。在该人力资源计划中，这是最关键的一部分，也是难度最大的一部分，它直接决定计划的成败。只有弄清组织对各类人力资源的确切需求情况，以及可以满足上述需求的内部和外部的人力资源供给状况并对其中的优缺点进行分析，才能采取有效的措施进行平衡。④ 人力资源计划的制订与实施。在供给和需求预测出来以后，就要根据两者之间的比较结果制定人力资源计划，包括总体计划和各个业务计划，并确定计划的时间跨度，同时注意计划的各个部分以及不同计划之间的平衡。人力资源的供需达到平衡，是人力资源计划的最终目的，进行供给和需求的预测就是为了实现这一目的。接下来就是实施过程。在制定相关措施时要注意使人力资源总体计划和业务计划与企业的其他计划相互协调，因为只有这样制定的措施才能够得到有效的实施。⑤ 人力资源计划的评估。对人力资源计划的实施效果进行评估是整个计划的最后一个环节。由于预测不可能做到完全准确，因此人力资源计划也不是一成不变的，它是一个动态的开放系统。人力资源计划的评估包括两层含义：一是指在实施过程中要随时根据内外部环境的变化修正供给和需求的预测结果，并对平衡供需的措施做出调整；二是指要对预测结果和制定的措施进行评估，对预测的准确性和措施的有效性做出平衡，找出其中存在的问题和不足之处并予以调整，为以后的计划提供借鉴和帮助。

三、人力资源预测和供需平衡

（一）人力资源的需求预测

人力资源的需求预测，是指对企业在未来某一特定时期所需要的人力资源的数量、质量及结构进行估计。这里所指的需求是完全需求，是在不考虑企业现有人力资源状况和变动情况下的需求，至于净需求则要和预测的供给进行比较后才能够得到。

人力资源需求受三个方面因素影响：① 企业发展目标。企业的短期发展目标决定企业对人力资源的即时需要，企业的长期发展目标决定企业对人力资源的潜在需求或人力资源的储备需求。② 企业的经营计划。企业的经营计划决定现实的企业人力资源需求，包括需求的数量、结构和类型。③ 企业现有的职位空缺。如果企业现有的职位过于饱满，就要考虑合并相关的职位，职位数量就要减少；相反，如果职位相对空缺，就要增设相应职位，就会产生人力资源的即时需求。

对人力资源需求进行预测是企业人力资源预测的重点，其预测方法有很多，在这里仅选择介绍几种有代表性的方法。

1. 管理部门预测法

组织内有关管理部门根据以往的经验直觉和本组织内人力资源将会出现的情况，对未来所需要的人力资源进行预测。这是一种较为简单的预测方法，主要用于短期预测，并适用于那些规模较小或者经营不稳定、人员流动不大的企业。除了预测的准确性不高外，管理部门预测法还存在一个问题，那就是往往会出现“帕金森定律”所指出的现象——各部门的负责人在预测本部门人力资源需求时一般都会放大。若想避免这类问题的产生就需要上级领导者进行有效的控制。

2. 特尔斐法

特尔斐法(Delphi)，也称专家调查法，是 20 世纪 40 年代美国兰德公司首创的综合专家意见的一种定性预测方法。这种方法是指某一领域的专家和管理人员依靠其知识和经验对未来做出判断性估计。它既可用于预测“渐变式”的发展过程，也可用于预测“跃变式”的变化过程，适用于中期和长期人力资源预测。实施特尔斐法预测的主要步骤是：选择不少于 30 名专家，给他们提供人力资源预测的背景材料；设计调查表并送交专家，由他们匿名且独立地做出判断；回收调查表，统计和分析专家的意见和结果；根据统计结果设计第二轮调查表，按照上述同样的程序处理，统计出第二轮的调查结果；以此循环，产生第三轮调查表，直至得出总分值最高的方案，也就是最佳方案。

3. 回归预测法

回归预测法的基本思路就是要找出那些与人力资源需求关系密切的因素，

并依据过去的相关资料预测确定出它们之间的数量关系，然后建立一个回归方程，并根据这些因素的变化和确定的回归方程预测未来的人力资源需求。根据回归方程中变量的数目，可以将回归预测法分为一元回归预测和多元回归预测两种。一元回归预测只涉及一个变量，因此建立回归预测方程时相对比较简单；而多元回归涉及的变量大多为两个以上，建立方程时要复杂许多，但它考虑的因素比较全面，所以预测的准确度往往高于前者。如果某个因素与人力资源需求之间不存在线性相关关系，就必须采用非线性回归方法。多元线性回归法与非线性回归法通常需要计算机处理，一元线性回归法则可以直接通过手工计算完成。

（二）人力资源供给的预测

人力资源的供给预测，是指一种对企业在未来某一特定时期能够供给企业的人力资源的数量、质量和结构所进行的估计。由于超出企业获取能力的供给对企业来说是没有意义的，因此在预测供给时必须对有效的人力资源供给进行预测。

人力资源的供给也由三方面因素决定：① 现有人力资源的存量。如果企业现有的人力资源存量较多且没有结构上的问题，那么这部分人力资源存量马上就可以转化为即时的人力资源供给以满足人力资源需求。② 企业内部的人力资源流动。企业内部的人力资源流动包括岗位轮换、余缺调剂、内部调动等，都能将企业潜在的人力资源供给调动起来、转化为可以满足人力资源需求的供给要素。③ 企业员工培训。企业员工培训主要是指在供给方面调整人力资源的供给结构以满足人力资源需求。有时，企业的人力资源在总量上并不短缺，但在某些岗位上由于技术等原因而形成人力资源短缺状况，在另一些普通岗位上却有富余员工。因此，员工培训是将普通的富余劳动力转化为特定的人力资源供给的一条有效途径。

人力资源供给预测的方法，主要是针对内部供给预测而言的，预测的方法很多，在这里主要介绍人员替换法和马尔可夫模型。

1. 人员替换法

这种方法，是指对企业现有人员的状况做出评价，然后对他们晋升或者调动的可能性做出判断，以此预测企业的内部供给。这样，当某一职位出现空缺时就可以及时地进行补充。

2. 马尔可夫模型

马尔可夫模型是用来预测等时间间隔点上（一般为 1 年）各类人员分布状况的一种动态预测技术，它也是从统计学中借鉴过来的一种定量预测方法。其基本思想是找出过去人力资源流动的比例，以此来预测未来人力资源供给情况。

（三）人力资源的供需平衡

人力资源计划的最终目的是实现企业人力资源供给和需求的平衡，因此在预测出人力资源的供给和需求之后，就要对两者进行比较并根据比较结果采取相应措施。

企业人力资源供给和需求预测的比较，一般会有以下几种结果：① 供给和需求在数量、质量及结构方面均基本相等；② 供给和需求在总量上平衡，但在结构上不匹配；③ 供给大于需求；④ 供给小于需求。如果出现第一种情况，那就说明企业未来的人力资源供给和需求基本上是平衡的，这当然是一种比较理想的结果，但现实中这种情况几乎是不可能发生的。对于企业来说，更多的会出现后面三种情况，这就要求企业针对具体的情况采取相应措施，以实现供需平衡。

有时，企业人力资源供给和需求的不平衡，不可能是单一的供给大于需求或者供给小于需求，往往会相互交织在一起，出现某些部门或者某些职位的供给大于需求，而其他部门或者其他职位的供给小于需求。因此，企业在制定平衡供需的措施时应当从实际出发，综合运用各种方法，使人力资源的供给和需求在数量、质量及结构上都达到平衡匹配。

四、人力资源计划在企业竞争中的作用

企业竞争战略的成功与否在很大程度上取决于人力资源的参与程度，制定科学的人力资源计划，可以合理利用人力资源、提高企业劳动效率、降低人工成本、增加企业经济效益，其重要意义体现在以下四个方面。

（一）人力资源计划是企业发展战略总计划的核心要件

人力资源计划是一种战略计划，主要着眼于为企业未来的生产经营活动预先准备人力资源，持续和系统地分析企业在不断变化的条件下对人力资源的需求，并开发制定出与企业组织长期效益相适应的人事政策。因此，人力资源计划是企业整体计划和财政预算的有机组成部分，是企业发展战略总计划的核心内容。

（二）人力资源计划是组织管理的重要依据

随着组织规模的扩大和结构的复杂化，管理的工作量和难度均迅速提高，无论是确定人员的需求量、供给量还是职务、人数及任务的调整，不通过一定的周密计划显然是难以实现的。例如，何时需要补充人员、补充哪些层次人员、如何补充，如何组织多种需求的培训，对不同层次和部门的人员如何考评和激励等。这些管理工作在没有人力资源计划的情况下，必然会陷入相互割裂和混乱的状况。因此，人力资源计划是组织管理的重要依据，它可为组织的录用、晋升、培训、考评、激励、人员调整以及人工成本的控制等活动提供准确的信息和依据。

（三）能够提高企业劳动效率、降低人工成本、增加企业经济效益

人工成本中最大的支出是工资，而工资总额在很大程度上取决于组织中的人员分布情况。当一个企业规模小的时候，问题不大；而当随着时间推移，人员数量增加和职务等级水平上升后，人工成本可能就会超过企业所能承受的能力。人力资源计划可以调整人力配置不平衡状况，进而谋求人力资源的合理化使用，使人工成本控制在合理的支付范围内，从而提高企业的劳动效率。人力资源计划还可通过对现有的人力资源结构分析检查找出影响人力资源有效运用的主要矛盾，充分发挥人力效能，降低人工成本在总成本中的比重，提高企业的经济效益。

（四）有助于发挥员工能力、满足员工发展需要、调动员工积极性

人力资源计划不仅是面向企业的计划，也是面向员工的计划。一个企业在人事政策上如果出现了较严重的问题，往往是因为没有制定一个科学合理的人力资源计划。许多企业面临着源源不断的员工跳槽，表面上看来是因为企业无法给员工提供优厚的待遇或者晋升渠道，其实是企业人力资源计划的空白或不足。这是因为，并不是每个企业都能提供有诱惑力的薪金和福利来吸引人才，许多缺乏资金、处于发展初期的中小企业照样可以吸引优秀人才并迅速成长。他们的成功之处不外乎立足企业自身情况，营造企业与员工共同成长的组织氛围，充分发挥团队精神，规划企业的宏伟前景，使员工对未来充满信心和希望，同企业共同发展，为有远大志向的优秀人才提供其施展才华、实现自我超越的广阔空间。因此，人力资源计划应着力考虑员工的发展。在人力资源计划的基础上，引导员工进行职业生涯设计和发展，使员工清晰了解未来的职位空缺，看到自己的发展前景，从而积极地努力争取，这对于调动员工积极性和忠诚度是非常有益的。

第二节 员工的招聘与解聘

一、员工的招聘

（一）员工招聘的含义

员工招聘，是指组织根据人力资源计划、按一定的程序和方法募集、挑选、录用具备资格条件的求职者担任一定职位工作的过程。其实质是让潜在的合格求职者对本企业的相关职位产生兴趣并前来应聘这些职位。

员工招聘是人力资源管理和开发工作中一项重要的基础性工作，它对企业人力资源的合理形成、管理及开发至关重要。能否招聘到优秀的、合适的员工是企业兴衰的关键。招聘是企业用人的第一步，不仅要招到企业所需要的人才，还要体现企业形象，所以企业必须重视人才招聘工作，在招聘流程、任职条件、招聘准备、笔试、面试、招聘人员选择等等方面都要做好做细，这样才能做好招聘工

作，找到合适的人担任合适的岗位。

（二）员工招聘的一般步骤

为了保证员工招聘做到科学规范、提高招聘工作效果，招聘活动一般要按以下几个步骤进行，如图 8-2 所示。

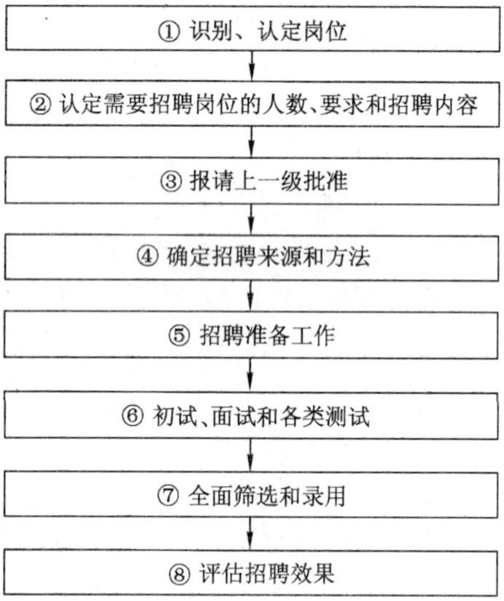

图 8-2　员工招聘的一般步骤

① 由各部门提出所缺岗位人员的信息，包括人数、层次、岗位要求等，并正式向人力资源部门提出招聘员工申请。人力资源部门则会同各有关部门，根据组织的人力资源计划，共同识别并认定这些岗位是否确实需要招聘员工。有些缺员并不一定需要通过对外招聘途径解决，人力资源部门将与各用人部门沟通，通过内部员工调换、加班、雇用临时工等方法加以解决。对于确实需要招聘的缺员岗位予以初步认定。② 人力资源部门根据缺员岗位要求，进一步确定需要招聘人员的任职资格和素质要求，确定招聘工作内容。③ 人力资源部门与用人部门把招聘员工的申请和意向申报上一级主管批准。例如，由分管人力资源部门的副经理批准。有些重要岗位的招聘还需要总经理和董事会的批准。④ 在上一级主管批准招聘员工后，人力资源部门应拟定详细的员工招聘计划。一般来说，招聘计划的内容主要包括以下几个方面内容：招聘的规模，招聘的范围，招聘的时间和招聘预算。当然，企业也可以根据自己的实际情况再增加其他内容。⑤ 招聘计划完成以后，下一个步骤就是选择招聘来源和招聘方法。招聘来源和招聘方法的选择，对于招聘活动的效果具有非常重要的影响，如果选择的招聘来源不当，目标群体中的人员并不适合从事空缺岗位，那么招聘活动就无法吸引合

适的应聘者。员工招聘的来源主要包括内部招聘和外部招聘两种方式。一般情况下，企业优先考虑内部招聘，从理论上讲，内部招聘的主要来源有提升、工作轮换和内部人员重新聘用，主要方法有工作公告法、推荐法和档案法。相比于内部招聘，外部招聘的来源相对比较多，主要包括学校、竞争者和其他公司、失业者、老年群体、军人、自我雇佣者等，采用的方法有广告招聘、外出招聘、职业中介机构招聘等。这两种招聘方式各有优缺点，其对比情况如表 8-2 所示。⑥ 根据应聘申请表进行初步筛选，对选中者进行面试或各类心理测试。面试，是指通过应聘者和面试者之间面对面地交流和沟通而对应聘者做出评价的方法。虽然学者们对面试的看法并不完全一致，但在实践中它确实是企业最常采用的一种选拔录用方法。心理测试，是指用心理学方法测量应聘者的智力水平和个性差异，帮助企业了解应聘者的潜在心理和适合配置岗位的一种方法，它主要有这样几种测试方法：智力测试、职业能力测试、职业兴趣测试和特殊能力测试。⑦ 全面筛选和录用，即根据应聘者的面试或测试情况全面展开筛选工作、确定入围名单，然后对入围的求职者进行复试以确定招聘录用人员，最后通知被录用者并与之签订劳动合同。⑧ 整个招聘活动的最后一个步骤是评估招聘的效果。对整个员工招聘过程做出评估，包括方法、内容、实际录用人员素质和招聘成本等，它可以帮助企业发现招聘过程中存在的问题，对招聘计划以及招聘来源和方法进行优化，提高下一次招聘的效果。然而，很多企业对这个环节没有给予足够重视，结果使招聘没有达到预期效果。

表 8-2　　内部招聘和外部招聘的优缺点

内部招聘	外部招聘
优点	优点
企业对求职者的能力有清醒认识 求职者了解企业和工作要求 奖励高绩效有利于鼓舞员工士气 企业仅仅需要在其基本水平上雇佣 成本较低	提供更大规模的求职者蓄水池 会把外界新的想法和技能带进企业 比培训内部员工成本低 降低徇私的可能性 激励企业内部老员工保持竞争力和提高技能
缺点	缺点
会导致“近亲繁殖” 会产生以提升为目的的“政治性行为” 需要有效的培训和评估系统 可能会因操作不公或心理因素引起内部矛盾	增加招募和甄选的难度和风险 需要更长的培训和适应阶段 内部员工可能会感到自己被忽视 招聘到的新员工可能不适合企业文化 增加搜寻成本

（三）员工招聘的意义

招聘工作的有效实施，不仅对人力资源管理本身而且对整个企业均具有非常重要的意义，主要表现在以下几个方面。

1. 员工招聘决定企业能否吸纳到优秀的人力资源

招聘工作是人力资源输入的起点，没有对优秀人力资源的吸引，企业就不可能实现对他们的吸纳，所以招聘工作的质量直接决定人力资源输入的质量，从这个意义上讲，员工招聘对企业今后的成长和发展具有重要意义。

2. 员工招聘影响人员流动

招聘过程中信息传递的真实与否，会影响应聘者进入企业以后的流动。如果向外部传递的信息不真实，只展示企业好的一面、隐瞒差的一面，员工进入企业后就会产生较大失落感，从而降低其工作满意度，从而导致人员较高的流动率。相反，如果传递的信息比较客观真实，则有助于降低人员流动率。

3. 员工招聘影响人力资源管理费用

作为人力资源管理的一项基本职能，招聘活动的成本是人力资源管理成本的重要组成部分。招聘成本主要包括广告费用、宣传资料费用、招聘人员工资等。全部费用加起来一般是比较高的。因此，招聘活动的有效进行能大大降低其成本，从而降低人力资源管理成本。

二、员工的解聘

（一）员工解聘的内涵

通俗而言，员工解聘，是指基于员工的意愿主动彻底流出企业或出于企业自身需要而辞退员工的过程。

在现代企业，一般以解聘方式为分类标准把员工的解聘分为通知解聘、即时解聘和直接解聘三种。通知解聘，是指当企业中止与员工的劳动合同时，应该及时通知该员工，或员工在主动离开企业前应该通知企业。即时解聘，是指不经通知企业就解雇员工，主要发生在企业有充分理由相信员工已发生严重的渎职行为或者员工固执己见拒绝遵照法律和合理的规则指导去办事。直接解聘，是指不经适当调查、也没考虑自然公正原则就立即辞退员工的行为。

（二）员工解聘的原则

1. 以事实为依据

辞退员工要有充足的理由，随心所欲地处置员工，会使员工处于一种职业不安定的工作氛围，员工的忠诚度则无从谈起。只有以事实为依据，才能降低企业解聘员工的法律风险，同时也不致影响企业其他在职人员的工作情绪。

2. 体面

我们所处的时代是一个双赢时代，在辞退员工时也应充分考虑被辞退员工的体面，尽量减少因被辞退而给其带来的不快，同时减少企业潜在的威胁。尤其是组织面临经济性裁员时必须和员工充分沟通，让其意识到组织辞退他的原因并不是由于其工作绩效不良，从而降低被辞员工的挫败感。

3. 以法律为准绳

企业人力资源从业者应了解和熟悉国家的法律；要签订好集体合同和劳动合同，制定好内部规章制度；要尽量采用简便易行的处理方式；要重证据、重调查研究；既要依据实体性规定也要依据程序性规定处理违纪员工；缺乏依据时可采取协商解除合同方式，从而合理地规避用工风险。

4. 快速执行

辞退决定一旦做出，就应坚决实施。最忌讳的是信息已传出而人力资源部门却无相应行动，尤其是对待有不轨行为的员工更应迅速，否则其对企业造成的危害将会进一步扩大。

（三）员工解聘的流程

1. 准备阶段

（1）核实工作表现

人力资源部门和用人主管要认真进行沟通，确认员工绩效不佳的具体原因，然后再看能否通过转岗方式让员工更好地发挥技能。如果组织内部无法进行调动则只好终止合同关系。

（2）准备好解雇员工的书面材料

人力资源部门应整理好该员工的不良记录和绩效考核表，尤其是该员工业绩不良事件所造成的后果记录材料必须要有事件日期和详情，一方面在解雇面谈时使用，另一方面万一发生劳动争议纠纷时可作为举证资料。

（3）人力资源部门准备好离职核对单、保密协议等文件，同时按照补偿规定核算好员工的赔偿费用。

2. 面谈阶段

（1）通知员工

负责面谈的人员整理好需要的文件，准备一下应如何进行会谈，在预先安排的时间通知该员工。面谈的地点可选在会议室或休息室，面谈时机选择要注意技巧。

（2）切入正题

面谈开始后即告之员工企业的解雇决定，随后进行相应的事实陈述。根据书面材料清楚地解释组织辞退的理由，强调这是一个无可挽回的决定。

（3）倾听员工

有些被辞退的员工会进行激烈争辩，面谈者要冷静倾听，点头或用短暂沉默配合员工的阐述，避免直接与其发生争执。

(4) 解释有关解雇的财务安排

同员工仔细讲述一遍赔偿的支付金额、具体算法、福利等,如有争议应耐心进行沟通,避免员工提交劳动仲裁部门。

3. 办理离职手续

面谈结束后,让员工按照组织规定办理离职手续,收回员工领用的办公设备和其他物品,把员工的私人东西物归原主。把准备好的薪金交给员工,可能的话为员工准备一封介绍信。

(四) 员工解聘纠纷的预防

不管企业对员工解聘纠纷的处理结果如何,对于企业而言都不是有利的事情,因此企业遵从"利益最大化"原则就应该抓住产生解聘纠纷的关键,从源头预防企业员工解聘纠纷的发生。

1. 健全企业内部规章制度

企业内部的规章制度作为劳动合同履行的依据,同样具有法律效力,是劳动合同的延伸和有效补充。其中,薪酬制度、待岗制度与解聘纠纷有直接关系。若企业在薪酬制度中未设定对应的薪酬级别、薪酬结构,员工的薪酬标准制定又不统一、随意性很强,使得薪酬的制定缺乏公平、公正性,那么当企业经营状态不佳、公司对员工的岗位和薪酬安排未达到员工预期的标准时,员工则倾向于要求企业解除合同并获得相应的经济补偿,而不是与企业同甘共苦。待岗制度源于计划经济时代的国有企业,而现在很多的企业还在沿用,这一制度属于《劳动法》中亟须健全和完善的部分。

2. 强化劳动合同的规范和管理

劳动合同是在程序和内容合法的原则下签订的,是劳动者与用人单位确立劳动关系、明确双方权利和义务的协议。在必备条款基础上,双方能够约定的条款也应约定,对不能约定的事项也要明确一旦出现纠纷所应采取的解决程序。企业与劳动者签订合同时不应允诺不解雇之类的话,不能有歧视意义的条款,对法律未做硬性规定的应慎重决定是否做硬性规定。为避免无效劳动合同和无效条款,应该请企业法律顾问对劳动合同的条款、签字盖章、日期、合同有效期限等纠纷高发环节予以重点审查。

3. 加强相关人员的教育和培训

对企业参与解聘的管理人员的法制教育,主要是进行《劳动法》、《合同法》和《劳动合同法》的学习,加大对相关法规和政策的宣传教育,使他们认识到员工解除劳动合同是法律赋予的权力,企业正当行使法律赋予的解雇员工权力也是受国家法律保护的。

在全球经济飞速发展的新形势下,企业人力资源管理呈现多样化和复杂化趋势，对解聘纠纷的预防不应只存在管理工作中，同时还要求企业人力资源管理人员正确运用法律、合理规避解聘风险。

第三节 员工的培训

一、员工培训概述

（一）员工培训的内涵

员工培训，是指组织在组织发展目标和员工个人发展目标相结合的基础上，有计划地组织员工从事学习和训练，提高员工的知识技能，改善员工的工作态度，激发员工的创新意识，使员工能够胜任本职工作的人力资源管理活动。

作为人力资源管理的一项基本活动，员工培训是人力资源实现增值的一条重要途径。随着人力资源对价值创造贡献的逐渐增加，人力资源的这种增值对企业的意义日益重要，因此越来越多的企业开始重视员工培训工作。

（二）员工培训的分类

在实践中，员工培训具有各种不同的形式。依据不同的标准，员工培训有以下几种常用分类。① 按培训形式不同可将员工培训划分为在职培训和脱产培训两大类。在职培训，是指员工不离开工作岗位，在实际工作过程中接受培训。脱产培训，则是指员工离开工作岗位专门接受培训。② 按培训内容不同可把员工培训划分为知识性培训、技能性培训和态度性培训三大类。知识性培训，是指以学习业务知识为主要内容的培训。技能性培训，是指以培养工作技术和工作能力为主要内容的培训。态度性培训，则是指以端正工作态度为主要内容的培训。③ 按培训对象不同可把员工培训划分为新员工培训和在职员工培训两大类。新员工培训，是指对新进入企业的员工进行的培训。在职员工培训，是指对已经在企业工作的员工所进行的培训。按员工所处层次不同，在职员工培训又可划分为基层员工培训、中层员工培训和高层员工培训三类。④ 按培训性质不同可把员工培训划分为传授性培训和改变性培训。传授性培训，是指使员工掌握自己本来所不具备技能的培训，如员工本来不知道如何操作复印机，通过培训使他能够操作复印机。改变性培训，则是指改变员工本来已具备技能的培训，例如员工可能知道如何操作复印机，但操作的方法有误，通过改变性培训可使其掌握正确的操作方法。

二、员工培训计划及其实施

在员工培训计划实施之前，先要弄明白企业为什么要进行员工培训，其中最为重要的一个原因是员工培训是企业长远发展的关键。国内企业许多高级经理的观念很有前瞻性，遗憾的是他们在员工培训方面的认识和实践却与现代企业的要求相差甚远。许多经理对员工培训甚至持消极态度,错误地认为"培训是可有可无的事情,这几年企业一直未搞培训,企业还是一样照常运作"。这种观念显然是错误的。当前,市场竞争的关键是人才竞争,而人才的价值在于其积极的态度、卓越的技能和广博的知识。高质量的培训是对人才进行一种高回报的投资,是决定企业长远发展的关键。管理者只有认识到这一道理才能制定员工培训计划并加以实施。

第一步,培训需求分析。培训需求分析一般从两个方面进行——组织的培训需求分析和员工的培训需求分析。总的来说,就是根据组织内部的特定情况,通过调查研究,确定组织内需要接受培训的人员和需要培训的项目或培训内容。

第二步,设置培训目标。在培训需求分析基础上,需要设置培训目标,以使培训更加有效。培训目标一般包括三方面内容:① 说明员工应该做什么;② 阐明可被接受的绩效水平;③ 受训者完成指定的学习成果的条件。有了培训目标,才能确定培训对象、内容、方法等具体工作,并可在培训之后对照目标进行培训效果评估。

第三步,确定培训对象和培训方法。员工培训需要时间和费用,组织对不同人力资源素质提高的要求也有轻重缓急。为了最大限度地提高员工培训的投资效益,必须根据企业发展的需要和组织内各类人力资源的需求分析,并按一定原则合理确定员工培训的对象。员工培训方法,有在职培训和脱产培训两类,在每一类中又有一些具体的方法。例如,在职培训包括技术和管理技能短训班、带职学习、岗位轮换、项目培训等;脱产培训包括攻读学位、出国培训、外单位培训等。组织培训部门可以根据组织的参训人员人数和层次、培训项目情况和培训经费预算以及现有的培训资源,选择不同的培训方法。

第四步,编制培训计划和评估结果。在完成培训需求分析并初步确定培训对象和培训方法后,就可以起草培训计划了,包括培训的目标、内容、方法、参训人员安排、具体要求和评估方法等,并将拟订的方案送交有关部门或人员审阅再加以修改。培训效果的好坏以及培训过程中的经验和教训,可以通过对培训效果的评估而完成,也就是努力收集有关培训计划实施效果的反馈信息,然后根据这些信息对培训的价值做出评价。

三、员工培训的意义

(一) 有利于实现企业的发展目标

在现代科学技术飞速发展、市场竞争空前激烈的情况下,知识技能更新和市场情况变化已是司空见惯的事情。任何企业都必须正视这一事实,运用现代科学技术成果,把握市场机遇,谋求企业的生存和发展。不可否认,这一切都离不开高素质的员工,而高素质的员工又主要依赖于员工培训。换句话说,通过员工培训,提高员工的素质,使他们胜任工作,才能实现企业的发展目标。

（二）有利于实现员工个人的发展目标

员工个人也有自己的发展目标，如希望掌握新的知识技能、获得较高的薪酬福利、得到晋升等。这些也同样离不开员工培训。通过员工培训，可以直接或间接地满足员工个人的上述愿望，实现员工个人的发展目标。

（三）是对学校教育的延续和补充

学校对学生的教育主要是基础教育，包括基础性的专业知识和技能的教育。当学生进入社会、进入企业后，作为工作岗位上的员工他们必然面临着如何适应新环境、掌握实际工作技能又如何把已有的基础知识运用到实际工作中去等问题。解决这些问题的途径，就是对员工进行有效的培训。而且，从现代“终身教育”理念出发，员工培训应该是贯穿于员工的整个职业生涯。

（四）完善企业文化

通过员工培训，能够使员工逐步理解并且接受企业文化，理解并能够有效地贯彻企业的战略目标。通过员工培训，可以调整员工的观念，使其行为有利于企业正常运转并使企业和员工融为一体，以求得生存和发展。

第四节　绩效评估与薪酬

一、绩效评估

（一）绩效评估概述

绩效评估又称为业绩评估、业绩评价等，是指对被评估者完成岗位工作的结果进行考量和评价。这种评估包含完成工作的数量、质量、成本费用、经济效益和社会效益、对企业发展的影响和贡献等。绩效评估不仅对被评估者的行为本身和行为结果感兴趣，而且对被评估者的态度、表现和影响亦给予关注。

绩效评估包括三个方面工作：① 对评估内容和影响的识别；② 对绩效做出判断和评价；③ 对评估活动的管理。合理的识别要求评估系统必须建立在工作分析基础上，评估体系应该集中于那些影响组织成功的绩效而不是与绩效无关的特征，如国别、种族、年龄、性别等绩效评估体系必须在组织中保持一致性、可比性和延续性。

绩效评估是企业人力资源管理的核心功能，一个好的绩效评估体系是促进企业内部文化沟通和融合的有效机制。绩效评估，既有助于缓解每个管理者繁重的工作又有利于测量和提高企业员工的工作绩效，从而进一步提高员工职业素质和企业的管理水平。

（二）绩效评估的实施过程

绩效评估的实施是一个较为复杂的过程，在此过程中绩效评估的手段和方法、绩效指标的制定、绩效评估对象的选择、对评估者进行的培训以及评估系统的调整和完善等内容并不是独立的，其中每个环节在绩效评估过程中都具有重要意义，各部分之间相互衔接而构成一个有机的整体。因此，绩效评估的实施过程是一个科学化、系统化的管理过程。下面对几个重要步骤做简要概述。

1. 绩效评估的准备

绩效评估的准备工作包括：制定绩效计划，确定绩效评估人员，准备绩效评估条件，公布绩效评估信息。其中，绩效评估条件包括绩效评估的工具，如软件、表格、文件等，也包括面谈的场所、陈设物等其他条件。

2. 确定绩效标准

绩效标准，是指对每一个员工所从事工作的基本要求，用以衡量员工在某一时期绩效的好坏，并用以引导和提高员工的工作积极性。一般来说，绩效标准在上一轮绩效评估后就已制定出来，通常是员工的工作计划、工作目标或工作任务书等。在本次绩效评估中，必须将员工期初制定的工作目标作为绩效标准，并参照这些标准对员工进行评估。为使绩效标准科学、有效、适当，在制定员工绩效标准时应当考虑绩效标准要具有具体性、可测量性、目的明确性和时效性等特点。

3. 绩效评估

对员工的绩效评估，一般分为员工自我评估和他人评估两个方面。员工自我评估，是指由员工本人对照自己的绩效标准如工作分析、工作计划、绩效目标等，进行自我评估，填写述职表或写出自我评估小结。他人评估，是评估者对被评估者进行评估，这里的评估者可以是上级主管、可以是人力资源管理部门人员，也可以是评估委员会等员工绩效评估机构。在采用360°绩效评估方法时，还会有被评估者的下属、同事和客户等作为评估者参与对被评估者的评估。评估者审核被评估者自我评估的内容，对照其绩效标准，在听取被评估者的上司、同事或其他相关人员意见的基础上形成评估意见。评估意见，一般采用表格形式，如各类考核表、鉴定表等。

4. 绩效评估反馈

绩效评估反馈，是指把绩效评估意见反馈给被评估者。一般有两种形式：一是绩效评估意见认可；二是绩效评估面谈。所谓绩效评估意见认可，即评估者把书面的评估意见反馈给被评估者，由被评估者予以同意认可并签名盖章。若被评估者不同意评估者意见，可以提出异议并要求上级主管或人力资源部门予以裁定。绩效评估面谈，则是指通过评估者和被评估者之间的谈话，把评估意见反馈给被评估者，征求被评估者的看法；同时，评估者应就被评估者的要求、建议和新一轮工作计划的制定等问题与被评估者进行广泛沟通。

5. 绩效评估的审核

绩效评估的审核，通常是指人力资源管理部门对整个组织的员工绩效评估情况进行审核，处理绩效评估中双方意见较大的异议和某些绩效异常的问题，同时对绩效评估后的各种人力资源管理活动提出建设性意见。绩效评估的审核主要包括审核评估者、审核评估程序、审核评估方法、审核评估文件和审核评估结果等五个方面。

（三）绩效评估的方法

1. 对比法

对比法，就是由评估者就某一评估因素把某一位被评估者与其他被评估者做一一对比，“好于”记为“＋”，“不如”记为“－”，最后比较出每个被评估者的优劣（表 8-3）。对比法由于需将每一位被评估者与其他人相比较，评估的误差较小，但工作量较大，所以对比法亦适合于少量人员的考核。

表 8-3　　对比法评估表

员工姓名	A	B	C	D	E
A		＋	＋	－	－
B	－		－	－	－
C	－	＋		＋	＋
D	＋	＋	－		＋
E	＋	＋	－	－	
评估结果	中	优秀	差	差	中

2. 行为观察量表法

这种评估方法是由美国人力资源管理专家拉萨姆（Latham）和瓦克斯雷（Wexley）于 1981 年提出的。它既有评定量表的优点，又克服了各种主观判断造成的偏误。一定数量的员工、核心管理者和来自各阶层领导组成的评估小组共同对员工进行评价。该量表是通过员工亲自参加的职位分析建立的，因此在使用中评定比较明确。行为观察量表有效地定义了职位标准，为特定岗位选择合适的人员提供了客观依据。但这种方法依赖于评定者对有效或无效行为的感知和回忆。因此，员工对管理部门的偏见会对评估结果产生一定的影响。另外，整个评估过程花费时间亦较长。

3. 量表评估法

量表评估法，是根据设计的等级评估量表而对被评估者进行评估的方法。无论被评估者的人数是多还是少，这种方法都适用。而且这种方法评估的定性定量考核较全面，故多为各类企事业单位选用。其具体方法是：先设计等级评估表，列出有关绩效因素，再把每一绩效因素分为若干等级并给出分数，说明每一级分数的具体含义。评估者根据表 8-4 对被评估者进行打分或评级，最后加总得出总的评估结果。

表 8-4　　员工绩效评估表

员工姓名________　　职务________　　评估日期________

工作部门________　　工号________　　评 估 人________

评估因素	最差(1分)	差(2分)	中(3分)	良(4分)	优秀(5分)
工作质量					
工作数量					
工作纪律					
设备维护和物耗					
创新意识和行为					

评估意见：______	评估人签名：______	最差——不能完成任务 差——勉强完成任务
员工签名：______	人力资源部门审核意见：______	中——基本完成任务 良——完成任务较好
员工意见：______	负责人签名：______	优秀——完成任务特别杰出

4. 强制分类法

和行为观察量表法一样，强制分类法也是为减少评价者的主观偏见而设计的一种绩效评估方法。它不涉及第三方参与。强制分类法一般是把员工绩效分成若干个等级，每一个等级强制规定一个百分比，根据员工的总体工作绩效将他们分别分类。强制分类法可用于评估对象较多的评估工作，如表 8-5 所示。

表 8-5　　强制分类评估表

员工姓名	优(10%)	良(40%)	中(30%)	较差(15%)	最差(5%)

5. 关键事件法

关键事件法，是指企业的主管人员将其下属在工作中所表现出来的非同寻常的良好行为或非同寻常的不良行为记录下来，然后每半年或一年主管和下属根据所记录的特殊事件共同讨论下属的工作绩效，举例如表 8-6 所示。

表 8-6 关键事件法示例

·好的关键事件——某年某月某日，小李主动加班到晚上 12 点，协助同事完成一份计划书，使公司第二天能顺利与客户签订合同。
·坏的关键事件——某年某月某日，小李在休息时间过后迟到半小时回到车间生产线，造成流水线上其他工人工作中断，影响整个车间的生产进度。

关键事件法建立在实际、真实的关键事件上，与员工进行对话的基础是保存最有利和最不利的工作行为的书面记录，因此是一种比较客观、公正的方法。当某种行为对部门的效益产生积极或是消极的重大影响时，管理者都应把它记录下来并把这些资料提供给评价者，用于评价员工的工作绩效。虽然它在认定员工良好表现和劣等表现方面是十分有效的，而且对于制定改善不良绩效的规划也是十分方便的，但其缺点在于若考察期较长则基层主管的工作量比较大。此外，由于每一关键事件可能都会对绩效评估结果产生重大影响，因而要求管理者在记录过程中不能带有主观色彩，必须始终如一地坚持客观、全面、精确的原则。这在实际操作过程中往往很难做到。

6. 目标管理法

目标管理法即 MBO，是美国管理学者彼得·德鲁克于 20 世纪 50 年代提出的，因其在组织绩效管理工作上的有效性，因而在全世界企业中得到迅速推广。这一理念特别重视利用员工对组织的贡献，因此它也是一种潜在有效的评价员工绩效的方法。在目标管理法中，员工同部门经理共同参与目标建立，在如何实现目标方面经理给予员工一定的自由度。参与目标建立，使得员工成为该过程的一部分。作为一种有效的反馈工具，目标管理是通过员工知道期望的是什么，从而把时间和精力投入到最大限度地实现组织目标的行动中去。从公平角度来看，目标管理较为公平，因为绩效标准是按相对客观的条件设定的，因而评分相对没有偏见。但目标管理也有缺点并存在若干潜在问题。尽管目标管理使员工的注意力集中在目标上，但它并没有具体指出达到目标所要求的行为；绩效标准因员工不同而不同，因此 MBO 没有为相互比较提供共同基础，而这些目标又会给员工带来绩效压力和紧张感。

二、薪酬

（一）薪酬的概念与分类

为了更好地理解薪酬，需要先弄明白薪酬与报酬的区别。报酬，是指员工从企业得到的作为个人贡献回报的、他认为有价值的各种东西。报酬体系的构成如图 8-3 所示。

薪酬，由薪和酬组成，是指员工在从事劳动、履行职责并完成任务之后所获

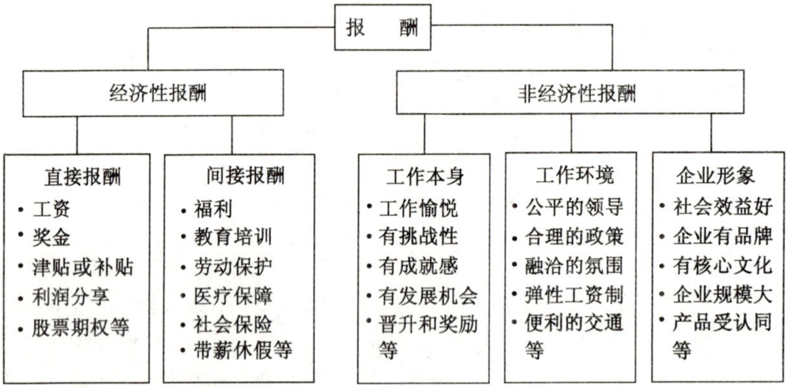

图 8-3 报酬体系的构成

得的经济上的酬劳或回报。薪，又称薪水、薪金、薪资，指所有可以用现金、物质来衡量的、可以数据化的个人回报，企业发给员工的工资、保险、实物福利、奖金、提成等等都是薪。酬，即报酬、报答、酬谢，是一种着眼于精神层面的酬劳。薪和酬，就像是硬币的两面，必须同时存在、同时考虑。在企业中，员工的薪酬是指报酬体系中的经济性报酬，常见的划分方法是把薪酬分为三部分——基本薪酬、激励薪酬和间接薪酬。其内涵和优缺点如表 8-7 所示。

表 8-7 **各薪酬类型及优缺点**

薪酬类型	内 涵	特 点	优 点	缺 点
基本薪酬	根据员工承担工作和所具备技能而支付的较为稳定的薪酬	视工作和技能而定	鼓励员工晋升和学习新技能	容易导致员工对工作的挑剔
激励薪酬	根据员工、团队或企业绩效水平而支付的具有变动性的薪酬	工资与绩效直接挂钩，随绩效浮动	激励效果明显	易助长员工短期行为，不利于提高员工技能和素质
间接薪酬	提供给员工的各种福利	具有普适性，与员工个人工作和绩效没有直接关系	稳定员工队伍，增强员工忠诚度和归属感	设计比较麻烦，在一定程度上所起的激励作用会逐渐下降

（二）薪酬的制定方法

国外企业通常采用职位评价方法来设计企业的薪酬等级。近些年来在工资制度改革中，国内许多企业也采用了这一方法。职位评价又称为职位评估或职位测评，它是指在工作分析基础上，对职位的责任大小、工作强度、所需任职资格条件等进行评价，以确定职位相对价值的过程。职位评价，是企业内部建立薪酬公平机制的重要手段。它是以职位为中心，依据一定的标准和程序判断不同岗位对企业的价值大小，并据以建立职位价值序列的一项专门的人力资源管理技术。其评价对象是职位本身而不是员工个人，因此体现出“对岗不对人”原则，反映的是相对价值而不是绝对价值。把职位评价结果直接应用于薪酬体系建立中，是划分薪酬等级的依据，是建立内部公平合理薪酬结构的基础和关键环节。职位评价的方法主要有排序法、分类法、因素比较法、计点评分法、海氏评估法等五种。这五种职位评价方法各有优缺点，如何选择合适的评价方法是职位评价的首要问题，下面分别对这五种评价方法进行介绍。

1. 排序法

排序法是比较传统的方法，也是职位评价中最简单的方法，亦最容易解释。该法首先列出企业内的所有职位，然后根据一些特定标准，如工作的复杂程度、对组织贡献的大小等对各个职位的相对价值进行整体比较，进而再把职位按相对价值的高低排列出一个次序。① 优点：操作简单，容易实行，耗用的时间和资源较少，成本较低。② 缺点：过于主观，不精确，缺少说服力，只能确定职位序列而不能确定所排序的职位的相对价值。对于某些相对价值比较接近的工作，虽然可以用排序法进行区分，但可能由于主观性太强、评估者多依据自己对职位的主观感觉进行排序，因而只能提供定性的说明和解释而不能提供量化的比较依据，因而说服力不足。③ 适用范围：只有评价者对所有的工作都非常熟悉，排序法才能取得较好的结果。在有许多不同职位的组织或工作职位、内容处于不断变动的组织中，排序法难以取得预期效果。一般，职位排序法只适用于较小规模的组织，因为这样的组织职位数量比较少，而对于大型组织，尤其是需要发挥员工创造性的行业的公司不太适合。

2. 分类法

分类法，是指把职位按总体工作内容分为不同的职类，在每一职类中再按工作内容的复杂程度、难易程度把不同的职位分为不同的等级，然后根据职位的工作内容把不同的职位归入不同的等级中，从而确定不同等级的薪酬比率。① 优点：分类法和排序法一样，属于定性职位评价方法，但它是排序法的一种改进。它克服了职位排序法只能适用于小型组织少量职位的局限性，可以对较为多的职位进行评估。同时，这种方法的灵活性比较强，尤其适用于组织职位发生变化的情况，可以迅速将组织中新出现的职位归类到合适等级中去。② 缺点：对职位等级的划分和界定存在一定难度，有一定的主观性。如果职位级别划得不合理，将会影响对全部职位的评估。另外，这种方法对职位的评估也是比较模糊的，只能做到把一个职位归在某个等级，到底职位之间价值的量化关系是怎样的则不是很清楚，因此用于薪酬体系中有时会遇到一定困难。③ 适用范围：分类法较适合于小型公司和公司结构比较稳定的公司，对于大公司及需要发挥员工创造力行业的公司不太适合。

3. 因素比较法

因素比较法是一种量化的职位评价技术，它需要通过报酬要素的比较来确定不同职位的报酬比率，从而确定不同职位的相对价值。在某种程度上说，要素比较法是排序法更进一步改良的结果。排序法只需要对工作的整体进行考虑和排序，而因素比较法需要选取职位工作的内容中的各个报酬因素，对每一报酬因素进行排序衡量，形成每一个职位在各个报酬因素上的序列分布，然后对每一报酬因素排序的结果加权后相加，得出各职位在所有报酬因素比较基础上的相对量化价值。① 优点：可根据在各个报酬支付因素上得到的评估结果计算出一个具体的报酬金额，这样即可更加精确地反映出各个职位之间的相对价值关系。② 缺点：因素比较法较上两种评价方法较复杂。使用因素比较法时应该注意两个问题，一是报酬支付因素的确定要谨慎，一定要选择最能代表职位之间差异的因素；二是由于市场上的工资水平经常发生变化，因此要及时调整其职位的工资水平。③ 适用范围：因素比较法能提供各职位进行比较后的相对量化价值，所以它被广泛应用于各类组织。可以适用于规模较大的公司，但在选择因素时易出现不具说服力的问题，所以在公司规模很大时不太适用。

4. 计点评分法

计点评分法，是目前应用最广泛、最精确、最复杂的一种职位评价方法，又称要素计点法、点值法等。它也是一种量化的职位评价方法，包括确定某一组织的报酬要素，把各报酬要素分成不同等级并将每一等级赋分，然后把需要评价的工作与各项报酬要素进行对比，确定职位在各项报酬要素上的得分，将各职位的总分进行比较最后形成需要评价的职位的相对价值体系。① 优点：计点评分法通过对报酬要素进行分析比较，以最优的形式对职位的相对价值大小进行评价，较为科学，可精确反映不同的职位之间的相对价值关系。这种评价方法一旦开发成功，则较容易被理解和应用，而且具有一定的稳定性。同时，这种评价方法在使用上具有一定的精确性和连续性。均计点评分法是基于组织所认可的各种报酬要素进行评定，具有较好的被认可性。世界上最著名的人力资源顾问公司，如 CRG、Watson Wyat、Hewitt 等，均采用这类方法。在美国，有 60%～70%的公司采用这种方法。我国政府从 90 年代初开始，在国有企业中大力提倡职位技能工资制，与之相配套使用的方法就是计点评分法。② 缺点：操作过程较为复杂、成本较高，而且需要提前与员工进行充分沟通，以使对要素理解达成共识。③ 适用范围：要素计点法由于其评价的相对准确性而被广泛应用于各种组织的职位评价体系，尤其受各大公司的青睐。由于操作比较复杂，因此不太适用于小型公司。

5. 海氏评估法

海氏评估法，是由美国工资设计专家爱德华·海（Edward N. Hay）于1951年研究开发的，也是当前使用最多的一种职位评价法。它基本综合了因素比较法和要素计点法的特点，主要用于管理的、专业的和技术的岗位，在30多个国家中运用。爱德华·海认为，任何工作职位都存在某种具有普遍适用性的要素，归结为知识技能、解决问题能力和职务责任三种要素，如表8-8所示。每一个要素都可以用一个指标图进行定义，每一个指标图都由一定的分数排列构成，图中相邻的分数之间相差大约为15%。这些指标图本身即揭示出知识技能、解决问题能力和职务责任对企业成败的影响程度。

表8-8　　海氏评估系统的报酬三要素

报酬要素	报酬要素释义	子要素	子要素释义
知识技能	使工作绩效达到可接受的水平所必需的专业知识和相应的实际运作技能的总和	管理诀窍	为达到要求绩效水平而具备的计划、组织、执行、控制、评价的能力和技巧。该系统分为五个等级，从起码的（第一级）到全面的（第五级）
		人际技能	该职位所要求的沟通、协调、激励、培训、关系处理等方面主动而活跃的活动技巧。该子系统分为基本的、重要的、关键的三个等级
		专业理论知识	对该职务要求从事的职业领域的理论、实际方法和专业知识的理解。该系统分为八个等级，从基本的（第一级）到权威专业技术的（第八级）
解决问题能力	在工作中发现问题、分析诊断问题、权衡评价对策、做出决策等的能力	思维环境	指定环境对职务行使者思维的限制程度，该子要素分为八个等级，从几乎一切按指定规则办事的第一级（高度常规的）到只能按模糊规则办事的第八级（抽象规定的）
		思维难度	指解决问题时对当事者创造性思维的要求。该子要素分为五个等级，从几乎无须动脑只需按老规矩办的第一级（重复性的）到完全无先例可供借鉴的第五级（无先例的）
职务责任	指职务行使者的行动对工作最终结果可能造成的影响和承担责任的大小	行动的自由度	职务能在多大程度上对其工作进行指导和控制。该子因素包含九个等级，从自由度最小的第一级（有规定的）到自由度最大的第九级（一般性无指引的）
		职务对后果形成的影响	该子要素包括四个等级：第一级，后勤性作用；第二级，咨询性作用；第三极，分摊性作用；第四级，主要作用，即由本人承担的主要责任
		职务责任	可能造成的积极性后果。该子因素包括四个等级，即微小的、少量的、中级的和大量的，每一级都有相应的金额下限，具体数额视企业具体情况而定

① 优点:海氏评估法是一项较为成熟的职位评价方法,具有因素比较法和计点评分法的所有优点,且能较好地解决企业内不同部门之间不同岗位的相对价值很难互相量化比较的问题。② 缺点:受到很多条件制约,在没有具备这些条件的情况下就无法保证评价结果的客观性。③ 适用范围:海氏评估法是一种比较成熟、应用非常广泛的职位评价工具。迄今为止,全世界约有5000家机构使用海氏评估法,包括美国500家最大企业中的130家。多家跨国公司或国内本土的知名管理咨询顾问公司大都采用此方法作为职位评价的主要工具,例如华信惠悦咨询公司、北大纵横管理咨询公司、新华信管理咨询公司、中大管理咨询有限公司等。

（三）薪酬体系的设计

薪酬体系的设计,应根据企业的实际情况并紧密结合企业的战略和文化,系统全面科学地考虑各项因素,并及时根据实际情况进行修正和调整,遵循按劳分配、效率优先、兼顾公平和可持续发展的原则,充分发挥薪酬的激励和引导作用,为企业的生存和发展起到重要的制度保障作用。一个设计良好的薪酬体系直接与组织的战略规划相联系,从而使员工能够把他们的努力和行为集中到组织的市场竞争和生存方向上。

1. 薪酬体系设计的原则

薪酬作为分配价值形式之一,设计时应当遵循按劳分配、效率优先、兼顾公平、可持续发展的原则,具体原则如下:① 内部公平性。是指按承担的责任大小、需要的知识能力高低以及工作性质要求的不同,在薪资上合理地体现不同层级、不同职系、不同岗位在企业中的价值差异。② 外部竞争性。保持企业在行业中薪资福利的竞争性,能够吸引越来越多优秀的人才加盟。③ 与绩效的相关性。薪酬必须与企业、团队和个人的绩效完成状况密切相关,不同的绩效考评结果应当在薪酬中准确地体现,实现员工的自我公平,从而最终保证企业整体绩效目标实现。④ 激励性。薪酬以增强工资的激励性为导向,通过动态工资和奖金等激励性工资单元的设计激发员工工作积极性。同时还应设计和开放不同薪酬通道,使不同岗位的员工有同等的晋级机会。⑤ 可操作性。薪酬制度和薪酬结构应当尽量浅显易懂、易于操作、易于推广,使员工能够理解设计的初衷,按企业的引导规范自己的行为,从而达成更好的工作效果。

2. 薪酬体系设计的步骤

为了更好地开展薪酬体系的设计,必须按照一定的步骤进行,具体包括以下六大步骤。

(1) 薪酬调查

薪酬调查,是薪酬设计中的重要组成部分。它所要解决的是薪酬的对外竞争力和对内公平问题，是整个薪酬设计的基础。只有实事求是地薪酬调查，才能使薪酬设计做到有的放矢，解决企业的薪酬激励问题，做到薪酬个性化和有针对性的设计。通常，薪酬调查需要考虑以下三个方面：① 企业薪酬现状调查。通过科学的问卷设计，从薪酬水平的“内部公平”、“外部公平”和“自我公平”三个公平角度了解现有薪酬体系中的主要问题及其造成的原因。② 薪酬水平调查。主要收集行业和地区的薪资增长状况、不同薪酬结构对比、不同职位和不同级别的职位薪酬数据、奖金和福利状况、长期激励措施以及未来薪酬走势分析等信息。③ 薪酬影响因素调查。综合考虑薪酬的外部影响因素，如国家的宏观经济、通货膨胀、行业特点和行业竞争、人才供应状况和企业的内部影响因素：盈利能力和支付能力、人员的素质要求及企业发展阶段、人才稀缺度、招聘难度。

（2）确定薪酬原则和策略

薪酬原则和策略的确定是薪酬设计后续环节的前提。在充分了解企业目前薪酬管理现状的基础上，确定薪酬分配的依据和原则，以此为基础确定企业的有关分配政策和策略，如不同层次、不同系列人员收入差距的标准，薪酬的构成和各部分的比例等。

（3）职位分析

职位分析是薪酬设计的基础性工作。其基本步骤包括——结合企业经营目标，在业务分析和人员分析的基础上明确部门职能和职位关系；然后进行岗位职责调查分析；最后由岗位员工、员工上级和人力资源管理部门共同完成职位说明书编写。

（4）岗位评价

岗位评价重在解决薪酬对企业内部的公平性问题。通过比较企业内部各个职位的相对重要性，得出职位等级序列。岗位评价以岗位说明书为依据，方法有许多种，企业可以根据自身的具体情况和特点采用不同的方法进行。

（5）确定薪酬类别

根据企业的实际情况和未来发展战略的要求，对不同类型的人员应当采取不同的薪酬类别。例如，企业高层管理者可以采用与年度经营业绩相关的年薪制；管理序列人员和技术序列人员可以采用岗位技能工资制；营销序列人员可以采用提成工资制；企业急需的人员可以采用特聘工资制等。

（6）薪酬结构设计

薪酬的构成因素反映企业关注的内容，因此采取不同的策略、关注不同的方面就会形成不同的薪酬构成。企业在考虑薪酬的构成时，往往综合考虑以下几个方面的因素：① 职位在企业中的层级；② 岗位在企业中的职系；③ 岗位员工的技能和资历；④ 岗位的绩效。各因素分别对应薪酬结构中的不同部分。

（四）薪酬管理

薪酬管理，是人力资源管理的一项主要职能活动。它是指企业在经营战略和发展规划的指导下，综合考虑内外部各种因素的影响，确定自身的薪酬水平、薪酬结构和薪酬形式并进行薪酬调整和薪酬控制的整个过程。

全面理解薪酬管理的含义，需要注意以下几个问题：① 薪酬管理需要在企业发展规划和经营规划的指导下进行，必须服从和服务于企业的战略目标。薪酬管理应为企业战略的实现提供有力支持，绝对不能狭隘地进行。② 薪酬管理的目的不仅是让员工获得一定的经济收入，使他们能够维持并不断提高自身的生活水平，而且还要引导员工的工作行为、激发员工的工作热情、不断提高他们的工作绩效，也就是达到薪酬管理的目标。③ 薪酬管理的内容不单是及时准确地给员工发放薪酬，这只是薪酬管理最低层次的活动。由上述含义可以看出，薪酬管理涉及一系列企业决策，是一项非常复杂的活动。

在市场经济中，企业的薪酬管理活动与人力资源规划、招聘、培训开发和绩效考核等人力资源管理的其他活动都存在密切的关系，薪酬管理在整个系统中处于十分重要的地位。这主要体现在以下几个方面：① 有效的薪酬管理有助于吸引和留住优秀员工。薪酬管理的有效实施，能够给员工提供可靠的经济保障，从而有助于吸引和留住优秀的员工。② 有效的薪酬管理有助于实现对员工的激励。按马斯洛的需要层次理论，有效的薪酬管理能够程度不同地满足企业员工的各种需要，从而实现对员工的激励。③ 有效的薪酬管理有助于改善企业绩效，激励性的薪酬能够对员工产生激励作用，提高他们的工作绩效，而每个员工工作绩效的改善将使企业整体的绩效得到提升。④ 有效的薪酬管理有助于塑造良好的企业文化，薪酬体系、薪酬政策和激励薪酬等都是企业文化建设的一部分，有效的薪酬管理正是良好的企业文化建设的前提和基础。

本章基本概念

（1）人力资源计划，人力资源需求预测，特尔斐法，回归预测法，人力资源供给预测，人员替换法，马尔可夫模型；

（2）员工招聘，内部招聘，外部招聘，员工解聘；

（3）员工培训，在职培训，脱产培训，知识性培训，技能性培训，态度性培训等；

（4）培训目标，培训对象，培训方法；

（5）绩效评估，绩效标准，绩效评估反馈，绩效评估审核；

（6）对比法，行为观察量表法、量表评估法，强制分类法，关键事件法，目标管理法；

(7) 绩效沟通，正式沟通，非正式沟通，倾听；

(8) 报酬，直接报酬，间接报酬、薪酬，基本薪酬，激励薪酬，间接薪酬；

(9) 排序法，分类法，因素比较法，要素计点法，海氏评估法；

(10) 薪酬体系、薪酬管理。

问题思考

1. 人力资源计划的内容有哪些？

2. 如何开展和实施人力资源计划？

3. 人力资源的需求预测有哪些方法？人力资源的供给预测呢？

4. 为了提高员工招聘的效果，人力资源部门应当如何进行招聘活动？

5. 内部招聘与外部招聘的优缺点各是什么？

6. 员工解聘的流程如何？企业该怎样避免解聘纠纷？

7. 企业为什么要进行员工培训？员工培训应该如何计划并实施？

8. 阐述绩效评估的实施过程和方法。

9. 简述薪酬制定的各种方法以及它们的优缺点和适用范围。

10. 一个良好的薪酬体系直接关乎企业薪酬战略的成败，管理者应如何设计薪酬体系？

11. 薪酬管理的重要意义体现在哪些方面？

第九章　组织变革与组织文化

学习目标

1. 了解组织变革的主要历程；
2. 掌握推动组织变革的主要因素；
3. 了解组织变革的一般规律；
4. 理解和掌握组织文化的内涵和基本特征；
5. 了解组织文化在现代管理中的重要作用。

【开篇案例】　**未来组织变革去向何方？**

近年来，媒体披露众多知名企业都努力进行组织架构调整。例如金融行业中，平安银行压缩成本中心，浦发银行调整部分业务条线架构；汽车行业中，吉利建立类品牌矩阵管理模式，东风日产重新规划内部架构和人员，丰田针对市场划分部门，以及广汽集团、福田集团努力实现决策前移等；互联网行业中，阿里分拆成25个事业部，腾讯成立6大事业群，百度组立前向业务群组、搜索业务群、百度移动云、LBS、国际化等5大独立运营的事业部，此外，新浪、人人、凡客都有所相关动作。

实践过程中，由于固有组织结构所积淀的黏滞力，其调整总是遭遇较大的阻力。一方面，组织变更产生诸多事务性工作，容易引起员工的抵触情绪；另一方面，组织变更伴随着管理层调任和薪酬变动，而但凡触及利益问题，员工们更难保持淡定。

正因为这种种不易，让我们更加好奇：为什么高管们会克服重重困难，努力抵御内部阻力，推动实施自身的组织结构变革？不难发现，刺激这种勇气和魄力涌现的动力，总是来源于他们对企业发展的方向性判断和决策，来源于他们对企业恰当组织结构的认识与重视。企业市场地域的扩展、业务的多元化、战略的新布局等等，都促使着组织结构变革成为企业管理者考虑的一个必要环节。

在市场、技术、人才领域的一系列新趋势，都对企业的传统运营方式提出了新的挑战，从而催生出新型的组织运营方式。那么，未来企业组织变革将去向何方？未来企业组织的变革，包括组织结构、组织治理方式、人才和文化等，要寻找到能够应对商业环境快速变化、同时激发个体效率潜能的组织方式。波士顿咨询公司(BCG)联合阿里研究院发布了《平台化组织：组织变革前沿的"前沿"》。如果说以往企业管理模式是金字塔式的火车模式，火车要想跑起来，全靠车头带；而平台化组织的管理则是动车模式，动车的速度是靠着每节车厢的动力带动起来的。平台化组织是现代企业为了顺应市场、技术、人才的新趋势而形成的新型组织形态，这一组织形态会依据不同的市场环境形成不同的子类型，在组织结构和内部治理机制上形成较大的差异。在业内，无论是电商品牌"韩都衣舍"，还是求新求变的海尔集团，抑或阿里巴巴，都或多或少在内部率先采用了平台化组织的组织方式和组织理念。

〔资料来源：网易财经：http://money.163.com/16/0819/15/BUREE20K002557RH.html,2016-08-19〕

组织变革是组织必须经历的一个过程。组织文化是一个组织的灵魂所在。本章主要对组织变革和组织文化的一些基本问题进行详细的分析，主要讨论以下五个方面：① 组织变革的历程；② 推动组织变革的因素；③ 组织变革的一般规律；④ 组织文化的内涵与特征；⑤ 组织文化在现代管理中的作用。

第一节　组织变革的历程

当今世界正处在一个急剧变革的时代，这迫切要求组织根据内外环境的变化进行相应的变革，否则将会面临被淘汰的危险，这也要求为组织实施成功的变革提供理论指导。可以说组织变革就其本质来说，就是组织为了适应内外部环境变化，对其组成的各个要素进行调整、更新、改变和创新，从而更好地实现组织目标的过程。组织变革是组织发展的重要手段，对维系组织生存、促进组织健康稳定发展具有重要意义。每个组织的具体情况各不相同，甚至可以说是千差万别，因此我们需要掌握对组织变革具有普遍指导意义的基础理论，下面我们来了解组织变革的发展趋势和历程。

一、组织变革的发展趋势

美国管理学家彼得·德鲁克曾经指出，组织的根本变革是"持续地改进"。"持续地改进"在任何领域最终都会改善经营管理效果，并导致产品创新、服务创新和新的流程、新的经营业务的产生，最后带来根本性的变革。这种"持续地改进"会推动组织向更加合理化和科学化的方向发展。总的来说，组织变革的发展趋势是——组织结构变革、网络化组织结构的普及、组织规模朝着小型化发展、倡导建立学习型组织。

（一）组织结构变革

组织结构的变革，可以由简单的组织结构转变为复杂的。可以把复杂的职能部门合并成简单的结构，也可以把“垂直化”的组织结构变为“扁平化”的组织结构，均需要视组织的运营目标、经营理念和内外部环境而定。目前，在我国大多数中小型企业采用的是比较简单的“直线制”或“职能制”组织结构。“直线制”组织结构简单灵活、责权明确，但在组织规模扩大后领导者因管理任务繁重琐碎、精力不及而无法进行有效管理。“职能制”组织结构则能适应职能部门的规模经营，适应规模扩大后企业的经营管理，但是对外界环境变化的反应比较慢。企业管理者首先必须要明确企业的愿景和目标，确定企业的发展方向，配合相应的企业发展战略，再选择与之相适应的组织结构。

（二）网络化组织结构

很多企业在经济全球化和世界市场化进程的变化中联系越来越频繁、交易越来越错综复杂，慢慢形成了网络化组织结构。企业之间可以进行连锁经营，通过互联网络企业之间可以相互传递最新的资讯，企业之间甚至可以跨越空间和时间界限进行庞大的网络营销、集团合作，等等。在网络化经营中，每一个企业可以成为网络上面的一个节点，犹如“蜘蛛网”上的一个小分子，进行相互交叉、相互包容的生产和经营，彼此之间结成网络联盟，以便增强企业的战略灵活性以应对内外部环境变化。倡导网络化组织结构，企业之间可以以网络为媒介，充分利用其他企业的资源打造自己的产品或服务优势，提高资源利用率，最终达到资源共享、相互合作的目的。

（三）组织规模小型化

近年来，企业管理者逐步发现，企业职能部门重复设置、规模大而全的组织结构设计是不合理的，追求企业组织大规模或超大规模的想法和做法必将会被社会淘汰。企业家们要想改变这样的不合理现象，企业就要缩小规模，把原本大单位划分成小单位，把重复的职能部门合并。组织规模小型化之路，将是今后众多企业组织规模变革的道路之一。

（四）学习型组织

学习型组织的提出，源于对组织管理的整体性、系统性的重视。学习型组织最早是由麻省理工学院教授彼得·圣吉在其著作《第五项修炼》中提出来的。他认为，企业的领导者和全体员工都要进行以下五项修炼：① 提高系统思考能力。彼得·圣吉认为，系统思考是一种“既见树木又见森林的艺术”，因此强调要把企业看成是一个整体系统并把它融入社会大系统中，考虑问题既要看到局部又要看到整体，既要看到细节又要看到全局，既要看到现在又要看到未来。② 追求自我超越。就是鼓励人们做事情要精益求精、好中求好，努力一步步实现心灵深处的愿望并不断地树立新的目标。③ 改善心智模式。这项修炼要求人们改变自我的心智模式，不能局限于自己的思维方式，企业的领导者和职工都要用新的眼光看世界。④ 建立共同目标愿景。这项修炼的目标是建立生命共同体。⑤ 开展团队学习。目的是为了激发团队的智慧。彼得·圣吉认为，形成“整体配合”是开展团队学习的精髓，也就是说，开展团队学习后，由于团队成员理解彼此的感受和想法，因此能凭借完善的协调和一体的感觉，发挥出的综合效率远高于个人的效率。

二、组织变革的简单历程

组织变革简单历程，即变革的简单过程。心理学家、麻省理工学院“团队动力学研究中心”主任库尔特·勒温(Kurt Lewin)从变革的一般特征出发，总结出组织变革过程的三个基本阶段：解冻，变革，再冻结，得到广泛承认。

（一）解冻

解冻，意味着人们已经认识到，组织的某些要素是不适合的，因而有变革的需要。一般来说，如果没遇到特殊情况，组织的原有状态是很难被改变的。只有当组织面临某种危机或紧张状况时，才有可能出现变革需要。例如，一个企业销售额急剧下降，一个政府组织的社会支持率突然下降，这时组织成员感觉到了形势相当危急、有了紧迫感。人们开始认识到，组织目前的状况与应达到的状况之间存在较大差距，而且这种差距已严重影响组织利益。这时，在组织中就会形成需要变革的呼声，人们开始认识到，按照老样继续下去已经不可能，过去的规则和模式因而要求被改变。组织的管理人员不仅自己而且也动员职工去寻求新的模式和方法。原有的状态被打破，人们从既定的行为模式、思想观念、思维方式和制度中解脱出来，准备进行变革。

因此，解冻的过程总是伴随着对过去的批判，包括旧的习惯、行为、观念和制度，旧的人物及其评价。这是任何变革的首要一步。

（二）变革

在认识到变革要求的基础上，改革就是新的模式和新方案的实施。这个阶段是以行动为主导的，即将新的观念、行为、思维方法和制度模式在组织内推行。这种实施有可能是强制性的。其实施过程包括：① 判断组织成员对新方式的赞成或反对情况、不同情况力量的大小；② 分析哪些力量可以变化、在什么程度上改变、哪些力量必须改变；③ 制定变革的策略，决定通过什么方式、在什么时间实施变革；④ 评估变革的结果，总结经验教训。

（三）再冻结

在实施变革之后再冻结，是指将新的观念、行为、思维方式和制度模式固定下来，使其稳定在新的水平上，成为组织系统中一个较为固定的部分。尽管不存在绝对固定的东西，但相对稳定对于组织来说是绝对必要的，否则组织的持续活动将无法得到保证。

再冻结的过程，除了组织在制度上采取措施外，另外一个重要的机制就是"内在化"。所谓"内在化"，是指将一些行为模式转变为职工个人的观念或信念的过程。组织变革的措施一般是由领导人推行的，对于员工来说它们是外在的规定。当员工认为这些规定会给他们带来好处并愿意自觉遵守时，这些外在规则就会内化为自觉行动。只有这时某种变革才算完成。

库尔特·勒温的变革过程模型是最早的关于组织变革的研究理论。从20世纪40年代开始他就在美国开始了组织变革与组织发展关系的研究。这个模型后来成为人们讨论组织变革过程的基础。在此基础上，美国行为学家戴尔顿总结出变革过程中的四阶段模型：① 制定目标。包括组织变革的总目标和具体目标，特别是组织变革各环节的具体目标。② 改善人际关系。逐渐改变过去陈旧的人际关系，建立新的人际关系模式。不破除旧的人际关系模式，变革就无法进行。③ 树立自我实现意识。即树立员工的自我发展意识。如果员工的自我发展意识得以确立，他们愿意主动参与组织变革，而组织中的每项变革都征求他们的意见，变革就成为全体组织成员努力的事情，变革就具有了广泛的群众支持基础。④ 变革动机内在化。即将变革的措施转化为员工的自觉行动，转化为员工的思想观念和自觉信念。让组织成员在思想上和行动上支持变革。

不论变革过程是分为三个阶段还是四个阶段，都不是一个简单顺利的变化过程。变革是充满矛盾、冲突的过程，可能也是一个不断重复推进的过程。

第二节　推动组织变革的因素

从20世纪70年代开始，西方管理学者开始对组织变革因素展开研究，其原因应该归结为西方社会在那个时代企业竞争的加剧，企业开始通过大量的兼并重组、改变企业现有组织结构、实施流程再造等一系列组织变革活动以提高竞争实力。笔者认为，有关组织变革的研究以20世纪90年代左右为界，前后的研究对组织变革的本质目的虽无大的争议，但之前的研究多数认为组织变革的动力来自于被动、迫不得已的竞争压力。其中，加里斯·摩根（Gareth Morgan）、马克斯·韦伯（Max Weber）、加里·德斯勒（Gary Dessler）、迈克尔·科伦索（Michael Colenso）、阿米尔·莱维（Amir Levg）和尤里·梅利（Uri Merry）等学者的研究比较具有代表性，他们都认同组织变革是组织状态之间的一种转变，但他们也都认为这种转变是被动的，是迫于环境的压力不得已而从事的组织管理活动。而90年代之后的研究则明显对于组织变革的驱动力有不同的诠释，以罗纳多·瑞卡多(Renald J. Recardo)、保罗·斯托贝尔(Paul Strebel)、理查德·L.达夫特(Richard L. Daft)、查尔斯 W. L. 希尔(Charles W. L. Hill)和加雷罗·琼斯(Gareth R. Jones)为代表的学者，通过研究那个时代企业的发展规律，归纳出组织变革新的驱动力来源是企业主动的组织变革行为。变革的内涵也增加了，包括人员思维模式变革、文化变革和主动变革，以赢得未来竞争优势等内容。

组织必然要不断进行变革。这是因为，组织是一个不断与外界环境发生作用的开放系统，而外界环境是不断变化的。具体而言，推动组织进行变革的因素可以分为外部环境因素和内部环境因素。外部环境因素包括宏观社会经济环境变化、科技进步、资源变化、竞争观念改变等。内部环境因素包括企业自身成长的需要、保障信息畅通的需要、克服组织低效率的需要、管理条件的变化、人员条件的变化，技术条件的变化等。当然，变革能否取得成功常取决于一些关键的因素。

一、组织变革的动因

组织变革的动力来自各方面。随着信息科技技术不断发展，特别是信息系统技术对组织层次间的关系、工作计划、领导方式和管理决策等提出了更高的要求；各类工作所需要的知识、技能不断更新和提高，使组织急需具备新知识、新技能的人员；产品不断换代且其周期缩短，要求生产和组织结构更加灵活；价值观的改变和生活水平的不断提高，使人们高层次需要更为突出等等。这一切都推动着组织不断地进行新的变革。

组织变革的动因可以归纳为以下几个方面。

（一）组织宏观外部环境的变化

组织宏观外部环境，是指组织面临的政治法律、经济、社会文化和技术更新等外部环境因素。组织外部环境的变化可能对组织经营活动形成制约，如日益加强的环保要求等；也可能放松原有的制约，如新技术的采用等；还有可能对组织的具体外部环境产生影响，如管制的提高可能会提升进入壁垒，以避免竞争的加剧。

（二）组织具体外部环境的变化

组织具体外部环境，是指与实现组织目标直接相关的那部分外部环境。具体外部环境对于每一个组织而言是不同的并随着条件的改变而不断变化。一个组织具体外部环境的变化，取决于组织所提供的产品或服务的范围及其所服务的具体细分市场。迈克尔·波特的"五力模型"是常用的组织具体外部环境分析工具。组织具体外部环境的变化对组织的影响特别明显，也是组织变革的主要外部动因。

（三）顾客需求的变化

在迈克尔·波特"五力模型"中，其中之一就是顾客(消费者)，但是其含义较狭窄，仅限于研究顾客的购买竞价能力，只将顾客作为产品的购买者。实际上，顾客不仅是产品的购买者。那么，满足他们的需求是组织经营活动的中心。随着顾客消费观念的改变和市场上产品日益丰富，顾客的要求越来越高。顾客需求日益呈现出多样化、个性化，从而导致需求的不确定性提高，同时对产品的性能、质量、价格、售后服务和交货期等的要求也日益提高。这都要求组织适应顾客需求的变化而变化，且源于这种推动力的变革会日益重要。

（四）组织内部环境的变化

组织内部环境也是处于不断变化之中的。有些变化对组织而言是有益的，而有些变化对组织而言是有害的。当后一种变化日益积累成为组织持续发展的阻力时，变革便是必然发展的事。常见的情况有：日益严重的官僚主义，业务流程不顺畅，部门之间冲突加剧，组织职能僵化，集体利益被忽视，缺乏创新和学习等。当这些情况在组织内部出现时，就必须进行变革，否则组织容易被淘汰。

（五）突发事件

突发事件具有突然性和不可预知性等特点，这就要求组织能够迅速对突发事件进行反应。上述的变革动因，既有可能为组织的发展带来挑战和威胁，也可能带来机遇和助力。变革的实施，既可能是在事件发生之后实施——“后应式变革”；也有可能是在事件未发生时实施——“先进式变革”，这种变革基于对事件未来变化趋势的预测。

二、组织变革成功的关键要素

组织变革是一个复杂的系统工程，涉及因素很多，其中任何一个因素都可能影响组织变革的成败。一般而言，组织变革的关键成功因素可以归纳为以下几方面。

（一）变革的必要性

变革成败对组织发展和生存关系重大，加之任何变革都必定具有一定风险，因此变革必须在确实需要的情况下进行，绝不能凭一时的热情或跟风而盲目进行。美国管理行为学家约翰·科特(John P. Kotter)认为，人们在对组织实行调整中犯下的最大错误是——在公司各级管理人员还未形成高度紧迫感的时候，就大刀阔斧地实施改革举措。这种错误是致命的，因为组织在众人极度自负的情况下历来无法使变革的目标实现。只有在变革确实必要时才能产生足够的紧迫感。

（二）变革计划的可行性

组织变革是在一定内外部环境下进行的，必须分析进行变革的内外部环境条件是否合适。有很多变革计划实际上很完美，但是就组织目前的情况而言则不一定具有可行性。造成这种状况的原因很多，可能源于组织外部环境的制约，也可能源于组织自身各种资源或能力的不足。如果仅仅追求变革计划的完美，而不注重计划的可行性、操之过急，在条件不成熟的时候就实施变革，极有可能适得其反。可以从两个方面解决这种情况：一方面，把变革计划细分成若干个子变革计划，从子计划开始变革；另一方面，关注制约变革的外部环境变化，同时注意衡量和积累自身各种资源或能力，以便促进变革成功。

（三）对变革认同

无论是自上而下的变革还是自下而上的变革，都需要在组织内部得到广泛认同。如果得不到组织大多数职工的支持，变革不可能取得成功。要使变革得到广泛认同，必须在变革实施之前进行全面有效的沟通。首先，变革必须在最高领导层达成共识；其次，变革需要得到中层管理者的大力支持；再次，变革需要得到基层员工的支持。可以设想：最高领导层内部无法达成共识的变革是不可能得到广泛支持的；如果不能得到中层管理者大力支持，难以想象会得到基层员工的支持。在就变革进行内部沟通时，不能仅仅局限于“推销变革计划”，还应就变革的目标、范围、措施、方案等各方面的问题进行沟通，这样既有利于确保计划内容的科学性，也能调动员工的广泛参与，而这本身就具有激励作用。

（四）妥善解决变革出现的问题

变革源于存在问题和矛盾，而同时变革本身又会产生问题和矛盾。变革的数量和速度越大越快遇到的问题也就越多越复杂。其中，有些问题在变革之前就能够预料到，有些则是不可能事先预料的。这就要求组织能够根据其战略原则和变革原则妥善快速地解决出现的问题。

（五）化解变革阻力

变革的阻力来源于组织成员和组织本身等。组织成员出于担心失去既得利益、不愿意打破原有习惯或是怕承担变革风险，往往会拒绝组织变革。来自组织本身的阻力通常是因为组织内部不同利益团体对变革的认识和意见不统一。对于这些阻力必须区别对待，有些阻力出于对变革及其对自身的影响存在误解，这需要进行变革培训、加强沟通，强调群众广泛参与。当然，变革必然会涉及一部分人的利益，因此必要时需采用一定的强制手段。

（六）注重变革过程管理

即使是非常优秀完美的变革计划，如果不能有效执行也必定难以成功。在变革计划比较完善的情况下，变革过程中的领导、协调、沟通、激励和控制的效果直接决定变革的成败。其中尤为重要的一点是，一定要建立一个强有力的、得到最高领导者支持的变革领导小组（团队）。

（七）注重文化因素

文化是组织成员共有的核心价值体系，它是组织成员行为的标准。变革实施过程中，可能遇到一些文化的强抵触力，重要的是进行有效的沟通和疏导，并利用变革的机会在组织中确立新的强有力的文化。这种新型文化既要适应组织当前发展的需要，也要具有一定的柔性。

（八）巩固变革成果

变革取得初步成功后，人们容易犯的错误是不能及时巩固变革成果。变革初步成功后也容易失去对变革反对力量的应有警惕，或是忽视变革之后的整合重组，最终导致变革成果不能得到巩固和变革的最终失败。这时需要的是把变革成果及时形成明文制度，或者使变革成果融入组织文化中，以指导组织今后的发展。

第三节 组织变革的一般规律

一、组织变革的形式

对于组织变革的主要形式，提出的较早、认可度较高的是哈洛德·李维特(Harold J. Leavitt)(1965)提出的三种关于组织变革类型的划分，即组织结构变革，人员变革，技术变革。① 组织结构变革——即通过对组织结构和职权关系的调整，从而达到能适应组织工作绩效目标的一种管理行为；② 人员的变革——是指对有关员工的态度、知识和技能的改变，主要目的是为了提高员工的生产力；③ 技术的变革——是指采用新的生产加工制造技术或引进新的加工制造设备。阿齐勒斯·阿姆纳克斯(Achilles A. Armennakis)等(1999)对有关组织变革的文献进行了比较全面的回顾，提出了一个包括背景、内容和过程的组织变革理论框架，他们认为这些方面能使员工对组织变革的反应产生全面影响。组织变革的背景主要聚焦在组织内外部环境中的各种力量或者要素上面，如政治法规环境、产业环境、组织规模、企业氛围等；组织变革的内容主要聚焦于当前组织变革的实质方面，如组织结构的调整和组织战略调整等；组织变革的过程则主要强调在组织变革过程中所开展的一系列行动，如开发新技术、管理创新、流程再造等。

对于组织变革的方式，不同的专家、学者的观点有所不同，有的研究者把组织变革划分为计划式变革、爆破式变革、改良式变革；也有的划分为自发性变革、强制性变革、革命性变革、渐进性变革、增加性变革和减少性变革。本书对于组织变革的分类采用科特·德克斯(Knit T. Dirks)(1996)的分类方法，把变革方式分为以下几类：自发性变革、渐进性变革、增加性变革、强制性变革、革命性变革、减少性变革。

自发性变革，是指让员工积极自觉参与实施的一种变革方式，让员工主动参加有关组织变革的调查、分析和计划，使员工能充分认识到变革的紧迫性和变革的责任感。

强制性变革，是指在“政府”或强制力量的推动下启动和推进的一种变革方式，变革由政府命令实行或由法律强制执行，政府以改革制度供给者身份设定关于组织变革的基本路线、目标和方案，组织成员只是执行工具、没有过多的自主权和责任。

渐进性变革，是指采取逐渐演变和过渡的一种变革方式，通过对各个局部环节的修补和调整而实现。采用这种变革方式对组织产生的震动比较小，而且能够进行经常性的、局部的调整，直到达到理想状态。然而这种变革方式也有一定弊端，如容易产生对变革路径的依赖，致使组织一定时期不能摆脱陈旧机制的束缚。

革命性变革，是指采取革命性的措施，一举打破原有状态、抛弃旧的模式而断然采取全新办法的一种变革方式。这种变革方式比较剧烈。采用这种变革方式往往会涉及组织重大的乃至根本性的改变。这种变革容易使员工丧失已形成的安全感，造成员工士气低落，影响组织的生产和经营，甚至引起员工对变革的强烈反对。因此，在需采取这种变革方式时应当保持谨慎的态度。

增加性变革，是指在原有组织结构基础上扩大规模、增设机构、增加员工数量、增加资金投入等的变革方式。这种变革方式较为平缓。采用这种变革方式通常较不易引起员工对变革的抵触情绪。

减少性变革，是指在原有组织结构的基础上缩小规模、削减机构、裁员、撤销资金等的变革方式。采用这种变革方式往往会对组织的稳定性引起较大动荡，员工抵制变革的情绪相对来说较为强烈。因此，主管部门和人力资源管理部门应当及时做好变革前的沟通、人员安置和情绪安抚工作。

二、组织变革的一般规律

面对不同的变革动因，即不同的外部环境和内部环境，组织采取何种变革形式是有一定章法可循的，也就是说，组织变革具有一般规律性。

（一）组织结构设计

组织结构设计，是组织变革的重要的具体形式的体现。组织设计从某种意义上说，是指组织系统为了适应组织内外部环境的变化，根据组织系统出现的弊端进行调查、分析、诊断，对组织结构、功能进行不断调整，改变旧的组织管理形态、建立新的组织管理形态的一种组织行为和管理过程。麦肯锡公司的负责人、著名的组织问题专家道格拉斯·史密斯(Douglass Smith)估计，一个应用设计新原则的公司能降低三分之一乃至更多的成本。组织结构设计的权变理论认为，一个组织是采取中心集权型结构还是采取参与型组织结构，取决于外部环境和内部环境中权变要素的变化。具体地讲，一个组织的正规化和集权化最优程度是环境变化程度、技术、规模的函数。而且，最佳层级结构的选择也是由组织战略决定的。因此，决定组织结构变化的权变要素包括内外部环境、技术、规模和战略等。

1. 环境

这里的环境，指的是企业的外部环境。任何企业组织作为一个单位，都存在于一定的社会环境之中，组织外部的环境对组织内部结构具有重要影响，环境的差异性、动态性和不稳定性愈大，要求组织内部结构的差异性和复杂性也愈大。面对不同任务环境的组织，将试图使自己具有与环境相适应的组织并建立不同结构单位以应付来自外部环境的挑战。环境对职位和部门设计有深刻影响。企业组织与外部存在的其他社会子系统之间也存在分工问题。不同的社会分工环境对企业组织内部工作的任务、所需设立的职位和部门也不一样。如在我国计划经济条件下，企业按国家指令生产，产品也按国家指令运到指定单位，企业内部基本上只需要围绕生产指标进行组织。而在市场经济条件下，企业内部更多考虑的则是新产品研发和产品营销。

环境对各部门关系也有积极影响。企业组织外部的环境不同，企业组织资源配置的侧重点也不同。如当市场处于卖方市场情况下、产品供不应求时，企业内部主要关心的是如何扩大生产规模、增加产量，那么企业的生产部门就会显得特别重要。而当市场处于买方市场环境时，企业重点要加强的则是市场营销部门，营销部门就会成为企业组织的中心。

企业组织的外部环境是否稳定，对组织结构的总体特征要求也是不一样的。当外部的环境比较简单、稳定时，企业组织的结构就可以设计成比较机械式的、稳固的垂直式的组织结构，管理部门和人员职责明确、界限分明，等级结构严密。当外部环境比较复杂、动荡不定时，企业组织结构就要设计成比较柔性的、灵活的水平式的组织结构，一个设计良好的企业组织要对环境做出及时、有效的反应，从而为组织发展保持活力。

2. 战略

组织结构必须服从组织选择的总体战略需要，企业组织结构的设计必须为总体战略的实施服务。管理的主要职能之一，是根据组织发展的战略目标对企业组织结构做出相应的选择和调整。

美国著名学者阿尔弗烈德·钱德勒对美国著名 70 家大公司特别是通用汽车公司、杜邦公司、新泽西标准石油公司和西尔斯·罗布克公司的经营发展历史进行了深入研究，结果发现各个公司在处理组织战略与组织结构的关系问题中有一个共同特点——即在企业选择一种新的经营战略后，由于管理者在现行结构中拥有既得利益，或不了解经营管理问题以外的情况，或对改进组织结构的必要性缺乏足够认识，使得现行组织结构未能立即适应新的组织战略而发生变化，直到行政管理出现了问题、组织效率下降,企业才不得不把改变组织结构问题纳入议事日程……组织结构改变以后,适应和保证了战略实施,企业的获利能力大幅度提高。由此钱德勒得出一个著名的结论——企业组织结构要服从企业战略,组织结构是为战略服务的。

3. 技术

这里的所谓技术,是指组织把投入资源转化为产出产品或服务的方法。任何组织为了把人力、物力、资金、信息等各种资源转化为产品或服务,都必须运用一系列的技术。

企业组织所使用的技术,对组织内部的结构具有重要影响。技术和技术装备不仅影响企业组织活动的效果和效率,而且亦作用于组织活动的内容划分、职务设置和工作人员素质要求。技术最能直接影响那些与转换过程密切相关的结构特性。比如,生产流水线上的工作往往规范化程度高,总在不断重复,这种技术高度重复性就同建立各种工作规章、准则及其他制度有很高的一致性,正规化的制度和决策集权制可使组织结构比较机械、稳固。

现代企业的一个显著特点是在生产和管理过程中广泛使用了先进的技术和生产设备。技术的迅速变革和信息革命大有改变传统的生产、营销、订货和使产品和服务适应顾客需求的变化。现代企业因技术的飞速发展,产品生产周期、产品生命周期大大缩短,市场变化更为迅速,顾客需求更加多样化和个性化,如何及时、迅速地对市场和顾客的变化做出反应,势必要求现代企业组织具有与传统的企业组织不同的结构。组织结构只是手段而不是目的,它要使企业组织更好地适应外部环境,做好沟通的桥梁。组织结构设计应当根据技术发展的需要设计出具有弹性的灵敏的智能性组织。

4. 规模

企业组织的规模是企业组织结构的重要决定因素之一。规模越大的企业所具有的结构也越精细、越复杂;组织活动越多样化、差异性越大,要求的一体化也就越多,而组织的结构也就越复杂。

规模和复杂性联合起来影响着组织结构。一般来说,随着规模增大,企业组织会使其活动差别化,以便获得专业化分工的经济效益,产生功能性部门,提高部门效益,导致水平化。然而,当各部门各自为政时,难于相互协调,只好又增加垂直分化以协调各部门的活动。而在规模不断扩大下,组织的地理分布也越来越广,其机构自然要在水平、垂直、空间各个方向扩展,其复杂性可想而知。

专业化的增长、复杂性的增加会导致统一问题的产生,为指导参与者的活动,政策和程序一般会变得更正规化,管理结构的建立就是要解决协调问题。当高层领导发现个人无法有效控制所有业务活动时,就会形成更明确的角色和权力系统，权力分散化成为必然。

组织结构与复杂度和规范性呈正相关关系，与组织规模和集权度呈负相关关系。规模越大，越需要结构扁平化，越需要放权。

现代企业组织越来越复杂，置身于瞬息万变的环境中，面临的挑战是巨大的，这就必然要求组织结构必须用动态、变化的观点进行设计和应变。据罗纳德·格林伍德（Ronald G. Greenwood）和丹尼尔·雷恩（Daniel A. Wren）的调查，在三年期间美国100家最大的工业公司中至少有三分之二进行了重大的组织调整，企业规模扩大、产品调整等往往首先改变企业经营的范围即企业组织的边界，并促成组织结构调整。IBM、GE、海尔、长虹等中外著名的成功大公司无不都是组织结构设计和变革方面的开拓者。

我国的华为公司非常重视公司的组织设计，在《华为公司管理战略与策略》中即道出了组织设计的原则和核心实质。在第39条中明确规定，华为组织的建立和健全，必须：① 有利于强化责任，确保公司目标和战略实现；② 有利于简化流程，快速响应顾客需求和市场变化；③ 有利于提高协作效率，降低管理成本；④ 有利于信息交流，促进创新和优秀人才脱颖而出；⑤ 有利于培养未来的领袖人才，使公司可持续成长。

这些组织结构设计原则及其在实践中的成功运用，使华为对外部市场能够始终保持敏锐、快速、灵活的响应能力和与顾客的密切关系，对内部组织有高效协作的运作效能，使华为始终充满创新活力，保证华为在快车道上安全行驶。

（二）组织文化变革

如何适应组织内外部环境的变化，是企业组织经营过程中非常重要的课题。特别是近年来环境变化的速度越来越快，适应环境变化的重要性越来越高。为了适应变化，企业需要具有新的思考方式和行为方式，可是这种新的方式却很难产生或很难生存。组织文化研究为我们认识企业组织文化的深层本质提供了工具，我们需要从根本上进行改变才能适应新的环境变化，而不仅仅是简单地改变战略、组织结构或管理系统。

1. 组织文化变革过程中的问题

传统的命令支配式管理、单向交流方式和僵化的企业文化，只能激发出员工10%的创造力。显然，这是对企业最宝贵资源——人力资源的极大浪费，对企业的生存和发展极为不利。现今，许多企业正在放弃旧的人力资源管理控制体系，代之以新的方式来培育新的工作态度和行为。良好的企业文化以同一价值观影响着每一个员工的行为和观念。许多企业自觉地把企业文化的变革作为促进组织变革成功的一个重要杠杆。

然而，面对环境的剧烈变化，组织文化到底应该如何变革，变革到何种程度才能适应企业的组织愿景、战略和结构，一直是一个争论不休的话题。美国管理大师彼得·德鲁克就曾认为，对于组织文化应该利用它而不是改变它。美国管理行为学家约翰·科特和詹姆斯·赫斯克特(James L. Heskett)则认为，组织文化是可以改变的。然而，组织文化的改变困难重重，究其原因主要有以下两点：① 组织文化的改革存在极大困难，要克服组织文化的反弹阻力，这就需要极大的权力支撑。这种权力通常只能属于组织的最高管理者。② 组织内部各级机构存在着相互依赖性。这种相互依存的内部关系，使得不进行全局改革就不能对某一局部进行任何重大改革。而能够实施这种全局性改革的人，其职位也只能是出自组织最高层。

组织在推动文化变革的过程中，都会出现一些共同问题。其中主要包括——① 面对新的角色和责任的不安会感导致人们有畏惧心理；② 公司弥漫着“洋洋自得、几乎感受不到迫切性”气氛；③ 公司必须给予足够的时间“让业务运作如常”，同时推出新的措施。④ 高级主管沟通任何信息都必须直接告知低层员工。如果允许信息层层转达，将极易造成误解。⑤ 战略制定时也需要考虑到系统和技术的改变。

2. 组织文化变革的步骤

首先，建立一个愿景；其次，详细沟通这个愿景；再次，让员工都参与；最后，规划执行流程。以此为基础，勾画出一个组织文化变革的流程图，如图 9-1 所示。

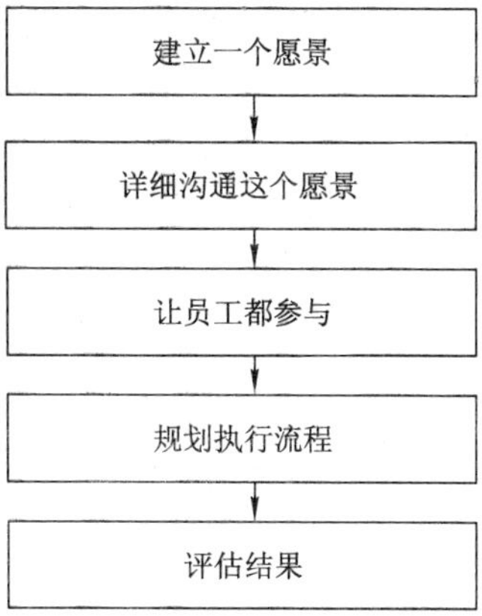

图 9-1　组织文化变革流程图

从以上组织文化变革过程中人们可以得到许多有益的启示。① 组织文化变革必须与组织战略、愿景和组织结构变革协调进行。没有组织文化的变革，组织战略和愿景就难以被组织成员认识和把握并变成每个人自觉的行动指南。组织文化变革与企业组织结构变革就像是我国传统文化中的八卦图一样，是阴阳互补、相互作用的，如同人体的体与魂的关系。如果一个企业没有变革精神的文化，组织结构就是一个空躯壳。组织的生命力关键在于具有强大凝聚力的文化与灵活高效的组织结构的适应和协调，两个方面是不可或缺的统一体。一个企业既需要依托管理的组织结构做基础，而且也更要依托强有力的文化，不仅可以最大限度地激发每个员工的工作积极性和主动性，而且可以最大限度地把每个个体的积极性凝聚成一股经久不衰的巨大的团队力量，从而顺利实现企业的经营战略目标。② 组织文化变革必须充分考虑到变革带来的阻力，要积极与组织所有成员进行有效沟通，只有广大的员工认识到变革的必要性和重要性以及怎么进行变革，同时对员工积极有效的变革进行激励和肯定，才能提高员工的参与性、调动员工的积极性，才能保证文化变革成功。③ 文化变革是一项复杂的工程，要有足够的耐心和信心。文化变革与文化建设是相互依赖和相互促进的。增强组织成员的相互信任，营造一个坦诚交流的组织氛围和环境，使变革之流在组织中流动起来，就必须创造足够的时间使变革起支配作用。④ 要加大培训，使新的组织文化价值观和行为方式深入每个人的观念和行为中去，变成他们新的工作态度和工作准则，变成他们的自觉行为。⑤ 要管理变革过程，及时有效地对变革效果进行监控和反馈，领导要言行一致地带头进行根基性变革，在变革过程中起到模范带头作用。没有领导的坚强决心和坚定信念，组织文化变革就不可能真正取得成功。

（三）人力变革

人力既是变革的阻力来源又是变革的动力来源，它是一个矛盾体。无论是组织的战略变革、结构变革还是文化变革，它们都不可能自己发生。任何领域的变革，必须以人为依托，而且一定包含着人力变革。变革如果不动员组织成员和团队智慧，无论想得多么周到完美，其结果都是不可能被认可和成功的。企业组织变革所需要的人力资源不可能一下子涌现出来，需要我们大力开发和培育。人力日益成为变革的重要杠杆，因而需要新的人力激励政策。只有摈弃激励机制中旧的价值观、引进新的价值观，企业文化和员工行为才会出现可喜的变化。可以说，所有变革的成败都取决于人力变革，取决于对人力资源充分而有效的开发和管理，取决于把组织所有的员工激活。

1. 人的思维和观念的变革

在当今多变的世界中，改变员工的行为和态度对于组织不断变革是非常关键的。张锐敏说："我经常思考这样一个问题，改革开放为海尔带来的最本质、最核心、最打动人的东西是什么？想来想去，我认为就是四个字：观念革命。可以这样说，海尔创业以来最大的收获，绝不仅仅是销售收入、利税、出口创汇翻了多少番，产品品种增加了多少个，更重要的是抓住了改革开放为我们提供的一次改变对整个外部世界的看法和思维方式的机会。也可以这么说，中国 20 年的辉煌，海尔 15 年的成就，主要不在于有形的东西，而恰恰在于无形的东西，这就是观念、思维方式的全新的变革。"日益加速的变革进程向人们提出了严峻的挑战，人们需要放弃陈旧的思维方式，因为陈旧的思维方式妨碍人们使用新的市场规则去进行竞争。人们需要用新思维指导变革，采取灵活的工作作风。

思维方法的变革要有科学理论做指导，思维方法的变革不是被动的，而是主动的、积极自觉的过程。

对于中国的企业而言越来越需要现代管理理论的指导,而不能只停留在“摸着石头过河”的经验管理阶段。加拿大管理学家亨利·明茨伯格和奎因(1991)观察到:“人们不但能够忍受理论的缺乏,而且还能忍受在没有认识到它们的情况下受到它们的控制。为了理解英国经济学家约翰·梅纳德·凯恩斯(John Maynard Keynes)的话,大多数‘实践的人’是一些过时的理论家的奴隶。不管我们是否认识到这一点,我们的行动都是由我们多年内化的思想体系指引的。我们能够通过下面的方法学到许多,把这些思想体系公开,更仔细地检查它们,并且把它们与观察世界的其他可选方法进行比较——包括基于系统学习的方法(即研究)。”这些“思想体系”,对变革管理的重要性体现在两个方面:一是它们为组织应该具有什么样的结构和如何管理提供了模型;二是它们为判断和描述组织中个人和集体行为的有效性提供了指导。

为了理解变革组织的原因和方法,首先有必要理解组织的结构、管理和行为。正如亨利·明茨伯格和奎因所指出的:很明显,在许多组织中都没有对这些理论的清楚理解。这就导致对某一特定结构和实践的正确选择,它们被挑选和实施的方式是建立在有限的甚至是错误的假设基础之上的。在这种情况下,当然不能期望变革是完全成功的。另一方面,在发起和执行变革时,如果要做出正确的选择,就需要对这些理论有一个全面理解。

(1) 创造适当的变革氛围

思维变革需要一定的环境氛围,只有在一个适合于变革、创新的环境中,个人的思维方法才能发生根本性变化。个人潜在力量是看不见、摸不着的,它们包括情感、智慧、观点、热情、士气、价值观和企业文化。在严格的制度、严厉的指令下的强制性组织,潜在力量会受到压抑。

著名心理学家马斯洛在他的著作中写道:“人类已不再具备动物的本能,其强大无误的内心世界明确地告诉他们应该做些什么、何时何地做、怎样做、与何人一起做。我们剩下的只有一些残余的本能,而且它们已十分脆弱、隐秘、精细,极易被知识、文化教养、恐惧、反对等因素毁灭,它们很难被意识到。从某种意义上可以说,真正的自我是能了解自己的内心冲动的,也就是知道自己确实要什么,不要什么,哪些对自己合适、哪些对自己不合适。”

(2) 挖掘员工潜力

挖掘员工潜力的动力是组织对发挥员工潜力、自由表现其创造力、意图、冒险精神和热情的渴望。员工的潜在力量像储存在水库的水,一旦决堤就一泻千里奔向大海。而这种潜力的发挥需要一个人文生态环境。人们对成功的美国硅谷进行研究发现,为什么硅谷能这么成功?关键是硅谷有一个良好的人文生态环境，那里是创业家的乐园，那里鼓励创业、勇于变革、尊重知识、爱惜人才，提倡冒险、宽容失败、鼓励创新、奖励奉献，那里有足够展示人的才华的空间和组织，那里每天都有不断冒出的小企业、新企业，它们犹如生态大系统中不断展开的小生命，使整个大生态系统永远充满活力和生机。

(3) 加强员工培训

思维方法的变革是在不停地自主训练过程中完成的，要加大对员工的培训，让员工与企业一道成长，不断给企业造就企业需要的人力资源。新世纪企业竞争的优势主要来自于无形的人力资源开发。根据美国一份对企业调查的统计资料分析，对员工的培训每投入 1 美元就能产生 50 美元收益。这充分说明员工的知识水平越高，劳动生产率就越高，给企业创造的价值就越大。因此，许多大公司都在员工培训上不惜血本。1994 年全美大企业用于员工培训的费用高达 500 亿美元，相当于当年全美高等教育经费的 50%，而且此项开支还以 50%的速度递增着。研究美国企业培训内容人们惊讶地发现，他们非常注重员工的思维方式、价值观念的培训和强化，而不仅仅局限于业务技能，或者说主要不是业务技能。相比之下，我国则比较忽视职工的培训和再学习，重使用轻培训，结果职工技能 30 年一贯制，导致职工知识老化、技能单一、视野狭窄、适应性差、转岗能力欠缺。企业产业结构调整、适应市场变化的能力受到人力资源支撑体系制约。因而，国有企业加大职工培训有重要意义。

2. 开发员工潜力

英国首相温斯顿 · 丘吉尔(Winston Leonard Spencer Churchill)认为，人塑造了自己住所的形象，然后住所塑造了人的形象。今天的员工必须勇于变革组织，同样变革的组织也会变革员工。我们要善于利用这二者之间的互动关系来开发员工的潜能、激活组织变革。

(1) 帮助员工调整心态

变革，不论是机遇还是威胁，不论是人们喜欢还是忧郁、恐惧，它注定是要发生的，而且变革的速度还以人们难以想象的步伐加快。既然明天在迅速的变革中到来，人们就必须适时调整自己的心态。变革的最大敌人正是来自人们自身。组织成功的最大障碍来自组织自身。

自己的心态和理论假设是我们观察外部世界的镜子——外部世界的过滤器。正如亚当 · 斯密所言："只要接受一种范例，就很难想象接受另一种范例。"

人们的思维和行为往往有着路径依赖和锁定效应。常常是当企业的范式改变了人们还依然沿袭陈旧的方法，即使加倍努力而企业状况却日益走向衰落。因此，需要人们进行根本反思、放弃陈旧的理论假设。人们必须用新眼光看待新世界，用新行为去迎接新挑战。

例如，我国国有企业职工在企业改制中要适时调整自己的心态。原来是国家职工，现在我们可能已经是一个员工；原来是安逸的、舒服的，而现在有可能是竞争激烈、压力巨大的；以前是平稳的有职业安全保障的，现在处处是充满风险和不稳定的……这一切势必带来冲击、痛苦。人们必须认识到，市场精神的精髓就是要打破旧的一潭死水局面，引入竞争机制这种活水，否则国有企业就没有希望和未来。要真正认识到，搞好国有企业就必须进行改革，计划体制下职工原来养成的等、靠、要的陈旧观念与市场体制下的市场观念和竞争观念等时代精神是根本相悖的，每个职工都必须转变观念、调整心态，积极面对现实，勇敢地迎接挑战，战胜自己目前所面临的暂时困难，尽快使自己的心态和技能都能适应新的形势需要。

(2) 强调员工自身发展

传统的对员工的社会契约的内核是个人的工作保障——员工的忠诚、坚持不懈、勤奋及长期的容忍性——能换来不断提高的工资、权力和保障等。实质上，这种社会契约让员工形成了对组织的人身依赖和控制，束缚了员工潜能的释放。而新的承诺，不是要从传统等级阶层中得到一个从一而终的工作保障，而是希望得到一个成长、获得技能发展并增进工作价值的环境，是有意思的工作和具有挑战性机会的发展。发展的核心是有关员工的培训和有利于人才脱颖而出的激励机制。它不是强制性的工作说明，而是激发员工自我发展的自组织能力。员工只有有了自己完成工作任务的机会，他才能变得活跃起来。

英特尔公司董事长兼首席执行官安德鲁·S. 葛罗夫说："不好的消息是，没有人会对你的职业表示感激。你的职业其实是你自己的事业。你作为一个独立的所有者拥有它。你只有一个员工，那就是你自己。你与数以万计的类似所有者展开竞争：世界各地几百万其他员工。你需要拥有你事业所有权、技能和选择行动时间的自由。这是你的责任：保护你个人的事业不受损失，从环境的变化中开拓自己的事业并从中受益。没有其他人能为你做这些。"

孟山都公司董事长罗伯特·B. 夏皮罗的一席话同样也给了人们很好的启示："我们将不得不放弃损耗性的、干扰性的控制系统和对工作内容的预先确定，设想出能使职员调整自己行为的组织方法。我个人认为，只要你有工作这一概念，你就会要求员工按照别人创造的一套期望值执行。如果人们能够自我调整、自我约束，尽他们自己的真实才能和信念做出贡献，而不是由别人对他们的全日工作事先做出规定，那么他们取得的业绩将更大。"从中可以看出，在现今日益复杂的环境中，组织更需要员工自我管理、自我发展的责任感和技能。

百事公司的斯蒂文雷纳蒙德有一句名言："要使产品增长，先要使你的员工成长。"他认为员工快乐是百事未来成功的关键，要为员工提供流动的机会，使他们成为胜任多个部门的"多面手"，促进员工自我发展。为了保持多样性，他要求新员工的50%必须是女性或少数民族。自从他担任百事的CEO以来，全美国公司的股票受“9·11”事件和美国经济发展明显减缓的影响，各家股票大幅缩水，而百事公司的股票却上涨了10%。我国国有企业原来对员工培训、职业生涯设计等促进员工自我发展这一方面比较忽视，致使员工知识陈旧、技能单一、适应环境变化的能力差等缺陷严重束缚了员工更好地发挥工作主动性和创造性，对组织变革也缺乏信心和热情。因而，改变管理方式，加大员工培训，让员工跟随企业一道成长，使员工具有自发展能力，这才是真正关心员工利益。我们要通过员工的自发展而使员工不因变革而害怕失业，不因变革而恐惧未来，使员工自己真正成为自己命运的主宰者和创造者，这样的企业才能有源源不断的智力和人才支持。

(3) 切实落实员工利益

莱曼兄弟的小理查德·法尔德面对2001年美国“9·11”事件对公司的沉重打击知难而进。面对对手拼命裁员以减少成本，小理查德·法尔德却反其道而行之，坚持保留现有员工并雇佣新人，结果大大增加了公司凝聚力。2001年，莱曼兄弟在全球债券和股票市场中所占的份额为6.5%，比2000年增加1个百分点。而这一年，全球经历了美国“9·11”恐怖袭击，美、欧、日三大经济体都处于衰退中，反恐战争及由此带来的消费疲软和市场信心低迷，对各个公司及其CEO都是严峻的考验。切实关心员工利益，是事关我国国有企业改革成败的头等大事，也是关系我国国有企业改革方向的大事。我国贵州省贵阳车辆厂，这个大山里的国有企业，地点偏僻、交通闭塞，当地市场狭小，在其他企业遇到严重经营困境的时候，应该说他们遇到的挑战更多、困难更大，然而他们抛掉幻想，不是等、靠、要，而是勇敢地进行改革，冲出大山闯市场，面向市场找出路。面对许多下岗职工，他们不是一推了事，而是加大培训和转岗工作力度，积极开拓新业务，为下岗分流想方设法、尽心尽力，大力推行“无情竞争，有情上岗”工程。面对市场竞争，必须实行竞争上岗制，把不适合原来岗位的人员进行分流，实行能者上庸者下，这种优胜劣汰的竞争机制是无情的。然而对于不适合原工作岗位的下岗分流的富余人员，决不能不关心他们的切身利益，而是充满爱心和责任心地去做转岗再就业工作，做到有情安置。一方面，使原来的企业主体减少了冗员、轻装上阵、机制创新，经济效益明显好转；另一方面，大力兴办各种经济实体，解决分流职工的出路问题，使下岗职工得到有情安置，工厂的改革也得到全体员工的大力支持和拥护，增强了改革的凝聚力和战斗力，使这个大山里的国有企业焕发出勃勃生机。这一成功经验是值得其他国有企业学习和借鉴的。企业组织改革只有维护广大职工的权益，与广大职工同生死、共患难，才能真正赢得人心，才能真正得到职工的理解和支持，才能真正不断地把变革推向深入和发展，才能有坚实的变革根基。

3. 给员工授权

变革离不开对员工的授权。授权是由以下两种力量直接推动的。

(1) 由现代决策特点直接推动

让最了解情况的人、最知道顾客需求的人进行快速决策。如果组织想在激烈的市场竞争中赢得顾客,能够快速决策和迅速响应顾客需求,就必须对直接与顾客打交道的一线员工、最基层的员工进行授权。

(2) 由现代员工的知识、素质、能力的提高和需求的不同推动

越来越良好的教育和培训,使现代企业知识型员工不断增加,他们更有能力承担责任和完成任务,他们不仅是经济人而且也是一个完整的人,可使自己的躯体、头脑、心灵和精神都用在工作上,他们是具有自尊和自我实现的社会人,对工作寄予了更多、更高的期望。

给员工授予责任,给员工授权,即意味着激励,意味着使他们能做更为有趣的、满意的、需要承担责任的、有价值的工作。授权是一个放手的过程,它意味着员工个人或小组能够自主地决定干什么,他们为结果而不是为任务而被授权,他们必须接受训练和培训,从而在做某项工作时充满信心。当员工了解了组织愿景、了解了他们在企业中的地位和责任,并被企业组织恰当而适时地激励起来,得到了恰如其分的肯定和奖励时,他们就会产生满意感和忠诚感,就会使企业组织充满活力。

授权意味着管理思想的转变,员工一旦被授权,就意味着员工受到了挑战,对如何完成好工作需要他们自己做出决策,而不是等领导安排好了再去一步一步执行。当员工工作受到挑战时,授权可以激发他们在工作中发挥创造性,充分发挥自己的聪明智慧、用脑工作,而不仅仅是用手工作。美国管理学家泰勒只主张工人的工作就是迅速、准确、无争议地服从指挥;亨利·福特(Henry Ford)把工人置于其流水线的控制之下,单调、乏味、机械,使工人变成了机器人,这种控制式的工作只能使工人失去对工作的热情和对工作的创造性。卓别林在他的《摩登时代》中就极其传神而又入木三分地深刻揭示了单调、乏味的机械化工作对员工身心的摧残和异化,使员工的激情和创造性都淹没在机械的嘈杂声中的情境故事。

现代企业向这种传统的管理思想提出了全面挑战,现代员工有了更高层次需求,马斯洛的需要层次论显示,向员工授权是为了满足员工自尊和自我实现的要。当这种需要被激发和满足,员工的内在动力机制就被激活,被授权的员工对自己的工作过程进行再设计,寻找新的更好的方法,从而提高组织效率。

重新设计工作,从而提高员工的价值。今天有许多员工正在错误的程中工作,员工的激情、活力和智慧在官僚"迷宫"中消耗殆尽,然而他

或其他部门却是无力或无助的。重新设计工作，使他们面向顾客组成高绩效工作小组，往往会使他们发生新的、激动人心的变化。单调乏味被消除了，他们受到激动人心的挑战。他们被授权后可以创造不凡、实现自尊、实现自我。

日本人已经证明，当所有员工可以对所从事的工作过程进行有价值的改进时，这些渐进性的改进就会在质量、生产率和利润方面出现巨大飞跃。日本正是靠着这种鼓励而不断创新以及来自员工对工作的不断改进的企业文化建设，使其在20世纪70～80年代在质量和劳动生产率方面取得了令世人惊讶的巨大进步。对此，Selectron公司总裁小西村解释说："人们比你想象得更有能力，他们愿意做的工作远远超出你的估计。"

授权需要领导而不仅仅是管理，更不是控制，领导者是教练而不是管家婆，他必须尽可能帮助员工如何更有效地工作、训练和培训，赋予员工必要的工具、知识和技能，组建小型的、具有挑战性目标的工作小组，可以在改进工作中发挥积极而有效的作用，它不仅可以促进小组成员之间相互学习、取长补短，而且还可以为个体成员得到互助感，使其更有信心完成好工作，使授权更有效地发挥作用。对那些没有必备技能和知识的人授权是没有意义的，往往也是失败的。授权型的领导表现出对员工工作态度的改变，有利于员工实施变革，促进人员活性化，从而产生聚变式的力量。美国管理学家理查德·L.达夫特和罗伯特·H.伦格尔(Robert H. Lengel)认为聚变式领导风格可以改变员工对变革的态度并成功地激发员工身上的潜能，使员工敢于挑战自我、敢于尝试，勇于面对失败、不断挑战困难，在创新中寻求突破，从而使员工具有完全不同的变革态度和工作表现，如表9-1所示。

表9-1　　对个人变革的不同态度之对比

传统的强制力量观点	聚变式领导的潜在力量观点
失败或危机表示管理很糟糕	失败或危机唤醒人们进行变革
挫折是糟糕的	挫折激发突破
控制是好的	反对控制
之所以变革是为了安定人心和解决问题	变革发生在人们从感情上投入的过程之中
人们被强迫时才会变革	人们变革是为了进一步实现个人理想
人们被期望变革	在得到导师或教师关心时人们会变革
变革必须有计划	变革是试验和冒险的结果
人们偏爱简单、熟悉的途径	人们面临困难的调整时才会处于最佳状态
领导者导致组织变革	领导者修正阻碍变革的条件

4. 组织学习和知识管理

在当今多变的世界中,改变员工的行为和态度对于组织的不断变革和成功是非常关键的。而改变员工的有效方法是组织学习。随着竞争加剧,企业的中心问题是如何激励学习、把握学到的东西,并在整个企业传播学习的成果。学习产生知识,知识带来利润。苹果电脑前总裁史考利说:“必须敞开心胸,不断学习。”他指出,地球村时代来临,企业竞争是国际化的,不想淘汰就不能闭门造车。组织变革就是把组织各部分集中起来的过程,减少界限,给员工创建一个流畅、灵活、有力的完整体制,促进知识的创造、流动和共享。企业必须以最快的速度学习做竞争对手所做的事情,而且要比竞争对手学得更快,只有更好地学得才能立于不败之地,只有创造新知识的学习才能具备最基本的竞争优势。

创造了通用电气公司成功之路的杰克·韦尔奇指出:“使通用电气脱颖而出的一种文化——利用这种广泛的多样性,作为学习机会的无穷来源,作为产生办法构想的库房,其涉猎的范围和内涵的丰富是全球其他企业无法与之媲美的。这种文化的核心是对于组织学习能力的理解,是认识到行动的迅速转化是主要的商业竞争优势。”

为了创造竞争优势,就必须加强组织学习、促进知识增值,即进行管理创新。组织应适应知识企业、知识员工的特点,运用新的管理思想和方法,要通过创造一种学习型文化加强知识管理以促进员工的学习和活性化。

所谓知识管理,就是以知识为核心的管理。其目的在于使整个企业内部加快获取、传递和推广知识的进程,鼓励员工持之以恒地不断学习,从而增强企业对外界环境的应变力和创新力。知识管理包括以下几个基本含义。① 知识管理的出发点是把知识资产作为企业竞争力提高的关键,与传统的工业企业资产“三要素”即土地、资金和劳动力比较起来,知识、信息被视为企业最重要的战略资源,把最大限度地掌握和利用知识作为提高企业核心竞争力的手段,成为企业选择的关键。正如彼得·德鲁克所说的那样:“在现代经济中,知识正成为真正的资本和首要的财富。”进入知识经济时代的企业处在信息化、知识化的社会环境中,面临急剧增长的知识和信息,必须努力通过开发、交流和利用知识才能创造更大的价值,这既是知识管理的出发点,也是知识管理的根本目的。② 知识管理,就是要建立有效的机制和途径,促进知识的生产和流动。从知识流动的过程来看,知识管理可以分为知识积累、知识交流、知识更新、知识应用等管理。知识只有通过积累、交流、更新和应用,才能防止沉淀、固着、阻滞和老化。知识只有在流动中共享才能实现更大价值。知识管理就是要鼓励生产和分享知识以发挥知识工作者的最大潜力,使知识真正成为企业活的智力资源、发挥最佳作用。③ 知识管理强调把人作为发展的中心,为人的发展需要建立学习型组织。人作为知识的重要载体，知识管理强调"学习＋激励"，激励员工在团队中学习，激励员工之间的相互交往、交流和共享知识，激励员工在工作中学习、在学习中更聪明地工作。学习型组织是知识经济引发的企业管理的变革。在工业经济时代，企业至多是信息的加工厂，而知识经济时代企业已经成为知识和信息的创新主体，学习正成为企业不断具有活力和生命力的根源。④ 知识管理的基本目标和任务，是提高企业的应变力和创新力。美国得而福集团创始人之一卡尔·弗拉保罗说："知识管理就是运用集体的智慧提高企业的应变能力和创新能力。"现代企业面临着更加开放的市场，面临着更加迅速变化的商业环境，机遇和风险时时相伴而生，企业只有创新、应变、采取创新战略，才能在竞争中立于不败之地。在组织中释放潜在力量，指的是发挥员工身上那些常常未能被充分利用的潜能，如知识、感情、精神作用和理解力。除此之外，如何设法把组织中每个人的内在能力都集中起来使之协调工作，效果甚至更大些。

美国知识管理工作者还进一步指出了知识管理涉及十个重要的知识领域：① 对知识和最佳业务经验的共享；② 知识共享责任的宣传；③ 积累和利用过去的经验；④ 将知识融入产品和服务；⑤ 把知识作为产品进行生产；⑥ 驱动以创新为目的的知识；⑦ 建立专家网络；⑧ 建立和挖掘客户的知识库；⑨ 理解和计量知识的价值；⑩ 利用知识资产。

综上所述可知，如果从企业对知识管理的范围来看，可以把知识管理分为内部知识管理和外部知识管理。实施内部知识管理，关键在于激励员工生产和共享知识资源。实施外部知识管理，关键是要建立起广泛的交流和合作的友好界面。在知识经济条件下，企业拥有用户网络、专家网络、供应商网络以及政府有关部门的网络等比较发达的外部知识网络，企业可以从中把握新知识、新信息和新动向，从而最大限度地利用外部知识。

实施知识管理的关键，就在于使内部知识管理与外部知识管理有机结合起来，为公司内外的新知识资本创造良好的环境并大力加以培养，运用内部资源迅速对外部需求做出反应，预测外部市场的发展方向及其变化趋势。在全球性知识经济中的一个基本观点是，在人们互相交流时知识得到了发展。人们相互联系越广泛越有效，知识就能得到越多越好的共享，管理的职责是为这种联系提供便利并不断加以促进，包括把公司内外的专家联系在一起。

从知识管理的内容特点来看，知识管理包括显性知识管理和隐性知识管理。据统计，隐性知识大约占知识总量的90%，经过编码的显性知识所占比例不到10%，因此，对企业来说，知识管理就是要根据人类知识的特性，为实现显性知识和潜性知识共享和有效转换提供新途径。能否挖掘隐含在企业中的知识、充分发挥这些知识的作用，是企业成功与否的关键。日本著名的学者野中郁次郎

(Ikujiro Nonaka)指出，由于知识系统中同样存在着不稳定性和不确定性，为了把知识作为创新的源泉就必须建立起一种机制能使两类知识(显性知识和潜性知识)相互转换，即在“潜一显”、“显一潜”、“显一显”、“潜一潜”之间转换。在这种转换过程中生成社会财富，使知识转变成行动并使之为生产服务。

知识管理就是要创造一个良好的环境，建立一个对内开放的便于员工交流的知识平台，消除知识流通的中间环节，消除员工之间知识交流的障碍，减少知识的扭曲，实现知识的自由交流，以促进知识的流动和共享，从而适应外部环境变化，运用知识创造价值。

知识管理需要达到两个目的——协调组织内部的活动，促进知识共享；加强与外部的合作，适应外部环境变化，灵活运用知识创造价值。

知识管理的实质就是通过管理创新充分挖掘和利用好企业的知识资源，增强企业的知识素质，增强企业对环境快速变化的反应能力和应变能力，增强企业的竞争优势。

根据知识的特性和知识管理的特征，进行知识管理必须做到以下几点：① 建立以网络技术为支撑的企业知识交流平台，为企业知识共享提供友好界面，促使企业知识实行无障碍交流，让知识流动起来，建立递增收益网络。② 促使企业成长为学习型组织，加大对员工的职业培训，鼓励共同合作和团队学习，建立学习和学习共享系统，以增强企业的学习力和创新力。③ 促使企业组织扁平化，实行水平管理。减少知识流通环节，实现知识、信息的快速、准确传递。④ 营造一种知识共享的文化氛围，激励员工与他人共享自己拥有的知识，承认个人在知识开发中的独特性，激发员工将知识转化为有利于企业发展的创新力。⑤ 设立知识主管(CKO)。知识主管的任务在于启动、推行和协调知识管理计划，促使企业的知识转化为有形资产，实现企业知识增值。

总之，知识管理就是通过构建一个知识交流的平台，建立一个促进知识流动和激活的机制，从而使组织能更好地创新知识，让知识真正地流动起来，从而促进员工的活性化，使组织涌现出智能优势(图 9-2)。

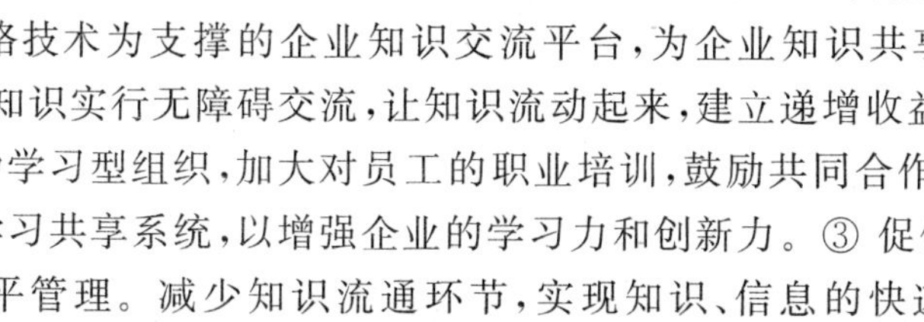

图 9-2　新的员工投入—产出图

第四节 组织文化的内涵与基本特征

一、组织文化的内涵

(一) 组织文化的基本含义

对于组织而言,组织文化是一种复杂且综合的构成要素。通常,组织文化被描述为一组“基本假设”。从内容上看,组织文化被视为构成组织或经营单位核心特性的一组规范、态度、价值和组织模式。其中最为突出的是组织成员共享的价值观,也就是一种内化的规范性信念,它能够指导人们的组织行为。不仅如此,组织文化在决定组织的工作氛围、领导风格、战略制定与流程等方面扮演着关键角色。它决定何种特征、核心能力以及组织环境被认为与成员相关,同时组织文化也定义了用于衡量这些特征的标准。组织文化是外部适应与内部整合的主要手段。

因此,在这里把组织文化定义为——组织在长期活动中形成的并为组织成员普遍认可和遵循的、具有本组织特色的群体意识和行为规范的总和以及体现组织群体意识和行为规范的规章制度和物质特色。

(二) 组织文化柔性的内涵

随着知识经济时代的到来,组织的内外部环境发生了许多根本性转变。组织面临的最大挑战就是如何适应这些变化而不断实现组织管理理念、思维模式和成员观念的变革,而这些都是组织文化的核心内容。如果文化不能适应经营环境的变化就会阻碍组织发展。研究组织文化的这种适应环境变化而变化的特征,即文化的柔性,具有十分重要的现实意义。

组织文化本身强调的是统一、共识和共享,是该文化现象被认可后对组织发展和变革所产生的推力或阻力,这并不是由柔性本身产生的。柔性是所有文化本身所具有的、能够适应环境的变化而变化的特征:① 包括文化本身相对于组织结构、组织战略等刚性组成所具有的柔性;② 也指组织在建立文化时相对于一些刚性的文化理念,对组织成员在做事风格、工作技能、对具体事物的认知、倾向、兴趣以及对外部环境的反应等方面的自由程度;③ 同时还包括相对于相对刚性的管理规则,如执行计划、规章制度、外部服务规则和要求、处理问题时的权限的运用等方面所具有的柔性;④ 还包括组织对其成员在价值观、行为准则、组织宗旨等方面的强制性统一要求之外允许其个性精神存在的柔性,包括信息的共享、建议的提出和采纳、非正式团队的人际关系等等。柔性是组织文化的诸多特征之一,文化对组织的影响是其所有特征综合作用的结果,并且还要受到组织内外部环境的影响,因此,柔性与文化作用于组织所产生的效果没有直接的因果关系。

（三）管理7要素中的文化内涵

文化的刚柔并济并非是一种理论上的描述，而是组织中的现实。柔性的存在与相互关系可以借助于麦肯锡7S模型（Mckinsey 7S Model）加以描述。7S框架中的7个变量，又称管理7要素。斯坦福大学的理查德·帕斯卡尔（Richard Tanner Pascale）等人是这样解释的："战略是指一个组织如何获取和分配它的有限资源的行动计划。结构是指一个组织的组织方式是分权还是集权，重视直线人员还是重视参谋人员，即在组织机构图上是怎样排列的。制度是指信息在组织内部是如何传送的，有些制度是正式的'硬拷贝'类型的，如计算机的打印输出和计划执行情况报表等，有些制度是非正式的，如会议。用人不只是指直线和参谋人员，而且指组织内部整个人员的组成状况。技能是指组织及其关键性人物的特长、其竞争对手所没有的卓越能力。作风是指最高管理人员和高级管理人员队伍的行为方式，也可指整个组织的作风。"至于共同的价值观，帕斯卡尔等人称之为"最高目标"，并认为"最高目标（包括组织成员的精神、目的和共同具有的价值观）是指一个组织及其成员的奋斗目标，并不是指组织的长期经营成果，而是指'感动人'的以及能够将职工个人和组织目的真正结合在一起的价值观或目标。"

这7个管理要素中的共同价值观，认同的是组织核心的价值观和理念，由于其对于组织文化稳固的重要性，在相当长的时期可以认为是不变的。它不仅全部反映是组织文化内容，而且也是组织文化的核心，是理念层面上的文化。其他6个要素之中也均蕴含着某些文化内涵，这些管理要素在组织的发展过程中是有所调整、修正和扬弃的，随着内外部环境的变化，不断有新的、更适应环境要求的内容添加进来，同时也有旧的东西被淘汰，组织就是在这样一个不断更新的过程中获得发展和进化的。虽然这些管理要素在不断地发展变化，但是总有一些元素会被长期保留下来，它们在组织长期的发展过程中通过了实践和环境的检验，被证明是符合组织发展规律和发展方向的，因而为组织全体成员所遵循、认同、继承，从而沉淀为组织的某种文化现象。由此可见，这7个要素或多或少都包含有文化内涵。

关于核心价值观是文化的核心的观点被许多学者认可。而笔者认为，共同的价值观的范围较之核心价值观更广，可以涵盖组织理念的方方面面。不仅如此，共同的价值观强调的是经过组织员工认可后的理念，而核心价值观更多地表现的是组织高层团队对组织未来的追求和愿景，鉴于两者的差异，因此本书没有采用7S模型中所提出的"共同价值观"的提法，而改用"核心价值观"的概念。虽然暂时无法定量地描述在各个维度中文化层面所占比重的大小，但可以肯定的是：首先每一种要素中一定包含文化的成分；其次每一个要素中文化的成分所占比重的大小肯定是不一样的。文化所占的比重可以用各个元素中体现以下几个方面的程度来衡量——价值观与共识共享的经营、管理理念；制度要求与行为规范；信息、人际关系与文化网络；环境要求、对环境的动态适应性与组织形象；等等。

由于各个组织文化之间的差异是反映其竞争能力的重要因素之一，亦反映对组织适应竞争性环境的动态性要求，所以对于不同的组织来说各个管理要素对文化的体现也是不一样的，因此也可以从组织管理各个角度为组织竞争能力提高所做出的精神方面的贡献来衡量要素中文化的价值。同时由于组织文化在组织中具有不同的代表，领导的价值观在不同的要素中体现的程度也不同。

(四) 从组织文化的不同层面看管理 7 要素中的文化内涵

为了更清楚地说明要研究的问题，我们将组织文化划分为四个层面：

(1) 第一个层面是理念文化

这个层面反映组织核心价值观的要求，要统一和规范员工思想，以达成组织的愿景规划。理念层面的文化显现出文化的刚性，即是说在理念层面上的文化是不允许存在异议的，要么遵守它，要么离开它，没有第三条道路可以选择。

(2) 第二个层面是制度文化

制度是规范和统一员工的行为准则，是为了员工一起达成组织的具体目标。为了达成此目标，组织的每一项制度、每一条规范都必须经过某种意义的阐释才可能被员工所接受、所遵循，换言之，制度必须被赋予符合组织理念的某种内涵，体现某种要求，反映遵守这些规定后的收益。

(3) 第三个层面是组织中的个体所代表的精神追求，即个性层面的文化

这里所说的个性，主要是指组织成员以及由这些成员所组成的非正式团体。不管组织如何建立自己的共性文化，如何强调规章制度的严肃性以及愿景规划的宏伟和目标的远大，组织中的“个性”总会本能地努力与组织共性层面的文化保持适当距离，因为每一个组织成员都力图保持自己对精神的追求，都期望在成为组织成员时保持自己的个性和追求个性的自由以及作为个体影响组织行为的自由。

(4) 第四个层面是社会文化

它是经过社会很长时期的发展而形成的，是已经深深印刻在每一个成员心里的文化积淀。

结合管理 7 要素的内涵，我们可以看出制定组织战略、结构和制度的指导思想属于理念文化层面的内容，而其具体实施和执行又是制度层面的内容；风格和技巧更多地反映个性层面的文化；用人是一个比较特殊的要素，其中用人的原则属于理念层面的文化，激励等用人的方法属于制度层面的文化，而用人的行动和个人的表现则带有个性文化特征。

不同层面上的文化现象对于组织文化柔性的要求不尽相同。理念层面的文化反映的是组织核心价值观和在整个经营管理过程中的指导思想，它们对于组织的稳定发展有着重大意义，是组织必须长期遵循的信念，不应该经常发生变化，因此这一层面的文化柔性较弱。制度层面的文化则具有相对较强的柔性，一是因为虽然制度的制定有较强的刚性，但其执行却由于执行者对同一制度条文和要求理解的不同而在执行的时候产生一定差异，有时在管理上也留有一定的变化空间；二是因为制度总是在某种特定的内外部环境下制定，因此也会随着条件的改变和组织的发展而有所调整以适应环境要求。而个性层面的文化则具有更强的柔性，因为个人的精神追求总是多种多样的，而且会随着人员变动、组织发展和环境变化不断发生改变，因此这一层面的文化具有灵敏的感知能力和较强的适应性，是组织文化中最为活跃的因素，它们与组织统一要求的理念和制度等共性文化之间的矛盾及冲突是组织变革的动力之源。无论这些矛盾和冲突的结果是共性文化接纳了个性文化使其成为组织文化的一部分甚至是主流文化思想，还是共性文化排斥个性文化，组织都会获得发展和进步。只要有个性的参与，组织系统就会发生变化。

正因为这 7 个管理要素中的文化内涵处于不同的文化层面，有的还跨越两个甚至多个文化层面，所以我们才能够用柔性这一文化特征分别对其进行描述，并根据每个管理要素对柔性的不同要求进行适当管理。需要指出的是，人力作为最特殊的管理要素，其不同层次的内容分别属于理念、制度和个性三个不同的文化层面，因而具有不同的柔性要求。

二、组织文化的特征

通过对其他组织文化特征研究的整理，归纳出组织文化具有以下几方面的特征。

（一）文化性

文化性是组织文化区别于组织其他内容的根本点，也是最明显、最重要的特征之一。组织文化是以文化形式表现的。在一个组织中，以不同的形式展现其活动内容。如护士的制服和燕式帽，代表护理专业的特征，体现护士特有的精神风貌，即是一种组织文化。

（二）综合性

组织文化作为一种独特的文化，其内容渗透于组织的各个方面。一个员工的价值观和服务理念并不是组织文化的内容，而大部分员工共同的价值观、组织共同的“以人为本”的服务理念则是组织文化的一部分。

（三）整合性

组织文化具有强大的凝聚力，具有调整员工思想行为的重要作用，使员工认识组织的共同目标和利益,使全体员工行为趋于一致、齐心协力,从而尽量减少内耗。

(四) 自觉性

组织文化是管理者、企业家、员工在总结经验教训的基础上提出组织文化理念并应用于实践,从而培养、升华出高水平的组织文化。它是员工在高度自觉的努力下形成的,也是组织文化具有管理功能的前提条件。

(五) 实践性

组织文化的形成源于实践又服务于实践,作为一种实践工具而存在;另外,组织文化的内容与实践密不可分,因此可以说组织文化是一种实践文化。

(六) 独特性

每个组织都有其独特的组织文化,这是由不同的国家和民族、不同的地域、不同的时代背景以及不同的行业特点所形成的。

(七) 相对稳定性

组织文化是组织在长期发展中逐渐积累而形成的,具有较强的稳定性,不会因组织结构的改变、战略的转移或产品和服务的调整而变化。一个组织中,精神文化又比物质文化具有更大的稳定性。

(八) 继承性

每一个组织都是在特定的文化背景之下形成的,必然会接受和继承该国家和民族的文化传统和价值体系。但是,组织文化在发展过程中也必须注意吸收其他组织的优秀文化,融合世界上最新的文明成果,不断地充实和发展自我。也正是这种融合继承性使得组织文化能够更加适应时代要求,并形成历史性与时代性相统一的组织文化。

(九) 发展性

组织文化随着历史的积累、社会的进步、环境的变迁和组织的变革逐步演进和发展。强势、健康的文化有助于组织适应外部环境和变革,而弱势不健康的文化则可能导致组织的不良发展。

第五节　现代管理中的组织文化

一、组织文化在现代企业管理中的作用

组织文化在现代企业管理中的作用表现在以下方面。

(一) 导向作用

组织文化是指在企业具体的历史环境和条件下把人们的人生观和价值观转化成具体的奋斗目标、信条和行为准则,形成企业员工的精神支柱和精神动力,

为实现企业的共同奋斗目标而不断努力。因此,成功的组织文化建立的实质,就是建立内部的精神动力机制。这一动力机制的建立,使广大员工了解了组织正在为崇高的企业愿景而努力。不但可以产生创造性的策略,而且可以使员工勇于实现组织目标而把个人利益放在一旁。

（二）约束作用

组织文化可以构成一种无形的约束力量,形成一种行为规范,制约员工的行为,以此弥补规章制度的不足。它可使信念深入企业员工心中,构造出一种响应机制,只要外部诱导信号发生即可得到积极响应并迅速转化为预期的行为。这就形成了有效的“软约束”,它可以减弱硬约束对员工心理的压抑,缓解心理与现实的冲突,削弱由其引起的一种心理抵抗力,从而使组织所有成员达成统一和默契。

（三）凝聚作用

组织文化具有一种极强的凝聚力量。组织文化是一种黏合剂,把企业各个方面、各个层次的人都团结在组织文化周围,对组织产生一种凝聚力和向心力,使员工个人的思想感情和追求与组织的安危紧密联系起来,使他们感到个人的工作、学习、生活等任何事情都离不开组织,把组织目标视为自己努力的出发点,与组织同甘苦、共命运。

（四）激励作用

组织文化的核心是要创造出组织成员共同的价值观念,优秀的组织文化就是要创造一种成员受重视、受尊重的文化氛围。良好的文化氛围,往往能产生一种激励机制,使每个成员做出的贡献都会及时得到员工和领导的赞赏和认可,由此激励员工为实现自我价值和企业发展目标而不断进取。

（五）辐射作用

组织文化塑造着企业形象。优良的企业形象,包括企业管理形象、企业自身形象、员工形象,它们是企业成功的标志,它可以激发组织员工对本企业的自豪感和责任感,增强员工的满意度,提高组织成员之间的相互信任感,从而改善企业的绩效。可见,组织文化对现代企业管理具有巨大的辐射作用。

（六）协调作用

良好的组织文化的形成使得组织员工有了共同的价值观念,对众多问题的认识趋于一致,增加了相互间的共同语言和信任,使员工在较好的文化氛围中相互交流和沟通,减少各种不必要的摩擦和矛盾,使组织上下左右的关系较为密切、和谐,各种活动更加协调,个人工作亦比较心情舒畅。组织文化充当着组织“协调者”的角色。

二、组织文化和组织效能

关于组织文化和组织效能的关系,汤姆·彼得斯和罗伯特·沃特曼认为,强文化(strong culture)是绩效优异企业组织所具有的重要特征。其原因是:① 强文化通常能促进企业战略与文化的良好匹配,这种匹配非常有利于企业战略执行;② 强文化可能会导致企业员工对组织目标的认同,即组织成员追求同样的企业目标;③ 强文化能够激励员工,使他们献身于组织的发展。

具体而言,通过构建良好的组织文化,可以起到类似激励的双因素理论中的激励因素的作用。

约翰·科特和詹姆斯·赫斯科特在通过对美国 200 家公司长达 11 年的研究指出,公司文化对于一个公司的持续增长和经济绩效具有显著作用。由于组织文化与企业文化的同源性,可以认为组织文化也能对组织效能起到相似作用。

丹尼尔·丹尼森的组织文化模式发展了一套组织文化和组织效能的明确模式。模式中的四个文化特质——工作参与、整体性、适应性、使命,分别与公司的某些效能指标(如全面绩效、市场份额、销售增长量、收益率、员工满意度、产品和服务质量及新产品研发)存在明显相关,不同的文化特质能够预测不同的效能指标,如表 9-2 所示。

表 9-2 不同组织文化的特征与组织效能的对应关系

组织文化的特征	属性	影响的企业效能指标
使命和整体性	稳定的特质	经济绩效,如资产收益率、投资收益率、销售利润
工作参与和适应性	弹性的特质	产品研发和创新
整体性和工作参与	内部发展中心的特质	质量、员工满意度和投资收益率
适应性和使命	外部发展中心的特质	营业收入、销售增长量和市场份额

三、营造组织文化,提高组织效能

现在,组织管理思想已经由"科学管理"、"行为科学管理"进入到"文化管理"阶段。与此相应。组织管理的模式也在不断变革。为了全面提升组织效能、改善组织管理、增强组织竞争力,在现代化管理过程中可以从组织文化人手,从以下几个方面建设积极有效的组织文化。① 培育正确的企业价值观,竖立科学的价值信念,构建企业文化的核心。企业价值观是企业文化的基石,是企业的经营宗旨,是所有成功企业的灵魂。它为所有的员工提供走向共同的愿景,也为企业日常行为和经营战略提供指导方针。它一旦形成则是稳定的,不会轻易随时间变化,并会外延为企业的共同目标和管理实践。一个企业的价值观是企业对自身和社会、员工、顾客等关系的认识和评价,是企业的精髓,是企业对自身存在和发展之意义的根本观点,在整个企业文化战略中居于统领地位。IBM 公司的三大基本信念是"尊重个人、顾客至上、追求卓越",日本新日本钢铁公司的信念是

"钢铁立国"，都是企业的价值观。② 加强企业人力资源管理和开发，进行以人为本管理，激发员工的工作积极性，实行团队导向，增强企业的整体意识和合作精神。在参与性管理中，管理者和员工共同决策、制定目标，共同制订计划，共同解决问题。高度参与性管理和对团队协作的强调，往往被认为成功企业文化的特征。另外还应认识到，现代企业的竞争归根结底是人才的竞争，企业的实力依托是具有知识和技能的员工。实施文化战略，关键在于形成求才、用才、育才、留才的有效机制，形成有利于人才脱颖而出和创造性发挥的文化氛围，形成企业人力资源管理和开发的有效平台。企业应该树立以员工为本的经营理念和人力资本管理意识，加强企业员工的教育和培训，创造和谐、互助的内部人际关系，培育团队凝聚力和整体意识，给予人才广阔的发挥空间。③ 提高企业的管理创新能力和技术创新能力。管理创新和技术创新是关系企业发展和生存的关键问题，而创新意识、创新能力、创新机制、创新空间是一个企业充满生机和活力的源泉，也是企业文化的灵魂。企业必须培育创新精神，营造开阔的创新空间，加大对管理创新和技术创新的投入，积极引进现代科学管理方法，建立起以市场为导向的企业技术和管理的创新体系，不断开发适合市场需要的新产品，开发出高效率的管理模式，提高企业的市场竞争力。企业必须意识到，创新是可以经营和追求的，关键在于企业怎样对待创新和利用创新。④ 建立学习型组织，增强企业的适应能力。未来企业文化建设的目标是把企业塑造成学习型组织。学习型组织是一种更适合人的企业模式。由学习型团队形成的团体，具有崇高而正确的核心价值、信念和使命，具有坚韧的生命力和实现愿景的共同力量。企业内部对产品质量的改善，生产流程的改进，管理者与员工之间的沟通，员工之间知识、经验、技能的共享和交流等，都只有在学习的基础上才能够达到。因此，现代企业必须建立学习型组织，必须形成善于学习、不断学习的企业文化氛围。⑤ 主动寻求企业文化变革，增强企业的适应力和竞争力。企业组织文化的形成是在特定的历史条件下、较长的时期形成的企业价值观、企业精神、企业信念等，它一旦积淀下来便左右着企业的思维方式和行动准则，影响着企业的生存和发展，短时间内不宜改变。然而，不宜改变并不是不能改变。相反，和其他事物一样，企业文化也是处在变化和发展之中的。尽管文化的变革要承担巨大的风险，但是拒绝企业文化变革，企业也必将会为此付出沉重的代价。在知识经济条件下，知识的特性决定了其流通的迅速和高效。企业网络化和虚拟企业的出现，使得企业时刻经受着海量信息的冲击。企业与外界环境的互动加强，这就要求企业从传统企业行为学的刚性文化向现代的柔性文化转变，使企业文化具有高度的灵敏性和弹性，并随企业内外部环境的变化而变化。现代企业只有不失时机地对自己的企业文化进行重塑，在企业变革中求发展，使企业的企业文化和时代要求保持同步，才能使自己的企业永葆生命力和活力。⑥ 树立“顾客是上帝”的经营理念，建成社会需要导向的企业运营机制。企业的目的首先是向社会提供合用的产品或服务，然后才是自身盈利。美国经济学家詹姆斯·L.帕帕斯(James L. Pappas)说：“企业是为特定的社会需要服务并经公众同意而存在的。只有社会公众满意企业提供的服务，它才能生存下去，进而兴旺发达起来。”社会导向和使消费者满意是企业成功的关键。为此，企业必须以满足顾客需求为指导，与企业机构设置、产品售后服务和销售、激励和奖惩制度等紧密结合，采用系统化的顾客信息管理系统，实现顾客与企业的紧密联系，努力为客户提供最优质的产品或服务，同时为企业营造发展和生产空间。

本章基本概念

(1) 组织变革，组织结构变革，学习型组织，组织变革历程；
(2) 组织变革因素，变革的必要性，变革的可行性；
(3) 组织变革形式，组织结构设计，人力变革，组织学习，知识管理；
(4) 组织文化，组织文化柔性，管理7要素；
(5) 技术创新，管理创新。

问 题 思 考

1. 组织变革的趋势是向什么方向发展？
2. 组织变革的主要历程是怎样的？
3. 戴尔顿总结了变革过程中的哪四个阶段模型？
4. 组织变革的推动因素有哪些？
5. 组织变革的成功取决于哪些关键因素？
6. 组织变革的形式主要有哪几种？
7. 组织文化的内涵是什么？
8. 组织文化的柔性内涵是什么？
9. 如何理解管理7要素中的文化内涵？
10. 组织文化的特征有哪些？
11. 组织文化在现代管理中的作用有哪些？
12. 现代管理中组织文化与组织绩效有怎样的关系？
13. 如何培育组织文化以推动现代化管理？

第四篇

领　导

第十章 领 导

学习目标

1. 理解领导的内涵；
2. 了解领导要素；
3. 了解领导的特质理论及其局限；
4. 了解领导的行为理论及其局限；
5. 了解领导的权变理论及其局限。

【开篇案例】 董明珠到底是一个怎样的人？

董明珠——格力电器股份有限公司董事长兼总裁，格力形象代言人，“2016十大经济年度人物”。她是一个至为理性的人，同时又是一个至为感性的人，是二者的混合体。什么样的事情发生在她身上都不奇怪。

直率、直肠子。凡是和董打过交道的人，都会留下这样的印象。但更多时候，她是理性的，审慎的。

董明珠首先是理性的。

第一，她对营销的理解是理性的。很多人将董明珠定位为“营销高手”，实际上，董的营销修养还包括她对品牌及广告与众不同的理解。以央视广告投放为例，大多数企业的投放策略是“朝三暮四”，今天一个版本，明天一个版本，核心诉求及风格定位游移不定。格力不然，一条“格力掌握核心科技”一播就是三年，不深入人心不罢休。这条策略看起来没有技术含量，却非常有效。

第二，她对企业战略的理解是理性的。对许多企业经营者来说，营销比技术、品质更重要，但是二十年前朱江洪、董明珠就坚定地认为，品质和技术比营销更重要，所以，格力会重奖技术人员而非营销人员。这被视为格力空调拥有良好品质的基础。

第三，她对技术的理解是理性的。董明珠被贴上了浓重的“营销”标签，实际上她有对技术近乎痴狂的一面。一个广为流传的故事是：2000年，董明珠率队前往日本考察“一拖多”空调并希望购买此技术，但格力出多高的价钱对方都不卖。此事给董很大刺激，自此下定决心走自主研发之路。董最爱说的一句话就是，“格力技术投入上不封顶，要多少给多少”。

董明珠又是随性的。

董喜欢在各种场所大讲社会责任、企业贡献，比如她多次提及“格力每年给国家纳税超过100亿元”，“纳税方面连续十年中国家电行业纳税第一”，多次强调做企业要有吃亏、奉献、责任、诚信精神。在总理召开的经济形势座谈会上，她直言“我们不需要国家的产业政策扶持”“只要有公平竞争的环境，企业自己就可以做好”。但是，如果你问她怎么看美的这个同行，她的态度瞬间180度大转弯，继之而起的就是破口大骂，你完全无法想象一秒钟之前还在谈论社会责任和道德规范的人，一秒钟之后会变成这个样子。她完全无法容忍这个竞争对手的存在。她在理性和随性之间的转换，几乎不需要过渡和预热。

〔资料来源：网易.http://money.163.com/15/0211/08/AI5JC8LA00253G87.html，2015-02-11〕

马云——顺应潮流的积极变革者

马云，阿里巴巴集团创始人，一个非常优秀的CEO，是中国互联网的一个传奇，是国人的骄傲和榜样。

他认为判断领导者，就是看眼光、胸怀和实力，再一个要超越伯乐。首先，眼光，就是我们必须要有远大的理想，比人家看得远。其次，胸怀。做企业都知道，10个能干的人9个怪，年轻人很容易把这个人的性格与人品挂起钩来，其实性格不好和人品不好是两个完全不同的概念。但是性格不好的人很难被容忍，所以作为一个领导者必须有包容心。最后，实力，就是承认自己失败的能力。一个百战百胜的将军是不能当一把手的，这个人百战百胜，千万不要把它放到最重要的战场(方向)上去，他一定会给你演砸的。他觉得，领导者一定要犯过错误，看一个人是不是领导者，看他是不是说这个事情问题出在我这儿。公司最怕两种人，一种是“野狗”，能力很强，人品不好，价值观不行；还有一种是“小白兔”，人很好，能力很差。

所以，领导者领导员工就应该：

(1) 靠智慧领导。在阿里巴巴公司，人们之所以去听谁的，不是因为这个人是CEO，是什么长什么主任，而是因为他说得对。这就要求一个企业领袖要有过人智慧以驾驭企业，而不是手中有多少股票。马云拥有的股份大概也只有10%，这不足于驾驭阿里巴巴。从第一天开始，马云就没想过用控股的方式控制阿里巴巴。事实上，阿里巴巴也不允许任何一个股东或者任何一方投资者控制它。马云说:“我觉得这个公司需要把股权分散,管理和控制一家公司靠的是智慧。”马云不仅没有控股阿里巴巴,甚至还是一个IT外行,也就是说连在技术上也是没有控制这家公司。可是,马云的公司却还是连持四年被《福布斯》评为全球最佳B2B网站。马云的管理团队也成了哈佛MBA案例。马云告诉记者,我虽没控股,但我控制了阿里巴巴这个团队。其实,我也没有控制团队,我永远相信一点,就是不要让别人为你干活。这就是智慧的力量,它远胜于知识本身!

(2) 靠胸怀领导。马云认为,作为一个一把手,有70%的人相信你的时候,你已经很幸福了,你不要为那30%的人耿耿于怀,心胸要宽点。因为这是个社会学概念,“六个人中一定有人杰,七个人中一定有混蛋。”马云要的是,每个人为一个共同的目标和理想去干活。他讨厌员工为他工作。他说,再有本事的企业领袖,也别指望你的员工会全听你的,这很不现实。就拿他今天讲的这个话题,如果大家听了以后全都同意他的看法,那他讲的一定是废话!

(3) 靠眼光领导。在公司管理的过程中,要想真正领导这个团队就必须有独到的眼光,必须比人家看得远、胸怀比人家大。所以马云花好多时间参加各种论坛,全世界奔跑:看硅谷的变化、看欧洲的变化、看日本的变化、看竞争者、看投资者、看你的客户。马云一年365天,在杭州的时间少,而在国内外四处跑的时间反而多。他说,读千卷书还要行万里路。一个企业家老是窝在家里,他就会自大,就会狭隘,这对他的事业发展是十分不利的。

〔资料来源:新浪网. http://blog.sina.com.cn/s/blog_652dddaa0101brzi.html,2014-01-07〕

任正非——专注技术创新的“领头狼”

华为于1987年成立于中国经济特区深圳。在成立之初,华为,作为一家私营企业,不得不与当时垄断市场的国有企业竞争。但是,华为奋斗拼搏的精神让其成功抵御了各种负面影响,成为唯一一家名副其实的全球化中国公司。目前,在91家跻身《财富》世界500强的中国大陆企业中,华为是唯一一家海外收入超过国内收入的中国企业,其海外收入占总收入的67%。事实上,公司现在变得越来越强大。2016年,华为销售收入再创新高,达到5216亿人民币,净利润达到371亿人民币。中国有诗云,“江山代有才人出,各领风骚数百年。”的确,任正非制定了最为有效的战略,让华为成长为一家全球领先的企业,这证明了他的巨大影响力和远见卓识。

(1) 以目标为导向,志存高远

毫无疑问,任正非领导力的核心在于他非常清楚华为的目标——成就客户梦想，任正非也确实身体力行，满怀激情地追寻这一梦想，因此，华为也就成为任正非天生的使命。他总是想方设法为客户创造价值，通过一个个故事，不断向员工传递一个理念：华为员工应致力于实现公司使命，即提供通信技术实现连接。要成就客户梦想，就需要提供最好的服务，这也是公司取得成功的关键。

(2) 灵活应变，愿景驱动

任正非充满激情，努力将公司目标转化成公司愿景，将华为发展成为国际领先企业。在实现公司愿景的过程中，他不断证明了自己的战略规划能力，根据公司面临的挑战适当调整愿景。他的管理有一点至关重要：虽然他推崇灵活应变的理念，但是从来不会偏离公司的目标和价值观。这种领导能力源自他积极主动的态度。他总是关注未来，很少停留在过去。任正非能用批判的眼光审视过去的成功，同时识别未来十年将面临的挑战，这也是为什么任正非在很多国人眼中是一位颇具影响力的商业领袖。

(3) 激发员工斗志

要打造一支甘于艰苦奋斗的员工队伍，就需要激发员工斗志。任正非能够激发他人斗志，这也是他一直被称道的人格特质。任正非特别爱讲故事，他经常通过一个个故事，慷慨激昂地向员工传递他的理念。在华为早期(第一阶段)，任正非经常给员工讲故事。他相信，二十年后，世界通信市场三分天下，华为必有其一。当时，华为仅有200名员工，很多人都觉得他是痴人说梦。尽管如此，多年来，任正非一直秉承这一信念并在各种场合向员工传递。醉翁之意不在酒，他的故事之道在于：让员工充满斗志地投入到项目中去。特别是在公司创业初期，他运用这一战略，成为员工的思想导师和领袖。作为一位领袖，他不断传递公司愿景；作为一位思想导师，他引领员工朝目标迈进。

(4) 保持谦卑，艰苦奋斗

任正非在引领华为追求梦想时，他非常清楚自己的不足，他从不认为自己无所不知。在谈到他所具备的才能和特质时，他总是强调：他的知识并不是最丰富的。很显然，他拥有远大抱负和很强的执行力，但同时保有谦卑的心态。尽管他的这种领导风格激励了很多人，引领公司渡过了转型期，但他还是经常讲：自己能力有限，在团结员工这方面可能不如很多人认为的那样好。他总是避免被扣上“传奇领袖”的帽子，而是强调没有艰苦奋斗，就没有华为的成功。他取长补短，求贤若渴，逐步提高华为产品和服务质量，由此赢得广泛赞誉。责任共担、利益共享是华为的一项基本理念。

(5) 指令式管理风格

在中国，领导体制往往具有自上而下、等级分明的特点，华为大致上也沿袭了这种风格。但与这种十分强调“控制”的管理风格相比，任正非的领导风格呈现出不同特点。一方面，任正非大小决策必须亲力亲为，这也许与他曾经在军队服役有关。但在决策执行上，任正非给了员工很大的自由空间。在华为发展的早期，在公司的发展战略、文化建设等重大决策方面，任正非坚持“大权独揽，小权分散”，但在研发、干部任用、薪酬分配等方面却充分放权，这既最大限度地激发了各层管理者的主动性与创造性，也带来了很大的随意和混乱；向西方全面学习了近20年的华为，今天在决策体系上越来越规范化和制度化，集体决策确保了华为更少地犯错误，更广泛地吸收集体智慧，但僵化的一面也凸显了出来，因此，任正非在华为高层决策过程中，有时更像“鲶鱼”，总是搅起不平衡，以激发组织的活力。华为今天的决策体制形成了一种“有限民主＋适度集权”的风格，既避免了个人独裁带来的“一人兴邦，一人丧邦”的积弊，也防止了过度民主带来的效率低下、集体不作为现象。

(6) 合作共赢

与竞争对手合作是华为文化的一大特点。一般来说，公司要么选择进攻，要么选择妥协；换句话说，要么竞争，要么合作。在华为发展的前20年，华为为了生存、成为更好的服务提供商，主要采取主动出击的策略。很显然，任正非当时认为竞争可以推动公司向前发展。不过，他认为竞争的核心是尊重竞争对手。

华为采用“竞合”策略是受到英格兰光荣革命的启示。1688年，奥兰治亲王威廉推翻英格兰詹姆斯二世的统治，这场无血革命给任正非留下了深刻的印象，让他意识到合作也可以取得胜利。任正非对历史事件有着浓厚的兴趣。在华为发展早期，华为会定期邀请东西方学者，一起探讨各国历史。华为在英国也同样采取了竞合策略。例如，华为在英国班伯里成立网络安全认证中心，确保设备质量，并与英国信号情报机构英国政府通信总部(GCHQ)进行合作，保证网络设备和软件安全可靠。华为的这些举措旨在让英国政府和广大客户相信华为和华为的流程。实际上，华为之所以能在欧洲发展壮大，除了其坚持以服务为中心的理念(详见“以目标为导向，志存高远”部分)外，在一定程度上也要归功于其竞合战略。起初，欧盟官员确实想针对华为产品发起反倾销调查。但爱立信和诺基亚相信华为不存在倾销行为，鼎力支持华为。

(7) 强大的学习能力

作为一个领袖，任正非坚持自我批判、慎思笃行。他有一句话常被引用：思考能力是最重要的。他所说的思考能力不单单是指人的一项重要能力，还是华为文化的精髓。他认为员工智慧是华为最珍贵的资产。通过思考，我们可以连点成线，制定灵活的愿景和战略。任正非坚信，只有具备大视野，才能作出明智的战略决策。有趣的是，这种战略需要将思考能力与全员学习结合起来。华为大力投资营造良好的学习氛围，鼓励员工进行思想碰撞。同时还要确保公司内部能实现知识共享。华为鼓励高管除了阅读专业书籍外，还要阅读专业领域以外的书籍。此外，华为还设有面向全球华为员工内部论坛——心声社区。任正非和其他高管的想法经常会放在心声社区，让15万员工去评头论足。

从以上七点看，这是否意味着任正非只是一位思想领袖？因为他的管理哲学一直强调思想的力量？我们认为其实并不是这样。虽然任正非在华为推崇不断学习、自我批判，但他始终以创始人的身份满怀激情地引领公司不断发展。在华为员工看来，任正非是一位以行践言的卓越领袖。他持续学习、不断获取新信息，力争把华为发展成行业最好的技术公司，为客户提供最卓越的服务。

〔资料来源：网易. http://tech.163.com/15/1104/12/B7J1DCL4000915BE.html，2015－11－04〕

领导是管理工作的一个重要职能。无论在任何社会，所有组织的兴衰成败都与领导水平高低关系极大。领导者展望未来、鼓舞团队成员，并规划组织的发展路线。任何一个能够充分发挥潜能的团队都存在着一些懂得领导艺术的人。

本章主要讨论以下三个问题：① 领导的内涵；② 早期的领导理论；③ 领导的权变理论。

第一节　领导的内涵

一、领导的内涵

（一）领导和管理

在实践中人们常常把领导和管理混为一谈。首先，让我们先来区别管理者与领导者的不同。管理者，是指受上级任命在岗位上从事工作的人，他们的影响力来自职位赋予的正式权力。与此形成对照的是，领导者可以是上级任命的，也可以是从群体中自发产生的，他们可以运用正式权力之外的活动而影响他人。从理论上说，组织中的个人可能既是领导者又是管理者；也可能只是领导者而不是管理者；也可能是管理者而不是真正的领导者。两者分离的原因在于——管理者的本质是依赖被上级任命、拥有某种职位所赋予的合法权力而进行管理，被管理者往往因追求奖励或害怕处罚而服从管理；而领导者的本质则是被领导者的追随和服从，它完全取决于追随者的意愿而并不完全取决于领导者的职位和合法权力。同时，所有领导者未必都必须具备有效管理者应具备的能力或技能。一个能够影响他人的领导者，并不意味着他同样也能够有效地实施计划、组织和控制。

美国总统哈里·杜鲁门（H. S. Truman）曾说过，领导是指这样一种能力，能使人们去做他们不喜欢的事情，并且还能使他们喜欢上做这些事情。因此，领导本质上是一种影响力，即通过对人们的有效影响努力达成组织目标的过程。

（二）领导的要素

(1) 权力

领导权力，通常是指影响他人的能力，在组织中是指排除各种障碍完成任务、达到目标的能力。关于权力的来源和权力的影响力，本书将在下面做详细介绍。

(2) 对人性的基本了解

在实际工作中，即便懂得激励理论、各种激励因素和激励系统的本质，但和把这些理论方法应用于实际管理工作中却是完全不同的两回事。那些对人性有基本了解的管理人员，能够更好地了解员工需求的性质和程度，也就能够界定和设计满足这类需求的方法并加以管理，以达到预期效果。

(3) 一种能够有效鼓舞团队发挥潜能以达到目标的能力

激励是围绕成员及其需求而实施的。领导者往往魅力十足，能唤起追随者的忠诚感、奉献精神和强烈的意愿，以实现领导者所希望达成的目标。

(4) 同领导者的风格及其所营造的组织环境有关

激励的强度绝大部分依赖于人们的期望、可感知的报酬、对完成任务所需花费努力的估计以及其他一些与环境有关的因素。

二、领导权力的来源

权力，是指一个人影响他人的能力，这种影响可使人们完成在其他情况下所不可能做得事。根据学者约翰·法兰西(John French)和伯特伦·雷文(Bertram Raven)等人的研究，领导权力有五种来源。

（一）法定的权力

法定的权力，是指组织内各管理职位所固有的法定的、正式的权力。按照组织条例规定或法规规定，你的上级有合法地掌握对你所做事情的决定权和指挥权。合法权源于被影响者内在化的价值观，部属认为领导者有合法的权力影响他，他必须接受领导的影响。法定性权力，是由个人在组织中的职位决定的。个人由于被任命担任某一职位，因而便获得了相应的法定权力和权威地位。

虽然人们通常把层级机构中担任各级职位的官员都称为领导，但拥有法定权力的权威并不等于就是领导。其实，这些负责人可能是有效的领导者也可能不是。有些管理者根本没有自愿的追随者，只是凭借手中的权力达到命令和约束的结果，这样的人并不是真正的领导者。同时，还应当充分认识到，下层甚至普通员工也拥有宪法、劳动法、合同法、工会法等法律和规章制度赋予他们的法定权力，他们凭借这种权力也可以有效地影响和抵制领导者的某些领导行为。

（二）奖赏的权力

奖赏的权力，是指基于被影响者执行命令或达到工作要求而对其进行奖励的一种权力。奖赏权源于被影响者期望奖励的心理，即部下感到领导者能奖赏他，使他满足某些需要。这些需要是人们认为有价值的任何东西。在组织情境中，奖赏可以是金钱、良好的绩效评估、职位晋升、有趣的工作任务，也包括良好的工作环境，如友好的同事、有利的工作转换等。奖赏权力是否有效，关键在于领导者确切了解下属的真实需要。人们的需要是多方面的，也可能各不相同，所以必须采用适当方式有针对性地加以满足，才能取得良好效果。例如，领导者给予某部属一些重要责任，自认为对部属是一种信任和提拔，但部属却认为这样会使自己太累，心里感到很不高兴。在这种情况下，领导者实际上并没有真正实施奖赏权。

被领导者也拥有某种奖赏权，例如对领导者的忠诚、顺从，更加积极地忘我工作，为了组织利益不计个人安危的英雄行为，甚至对领导者的热情招呼、演讲后的热烈鼓掌等等，都可以看作被领导者对领导者的奖赏。这种奖赏权也能有效地影响领导行为。

（三）惩罚的权力

惩罚的权力，又被称为强制性权力，是指通过强制性的处罚或剥夺而影响他人的能力，它是指通过精神、感情或物质上的威胁，强迫下属服从的一种权力。例如，批评、罚款、降职、降薪、撤职、除名、辞退、开除、起诉等，或者调离到偏远、劳苦、无权的岗位上去。从组织的角度而言，如果A能解雇B或使其停职、降级，且B很在乎他的工作，那么A对B就拥有了强制权力。同样，如果A能给B分派他不喜欢的工作，或以B感到尴尬的方式对待B，那么A对B也拥有强制性权力。惩罚权源于被影响者的恐惧，即利用人们对惩罚和失去既得利益的恐慌心理而影响和改变其态度和行为。部下感到领导者有能力把自己不愿意接受的事实强加于自己，使自己的某些需求得不到满足。应当注意，惩罚权虽然十分必要、见效也很快，但毕竟它是一种消极性的权力。惩罚权在使用时往往会引起愤恨、不满甚至报复行动，因此必须谨慎对待。如果使用不当，可能产生严重的消极后果，例如下属在合法范围拥有消极怠工、抗议、上访、静坐、游行、示威、罢工等权力，员工可以利用这种合法权力对领导者的不当行为进行惩罚。

强制的权力与奖赏的权力实际上是一对相对的概念。如果你能剥夺他人的有价值的东西或给他造成不良影响，那么你对他就拥有了强制权力。如果你能带给他人某种积极的利益或帮助他免于消极影响，那么你对他就拥有了奖赏权力。

上述三种权力均与组织中的职位联系在一起，是从职位中派生出的权力，因此统称为职位权力。

（四）感召的权力

感召的权力，是指与个人的品质、魅力、经历、背景等相关的权力，也常被称为个人影响力。由于领导者拥有吸引别人的个性、品德、作风，因而引起人们的认同、赞赏、钦佩、羡慕而自愿地追随和服从他。一些体育和文艺明星、传奇的政治领袖都具有这种权力，有着巨大而神奇的影响力。它是一种无形的、很难用语言描述或概括的权力。它建立在超越常人的个人素质之上，它吸引了欣赏它、希望拥有它的追随者，从而激起人们的忠诚和极大热忱。例如，无私工作、刚正不阿、主持正义、清正廉洁、思路敏捷、开拓创新、不畏艰险、有魄力、关心群众疾苦、保护下属利益、倾听不同意见、结交下层朋友等行为，都会引来大批追随者。

感召性权力的大小与职位高低无关，只取决于个人行为。不过，具有高职位的人，其模范行为会有一种放大的乘数效应。一些行为对普通人来说可能是很平常的事，但对某些高层领导者而言就会变成非常感人的模范行为、产生巨大的感召性权力。任何组织中，总有许多没有任何职位的人往往具有巨大的感召性权力，成为非正式的群众领袖。他们对人们的影响力可能远远大于拥有正式职位的领导者。对组织有利的做法是后者应对前者有更多的尊重和争取更好地进行合作。

（五）专家的权力

专家的权力，又被称为专长的权力，它是指由个人的特殊技能或专业知识而产生的权力。世界发展日益取决于技术的发展，专门的知识技能亦由此成为权力的主要来源之一。因此，医术精湛的医生在医院具有巨大的影响力；一位资深的大牌教授、著名学者可能没有任何行政职位，但在教师和学生中却具有巨大的影响力；企业中的一位财务专家、营销专家、工程师等都可能拥有某种专长权力，而在一定领域发挥巨大影响。任何领导者绝对不可能在所有领域都具有专长权，所以对于组织中正式职位的领导者而言只要在其工作职责范围内具有 一定的专长权就可，而不必要求一定是某一领域的专家。

专家的权力和感召的权力都是与组织的职位无关的权力，因此也称为非职位权力。这种权力是由于领导者自身的某些特殊条件才具有的，例如领导者具有高尚的品德、丰富的经验、卓越的专业能力、良好的人际关系、特殊的个人背景和善于激励成员的管理能力等。这种来自个人的影响力通常在组织成员自愿接受的情况下才能产生影响力，易于赢得组织成员发自内心的长时期的敬重和服从。当然，有效的领导者不仅要依靠正式的职位权力，还必须具有个人的影响力，这样才会使被领导者心悦诚服，才能更好地进行领导。组织中的各级领导者只有正确地理解领导权力的来源，精心营造和运用这些权力，才能成为真正有效的领导者。

第二节　早期的领导理论

由于领导在所有组织活动中的重要性，因此就产生了大量的相关理论和研究。领导是一个受到广泛研究的课题，大多数研究旨在回答：什么是有效的领导者？纵观对这一问题做出解释的各种领导理论，我们可以清晰地看到人们认识和了解领导理论的发展脉络。

一、领导的特质理论

在关于领导者所具有特质的讨论中，研究人员采用了两种方法，一是把领导者与非领导者的特质相比较；二是把有效领导者的特质与无效领导者的特质相比较。对于那些被公认为领导者的个体，如美国黑人民权运动领袖马丁·路德·金（Martin Luther King）、美国第一任总统乔治·华盛顿（George Washington）等人，研究者试图能够从他们身上分离出一个或几个非领导者所不具备的特质。

（一）领导特质理论的主要内容

不少学者已经做过关于领导特质的研究。

1. 拉尔夫·M. 斯托格第的理论

拉尔夫·M. 斯托格第（Ralph M. Stogdill）总结出的领导者品格有五种身体特征，如精力、外貌、身高、年龄、体重等；两种社会性特征，如社会经济地位、学历等；四种智力特征，如果断性、说话流利、知识广博、判断分析能力等；十六种个性特征，如适应型、进取心、热心、自信、独立性、外向、机警、支配、有主见、急性、慢性、见解独到、情绪稳定、作风民主、不随波逐流、智慧等；六种与工作有关的特征，如责任感、事业心、毅力、首创性、坚持、对人关心等；九种社交特征，如能力、合作、声誉、人际关系、老练程度、正直、诚实、权力需要、与人共事技巧等。

2. 鲍莫尔的领导特质理论

美国普林斯顿大学教授威廉·鲍莫尔（William Jack Baumol）提出的作为一个企业家应具备的十个条件是——合作精神，决策能力，组织能力，精于授权，善于应变，敢于求新，勇于负责，敢担风险，尊重他人和品德高尚。

3. 彼得·德鲁克提出的领导特质

美国管理学家彼得·德鲁克在《有效的管理者》一书中指出了五种有效领导者的特质，并指出它们是可以通过学习掌握的。这五种特质包括：① 知道时间该花在什么地方，领导者支配时间常处于被动地位，所以有效的领导者都善于系统地安排和利用时间；② 致力于最终的贡献，他们不是为工作而工作而是为成果而工作；③ 重视发挥自己的、同事的、上级的和下级的长处；④ 集中精力于关键领域，确立优先次序，做好最重要的和最基本的工作；⑤ 能做出切实有效的决定。

德鲁克认为，领导的有效性来自一种后天习惯，是一系列实践的综合。

20 世纪 90 年代的研究者发现领导者存在着六项特质，即进取心、领导愿望、正直和诚实、自信、智慧和业务知识。德鲁克认为，这些个性特点是能够把有效的领导者与其他人区别开来的，但其中很多并不是天生的而是能够通过努力得到的。① 进取心，是指能够反映高水平努力程度的一系列个性特点。努力进取包括对成功的强烈欲望、不断地努力提高抱负、精力、毅力、主动性。实证研究表明，在一些国家，高层管理者成功的欲望与组织的自成长率显示出高度相关性。然而对成功的欲望只能用于预测创业型公司的有效性，而不能用于预测特大型组织和官僚组织部门的领导有效性。② 领导愿望，领导者有强烈的愿望去影响和领导别人，表现为乐于承担责任。他们不想被人领导并能够在领导过程中获得满足和利益。当权力需要符合道德而不是损害别人时，领导者将激发更多信任、尊重和对愿景的认同。③ 正直和诚实，正直即言行一致、诚实可信。它除了是个人较重要的性格特征外，对领导者来说更重要，因为这些特点能激发对别人的信任。④ 自信，下属觉得领导者从没缺乏过自信。领导者角色是具有挑战性的，而挫折是难免的。自信能让领导者克服困难，在不确定的情况下敢于做出决策，领导者为了使下属相信他的目标和决策的正确性，必须表现出高度的自信。

（二）领导特质理论的评价

关于领导特质的重要性的讨论一直在延续。

用领导特质的研究成果解释领导行为，不能看作是一种非常富有成效的研究方法。并非所有成功的领导者都具备上述特质理论所描述的品质，而许多非领导者则可能具备上述的大部分甚至全部品质，而且几乎没有一种品质是所有领导者所共有的。因此，领导特质理论无法指出哪些素质是领导者必需的，而且也无法对各种品质的相对重要程度做出评价。此外，已有的研究成果对哪些品质是领导品质的认定并不一致，对这些品质同实际情况的关系的认定也不一致。这些大多数所谓的特质实际上不过是些行为模式。此外，各种领导特质理论所显示的结果并不一致。事实上，一个领导者能否发挥作用，会随被领导者的不同而不同，也会随着环境的改变而改变。把领导活动割裂在被领导者因素和环境因素之外，仅从其中一个方面——领导者自身——进行研究，就会产生相互重叠甚至相互矛盾的情况。

领导者特质理论虽然存在缺陷，但它仍然具有一定科学性，有一定的可取之处。德鲁克指出，领导有效性是一种后天的习得，是一系列实践的综合。领导才能是一种成就，是通过努力达到的。每一位渴望成为领导者的有志者和每位希望提高自身领导水平的领导者，都可以结合自己的下属情况和环境态势，在上述各种领导者特质理论中找到最适合自己的那几条，把它们作为目标引导自身素质不断完善。

二、领导的行为和风格理论

（一）领导风格理论

关于领导风格理论，美国依阿华大学的研究者、著名心理学家库尔特·勒温及其同事从30年代起就进行了深入的研究。勒温等人发现，领导者们通常使用不同的领导风格——不同的领导风格对组织成员的工作绩效和工作满意度有着不同影响。

勒温首先区分了三种领导风格，即专制型、民主型和放任型的领导风格。第一类是专制型领导风格，又称独裁型，他们发号施令，要求绝对顺从，激进而独断，多利用赏罚进行领导。专制型的领导者只注重工作的目标，仅仅关心工作任务和工作效率。他们对团队成员不够关心，被领导者与领导者之间的社会心理距离比较大，领导者对被领导者缺乏敏感性，被领导者对领导者存在戒心和敌意，容易使群体成员产生挫折感和机械化行为倾向。第二类是民主型或者参与型领导风格，这类领导者在计划和决策时会同下属一同商量并鼓励他们参与。有些领导者如果没有得到下属的支持，他们不会擅自进行决定；有些领导者自己做出决定，但会在和下属讨论咨询后才实施。对这种风格的领导者人们往往将其归于民主型领导风格。第三类是放任型领导风格，这类领导者很少甚至根本不使用手中的权力，给下属充分的自主权。这类领导者主要依赖下属制定并执行计划，他们把自己视为群体同外部环境的联系人，为下属提供充分信息，以此帮助他们完成计划。

对于这三种简单的分类，人们根据实际管理中的情况又进行了某些细化。有些独裁式的领导者被认为是“开明的独裁者”，虽然他们在做决定前会听取下属的意见但他们仍然会自己进行决策。他们也许会很乐意听取下属的意见和建议，但是一旦做了决定，他们所表现出的风格无疑是强硬的。民主型领导风格的一个变形是支持者的变化。这种风格的领导者不仅会亲自听取并认真考虑下属的意见和建议，而且还会尽其所能帮助下属完成任务。

勒温等人试图通过实验决定哪种领导风格是最有效的领导风格。最初他们认为民主型的领导风格似乎会带来良好的工作质量和数量，同时群体成员的工作满意度也较高，因此认为民主型的领导风格可能是最有效的领导风格。但研究者们后来发现了更为复杂的结果，民主型的领导风格并不总会比专制型的领导风格产生更好的工作绩效。而关于群体成员工作满意度的研究结果则与以前的研究结果相一致，即通常在民主型的领导风格下，成员的工作满意度会比在专制型领导风格下的工作满意度高。

（二）管理方格理论

管理方格理论，是由美国得克萨斯大学教授、行为科学家罗伯特·布莱克和简·莫顿于 1964 年出版的《管理方格》(1978 年修订时改书名为《新管理方格》)一书中提出的。该理论倡导用方格图表示和研究领导方式。他们认为，在企业管理的领导工作中往往出现一些极端方式，或者以生产为中心，或者以员工为中心；在对生产关心的领导方式和对员工关心的领导方式之间，可以有使二者在不同程度上互相结合的多种领导方式。为此，他们就企业中的领导方式问题提出了管理方格法，使用自己设计的一张纵轴和横轴各 9 等分的方格图(图 10-1)，纵轴和横轴分别表示企业领导者对员工和对生产的关心程度。第 1 格表示关心程度最小，第 9 格表示关心程度最大。全图总共分为 81 个小方格，分别表示“对生产的关心”和“对员工的关心”这两个基本因素以不同比例结合的领导方式。

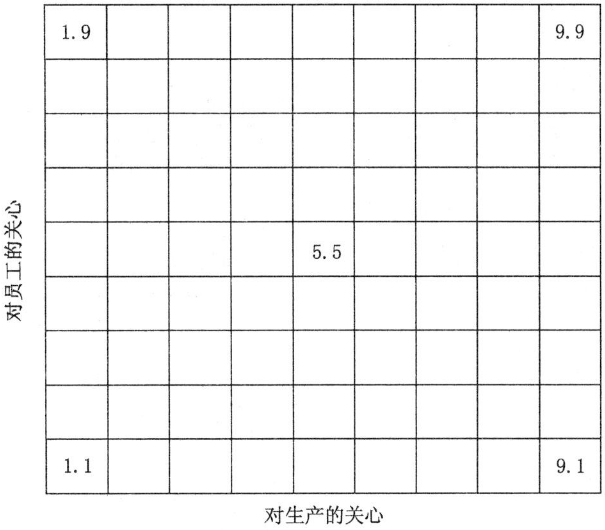

图 10-1 管理方格图

管理方格图中，1.1 型是贫乏型管理。领导者对工作和对员工都极不关心，多一事不如少一事，只维持自己职务所必需的最低限度工作。9.1 型是专权型管理。领导者对工作极为关心，但忽略对员工的关心，强调有效地控制下属努力完成各项工作。短时期有效，长期会造成上下级关系紧张、效率下降。

1.9 型是乡村俱乐部型管理。领导者对人极为关心，重视同下属关系，强调部属与自己的感情而忽略工作效果。5.5 型是中庸之道型管理。领导者既对工作关心也对员工关心，但强调适可而止，缺乏强烈的进取心，乐意维持现状。9.9 型是理想型管理，领导者对工作和对员工都极为关心，既高度重视组织的各项工作又能通过沟通和激励使部下自觉自愿齐心协力。这是一种理想的领导风格。

第三节　领导的权变理论

人们在运用特质理论和行为理论的过程中发现，在实际中何种领导方式最为有效要视具体的工作环境而定。没有一种"唯一"的特质为所有有效的领导者所共有，也没有哪种领导风格在所有的条件下都有效。根据权变领导理论的观点，领导行为的有效性不单纯是领导者个人行为，某种领导方式在实际工作中是否有效主要取决于具体的情境和场合。从权变领导理论来看，没有最好的领导模式，只有最合适的领导模式。权变领导理论表明，领导方式的有效性是受多种变量影响的。S=(L,F,F)，其中，S 代表领导方式，L 代表领导者特征，F 代表追随者特征，E 代表环境。在环境变量中任务性质(任务复杂性、类型、技术和规模)是重要的中间变量，此外还有群体规范、组织文化、控制范围和外部威胁和压力等诸多因素。菲德勒模型、情境理论、通路-目标理论、领导-参与理论以及领导生命周期理论对这些中间变量影响的研究均获得了广泛认可。

一、赫塞和布兰查德的情境领导模型

情境领导模型是研究领导力的最早的权变理论之一。该模型认为适当领导的不同类型"依附于"或者取决于其他变量，即情境变量。该模型主要研究情境的一个方面——追随者，尤其是研究他们对参与学习新任务的"准备状态"。这一理论中的员工准备状态包括两部分——他们的(与特定任务相关)能力和他们承担新任务的意愿。领导者的行为同样被认为包括两个因素——支持和指导。该模型提倡两种领导者行为的特定结合是最好的，或者说对于特定的下属准备状态是最合适的。赫塞和布兰查德的情境领导模型如图 10-2 所示。

正如所看到的，将下属准备程度两个方面的高低水平和可能的领导者行为两个维度的高低水平结合起来，就得出了被认为对四组环境中任何一个都是最有效的各种不同领导风格。所以，根据模型，对于能力和动机都较低的下属，领导者应该给予相对较低的支持和较高的指导。也就是说，领导者应该坚定地设定目标，提供清楚的指导和明确最后期限并密切地监控绩效。保罗·赫塞(Paul Hersey)和肯尼斯·布兰查德(Kenneth Blanchard)称之为"告知"情境领导

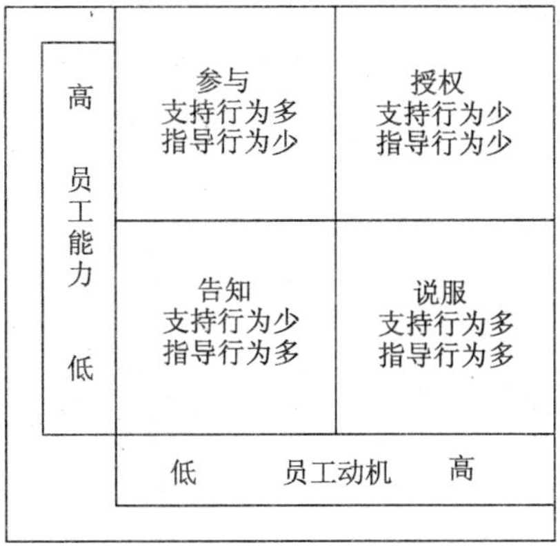

图 10-2 赫塞和布兰查德的情境领导模型

模型。

当下属只具备较低的任务所需能力但完成任务的初始意愿较高时，领导者应该既展现出较强支持性的行为又展现出较强的指导性行为。因此，领导者应该具有很高的鼓舞性，但是同时也应该负责明确目标和解释完成任务的方法。这种综合的领导行为被称作“说服”。

对于第三组下属准备状态特征——高能力但低意愿，领导者需要尽可能多地利用下属的想法和建议，目的是强化他们对任务的兴趣和获得他们的支持；但是，因为下属完成任务的能力已经很高了，所以他们不必过多地去指导。最适合这些条件的领导风格被称作“参与”。

根据情境领导模型，下属特征是高能力和高执行意愿，低支持和低指导的领导风格是合适的。换句话说，针对这个情境，领导者可以依靠高度授权、最少地参与任务，期望下属自己能很好地完成任务。因此，该领导风格被称作“授权”。

赫塞和布兰查德的情境领导模型直觉上很吸引人，表现在：① 与罗伯特·布莱克和简·莫顿的管理方格理论一样，模型相对简单和直观。② 概括性的领导风格名称（“告知”等）容易理解和记忆。③ 与管理方格理论一样，模型研究发现强调领导行为的两种重要类型——以人为导向（支持）和以任务为导向（指导），这两种类型进一步形成四种领导风格。

尽管情境领导模型具有上述有用的特征，但在实际使用时仍有一些相当明显的问题。例如，典型的员工准备状态并不是简单的高和低的结合。通常，下属的能力和意愿多处于中间水平或者其中之一处于中间水平，而不是其中之一或二者均绝对高或绝对低。同时，模型要求领导者对下属的准备状态特征的两方面进行精确分析，但通常却很难做到，尤其是试图度量员工执行具体任务的“意愿程度"时。赫塞和布兰查德的情境领导模型最关键的不足可能是它仅仅将下属准备状态作为考虑任务或组织环境的唯一特征。该模型基本上忽略了环境的其他可能的主要特征。例如,与组织中其他个人或单位互相作用的数量和类型,群体或组织的文化,过去事件的历史等。下属或者追随者准备状态对任何领导者都是值得考虑的重要方面,但它本身并不能决定领导者应该如何行动或者领导者的努力能否成功。

二、菲德勒模型

美国当代著名管理专家弗雷德·菲德勒在大量研究的基础上提出了有效领导的权变理论(1951 年),是第一个综合的领导权变模型。菲德勒的权变模型指出,有效的群体绩效取决于两个方面的恰当匹配:① 与下属发生相互作用的领导者风格;② 领导者能够控制和影响情境的程度。该模型基于这样的前提假设:在不同类型的情境中,总有某种领导风格最为有效。这一理论的关键在于首先界定领导风格和不同的情境类型,然后建立领导风格与情境的恰当匹配模型。

(一) 领导风格

在菲德勒的模型中有两大变量。首先来看第一个变量——领导风格。菲德勒认为,影响领导成功与否的关键因素之一是个体的领导风格。

为了测量领导者的风格,菲德勒开发了"最难以共事者"(LPC)量表。这一问卷包括 16 组形容词,如快乐不快乐、热心不热心、枯燥或有趣、友爱不友爱等。菲德勒让被调查者回忆曾与自己共过事的所有同事并找出最难共事者,用 16 组形容词中按 1 到 8 级(8 代表积极一端,1 指向消极一端)对其进行评估。菲德勒认为,在 LPC 问卷的回答基础上,可以判断出人们最基本的领导风格。菲德勒认为,如果领导者能以相对积极的词汇来描述最难共事者或者说 LPC 得分高,说明被调查者乐于与同事形成友好的人际关系。即是说,如果你对最难共事的同事用一些较为积极和接纳的词汇来描述,那么你就属于关系取向型;相反,如果你对最难共事者均用贬义词描述,LPC 得分低,领导风格可能以关心生产为主,属于任务取向型。菲德勒承认会有一部分人介于二者之间,因而很难勾勒出这些人的人格特点。另一点需要注意,菲德勒认为个人的领导风格是同定不变的。也就是说,如果你是一位关系型领导者,你就会永远如此;任务型领导者也是同样。

(二) 情境变量

用 LPC 问卷评估了基本领导风格之后,接下来就需要评估情境。菲德勒的研究揭示了确定情境因素的以下三项权变维度。① 领导者—成员关系,即领导者对下属信任、信赖和尊重的程度,评价为好或差;② 任务结构,工作任务的规范化和程序化程度,评价为高或低。③ 职位权力,领导者运用权力活动(诸如雇佣、解雇、处分、晋升和加薪)施加影响的程度，评价为强或弱。

菲德勒根据这三项权变变量对每种领导情境进行了评估。把三项变量汇总起来得到8种可能的情境，每个领导者都可以从中找到自己所在的情境。其中Ⅰ、Ⅱ和Ⅲ类情境对领导者非常有利；Ⅳ、Ⅴ、Ⅳ、Ⅵ和Ⅶ类情境在一定程度上对领导者有利(中间状态)；Ⅷ情境对领导者十分不利(图10-3)。

上下级关系	好				差			
任务结构	明确		模糊		明确		模糊	
职位权力	强	弱	强	弱	强	弱	强	弱
领导情境类型	Ⅰ	Ⅱ	Ⅲ	Ⅳ	Ⅴ	Ⅵ	Ⅶ	Ⅷ
领导所处环境	有利			一般(中间状态)				不利
有效的领导方式	任务型			关系型				任务型

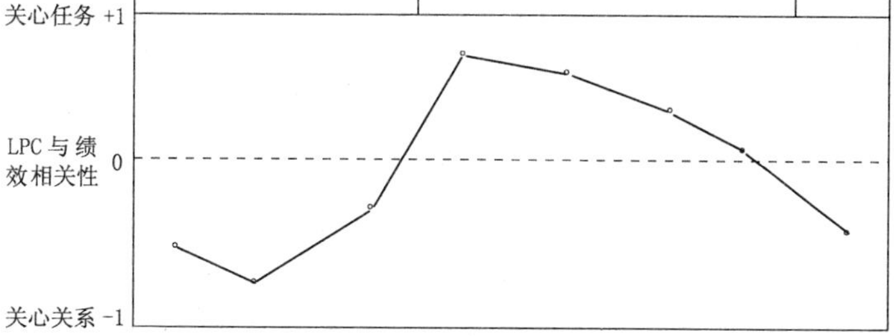

图10-3 菲德勒权变理论模型

(三)结论

为了确定领导效果的具体权变情况，菲德勒研究了1200个工作群体，针对8种情境类型对比了关系取向和任务取向两种领导风格。他得出结论：任务取向的领导者在非常有利的情境下和非常不利的情境下效果更好，关系取向的领导者则在中间情境下即Ⅳ、Ⅴ、Ⅵ型的情境中干得更好。

因为菲德勒认为个体领导风格是稳定不变的，因此提高领导者的有效性实际上只有两条途径。第一种方法是选择领导者以适应情境。例如，如果群体所处的情境被评估为十分不利，而目前是一个关系取向的领导者进行领导，那么替换成一个任务取向的领导者则能提高群体的绩效。第二种方法是通过改变情境以适应领导者，这可以通过重新建构任务或提高、降低领导者所处的环境状态。

已有大量研究对菲德勒模型的总体效度进行了考察，有相当多的证据支持这一模型。不过，该模型目前还存在一些欠缺。首先，该模型假设领导者不能改变自己的领导风格以适应情境，这并不符合实际情况，现实中许多领导者均能够改变自己的风格以适应具体环境需要。其次，模型中太多的权变变量对实践者来说过于复杂和困难。

三、豪斯的通路-目标理论

通路-目标理论是当今最受人们关注的领导观点之一。它是首先由加拿大多伦多大学教授埃文斯(M. G. Evans)于1968年提出，由罗伯特·豪斯(Gobert J. Hoase)加以补充和发展而形成的一种领导权变模型(图10-4)。该理论认为，领导的工作是提供必要的指导和支持以确保下属各自的目标与群体或组织的总体目标一致，并提供必要的指导和支持以帮助下属达到其目标。

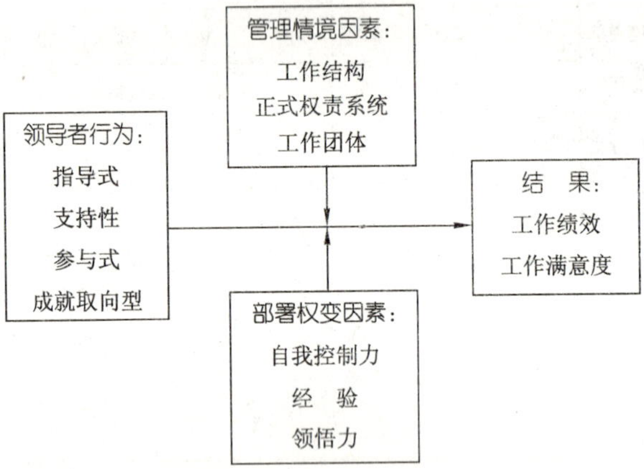

图10-4 埃文斯和罗伯特·豪斯的通路-目标理论

(一) 领导行为

通径-目标理论假设存在以下4种有关的领导行为：① 指令型领导。即定位于任务导向的行为，让下属知道对他的期望是什么以及完成工作的时间安排，并对如何完成任务给予具体指令。② 支持型领导。领导对下属十分友善，适当地考虑下属的需要，对下属的情况表示关心和慰问，为他们创造愉快的组织气氛。③ 参与型领导。与下属共同磋商并在决策之前充分考虑他们的建议，这种做法有助于提高团队士气和动力。④ 成就导向型领导。激励人们的行为，如设置挑战性的目标、寻求提高绩效的方法，并对下属达成目标的能力表现出极大信心。

(二) 情境变量

通路-目标理论还假设存在两类情境作为领导行为与结果之间的中间变量。① 下属的权变因素，下属的权变因素包括下属的控制点、经验和感知能力。控制点是个人认为环境对其行为反应的程度。“内在控制点”类型的人相信他们所遇到的一切是他们自己造成的；“外在控制点”类型的人相信这一切只是运气或命运。经验和感知的能力，是指人们对自己从事工作的能力信心。② 环境的权变因素，环境的权变因素包括任务结构、正式权力系统、工作群体。

下属的权变因素和环境权变因素，决定适当领导方式产生了有效的业绩。

（三）结论

埃文斯和罗伯特·豪斯提出该理论并非希望找出一条最好的领导之路，而是告诉人们应根据不同的情境选择最恰当的领导风格。

考虑下属的权变因素决定各种领导方式的恰当性，通路-目标理论得出四类指导性建议：① 指导型领导适用的情境——混乱而不确定的环境会使员工感到慌乱和迷茫，在任务不明、压力过大或下属能力较低时，指导型领导方式更适合，它能帮助人们理解应当做什么；对知觉能力强或经验丰富的下属，指导型的领导可能被视为累赘多余。② 参与型领导方式适用的情境——对“内在控制点”类型的人更合适，因为这些个人更愿意对自己的生活施加更多影响；当某些员工获得奖励并非他们所要时，参与型领导可以通过与员工交谈了解他们的需要并改变奖励，以提高员工满意度并实现绩效改善。③ 支持型领导适用的情境——组织中的正式权力关系越明确、越官僚化，领导者越应表现出支持型行为、降低指导型行为；当下属执行结构化任务时，支持型领导导致员工高绩效和高满意度；当下属缺乏自信、受挫或处于不满意状况时，表现出对下属各种需要的关怀，支持型领导可以增加下属自信、达到目标。④ 成就导向型领导适用的情境——下属如果感到工作缺乏挑战性，成就型领导为他们设置更高目标将会提高下属的努力水平，从而达到高绩效的预期。

通路-目标理论提出，领导者的行为为下属接受且下属把这些行为看作是使他们的需求得到满足的源泉。此外，他们认为这些行为能够对下属起到激励作用，这主要表现在两方面：首先，这些行为在保证绩效的同时能够满足下属的需求；其次，领导通过指导、支持和奖励来改善下属所处的环境。

通过上面的分析我们认识到，领导者通过分配职位和任务角色，消除影响绩效的障碍，在设定目标时积极参考下属意见，促进组织内部的凝聚力，提高协同工作的程度，增加满足个人需求的机会，削弱外部控制和压力，明确对员工的期望以及运用其他的一些能够满足员工的期望和需求的方法，来实施其影响力。

通路-目标理论对管理者的工作实践虽具有重大指导意义，但我们也必须认识到，该模型与菲德勒的权模型一样，通路-目标理论的主要贡献是对领导者行为、任务特性和追随者能力三者之间的交互作用提供了进一步的分析，而且指出了哪些互相作用最有可能导致更有效率和满意度更高的结果。与菲德勒的理论不同，罗伯特·豪斯认为领导者可以调整他们的领导风格以适应情境，而不是必须改变情境以适应领导者。通路一目标理论的主要价值在于帮助领导者系统地思考他们的何种行为风格在哪种情境中能更好地起作用。

四、新的领导理论

近年来出现了三种非常重要的有潜力的领导理论。其中一种是战略领导，另外两种分别是跨文化领导和伦理领导。

（一）战略领导

战略领导是将领导同高级管理的角色直接联系起来的新概念。战略领导是理解组织与环境复杂性以及领导组织中变革以实现组织与环境同步发展的能力。这一定义反映了本章的领导概念和第八章中所讨论的战略管理的整合。

为了发挥有效的战略领导，管理者必须对组织有充分的了解，包括组织的历史、文化、优势和劣势。领导还要对组织的环境有高度的把握。这一理解必须包含当前的情况与环境，还有即将出现的重大趋势。战略领导还必须理解组织目前如何适应环境——不论是有效的还是低效的。关注环境趋势与问题的战略领导者致力于提高组织与环境当前的和未来的适应性。

通用电气公司的杰夫·伊梅尔特、AMD芯片公司的鲁毅智、施乐公司的安妮·穆卡伊、戴尔公司的CEO迈克尔·戴尔和宝洁公司的雷富礼都被认为是优秀的战略领导者。雷富礼在回忆他对宝洁的改造时说："我进行了许多符号化、可见的变革，人们由此认识到我们的领导变革。"另一方面，默克制药公司的吉尔马丁、凯龙制药公司的霍华德·佩恩和脆奶油多纳圈公司的斯各特·利文古德则不是那么有效的战略领导者。在利文古德上任后，脆奶油多纳圈公司的股价下跌了80%，大多数批评人士认为这家连锁店扩张速度太快。

（二）跨文化领导

跨文化问题是另一个重要的领导理论的基础。在这里，文化具有广泛的含义，包括国际差异和同一文化的内部差异。例如，日本企业派人员到设在美国的企业中任负责人，他必须适应两国间的文化差异，适时地改变自己的领导风格。因为日本的一般特征是集体主义，而美国则更多地表现出个人主义，这位日本经理必须理解个人贡献和奖励的重要性，以及两国之间个人和群体角色的区别。

与此相似，跨文化因素在组织中扮演着越来越重要的角色，这是因为组织成员变得越来越多元化。例如，美国的大多数研究都是基于白人男性领导者的案例进行的。但是，随着女性和其他族裔的领导者担负起领导职位，可能有必要重新评估如何将当前的理论和模型应用于多元化的领导者。

（三）伦理领导

绝大多数人理所当然地相信高层管理者的行为是合乎伦理的。但是，近来的公司丑闻却破坏了人们的信任。也许今天比以往任何时候都需要强调高标准的伦理行为是有效领导的前提。高层管理者有义务保持自己高水平的伦理行为，要一贯表现出伦理的行为，还要约束下属达到同样的标准。

高层领导的行为受到比以往更仔细的检查。要求加强公司治理的压力可能进一步提高了对领导者伦理水平的要求，并且要求他们比以往更多地为他们的行为和行为后果负责。

本章基本概念

(1) 领导，领导要素，权力；
(2) 领导特质理论；
(3) 领导风格理论；
(4) 领导行为理论；
(5) 领导权变理论。

问 题 思 考

1. 怎样理解管理和领导的关系？
2. 什么是领导？
3. 领导具有哪些要素？
4. 你是如何认识领导特质理论的？
5. 如何理解管理方格理论？
6. 如何理解菲德勒的权变理论？
7. 如何理解罗伯特·豪斯的通路-目标理论？

第十一章　激　　励

学习目标

1. 掌握激励的概念、对象和特性；
2. 掌握激励的一般模式；
3. 掌握马斯洛的需要层次论、X 理论和 Y 理论；
4. 掌握激励-保健因素理论；
5. 掌握期望理论、公平理论、强化理论和激励需要理论；
6. 了解 ERG 理论、不成熟-成熟理论和挫折理论；
7. 熟练掌握对员工激励的方法。

【开篇案例】　**著名企业的员工激励**

索尼公司的内部招聘制度——有一天晚上，索尼董事长盛田昭夫按照惯例走进职工餐厅与职工一起就餐、聊天。他长期以来一直保持着这个习惯，以培养员工的合作意识和与他们的良好关系。这天，盛田昭夫忽然发现一位年轻职工郁郁寡欢，满腹心事，闷头吃饭，谁也不理。于是，盛田昭夫就主动坐在这名员工对面，与他攀谈。几杯酒下肚之后，这位员工终于开口了："我毕业于东京大学，进入索尼之前，有一份待遇十分优厚的工作。因对索尼公司崇拜得发狂，我义无反顾选择了索尼公司。当时，我认为进入索尼，是我一生的最佳选择。但是，进入索尼后才发现，我不是在为索尼工作，而是为课长干活。坦率地说，我这位课长是个无能之辈，更可悲的是，我所有的行动与建议都得课长批准。我自己的一些小发明与改进，课长不但不支持，不解释，还挖苦我癞蛤蟆想吃天鹅肉，有野心。"

日本松下员工激励——日本松下公司每季度都要召开一次各部门经理参加的讨论会，以便了解彼此的经营成果。开会以前，把所有部门按照完成任务的情况从高到低分别划分为 A、B、C、D 四级。会上，A 部门首先报告，然后依次是 B、C、D 部门。这种做法充分利用了人们争强好胜的心理，因为谁也不愿意排在最后。

美国西南航空员工激励——美国西南航空的内部杂志经常以"我们的排名

如何”这个栏目让西南航空的员工知道他们的表现如何。在这里，员工可以看到运务处针对准时、行李处置、旅客投诉案等三项工作的每月例行报告和统计数字。并将当月和前一个月的评估结果做比较，制定出西南航空公司整体表现在业界中的排名，还列出业界的平均数值，以利员工掌握趋势，同时比较公司和平均水准的距离。西南航空的员工对这些数据具有十足的信心，因为他们知道，公司的成就和他们的工作表现息息相关。当某一家同行的排名连续高于西南航空几个月时，公司内部会在短短几天内散布这个消息。到最后，员工会加倍努力，期待赶上人家。西南航空第一线员工的消息之灵通是许多同行无法相比的。

安利员工激励手册——安利被评为中国最佳顾主之一，这与其充分沟通是分不开的。在安利的内部网上，员工可以随时发表自己的建议和不满，公司有专门的人员处理网站上的员工意见，并且迅速向员工作出回应。安利在全国有60个地区中心，2000名员工，每个月各地区中心和安利总部都要召开一次员工大会，所有的高层经理都会利用这个机会和员工见面，听取员工意见。许多问题，大家坐下来沟通一下，马上就能解决掉。人力资源总监会出现在不同地区的会场上，随时了解员工的动向，并把安利的使命传达给每一位员工。

Lawson员工激励——Lawson是日本第二大连锁便利店，当Takeshi Niinami在5月份接任Lawson的总裁职务时，当初的过度扩张给Lawson留下了太多的分店，随着日本的通货紧缩压低零售价格，许多分店都亏损了；该公司所涉足的新业务，如自动取款机(ATM)和网上购物中心，也都未能带来收益，该公司的快餐不但以“单调乏味”而著称，现在又有了“令人恐怖”的名声。此后，Niinami就像一阵旋风一样接管了Lawson，在日本的企业界，他那晒得黝黑的脸庞已为人所熟知。在接任Lawson总裁后不久，Niinami就定下了巡视Lawson旗下的所有分店(在全日本共有7648家)的计划，而且“我总是试图与Lawson员工进行直截了当的沟通，也许他们有时会想，‘那个讨厌的家伙！’但我总是很直率”。这种直言不讳的作风让Lawson员工萎靡不振的士气得到了显著的改善。摩根士丹利的分析师Michinori Shimizu认为，改善Lawson各分店与高级管理层之间的沟通是Niinami上任伊始对公司作出的最大贡献。他指出，Niinami的直率作风有助于提高士气，因为这让员工感到：激进的改革正在进行之中。他在该报告中建议投资者买进Lawson的股票，“整个公司的气氛有所改善，Lawson已经变为这样一家公司，在那里，员工可以自由地向上级发表意见。”有鉴于Niinami的努力，Lawson高涨的士气正在逐步转化为更漂亮的经营业绩，虽然整个经济形势不好，虽然竞争对手Seven Eleven的实力不凡，但在日经指数过去3个月的暴跌中，Lawson的股价依然保持了稳定，实现了初步的成功。

德国企业里的工厂委员会——在德国企业里，参与管理主要通过工厂委员会的协商、董事会的共同决策、监事会的制衡及其他一些方式实现。工厂委员会由不包括管理阶层的所有员工选举代表组成，委员会定期与雇主举办联合会议。法律规定雇主有义务向工厂委员会提供各种信息和有关文件，尤其是涉及财务生产、工作流程的改变等方面。员工超过100人的企业，工厂委员会必须委任一个财务委员会，定期与管理层会面，了解公司的财务状况；1000人以上的企业，每季度雇主还必须书面报告企业各方面的情况。工厂委员会几乎可以对企业中所有重大的决策与举措表达看法。在工作时间、工资福利等方面，工厂委员会还具有共同决策权，特别是当发现劳动条件的改变损害了员工的人性化需要时，可以要求雇主予以改变或赔偿。

DELL公司员工激励——DELL公司培训销售人员是如何采取"太太式培训"的。他们把销售经理比喻为销售新人的"太太"，销售经理像太太一样不断地在新人耳边唠叨、鼓励，才能让新人形成长期的良好销售习惯，从而让销售培训最终发挥作用。培训由培训经理和销售经理一起完成。销售新人不但向销售经理汇报，还要向培训经理汇报。培训经理承担技能培训和跟踪、考核职能（每周给销售新人排名，用e-mail把排名情况通知他们。没有压力，就没有动力！），销售经理承担教练和管理职能，通过新人的最终执行，达到提高业绩的目的。先是为期三周的集中培训，由专家讲解销售的过程和技巧，邀请有经验的销售人员来分享经验。然后每周末召开会议，销售经理与培训经理都参加，检查新人上周进度，讨论分享工作心得，分析新的销售机会，制定下周的销售计划。销售经理与培训经理、新人们一起讨论新人的成长、下一步的走向。最终，"太太"在工作中能够自觉指导新人运用销售技巧，及时鼓励新人、有效管理新人。"太太式培训"的效果十分惊人，用数字可以说明。DELL销售代表每季度平均销售额是80万美元，没有"太太式培训"的时候，新人第一季度平均销售为20万美元，经过这样培训，新人在第一季度的平均业绩达到56万美元，远远高于以前销售新人20万美元的销售。

日立公司内的"婚姻介绍所"——在把公司看作大家庭的日本，老板很重视员工的婚姻大事。例如，日立公司内就设立了一个专门为员工架设"鹊桥"的"婚姻介绍所"。一个新员工进入公司，可以把自己的学历、喜好、家庭背景、身高、体重等资料输入"鹊桥"电脑网络。当某名员工递上求偶申请书，他（或她）便有权调阅电脑档案，申请者往往利用休息日坐在沙发上慢慢地、仔细地翻阅这些档案，直到找到满意的对象为止。一旦他被选中，联系人会将挑选方的一切资料寄给被选方，被选方如果同意见面，公司就安排双方约会。约会后双方都必须向联系人报告对对方的看法。日立公司人力资源部门的管理人员说：由于日本人工作紧张，职员很少有时间寻找合适的生活伴侣。我们很乐意为他们帮这个忙。

另一方面，这样做还能起到稳定员工、增强企业凝聚力的作用。

当然，互联网时代，HR 的激励方式会越来越多，适度适当激励可以促进组织团结向上，形成团队凝聚力，充分发挥个体和团队的积极性、主动性和创造性。

〔资料来源：领导力课堂. http://www.gototsinghua.org.cn/wenku/xinchoujixiao/mba_34971.html，2015-10-04〕

吴起的故事说明激励理论在我国古代就有成功运用。我们从中也不难发现现代激励理论的有关思想。首先，需要是激励理论应用不可缺的导火索。吴起正是准确了解到士兵们的需要，从物质和精神两方面入手，双管齐下，激起战士的热情。试想那个年代，筵席上的座区，象征身份的餐具，以及家族的颜面，都是士兵所需要的，统治者投其所好，使激励有意想不到的效果。另外，目标的设定也在案例中有重要作用。战车要俘获战车，骑兵要俘获骑兵，步兵要俘获步兵。如果没有俘虏，就不算军功。这些目标用现今美国管理学家爱德温·洛克（Edwin A. Locke）和休斯（C. L. Huse）等人提出的"目标设置理论"来看，其目标难度、明确性和可接受性都很合适。根据不同兵种制定不同任务，这就为激励成功准备了条件。

本章将对激励理论的相关问题进行深入探讨，主要涉及以下四个方面的问题：① 激励概述；② 激励的一般模式；③ 各种激励理论；④ 激励实务。

第一节 激励概述

一、激励的概念

激励，作为动词它来源于拉丁文"movere"，其意思是"移动"、"采取行动"。中国汉朝司马迁所著《史记·范雎蔡泽列传》即有"欲以激励应侯"之语。意思是通过激发使其振作。

虽然激励这一词汇在组织管理过程中被广泛运用，但要对它下一个确切定义却有相当大的难度。管理学家从不同的角度研究激励这个概念。概括地讲，激励就是组织通过设计适当的奖酬形式和工作环境，以一定的行为规范和惩罚性措施，来激发、引导、保持和归化组织成员的行为，以有效地实现组织目标的系统活动。

二、激励的对象

从激励的定义看出，激励是针对人的行为动机而进行的工作。因而，激励的对象主要是人，或者准确地说是组织范围中的员工或领导对象。

正确认识激励的对象，有助于体现领导的管理学职能。从激励的内涵看，意味着组织中的领导者应该从行为科学和心理学的基础出发，认识员工的组织贡献行为，即认识到——人的行为是由动机决定的，而动机是由需要引起的。动机产生以后，人们就会寻找能够满足需要的目标，而目标一旦确定就会进行满足需要的活动。从需要到目标，人的行为过程是一个周而复始、不断进行、不断升华的循环。这样，通过认识激励的对象来说明：需要是人类行为的基础，不同的需要在不同的条件下会诱发出不同的行为。

三、激励的特性

激励的激发、引导、保持和归化都是建立在人的心理活动之上的，而人的心理活动有其自身特点，因而激励也表现出鲜明的特性。

（一）相容性

激励以组织成员的心理作为出发点，旨在满足组织成员的各种需要，即通过设计适当的奖酬形式和工作环境以满足其需要。

（二）奖罚性

激励是指奖励和惩罚并举，既要通过适当的外部奖酬形式和工作环境对组织成员表现出来的符合组织期望的行为进行奖励，又要通过明确的行为规范和惩罚性措施对不符合组织期望的行为进行惩罚。

（三）过程性

激励贯穿于组织成员工作的全过程，包括对个人需要的了解、个性的把握、行为的把握、行为过程的控制和行为结果的评价等。但是，激励起作用的过程如同黑箱，不能凭直观感觉，只能通过在其作用下的行为表现来加以判断。

（四）可变性

激励的可变性包括两方面：一方面是指同一激励产生的行为表现在某一组织成员身上并不是固定不变的，它们受多种主客观因素影响，在不同的时间、场合，其表现必然不同；另一方面是指同一激励导致的行为表现在不同的人身上有不同的反应，即在不同的人身上要诱导出同样的行为表现，则可能需要不同的激励。

（五）目的性

激励的根本目的是为了调动组织成员的积极性，从而实现组织目标；但在实现组织目标的同时，也应满足组织成员的个人需要，从而达到双赢。

当然，通过激励来调动和发挥组织成员的积极性并不是无限的。有效激励的基本前提是组织成员具备所需的工作能力，包括知识、能力、体力、年龄等。由于激励是受内在、外在因素影响的复杂过程，当激励不能改变人们的内心状态而只得到机械、单调且被动的行为时，就意味着激励的失败。

第二节 激励的一般模式

一、激励模式的概念

激励模式是管理学、心理学中的学术术语。美国心理学家、管理学家莱曼·波特(Lyman Porter)和爱德华·劳勒(Edward E. Lawler)以期望理论为基础导出的更完备的波特-劳勒综合激励模式，较好地说明了整个激励过程。这个激励模式，是对激励系统的一个比较恰当描述，它告诉人们激励并不是简单的因果关系。设置了激励目标，不一定就能获得所需的行动和努力，职工也不一定会满意。要形成奖励目标⟶努力⟶绩效⟶奖励⟶满意度以及从满意度反馈回努力这样的良性循环，则取决于奖励内容、奖励制度、组织分工、目标导向行动的设置、管理水平、公平考核和领导作风等综合性因素。

二、激励的模式过程

激励的实质，是通过影响人的需求或动机而达到引导人的行为的目的，它实际上是一种对人的行为的强化过程。因此，研究激励，先要了解人的行为过程。每个人行为的产生并不是无缘无故的，必定经历一个复杂的过程。

首先，任何行为的产生，都是由动机驱使的。动机，是指人们为达到任何目标而付出的努力。如果从一个组织的角度来研究动机，动机则是指为达到组织的目标而愿付出的努力。每个人的行为都有动机，只是每个人的行为动机有所差别而已。每个人的动机还可能因时、因地而有差别，这样就产生了动机与环境的关系，动机受环境的影响和制约。

其次，动机是以需要为基础的。心理学家揭示，动机欲望支配着人们的行为，而动机又产生于人的需要。人在社会生活实践中形成的对某种目标的渴求和欲望构成了人的需要的内容并成为人行为活动积极性的源泉。人的需要很复杂，一方面，人的需要分为基本的需要(如水、空气、食物、睡眠等生理需要)和第二位的需要(如自尊心、地位、成就和自信等)，这些需要因时、因人而异。另一方面，人的需要又受环境影响。如闻到食物香味可以使人产生饥饿感;看到某商品的广告可激发人的购买欲望等。

激励的过程是一个需要决定动机、动机产生行为、行为指向目标的过程。作为一个具体的激励来说，这一过程要复杂得多。从感觉需要出发，在人的心理上引起不平衡状态，产生不安和紧张，导致欲望动机，有了动机就要选择和寻找目标，激起实现目标的行动，当需求得到满足后行为结束。心理紧张消除后，人们又会产生新的需求，形成新的欲望，引起新的行为。这样周而复始，循环往复。激励就是利用人的需求、欲望和行为之间的关系，激发人的欲望，满足人的需要，挖掘人的内在潜力，促使人的行为向组织目标努力。这个连锁反应的激励模式过程如图 11-1 所示。

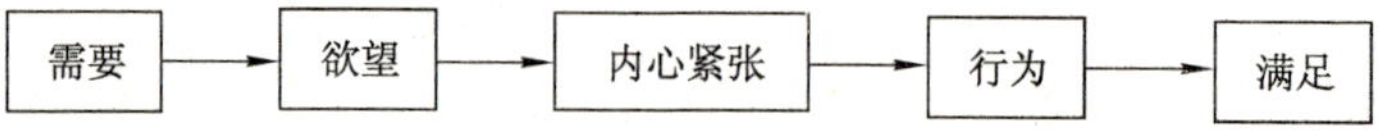

图 11-1　激励模式过程示意图

在激励过程中，我们可能会发现，有些需要很容易得到满足，而有些需要满足起来很困难，所以激励的过程有时间长短之分。有些需要可能根本无法满足，尽管付出了巨大的努力也无法得到满足，这时可能出现两种结果：一种是产生更强烈的需要，付出更大的努力，直至实现需要、达到目的，这是积极的结果；另一种是在需要无法满足时，该需要消失而产生其他需要，这是消极的结果。一种需要得到满足后，新的需要产生，新的激励过程又开始了，如此往复。

一个组织对员工的激励，要密切注视并研究激励的过程。有时员工的需要可能不是组织的需要，员工的目的也可能不符合组织的目的。其结果是员工的行为与组织需要的行为不一致。例如，员工需要工作轻松自在，因而不努力工作，所以他（她）努力的目标是少工作，这种努力对组织就没有任何价值。所以组织必须积极引导员工的需要，尽量与组织的目标相一致，最终达到良好的激励效果。在激励模式中，激励并不是一种简单的因果关系，要使激励产生预期效果，就必须考虑到奖酬内容、制度、组织分工、目标设置、公平考核等综合因素，还要注意个人的满意度在激励中的反馈。

第三节　激励理论

要懂得如何激励员工，必须先掌握激励理论。1924 年开始的霍桑试验，首开人类行为研究之先河，从此，行为研究成为管理学研究的重要内容。行为研究的发展也引起了以研究人的行为为主的激励理论发展。20 世纪 50 年代以来，有代表性的激励理论有需要层次理论，激励-保健因素理论，X 理论，Y 理论，期望理论，公平理论，成就需要理论，强化理论等。这些理论从不同的侧面研究了人的行为动因，但每一种理论都具有其局限性，不可能用一种理论去解释所有行为的激励问题。各种理论可以相互补充，使激励理论得以完善。组织管理者要想有效地激励员工，必须比较全面地了解各种激励理论。

一、激励的需要理论

（一）需要层次论

这一理论是由美国心理学家亚伯拉罕·马斯洛提出来的，因而也称为“马斯洛动机论”。该理论是所有的激励理论中最早的、最受人瞩目的理论。

需要层次论主要回答了这样的问题——决定人的行为尚未得到满足的需要有些什么内容。马斯洛通过对需要的分类，找出对人进行激励的途径，即激励可以看成是对具体的社会系统中未满足的需要进行刺激的过程。其需要层次论有两个基本出发点：一个基本论点是人是有需要的动物，其需要取决于已经得到了什么、还缺少什么，只有尚未满足的需要能够影响行为，换言之已经得到满足的需要不能再起激励作用；另一个基本论点是人的需要都有轻重层次，某一层需要得到满足后另一层需要才出现。

在这两个论点的基础上，马斯洛认为，在特定的时刻人的一切需要如果都未能得到满足，那么满足最主要的需要就比满足其他需要更迫切。只有当前面的需要得到充分的满足后，后面的需要才显示出其激励作用。依此观点，马斯洛把人的需要按重要性程度分为五个层次：生理需要，安全需要，社交需要，尊重需要，自我实现需要。

1. 生理需要

生理需要包括性、衣、食、住等方面的生存需要。人们为了能够继续生存，首先必须满足人类最基本的生理需要。人类的这些需要得不到满足就无法生存，也就谈不上其他需要。

2. 安全需要

安全需要包括免受身体和情感伤害以及保护职业、财产、食物和住所不受威胁的需要。基本生活条件具备后，生理需要就不再是推动人们工作的最强烈力量，取而代之的是安全需要。这种需要又可以分为两小类：一类是现在的安全需要，另一类是对未来的安全需要。对现在的安全需要，就是要求自己现在的社会活动的各个方面均能有所保证：如就业安全、生产过程中的劳动安全、社会生活中的人身安全等；对未来的安全需要，就是希望未来生活能有保障，如病、老、伤、残后的保障等。

3. 社交需要

社交需要指人的“归属与爱”，包括友谊、爱情、归属和接纳方面的需要。马斯洛认为，人是一种社会动物，人们希望在社会生活中受到别人的注意、接纳、关心、友爱和同情，在感情上有所归属，属于某一个团体或组织，得到同事的友谊和互助，而不希望在社会中成为离群的孤鸟。人们的这种需要多半是在非正式组织中得到满足的。社交需要比生理需要和安全需要来得细致，需要的程度也因每个人的性格、经历、受教育程度不同而有别。

4. 尊重需要

尊重需要包括自尊心、荣誉感和成就感等方面的需要，以及由此而产生的权力、地位、威望等方面的需要。即希望别人对自己的工作、人品、能力和才干给予承认并给予较高的评价，希望自己在同事中间有一定的威望和声誉，从而得到别人的尊重并发挥一定的影响力。其中，自尊心是驱使人们奋发向上的强大动力。

5. 自我实现需要

自我实现需要指个体充分发挥自己的潜能，实现人生价值，并造福于人类社会的需要。自我实现的需要通常表现在两个方面：胜任感和成就感。具有这种需要的人一般会给自己确定有一定难度但可能实现的目标，并将目标的达到当作最大的满足。

马斯洛认为，人的五个层次需要是由低向高排列的。需要层次的排列，一方面表明需要层次由低到高的递进性，即人们最先表现为生理需要，当生理需要得到满足以后，生理需要消失、表现出安全需要，依次递进，最终表现为自我实现的需要；另一方面，越是低层次的需要，越为大多数人所拥有；越是高层次的需要，拥有的人越少。如生理需要基本上每个人都要经历，但自我实现的需要可能只有极少数人经历过。所以低层次的需要容易到满足，而高层次的需要满足起来比较困难(图 11-2)。

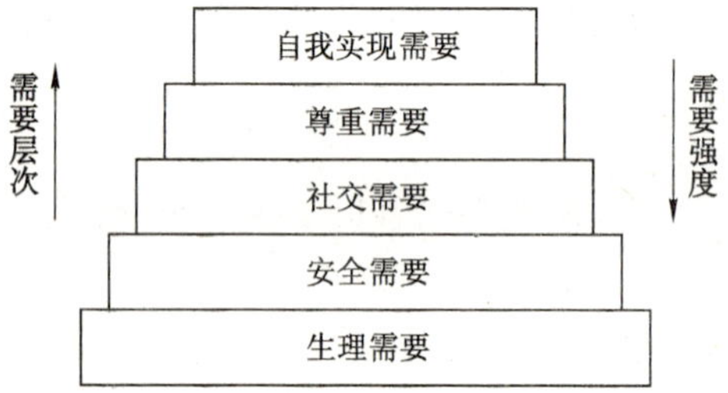

图 11-2　马斯洛的需要层次图

马斯洛的动机理论得到了实践中管理者的普遍认可，这主要归因于该理论简单明了、易于理解、具有内在逻辑性。而正是这种简洁性，也提出了一些问题。其中一个突出的问题，就是这种需要层次是绝对的高低还是相对的高低？马斯洛动机理论在逻辑上并没有对此回答。事实上，高低层次的需要被满足是一种相对的过程。我国管理学者从这一问题出发，对马斯洛的需要本身进行了分析，认为人类的需要实际上具有多样性、层次性和多变性等特征。因此，只有在认识到了需要的类型及其特征的基础上，组织领导者才能根据不同员工的需要进行相应的有效激励。

（二）激励-保健因素理论

激励-保健因素理论，又称为双因素理论，是由美国心理学家弗雷德里克·

赫兹伯格提出来的。20世纪50年代后期，赫兹伯格和他的同事对美国匹兹堡工业区中9个公司的200多位工程师和会计人员进行了访问调查，请他们列举出他们工作中有哪些使他们愉快的项目，有哪些使他们不愉快的项目。调查结果表明，使受访人员不满意的因素多与他们的工作环境有关，而使他们满意的因素通常是由工作本身产生的。在此基础上，提出了激励-保健理论。该理论的主要观点如下。

激励因素，是指能造成员工感到满意的因素，即与组织成员工作本身或工作内容有关的、能促使人们产生工作满意感的一类因素。保健因素，是指造成员工不满的因素，即与工作环境有关、能防止人们产生不满意感的一类因素。这是双因素理论的基本思想。也就是说，双因素理论认为，当组织成员对工作觉得满意时，往往归于激励因素；而当他们感到不满意时，则常常抱怨保健因素。其中，激励因素主要包括工作表现机会和工作带来的愉快，工作上的成就感，对未来发展的期望，职务上的责任感；保健因素则包括公司的政策、管理和监督、人际关系、工作条件等。

激励因素和保健因素彼此独立，并以不同的方式影响着人们的行为。它们表现在——当他们缺乏保健因素时会产生很大的不满足感，但有了它们也不会对人产生多大激励作用；相反，当具备激励因素时，对人们产生巨大的激励作用，使人们产生巨大的满足感，但缺乏它们时也不会产生太大的不满足感。

与传统观念不同，赫兹伯格认为，满意的对立面并不是不满意，而是没有满意；不满意的对立面也不是满意，而是没有不满意。依此观点，改善保健因素只能起到安抚员工的作用，带来的是"没有不满意"，而不一定能起到激励作用。因此，对企业管理来说，要调动和维持员工的积极性，首先要注意保健因素，以防止不满情绪产生。但更为重要的是要利用激励因素去激发员工的工作热情，创造奋发向上的局面，因为只有激励因素才会增加员工的工作满意度。

当然，赫兹伯格的双因素理论也存在一些缺陷。例如，赫兹伯格研究方法的可靠性问题、满意和不满意的评价标准问题不具有普遍性。某些保健因素不对高级管理人员起激励作用，但不等于对其他组织成员也如此。另外，赫兹伯格讨论的是员工满意度与劳动生产率之间存在的一定关系，但他所用的研究方法只考察了满意度并没有涉及劳动生产率。

（三）成就需要论

1961年，美国心理学家大卫·麦克莱兰（David McClelland）于1961年在成就导向的研究中提出了成就需要的概念，并由此提出了他的成就需要理论。他认为，在人的生存需要基本得到满足的前提下，人的最主要的需要有三种：对权力的需要、对归属的需要和对成就的需要。

1. 权力需要——影响或控制他人且不受他人控制的欲望

大卫·麦克莱兰和其他研究者发现,高权力需要者对发挥影响力和控制力都特别重视。这些人一般都追求得到领导职位;喜欢竞争性和地位取向的工作环境;性格坚定,喜欢承担责任;他们爱教训别人,敢于在公开场合发表意见。

2. 归属需要——建立友好亲密人际关系的愿望

高归属需要(合群需要)者通常从受到别人喜爱中能得到乐趣,感到被社会、集体排斥是莫大的痛苦。这种人渴望友谊,会主动与别人友好相处,自觉维护融洽的人际关系;他们喜欢合作,不喜欢竞争环境;他们希望彼此之间的沟通,以便相互理解。

3. 成就需要——追求卓越、争取成功的愿望

对一般人来说,奖励可以成为行为的目标,所以奖励可以提高人们的工作效率。而某些人工作并不是为了追求成功之后的奖励,而是追求成功本身,它能给人以巨大的成就感。这就是麦克莱兰所提出的成就需要。大卫·麦克莱兰的成就需要与马斯洛的自我实现的需要很相似,但是麦克莱兰对成就需要比马斯洛对自我实现的需要要具体得多。麦克莱兰研究发现,高成就需要者渴望把事情做得更完善,寻求能发挥自我潜能的工作环境;他们希望得到有关工作绩效的信息反馈,从而了解自己是否进步;他们喜欢设立具有适度挑战性的目标,这一目标的实现能使他产生巨大的满足。

综合分析激励的三种需要后,大卫·麦克莱兰发现——企业家呈现出具有很高的成就需要和相当大的权力需要,归属(合群)需要十分低。管理者一般表现出具有高度的成就需要和权力需要,归属需要比较低。比较企业家和管理者,企业家的成就需要更强,二者对权力需要相当,而管理者对归属(合群)需要更强。同时,麦克莱兰还发现,小公司的总裁普遍表现出非常高的成就需要,而大公司的总裁只有一般性的成就需要,这或许是由于小公司继续以追求公司的成长为目标而大公司的成长可能性比较小的缘故。大公司的中上层主管人员在成就需要上要强于他们的总裁,这或许是因为总经理已达到事业的顶峰,而主管人员还需要拼命地向上爬。

(四) X理论和Y理论

1960年,美国心理学家、行为科学家道格拉斯·麦格雷戈从人性角度提出了两种完全不同甚至截然相反的理论,即消极的X理论和积极的Y理论。

1. X理论

X理论,人们习惯于称之为人性为恶理论。X理论通过对人性的观察做了以下假设:① 厌恶并尽可能逃避工作,追求安全和安逸;② 胸无大志,缺乏进取心,不愿承担责任;③ 以自我为中心,大都缺乏解决组织问题的能力;④ 缺乏理

性,容易受环境影响。

基于以上假设,企业的管理办法是:企业以盈利为目的组织人力和资源;为了促使人们努力工作,必须明确每个人的任务和责任,进行指挥、控制、监督,强调纪律,进行惩戒;以经济利益为主要激励手段,激发人的热情,使人的行为尽可能地符合组织要求。

如果按X理论对员工进行管理,管理者必须对员工进行说服、奖赏、惩罚和严格控制,才能迫使员工实现组织的目标。所以在管理中强制性的措施是第一位的。事实证明,这种方法不能起到调动员工积极性的作用。不改变对人的本性看法,用惩罚和控制来进行管理,不能激励人的行为。要达到激励的目的,就必须探讨新的管理理论,并把这种新理论建立在人的本性更为恰当的认识基础上。他把这种“恰当”的认识称为“Y理论”。

2. Y理论

Y理论,人们又称之为人性为善理论。麦格雷戈提出的Y理论对人性有如下假设:① 要求工作是人的本性;② 在正常情况下,人能主动承担责任,实行自我指挥、自我控制;③ 热衷于发挥自己的才能和创造性;④ 大多教人都具有解决组织问题的能力。

基于上述假设而采取的管理办法是:为职工安排有意义的工作,鼓励职工参与目标制定;以“启发和诱导”来代替“命令和服从”,用信任代替控制和监督;重视职工的各种需要,并尽可能在实现组织目标过程中予以最大的满足。

根据Y理论,管理者要激励员工完成组织的任务、实现组织的目标,只需要改善员工的工作环境和条件(包括良好的群体关系,干净整洁的环境等),让员工参与决策,为员工提供富有挑战性的和责任感的工作,员工就会有很高的工作积极性,会将自身的潜能充分发挥出来。

道格拉斯·麦格雷戈认为,对管理者来说,Y理论比X理论更实际有效。因此他建议让员工参与决策,为员工提供富有挑战性和责任感的工作,建立良好的群体关系,有助于调动员工的工作积极性。

总体来说,激励的内容理论突出了人们的心理需要,并认为正是这些需要激励人们采取行动。需要层次论、双因素理论(激励-保健因素理论)和成就需要论,都有助于管理人员理解是什么能够激励人们。

二、激励的过程理论

(一)公平理论

公平理论是由美国管理学家约翰·亚当斯(John Stacey Adams)于1965年提出的。公平理论认为,激励中的一个重要因素是个人对报酬结构是否觉得公平,也就是个人主观地把自己的投入(包括努力、经济、教育等因素)与所获得的组织回报及其他人的投入产出相比来评价是否得到公平或公正的待遇。亚当斯认为，员工对自己是否被公平对待的评价，首先是考虑自己所得的收入与产出的比例，然后把自己的收入产出比与其他人的收入产出比进行比较。如果员工感觉到自己的比例与他人相等时，则会产生公平感；如果员工感到二者比率不相同，则会产生不公平：投入产出比高于他人，会产生报酬低估的不平乃至愤怒感；投入产出比低于他人，会产生过度回报的不公平乃至负罪感。该理论所涉及的问题是维持激励而不是增加激励。

员工选择的与自己进行比较的参照类型有“其他人”、“制度”和“自我”。“其他人”包括在本组织中从事相似工作的其他人以及别的组织中与自己能力相当的同类人。“制度”是指组织中的工资政策与程序以及这种制度的运作。“自我”是指自己在工作中付出与所得的比率。对某项工作的付出(投入)，包括教育、经验、努力水平和能力，通过工作获得的报酬包括工资、表彰和升职等。

公平理论可以用下式进行表示：

$$\frac{Q_p}{I_p}=\frac{Q_x}{I_x}$$

式中，Q_p 表示自己对所获报酬的感觉；Q_x 表示自己对别人所获报酬的感觉；I_p 表示 自己对投入量的感觉；I_x 表示自己对别人投入量的感觉。

1. 横向比较

所谓横向比较，就是把“自我”与“他人”相比较来判断在经济方面获得报酬的公平性，从而做出相对应的反应。

(1) $Q_p/I_p < Q_x/I_x$

显然不公平，员工认为自己获得的收入过低，从而产生不满情绪。这种不满情绪促使他去摆脱这种状态。他可以有三种选择：找上司理论，争取增加自己的收入而达到公平；减少自己的生产数量、时间或其他投入，从而减少付出而达到公平；离开这个组织，到新的组织中去寻求公平。

(2) $Q_p/I_p = Q_x/I_x$

员工认为公平，所以他既不希望改变收入又不希望改变付出，还是按以往的努力程度去工作。

(3) $Q_p/I_p > Q_x/I_x$

说明员工得到了过高的报酬或付出的努力较少。一般来说，他不会要求减少报酬，而有可能自觉地增加自我付出。但过一段时间他就会重新因过高估计自己的付出而对高报酬心安理得，于是他又会回到原先的水平。

2. 纵向比较

所谓纵向比较，是把自己目前的状况与过去的状况进行比较。

如以 Q_{pp} 代表自己目前所获报酬，Q_{pl} 代表自己过去所获报酬，I_{pp} 代表自己目前的投入量，I_{pl} 代表自己过去的投入量，则有：

(1) $Q_{pp}/I_{pp} < Q_{pl}/I_{pl}$

自己觉得很不公平，工作积极性会下降，除非管理者给他增加报酬。

(2) $Q_{pp}/I_{pp} = Q_{pl}/I_{pl}$

自己认为激励的措施基本公平，积极性和努力程度可能会保持不变。

(3) $Q_{pp}/I_{pp} > Q_{pl}/I_{pl}$

自己不会觉得所获报酬过高，因为他可能会认为自己的能力和经验有了进一步提高，工作积极性不会因此而提高多少。

上述分析表明，公平理论认为组织中员工不仅关心从自己的工作努力中得的绝对报酬，而且还关心自己的报酬与他人报酬之间的关系。他们对自己的投入产出比和别人的投入产出比进行比较、做出判断。如果觉得这种比率和其他人相比不平衡，就会感到紧张，这样的心理是进一步驱使员工追求公平和平等的动机基础。

公平理论告诉企业管理人员，员工对工作任务和公司的管理制度，都有可能产生某种关于公平性的评价。而这种评价对仅仅起维持组织稳定性的管理人员来说，是不容易觉察到的。如美国航空公司一度大面积出现员工离职和旷工，公司对此百思不得其解，在激励方面，公司为突出员工对航空公司的贡献率贯彻了一种旨在降低工资率的显性双轨制度，即拉开新老员工的工资差距。但对员工的抱怨进行分析后，公司高级管理层发现，原来正是这种显性的双轨制工资让员工认为工资待遇不公平。新员工难以忍受在同一工作岗位上的工资差距，使得员工之间抵触情绪明显、消极怠工严重，公司内部各个职能部门和团队的工作面临巨大的协调困难。找到这一原因后，公司果断取消了这种显性工资差距，结果员工的抵触行为趋于缓和，离职率明显降低。

公平理论也存在一定的缺陷，主要在于公平与否主要取决于员工的主观判断。在一般人的观念里，往往可能对自己的付出和别人所得的收入估计过高，本来实际上公平的状态结果在人们的主观上认识变得不公平，从而影响努力程度。因而管理者按公平理论激励员工也会出现偏差。尽管如此，公平理论还是一个非常有影响、能在很大程度上反映实际的理论，对激励员工具有重要意义。

(二) 期望理论

相比较而言，对激励问题进行比较全面研究的是激励过程的期望理论。这一理论由美国心理学家弗罗姆于 1964 年在《工作与激励》一书中提出。期望理论认为，当人们预期到某一行为能给个人带来既定结果且这种结果对个体具有吸引力时，个人才会采取这一特定行为。它包括以下三项变量或三种联系。

(1) 努力—绩效联系

个人感觉到通过一定程度努力而达到工作绩效的可能性。即是说:我必须付出多大的努力才能实现某一工作绩效水平?我付出努力后能达到该绩效水平吗?

(2) 绩效—奖赏联系

个人对于达到一定工作绩效后即可获得理想的奖励结果的信任程度。即是说:当我达到该绩效水平后会得到什么奖赏?

(3) 奖励—个人目标联系

个人获得的奖赏对个体的重要程度。即是说:该奖赏是否有我期望的那么高?该奖赏能否有利于实现自己的目标?

在分析上述三种关系的基础上,弗罗姆给出了期望理论的公式:员工在工作中的积极性或努力程度(激励力量)等于目标效价和期望概率的乘积,即:

$$激励力量(M) = 目标效价(V) \times 期望概率(E)$$

式中 激励力量(M)——个人希望获得某种结果时内部潜力发挥的程度;

目标效价(V)——达到目标对于满足个人的价值;

期望概率(E)——个人根据经验判定一定行为能导致某种结果的概率。

弗罗姆认为,当一个人对实现某个目标认为是无足轻重时,目标效价为零;而当他认为目标实现反而对自己不利时目标效价为负。这两种结果都不会对个人产生激励力量。同样,如果期望概率为零时,也不会激励个人去实现目标。所以,促使个人做某事的激励力量将依赖于目标效价和期望概率,只有目标效价和期望概率都很高时,才会产生巨大的激励力量。

例如,一个刚大学毕业分配到公司的员工,很希望将来会升职,升职被他视为个人目标,具有较高效价。他想通过努力工作实现个人目标,当然他认为公司的大学毕业生很少,所以他认为目标实现的可能性也比较大,因而他会因具有较大的激励力而努力去工作。经过一段时间的努力工作,如果他的工作成绩很突出,经常得到上司夸奖、深受赏识,这时他会觉得希望大增,他会更加努力,决心干出点漂亮事给大家瞧瞧。如果他的工作并未干出成绩也得不到上司的赏识,他会感到希望渺茫,因而失去激励力,工作得过且过、不求有功但求无过。

因此,期望理论的关键是正确识别个人目标和判断三种关系,即努力与绩效的联系、绩效与奖赏的联系、奖励与个人目标的联系。

激励过程的期望理论对管理者的启示是:管理人员的责任是帮助员工满足需要,同时实现组织目标,管理者必须尽力发现员工在技能和能力方面与工作需求之间的对称性。在管理中,应做到使工作分配出现所希望的激励效果,应使工作的能力要求略高于执行者的实际能力,即执行者的实际能力略低于(既不太低又不太高)工作要求。

从期望理论可以看到,弗罗姆强调各个个体的复杂的需要和激励问题,马斯洛、麦格雷戈、赫兹伯格研究的是人类的共同特征,弗罗姆研究的是个体特征。尤其是他的理论是以个人的价值观为基础的,这种因人、因时、因地而异的价值观假设比较符合现实生活,而且在逻辑上是非常正确的。然而这种个体价值观的假设所形成的激励理论,也给管理者的实际应用带来了困难。

(三)强化作用理论

强化作用理论是由美国哈佛大学心理学教授弗洛伊德·斯金纳(Burrhas Frederiek Skinner)提出的。该理论的观点主张对激励进行针对性的刺激,只看员工的行为及其结果之间的关系,而不是突出激励的内容和过程。斯金纳的强化作用理论主要研究人的行为同外部因素之间的关系,他认为人的行为是其所获刺激的函数。如果这种刺激对他有利,则这种行为就会重复出现;反之,则会减弱甚至消失。因此,管理要采取各种强化方式,以使人们的行为符合组织目标。根据强化的性质和目的,强化可以分为以下两大类型。

1. 正强化

所谓正强化,是指奖励那些符合组织目标的行为,以便使这些行为得到进一步加强,从而有利于组织目标实现。正强化的刺激物不仅包含奖金等物质奖励,还包含表扬、提升、改善工作关系等精神奖励。强化理论认为,正强化的科学方法是——应使其强化的方式保持间断性、强化的时间和数量也不固定,管理人员应根据组织的需要和职工的行为不定期、不定量地实施强化。

2. 负强化

所谓负强化,是指惩罚那些不符合组织目标的行为,以使这些行为消减甚至消失,从而保证组织目标的实现不受干扰。负强化的方法也包括物质惩罚和精神处分,减少薪金和奖金、罚款、降级等都是负强化可用的方法。但实施负强化的方式与正强化有所差异,它以连续负强化为主。即对每一次不符合组织的行为都应及时予以负强化,消除人们的侥幸心理,减少这种行为不再重复出现的可能性。

总之,强化作用理论强调行为是其结果的函数,通过适当运用及时的奖惩手段,集中改变或修正员工的工作行为。强化理论的不足之处在于它忽视了诸如目标、期望、需要等个体要素。而仅仅注重人们采取某种行为时会带来什么样的后果。因而,强化并不是员工工作积极性存在差异的唯一解释。

三、其他激励理论

(一)奥尔德弗的 ERG 理论

ERG 理论是由美国心理学家克雷顿·奥尔德弗(Clayton P. Alderfer)提出

来的。他把人的需求分为三个等级，即存在需要、关系需要和成长需求。他对需求等级的分类与马斯洛的需要层次非常接近(表 11-1)。马斯洛的分析方法是完成—前进式的，即低层次需要满足后产生高层次需求。奥尔德弗提出了挫败—后退式分析方法。认为如果人们在试图满足较高等级需求中受阻，较低等级的需求就会表现出来。例如，如果人们在试图满足成长需要中受阻，关系需要就表现出来。人们在关系需要满足中受阻，会自动表现为存在需求。奥尔德弗认为，人们从不满足于平稳状态，总是在高需要和低需要之间波动。

表 11-1　　奥尔德弗与马斯洛的需求等级分类差异

奥尔德弗需要等级	马斯洛的需要层次
成长需要	自我实现需要＋尊重需要
关系需要	社交需要
存在需要	安全需要＋生理需要

(二) 挫折理论

挫折，是指当个人从事有确定目标的行为活动时，由于主客观方面的阻碍致使目标无法实现、动机无法满足时的个人心境状态。挫折理论认为，不同个人在遭受挫折时，由挫折感所导致的心理上的焦虑、痛苦、沮丧、失望等会导致种种挫折性行为。一般而言，任何挫折都是不利的，不但影响员工的积极性，而且常常给员工带来心理伤害甚至心理疾患。这样，管理者就必须尽可能减少员工的受挫折机会或降低职工的挫折感。然而，人生种种挫折在所难免，所以管理者必须及时了解、分析职工的种种现实挫折。通过关心，从提高职工的挫折承受力和有效地帮助职工达到实现目标两方面去消除挫折感，引导职工在受挫折后不懈地积极进取。

第四节　激励实务

在讨论了激励的各种理论之后，人们可能会问：这些理论对管理者有何重大意义？应如何去激励员工呢？对这些问题的回答并不简单，因为激励理论多种多样，企业的实际情况也比较复杂，无法用统一的方式激励员工。要使激励能产生预期效果，就必须考虑到激励内容、激励制度、组织分工、目标设置、公平考核等一系列的综合因素，并注重个人满意程度在努力中的反馈。同时，领导者根据激励理论处理激励事务时，应该针对员工的不同特点采用不同的方法。结合上述的各种的激励理论，常用的主要激励方式有报酬激励、目标激励、工作激励、文化激励等。

一、报酬激励

报酬激励,是指组织通过提供一定的报酬刺激,激发组织成员努力完成一定的工作任务,以达到组织目标的管理行为。广义而言,报酬激励有两种形式:① 外在报酬激励,即组织通过提高工资、奖金、提升福利和社会地位等进行激励;② 内在报酬激励,即通过员工任务本身(如成就感、影响力、胜任感等)进行激励。这里的报酬激励,主要指外在报酬激励。报酬激励作为一种最常用的外在激励方法,通常都能起到比较明显的激励效果。调查研究表明,报酬因素虽然不是决定人们工作中表现的唯一主导因素,但仍会直接影响员工对自己工作的满意程度。有效的报酬激励要求对组织成员工作的质和量(即工作绩效)进行客观公平的鉴定并给予应有报酬。

组织成员按照其在组织内所处的地位,可分为一般员工和管理人员两类,因此,相应的报酬激励方式也不同。

(一) 对一般员工的报酬激励

(1) 金钱

金钱的激励作用在人们生活达到宽裕水平之前是十分明显的。金钱包括工资、津贴、货币性福利等。显然,如果能把金钱激励与员工的工作成绩紧密联系起来,其激励作用将会持续相当长的一段时期。

(2) 认可和赞赏

认可和赞赏是可以成为比金钱更具激励作用的奖酬资源。在管理实践中,用认可和赞赏方式对员工进行奖励,可以采取多种灵活形式。

(3) 带薪休假

带薪休假对很多员工来说均有吸引力,特别是对那些追求丰富的业余生活的员工来说更是情之所钟。

(4) 员工持股

许多公司的实践证明,一旦员工变成所有者,他们就会以主人翁的精神投入工作,并基本不会做出损害公司效率和利润的行为。

(5) 享有一定自由

对能有效完成工作的员工可以减少或撤销对他们的工作检查,允许他们选择工作时间、地点和方式,或者允许他们选择自己喜欢干的工作。

(6) 提供个人发展和晋升机会

这一方式几乎对所有员工都有吸引力。

(二) 对管理人员的报酬激励

这里所指的管理人员,包括中下层管理人员和组织的高层经营者。管理人员与一般员工相比，倾向于更高层次的需要。也就是说，管理人员的高层次需要的强度相对较高一些。人们知道，高层次需要更多的是从工作本身得到满足。当然，经济刺激仍然是较为重要的激励因素。对管理人员的报酬激励，除去与一般员工相同之外，其主要特点有三：

(1) 长期奖励

相对而言，各级管理人员的工作对组织的长远发展能产生比较大的影响，因此对管理人员的报酬激励应突出对其长期行为的引导。长期奖励的作用能克服管理人员的短期行为，从而保证组织的持续发展。长期奖励的主要形式有股票和股票期权等。统计数字表明，参加股票期权计划者，80％以上都是企业的管理人员。

(2) 特别福利

特别福利是指管理人员在一定职位上享有的特别待遇。当这种待遇可观时，也能起到一定激励作用。这种特殊福利包括无偿使用组织的车辆、带家属旅行、从组织获得无息和低息贷款等。20 世纪 80 年代以来，一种叫"金降落伞"(即相当于一般员工被解雇时拿到的离职费)的特别福利非常流行。

(3) 在职消费

由于管理人员在组织内均担任不同职位，因此都存在不同程度的在职消费。这类非货币性消费包括豪华办公室、到风景胜地的商业性旅游、增雇员工等。对管理人员的报酬激励要防止其报酬过高。在这方面，比较可行的有两个办法：一是在管理人员报酬与一般员工报酬之间建立明确的挂钩关系；二是把付给管理人员的报酬限制在一个事先约定的乘数之内。

二、目标激励

目标激励，是指组织中的上下级共同制定组织的目标并由此确定组织成员的分目标，使组织成员通过完成各自的分目标而为完成组织的目标做贡献的一种管理激励方式。目标激励的实质是以目标设置来激发组织成员的自我管理意识和指导行为。目标激励的方法最早由美国管理学家彼得·德鲁克首先提出，并主要用于各级管理人员。1965 年，美国管理学家乔治·奥迪奥恩(George S. Odiorne)进一步发展了目标激励，把参与目标激励的人员扩大到整个组织范围。

目标激励的成功之处正是在于把物的因素和人的因素紧密地结合在一起，从而成为一种新型的被广泛接受的激励方法。此外，目标激励既是一种激励手段又是一种管理过程。通过这一管理过程，组织的上下级人员明确了共同的目标，并规定了各成员为达到组织目标而应承担的职责范围，即分目标和具体任务，在此基础上组织可以衡量每个成员的绩效并据以给予奖惩。

三、工作激励

工作激励，是指通过修正组织成员的行为、工作时间和工作设计来规范并激发组织成员工作积极性的一种激励方法。工作激励的具体形式有以下三种。

1．修正员工行为

一般而言，修正行为需经过五个步骤：① 认真分析每个成员的工作行为；② 对其具体的工作量进行具体分析，以建立有效的行为标准；③ 对这些行为表现规定合理而明确的报酬；④ 具体分析其工作环境，以协助组织成员有效地完成自己的工作；⑤ 对既定目标本身以及实现目标的全过程进行总结，以便今后改进这方面的工作。

2．变更工作时间

变更工作时间，是指变更正常的5天工作时间的安排。例如：压缩每周工作日，即把每周工作压缩至少于5天；灵活机动工作日，即把每个工作日内的工作时间分为两段，一段为固定时间（不能离开工作岗位），另一段为灵活时间；分担同一个工作，即由两个组织成员分段时间地衔接同干一项工作。这些方法可以满足组织成员多方面的需要，有助于提高他们的满意程度并产生不同程度激励作用。

3．工作再设计

工作再设计的主要形式有：① 工作轮换，即在组织内对组织成员从事的工作岗位进行调换；② 工作扩大化，即横向扩大组织成员的工作范围；③ 工作丰富化，即纵向扩大组织成员的工作范围；④ 自治工作群体，即实行自治管理的小型劳动组织形式。越来越多的组织都把对工作进行重新调整或设计看作一种有效的激励方法。研究表明，工作再设计有利于组织成员提高工作兴趣、激发工作热情、增强工作责任感和改善人际关系等。

四、文化激励

组织文化，是指一个组织在长期的经营过程中提炼和培养出来的一种适合组织特点的经营管理方式，是组织群体共同认可的特有的价值观念、行为规范和奖惩规则等的总和。一个具有激励特性的、优良的组织文化，能调动组织成员的积极性、主动性和创造性。正如米勒（L. Miller）所说："未来将是全球竞争的时代，这种时代能成功的公司，必将是采用新企业文化的公司，这种文化的价值鼓励竞争性行为。"文化激励的重要性已越来越受到人们关注。按照组织文化的构成要素，文化激励主要包括以下方面。

1．价值观激励

尽管组织价值观的发展呈多元化和个性化的趋势，但杰出企业的共同价值取向是树立崇高目标、建立共识和追求卓越，因此良好的价值观能增强组织的凝聚力、培养奋发向上的精神并对成员的目标和行为具有导向和激励作用。

2. 榜样激励

榜样的力量是无穷的。树立典范人物对组织的其他人有很强的激励功能。

3. 组织形象激励

组织形象是组织成员的集体“像”或“群像”，良好的企业形象能增强组织成员的成就感、自豪感和对组织的忠诚。

4. 组织道德激励

组织道德能影响组织成员的心理和意识，形成是非观念和行为准则，因而具有自我控制、自我激励功能。

总之，激励员工的方式多种多样，每一种方式都是从各个不同的侧面对员工进行激励。企业管理人员要善于分析具体情况，灵活运用各种激励方式，有效地激励员工。

本章基本概念

(1) 激励的概念和特性，激励的过程；

(2) 马斯洛的需要层次论；

(3) 激励因素，保障因素，成就需要论的三种需要；

(4) X 理论，Y 理论；

(5) 公平理论，期望理论，强化作用理论；

(6) ERG 理论，挫折理论；

(7) 激励实务方式。

问题思考

1. 什么是激励？激励的过程怎样？
2. 需要层次论有哪些主要内容？
3. 按激励-保健因素理论，什么因素才能激励员工？为什么？
4. X 理论和 Y 理论对人性的假设有何差别？
5. 根据期望理论，激励力量的大小取决于哪些因素？
6. 根据公平理论，当个人认为不公平时会有哪些表现？
7. 强化作用理论的主要思想是什么？
8. 管理者应如何激励员工？

第十二章 沟 通

学习目标

1. 理解沟通的概念、作用、过程与类型；
2. 了解沟通的渠道及其评价标准；
3. 了解组织沟通中的信息流向及主要内容；
4. 理解正式沟通及其网络、非正式沟通及其网络；
5. 了解沟通的障碍并知道如何克服这些障碍。

【开篇案例】 沃尔玛：企业成功源于沟通

沃尔玛百货有限公司由美国零售业的传奇人物萨姆·沃尔顿先生于1962年在阿肯色州成立。沃尔玛致力通过实体零售店、在线电子商店以及移动设备移动端等不同平台不同方式来帮助世界各地的人们随时随地能够节省开支，并生活得更好。每周，超过2.6亿名顾客和会员光顾在28个国家拥有的超过63个品牌下的约11500家分店以及遍布11个国家的电子商务网站。2016年营业收入达到近4821亿美元，全球员工总数约230万名。经过五十多年的发展，沃尔玛公司已经成为世界最大的私人雇主和连锁零售商，多次荣登《财富》杂志世界500强榜首及当选最具价值品牌。2017年最新发布的《财富》世界500强排行榜，沃尔玛连续第五年蝉联榜首。

美国沃尔玛公司总裁萨姆·沃尔顿曾说过："如果你必须将沃尔玛管理体制浓缩成一种思想，那可能就是沟通。因为它是我们成功的真正关键之一。"

沟通就是为了达成共识，而实现沟通的前提就是让所有员工一起面对现实。沃尔玛决心要做的，就是通过信息共享、责任分担实现良好的沟通交流。

沃尔玛公司总部设在美国阿肯色州本顿维尔市，公司的行政管理人员每周花费大部分时间飞往各地的商店，通报公司所有业务情况，让所有员工共同掌握沃尔玛公司的业务指标。在任何一个沃尔玛商店里，都定时公布该店的利润、进货、销售和减价的情况，并且不只是向经理及其助理们公布，也向每个员工、计时工和兼职雇员公布各种信息,鼓励他们争取更好的成绩。

沃尔玛公司的股东大会是全美最大的股东大会,每次大会公司都尽可能让更多的商店经理和员工参加,让他们看到公司全貌,做到心中有数。萨姆·沃尔顿在每次股东大会结束后,都和妻子邀请所有出席会议的员工约2500人到自己的家里举办野餐会,在野餐会上与众多员工聊天,大家一起畅所欲言,讨论公司的现在和未来。为保持整个组织信息渠道的通畅,他们还与各工作团队成员全面注重收集员工的想法和意见,通常还带领所有人参加"沃尔玛公司联欢会"等。

萨姆·沃尔顿认为让员工们了解公司业务进展情况,与员工共享信息,是让员工最大限度地干好其本职工作的重要途径,是与员工沟通和联络感情的核心。而沃尔玛也正是借用共享信息和分担责任,适应了员工的沟通与交流需求,达到了自己的目的:使员工产生责任感和参与感,意识到自己的工作在公司的重要性,感觉自己得到了公司的尊重和信任,积极主动地努力争取更好的成绩。

沟通不仅在公司与员工之间,还存在于公司的运作之中。由于沃尔玛规模太庞大了,不可能让每家沃尔玛商店的每个部门主管把大量时间花在与供应商讨价还价和选择货物中。所以萨姆试图想出能达到同样效果的方法。

结果是,沃尔玛挑选一个部门,如体育用品或园艺用品部,然后从每个地区挑选一个部门主管——这些人是实际经营商店内该商品部门的全日制员工。然后将所有人集中到供应商所在地,比如本顿威尔,让他们告诉采购员该买什么和不该买什么。然后,他们会与供应商见面,说明其产品有何优缺点。同时,所有人一起制定下个季节的计划,然后这些部门主管带着他们从邻近商店的同僚那里学来的东西各自回自己的地区。这方法十分奏效,节省了公司大量的时间耗费。

沟通的管理意义是显而易见的。激励员工的每一个因素都必须与沟通结合起来,企业发展的整个过程也必须依靠沟通。可以说,没有沟通企业管理者的领导就难以发挥积极作用,没有顺畅的沟通,企业就谈不上机敏的应变。

〔资料来源:领导力课堂. http://www.gototsinghua.org.cn/wenku/xinchoujixiao/mba_34971.html,2017-06-13〕

总经理波利应该怎样与员工沟通,才能使问题得到澄清呢?这个例子中发生的事情是否具有一定的典型性?原因何在?企业管理应该怎样避免各种消极的"小道消息"、利用非正式沟通方式为组织目标服务?

沟通是管理工作最为重要的组成部分,管理者与被管理者之间的有效沟通是任何管理艺术的精髓。良好的沟通不仅是个人成功的关键,也是企业成功的关键。美国著名学府普林斯顿大学对一万份人事档案进行分析,结果发现:"智慧”、“专业技术”和“经验”只占成功因素的25%，其余75%决定于良好的人际沟通。日本企业之神、松下电器公司创始人松下幸之助有句名言：“伟大的事业需要一颗真诚的心与人沟通。”松下幸之助正是凭借其良好的人际沟通艺术，赢得了他人的信赖、尊重与敬仰，使松下电器成为全球电器行业的巨子。

本章主要讨论以下问题：① 沟通的概念、含义与作用，沟通的过程、种类、沟通渠道及其评价；② 组织沟通的上行沟通、下行沟通、横向沟通与斜向沟通，正式沟通及其网络，非正式沟通及其网络；③ 沟通的障碍及如何改善沟通。

第一节　沟通概述

沟通是管理者一项基本而重要的职能。对管理者来说，有效沟通不容忽视，这是因为管理者所做的每件事中都包含着沟通。管理者没有信息就不可能做出决策，而信息只能通过沟通得到。一旦做出了决策，还需要进行沟通。否则，将不会有人知道一项决策已经做出。任何绝妙的想法、富有创见的建议、最优秀的计划，或者最有效的职务再设计方案，不经由沟通都无法得到实施。因此，管理者需要掌握有效的沟通技巧。

一、沟通的概念与含义

对于什么是沟通，看法有很多。美国主管人员训练协会把沟通解释为：人们进行的思想或情况的交流，以此取得彼此的了解、信任及良好的人际关系。美国传播学者G. M.戈德哈伯(G. M. Goldhaber)在对组织沟通进行了多年的深入研究后认为，组织沟通就是由各种相互依赖的关系而结成的网络为应付环境的不确定性而创造和交流信息的过程。事实上，沟通一词源于拉丁语communis，意思是指“共同”——沟通者需要与接收者建立“共同”。沟通是指两个或多位个体或群体之间交换信息和分享思想及感情的过程。这一概念包含了如下几点含义：① 沟通首先强调意义的传递。如果信息或想法没有被传送到，则意味着沟通没有发生。比如，说话没有听众，或者写作者没有读者，这些都不能构成沟通。一个既有的意义(信息)要得到传递，至少涉及意义的发送、传递和接收三个重要环节，任何一个环节的缺失或中断都将导致意义不能被传递。② 沟通包含意义的理解。要使沟通成功，意义不仅要得到传递，还需要被理解。如果写给某人的一封信使用的是其一窍不通的葡萄牙语，那么不将之翻译为其能读懂并理解的语言，就不能称之为沟通。完美的沟通，如果存在的话，应是经过传递之后，接收者所认知的想法或思想恰好与发送者发出的信息完全一致。③ 沟通是一个双向、互动的过程。沟通是一个意义的传递、理解、反馈和再传递、再理解、再反馈……的过程。正如美国加州一家律师事务所门口所挂的招牌：“我知道你相信你对我所说出来的想法了解的程度完全正确，但是，我却不知道你听到我所说的想法的了解程度，是不是真的与我所知道你了解我所说的想法的了解程度完全一样。”只有进行双向互动的沟通，才能确保意义真的被传递和理解了。④ 良好的沟通并不是沟通双方达成一致的意见，而是准确理解信息的意义。如果有人与我们意见不同，许多人会就此认为，这个人未能完全领会我们的看法。也就是说，很多人认为良好的沟通是使别人接受我们的观点。但是，我很清楚地明白你的意思，却不见得要同意你的观点。事实上，若一场争论持续了相当长的时间，旁观者往往断言这是由于缺乏有效的沟通而导致的。这种想当然的认识，反映了一种错误的倾向，即认为有效的沟通等同于意见一致。⑤ 无效的沟通是许多管理问题的根源。组织管理中的许多问题，如人际关系紧张、员工积极性不高、人才流失严重、工作场所暴力、利益相关者怨声载道、安全事故频频发生等等，都可能是由于无效的沟通造成的。因此，当组织中出现问题的时候，管理者需要从沟通方面来寻求原因和解决的办法。⑥ 在管理工作中，沟通既包括人际沟通也包括组织沟通。人际沟通指存在于两人或多人之间的沟通，后者指组织中沟通的各种方式、网络和系统。人际沟通是组织沟通的基础，管理者既要重视人际沟通，也要重视组织沟通，才能做好管理工作。

二、沟通在管理中的作用

沟通是管理工作十分重要的组成部分，是企业内部联系的最主要手段。有效的沟通有助于激励员工完成任务、实现工作满意感；有助于员工更好地理解自己的工作，感受到自己的工作与整体任务的相关性。沟通对于促进组织成员之间的彼此了解，增强组织的团结力量，最终实现组织的目标具有十分重要的意义。具体地说，包括以下几个方面的作用。

（一）沟通是开展管理工作的重要手段

由于沟通把各项管理职能联成一体，所以它对企业内部职能的行使是必不可少的。哈罗德·孔茨指出，需要沟通来：① 设置并传播一个企业的目标；② 制定实现目标的计划；③ 以最有效果和效率的方式来组织人力资源及其他资源；④ 选拔、培养、评估组织中心成员；⑤ 领导、指导和激励人们，并营造一个人人想要做出贡献的环境；⑥ 控制目标的实现。

（二）沟通是企业凝聚力增强的“助力器”

每个企业都由许多个体组成，企业每天的活动也由许多的具体工作任务构成。一方面，员工之间由于意见分歧、利害冲突，往往会导致相互之间的不理解、不信任和不合作，造成相互之间人际关系紧张，从而影响工作情绪和工作绩效，沟通则可以增进员工之间的相互了解、消除人们内心的紧张状态，取得员工的谅解，最终改善人际关系；另一方面，企业的目标和个人的目标也并不总是一致的，当两者发生冲突时，可以通过上下之间有效的信息沟通，使员工的行为与组织的要求一致起来。特别是一些重大政策和改革措施出台时，可以通过信息沟通消除员工的抵触情绪，改变他们原来的态度，采取合作的行为使员工理解和接受企业的重大举措。因而，沟通使企业具有良好的人际关系，使员工认同企业目标，从而保证企业目标的实现。

（三）沟通是领导者实现领导职能的基本途径

对于一个领导者来说，不论他的领导艺术和管理水平有多高，都必须将自己的远见卓识、组织的美好愿景、实现目标的发展战略等意图与下属进行沟通，只有这样，下属才能领会和理解领导的意图，才能为之努力奋斗。同时，为了正确地制定决策，激励下属的工作积极性，领导者还必须了解下属的意见、想法和要求。而这两方面的工作都需要通过沟通这个基本工具和途径来实现。

（四）沟通是组织与外部环境之间建立联系的桥梁

任何一个组织在运行过程中都要处理好与其他组织的关系。例如，企业与顾客、供应商、竞争者、政府等的关系，企业必须按照顾客的需要调整产品结构，遵守政府的法令和法规，承担自己应尽的社会责任，获得生产必需的原材料，在激烈的竞争中占有一席之地。这些都要求企业必须与外部环境进行及时而有效的沟通。而且，由于外部环境总是处于不断变化之中，企业为了生存就必须适应这种变化，这要求企业不断地与外界保持及时的沟通，以便把握成功的机会，避免或减少失败。

三、沟通的过程

沟通是一个信息发送者把信息通过沟通渠道传递给接收者的双向互动的过程。在这个过程中至少存在着一个发送者和一个接收者，即发出信息的一方和接收信息的一方。当然，有时一个发送者可以同时与两个以上的信息接收者进行沟通。例如，公司的 CEO 向全体员工作公司发展形势报告。沟通过程一般包括七个步骤，如图 12-1 所示。

步骤 1：形成信息。沟通发生之前，必须存在一个意图，称之为被传递的信息。这里所说的信息是一个广义的概念，它包括概念、观点、思想或问题等内容。发送者把头脑中的意图进行编码而生成信息。对于一个有效的沟通来说，这是一个极为重要的过程，如果没有形成可传递的信息，沟通就不可能进行。

步骤 2：编码。所谓编码，就是发送者将所要发送的信息编译成接收者能够理解的一系列符号，如语言、文字、图片、声音、身体姿势、表情动作等可传递的符号。为了有效地进行沟通，这些符号必须适应媒体和接收者的需要和特点。例如，如果媒体是书面报告，符号的形式应选择文字、图表或图片等，才能有效进行沟通。信息的编码质量受信息发送者的技能、态度、知识和社会—文化系统等因素的影响。

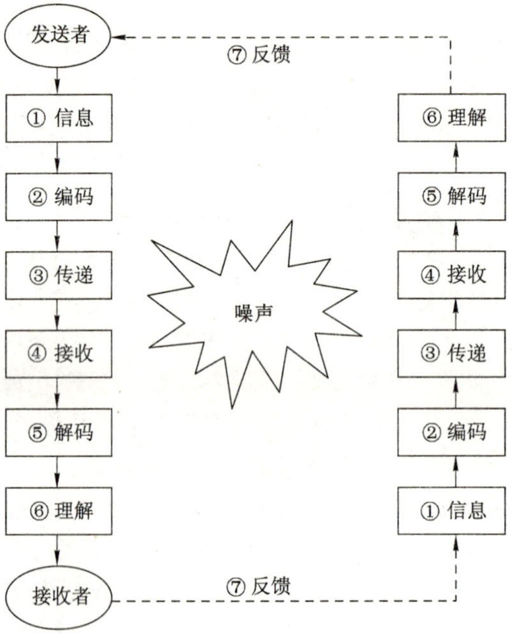

图 12-1　沟通的过程

步骤 3:传输。通过适当的渠道和方式将上述信息传送给接收者。传递的方式主要有三种:口头的沟通、书面的沟通和非语言的沟通。由于发送者选择的符号种类不同,传递的方式也不同。不恰当的传递方式可能无法将意义准确传达给接收者,或者导致信息难以理解。因此,有效的沟通应当使符号种类与沟通方式相互适应。

步骤 4:接收。接收者接收信息。接收者是信息传递过程中指向的个体,要根据信息传递的方式,选择相应的接收方式。例如,如果发送来的符号是口头传递的,接收者就必须仔细地听,否则,信息就会丢失。所以,发送者在传递信息时要千方百计地引起接收者的注意。需要注意的是,接收不等同于接受。

步骤 5:解码。所谓解码,就是接收者将接收到的符号译成具有特定含义的信息。与编码者相同,接收者解码的能力也受到其技能、态度、知识和社会—文化系统等因素的影响。由于发送者编码和传递能力的差异以及接收者接收和解码水平的不同,信息的内容和含义经常被曲解。

步骤 6:理解。接收者认知和感悟被解码信息的过程。接收到的符号经过解码以后转换成信息,接收者还要对该信息进行解读,变成自己所理解的概念、观点、思想或问题等内容,这些内容可能与信息发送者的意图一致,也可能不一致(失真)。因此,准确理解信息的含义便成为沟通的关键环节之一。

步骤7:反馈。信息接收者将其理解的信息含义或其他信息传递给初始信息发送者的过程。信息接收者可以利用反馈来传递自己所理解到的信息或传递新信息,而信息发送者需要利用反馈来核实自己所发送的信息是否被正确传递和理解。一般来说,由于沟通过程中存在着许多干扰和扭曲信息传递的因素,信息失真十分严重。因此,发送者通过反馈了解信息被理解的程度是十分必要的。反馈也使得沟通成了双向互动的过程。

在整个沟通过程中,无论是在发送者方面、在传递之中,还是在接收者方面,都存在着许多干扰和扭曲信息传递的因素,这些因素被称为障碍或噪声。典型的噪声包括难以辨认的字迹、电话中的静电干扰、接收者的疏忽大意,以及生产现场中设备的背景噪声。噪声会使得沟通过程的效果大为降低,造成信息的失真或信息歪曲的现象。因此在沟通时,应尽量排除噪声。

四、沟通的种类

在管理工作中,根据不同的划分依据,可把沟通分成不同的种类。以下是几种常见的划分方法及其简单介绍。

(一)根据沟通功能的不同,可分为浅层沟通和深层沟通

浅层沟通是指发送者将管理工作中必要的信息、知识、想法、行为要求等信息传递给接收者,如管理者把工作安排传达给部属,部属将工作结果报告主管等,其目的是影响和改变接收者的行为,最终达到企业的目标。浅层沟通是组织内部信息传递工作中必不可少的重要内容,它一般仅限于管理工作表层上的必要部分,管理者无法得知部属的情感、态度等;它是员工工作的一部分内容,一般比较容易进行。深层沟通是指管理者和部属为了有更深的相互了解,在个人情感、态度、价值观等方面进行双向的较深入的相互交流,其作用主要是使管理者对部属有更深层次的了解,满足他们的需要,激发他们的积极性。深层沟通有助于有效地管理好部属,它一般不在工作时间进行,通常只在两个人或在小群体内部进行,最终改善相互间的人际关系;它比浅层沟通更难进行,更容易发生沟通障碍。

(二)根据沟通时是否有反馈,可分为单向沟通和双向沟通

单向沟通是指没有反馈的信息传递和理解过程,如电话通知、书面报告等。单向沟通一般比较适合下列情形:① 沟通的内容简单,并且要求迅速传递;② 下属易于理解和接受解决问题的方案;③ 下属没有了解问题的足够信息,反馈不仅无助于澄清事实而且容易出现沟通障碍;④ 情况紧急而又必须坚决执行的工作和任务等。

双向沟通是指有反馈的信息传递和理解的过程,发送者和接收者之间相互交流信息,如讨论会、面谈等。双向沟通比较适合下列情形:① 沟通时间充足,沟通

内容复杂;② 下属对解决问题的方案的接受程度非常重要;③ 反馈非常重要以确认信息是否被正确理解;④ 信息发送者希望得到有价值的反馈和建议等。

单向沟通和双向沟通的比较如表 12-1 所示。

表 12-1　　单向沟通与双向沟通的比较

比较方面	单向沟通	双向沟通
沟通速度	快	慢
沟通内容的准确性	低	高
沟通者的心理压力	小	大
沟通前的准备工作	较充分	较不充分
沟通时需要的应变能力	较弱	较强
沟通对人际关系的促进	较不利	较小
沟通时的群体规模	较大	较小
接收者接收信息的把握度	小	大
工作秩序	好	差

资料来源:胡君辰:《现代实用管理心理学》,上海科学技术出版社,1992 年版,第 257 页。

(三) 根据传递信息方式的不同,可分为口头沟通、书面沟通、非语言沟通和电子沟通

口头沟通是指采用口头语言进行信息传递的沟通,也是最常见的交流方式,如会谈、会议、演说、电话等。口头沟通胜过书面沟通原因在于,它是一种比较快速传递、快速反馈且较灵活的方法,很少受时间、地点和场合的限制,信息可以在最短的时间被传送并在最短时间得到对方回复。当沟通双方对信息有所疑问时,迅速反馈可使发送者及时检查其中不够明确的地方并进行改正。口头沟通不适用需要经过多人传送的信息,在信息传递过程中信息传递经过的人越多,信息失真的潜在可能性就越大。因此,如果组织中的重要决策通过口头方式在权力金字塔中上下传送,信息失真的可能性相当大。

书面沟通是指采用书面文字的形式进行的沟通,如备忘录、报告、信函、文件、通知、内部通讯等。书面沟通传达的信息准确性高,沟通比较正式,信息权威性强,并可以长时间保存,接收者可以反复阅读等。书面沟通的好处来自于其过程本身,除个别情况下(如一个正式演说),书面沟通一般比口头沟通考虑得更全面,因为把内容写下来促使人们对自己要表达的内容思考得更认真。因此书面沟通显得更为周密、逻辑性强、条理清楚。但书面沟通也存在不足:一是沟通周期比较长、缺乏亲近感;二是沟通双方的应变性比较差、难以得到即时反馈。心

理学家通过对口头沟通和书面沟通的效果进行比较研究发现：口头与书面混合方式的沟通效果最好，口头沟通方式次之，书面沟通方式效果最差。

非语言沟通是指不通过有声语言和书面符号进行信息传递的沟通，例如人们非常熟悉的身体语言和语调。非语言沟通主要发生在面对面沟通的时候，也是我们发送或接收信息的主要方式。美国心理学家艾伯特·梅拉宾（Albert Mehrabin）研究发现，在面对面沟通时有三种信息来源：语言，指实际说出的字词；声音，包括个人的音调、音高和音质；表情和动作。为此，他曾制定了这样一个公式：传递信息的总效果＝7％的语言＋38％的声音＋55％的表情和动作。这个研究发现非语言沟通在传输信息和社会交际中占有举足轻重的作用。

非语言沟通主要有以下几种类型：① 表情。人们通过表情来表达自己的情感、态度，也通过表情来理解和判断他人的情感和态度。学会辨认表情所流露的真情实感，是人类社会化过程的主要内容。② 眼行为。眼行为被认为是表达情感信息的重要方式。在人际沟通中，眼行为的作用是巨大而强烈的。目光接触往往能够帮助说话的人进行更好沟通。例如，彼此相爱的人和仇人的目光是完全不同的，前者含情脉脉，后者怒目而视。眼行为的功能主要有注意、劝说、调节和表达情感。③ 肢体动作。在日常生活中，人们也经常采用身体姿势或肢体动作来与别人交流信息、传达情感。比如，一般来说，摆手表示制止或否定；搓手或拽衣领表示紧张；拍脑袋表示自责；耸肩表示不以为然或无可奈何；触摸他人表示亲昵、提醒或暗示等等。但是，肢体动作表达的意义往往具有文化差异，受一定社会规则和文化习俗限制，在沟通中要加以注意。例如，将拇指和食指闭合成"O"字形，在美国意味着"OK"，在法国南部却意味着"零"或没有价值的东西，在日本表示钱，在巴西却是一种污秽性手势。④ 服饰及物体的操纵。人们从服装的品牌、质地、款式、新旧、颜色上往往可以看出一个人的身份、地位、经济条件、职业线索和审美品位等，这说明服饰也在为沟通者传达着信息，也可以起到交流的作用。人们也可以通过物体的运用、环境的布置等手段进行非语言沟通。例如在美国，高层经理通常都占据着较高楼层拐角处的一间大办公室，高楼层、大面积、多玻璃窗传递着经理的威望和地位。与此相对，法国的高层经理则常是坐在工作区中部，处于中央的地理位置使他们能够监控所有下属的活动。⑤ 人际空间。人与人之间的距离也是表露人际关系的"语言"，也能传递大量的情感信息。通常，亲密则相互之间具有较近的人际距离，疏远则相互之间具有较远的人际距离。陌生人之间的空间距离会较大，但在特定情况下则不一样，例如在拥挤的公共汽车上或拥挤的电梯上，人们由于距离太近会产生紧张感，会避免面对面或目光接触。人际距离传达的意义也具有文化差异，有的民族喜欢双方保持近距离，而另一些民族则与之相反。美国人类学家爱德华·霍尔（Edwad T.

Hall)认为,人们可以利用空间距离来限制感觉曝光从而控制亲密程度。例如,在美国,人们通常使用四种距离区域之一,如表 12-2 所示。

表 12-2 霍尔的四种空间距离

区域名称	空间距离	适用范围
亲密区域(Intimate Zone)	不超过 18 英寸(46 cm 以下)	适用于亲密的朋友之间
个人区域(Personal Zone)	18 英寸至 4 英尺(46 cm～1.22 m)	适用于亲密的工作环境或是发布命令
社交区域(Social Zone)	4 英尺至 12 英尺(1.22 m～3.66 m)	适用于大多数商务环境
公众区域(Public Zone)	12 英尺以上(3.66 m 以上)	少用,适用于某些正式场合,如演讲

与其他的沟通方式相比较,非语言沟通能十分明确地表达信息意义,而且内涵丰富、含义隐含灵活。但也存在传送信息距离有限、界限含糊以及只能意会不能言传等不足。值得注意的是,任何口头的沟通都包含有非语言信息。

通过对口头沟通、书面沟通和非语言沟通的分析与比较,可以得出三种沟通方式的特点(表 12-3)。

表 12-3 口头沟通、书面沟通和非语言沟通的比较

方式 内容	口头沟通	书面沟通	非语言沟通
特征	① 沟通最直接 ② 可正式会谈也可非正式讨论 ③ 可长可短 ④ 可通过一些附加设施(如录音机)加以记录保存 ⑤ 可以表现个人风格 ⑥ 可在个人或群体间进行 ⑦ 可面对面地进行,也可相距甚远(如通过电话) ⑧ 能让人们感受到直接参与 ⑨ 为人们参与沟通和相互比较提供条件 ⑩ 形式和内容不同,产生不同的影响	① 沟通是间接的 ② 可能是正式的或非正式的 ③ 可长可短 ④ 对于一个有经验的沟通者,能表达出个人风格 ⑤ 在群体内部经常受限于约定俗成的规则 ⑥ 能够反复修改 ⑦ 信息发送者能自由地表达自己的观点、情感而不必受他人反应影响 ⑧ 能够很容易被复制,为沟通的内容提供充实文本 ⑨ 能够将同一信息同时发送给许多人	① 需要信息的传送者和接收者直接接触 ② 与口头沟通方式互补 ③ 可加强口头表达效果,但也有可能与口头表达的内容相互矛盾 ④ 能使沟通中的表达更加有效 ⑤ 往往无意识做出 ⑥ 使参与沟通的人猜想更多表达的思想和情感
媒介	会谈、会议、演说、讨论会、电话(可视电话)、电子邮件(语音邮件)	备忘录、报告、信函、文件、通知(海报或布告)、内部通讯或内部期刊	沟通场景(声、光信号、图形、服饰)、肢体语言(面部表情、音质、手势、体态)

随着科学技术的不断进步与发展，沟通技术支撑发生了日新月异的变化，电子沟通正在成为主要而且高效的沟通类型。电子沟通是指依赖于各种各样复杂的电子媒介传递信息的沟通。除了极为常见的媒介（电话及公共邮寄系统）外，将手机通讯、电子邮件、视听会议和组织内相互网络或局域网等一系列电子设备，与语言和纸张结合起来就产生了更有效的电子沟通方式。电子沟通不但显著改变了沟通模式、降低了信息传递和共享成本，提高了灵活性，而且正在改变组织的和整个管理程序及模式。特别是各类网络化的"群体支持系统"和"电子会议系统"的研制与应用，使得许多员工可以在同一时间发言、倾听和分享数据信息，迅速实现多位沟通，成为强化团队工作、提高工作效率和工作满意度的有效途径。与此同时，电子沟通带来了新的研究课题：一是电子沟通打破了工作边界，使许多人随时需要接收或发送大量的信息，更多地在休闲中不得不进入"实时工作状态"，并且通常是"多任务平行工作"，大大提高了工作压力和心理负荷；二是电子沟通使人际交往、神态传递和感情交流显著减弱，从而影响人际关系模式；三是电子沟通改变了信息分享模式和群体工作方式，对群体管理和群体成员提出了全新的沟通技能要求。此外，电子沟通也提出了信息传递和信息管理方面的伦理问题，等等。

（四）根据信息流动范围不同，可分为内部沟通和外部沟通

内部沟通是指在一个组织的边界范围发生的信息传递过程，既包括组织内个人之间、团队之间、部门之间的沟通，也包括上下级之间、同级之间的沟通。例如，工作安排、进度汇报、部门协调会议、年终总结大会、表彰或庆功大会等。

外部沟通是指一个组织同其外部环境之间的沟通，如召开新闻发布会，与行业协会、政府管理部门、当地社区、供应商、消费者、竞争者等之间的沟通与协调等。外部沟通日益引起各类组织的重视，它是组织开展整合营销沟通、协调各方利益、整合外部资源、提升组织核心竞争力的重要途径。

（五）根据沟通渠道的不同，可分为正式沟通和非正式沟通

正式沟通是指通过正式的组织系统、沟通渠道、指挥命令链、规章制度等官方形式所进行的信息传递与交流，如组织规定的汇报制度、定期或不定期正式会议、股东（代表）大会、职工（代表）大会、组织间的公函来往等。

非正式沟通是指经由非正式的组织系统、小团体、个人渠道、秘密渠道等非官方形式所进行的信息传递，它不受组织监督，可自由选择沟通渠道，如员工私下交换意见、传播小道消息、议论某人某事等。

有关正式沟通与非正式沟通的详细内容参见本章第二节。

（六）根据信息流动方向的不同，可分为上行沟通、下行沟通、横向沟通和斜向沟通

上行沟通是按组织层级由下而上所进行的信息传递，如下级向上级汇报项目进展情况、提交工作总结等。

下行沟通是按组织层级自上而下所进行的信息传递，如上级向下级发布新的规章制度、安排工作等。

横向沟通也称水平沟通、平行沟通，是指处于同一层级的部门、小组或人员之间的信息传递与交流，如部门协调会，营销部、生产部和研发部共同研制新产品的研讨会等。

斜向沟通是指同时跨工作部门和跨组织层级的团队之间或员工之间的信息传递与交流，如营销人员向研发主管反映顾客对于新产品的改进意见等。

关于上行沟通、下行沟通、横向沟通和斜向沟通的详细内容参见本章第二节。

五、沟通渠道及其评价标准

沟通渠道有时也称为沟通的方法。有许多沟通方法可供管理者选用，既包括传统的方法，也包括电子化的方法，如：面对面沟通、电话沟通、小组会议、正式演讲、备忘录、传统信件、传真、员工通讯、告示板、公司其他出版物、录音带和录像带、热线、电子邮件、计算机会议、音频邮件、电话会议及可视会议等。所有这些沟通方法都可用来传递口头的或书面的信息。

在实际沟通中，究竟选择哪一种沟通方法呢？以下 12 个方面可帮助管理者对各种沟通方法进行评价和选择。① 反馈性：接收者能够多快地对信息做出反应？② 复杂能力：这种沟通方法能有效地处理复杂的信息吗？③ 宽度潜力：使用这种沟通方法能够传输多少种不同的信息？④ 机密性：沟通者能确保其信息只传向那些他想沟通的人吗？⑤ 编码难度：信息发送者能方便而快捷地使用这一沟通方法吗？⑥ 解码难度：接收者能方便而快捷地对收到的信息加以解码吗？⑦ 时空限制：发送者和接收者需要在同样的时间及同样的地点进行这一沟通吗？⑧ 成本：使用这种沟通方法的费用是多少？⑨ 人际温情：这种沟通方法能在多大程度上传递人际温情？⑩ 正规化：这种沟通方法是否拥有所需的正规化程度？⑪ 可扫描性：这种沟通方法容易浏览或扫描相关信息吗？⑫ 消费时点：是发送者还是接收者对何时收到这一信息拥有最大的控制权？

表 12-4 是根据上述 12 项标准对各种沟通方法进行的比较。管理者应了解每一种沟通渠道的优势与劣势，并相机选择有效的沟通渠道。管理者最终选择哪种沟通方法，是对发送者的需要、所沟通信息的特性、沟通渠道的性能以及接收者的需要和特点等各方面因素综合考虑的结果。例如，你想向一个下属说明她的工作有了变动，面对面的沟通会比备忘录更好，因为你希望能就她的疑问和问题做出当面的解释和回答。

表 12-4 沟通渠道比较

渠道＼评价标准	反馈性	复杂能力	宽度潜力	机密性	编码难度	解码难度	时空限制	成本	人际温情	正规化	可扫描性	消费时点
面对面	1	1	1	1	1	1	1	2	1	4	4	S/R
电　话	1	4	2	2	1	1	3	3	2	4	4	S/R
小组会议	2	2	2	4	2	2	1	1	2	3	4	S/R
正式演讲	4	2	2	4	3	2	1	1	3	3	5	S
备忘录	4	4	2	3	4	3	5	3	5	2	1	R
传统信件	5	3	3	2	4	3	5	3	4	1	1	R
传　真	3	4	2	4	3	3	5	3	3	3	1	R
公司出版物	5	4	2	5	5	3	5	2	4	1	1	R
告示板	4	5	1	5	3	2	2	4	5	3	1	R
音像带	4	4	3	5	4	2	3	2	3	3	5	R
热　线	2	5	2	2	3	1	4	2	3	3	4	R
电子邮件	3	4	1	2	3	2	4	2	4	3	4	R
计算机会议	1	2	2	4	3	2	3	2	3	3	4	S/R
音频邮件	2	4	2	1	2	1	5	3	2	4	4	R
电话会议	2	3	2	5	2	2	2	2	3	3	5	S/R
可视会议	3	3	2	4	2	2	2	1	2	3	5	S/R

说明：按 1～5 级评分，1 表示最高分，5 表示最低分。消费时点，是指何方控制沟通信息的接收时点，“S”表示发送者，“R”表示接收者，“S/R”表示发送者和接收者共同拥有控制权。

资料来源：P. G. Clampitt：Communicating for Managerial Effectiveness，Newbury Park，CA：Sage Publications，1991，p. 136.

第二节 组织沟通

组织沟通是指组织中沟通的各种方式、网络和系统。组织中既有下行沟通、上行沟通、横向沟通和斜向沟通，也有正式沟通和非正式沟通。组织沟通中信息的纵向和横向流动集合而成各种形态，称作沟通网络。在一个组织中，通常既存在正式沟通网络，也存在非正式沟通网络。本节将对这些问题进行讨论。

一、组织沟通中的信息流向

在一个组织范围内，信息通常有四种流动方向：自上而下、自下而上、横向和斜向，非常典型是前面三种。因此，根据信息流动的方向，有下行沟通、上行沟通、横向沟通与斜向沟通。在大多数传统的、层级制的组织中，下行沟通和上行沟通是主要的沟通形式；而在学习型组织、基于团队或流程的组织、无边界组织等现代组织中，则非常强调水平沟通与斜向沟通，以便持续不断地跨部门和层级共享信息。典型的下行沟通、上行沟通、横向沟通与斜向沟通见图 12-2 所示。

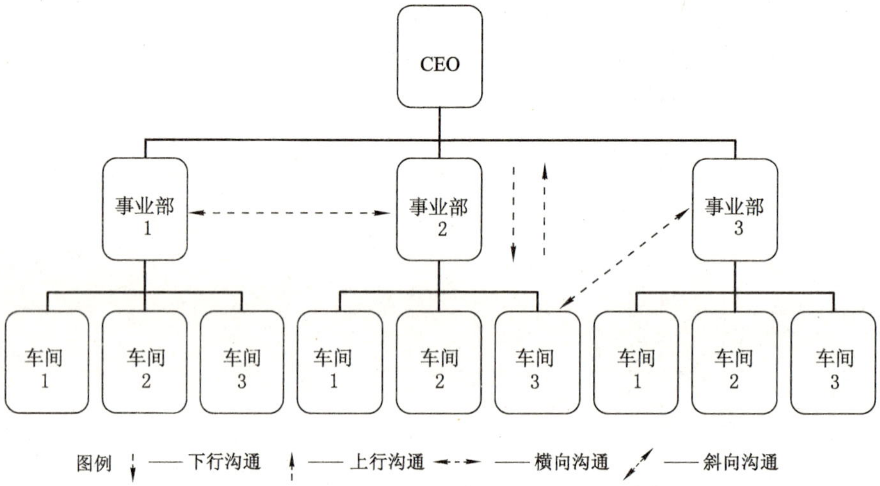

图 12-2 组织内的下行、上行、横向和斜向沟通

（一）下行沟通

下行沟通是人们最熟悉并在正式沟通中最常用的一种，是指信息从管理者自上而下发送到下属。管理者可以通过演讲、公司出版物、电子邮件、工资卡中的信息页面、公告牌、政策规章手册、指示、广播、工作程序、电讯新闻等方式向下沟通。下行沟通一般包括以下内容：① 目标和战略的实施。传达新的战略和目标以得到组织所期望的行为。例如，可以给下层指明方向："新的质量行动已经启动了。我们要想生存就必须改进产品质量。"② 工作命令和原则。它们主要告诉别人如何完成一件专门的工作并与其他工作结合起来。例如："必须现在就买砖以便我们的建筑工人能在两个星期内开工。"③ 程序和实践。它们是定义组织政策、规定、规章、利益和结构安排的信息。例如："在上班的 90 天后，你可以加入我们的公司发起人存储计划。"④ 绩效反馈。这些信息用来对组织中的个人和部门的工作效果进行评估。例如："琼，你在计算机网络方面的工作大大提高了公司订货的效率。"⑤ 教化。激励员工融合到公司的目标、文化中来。包括公司庆典、晚宴等。例如："公司视员工为家人，将邀请大家参加在 3 月 3 日举行的年度野餐和集会。"

向下沟通的主要问题是信息离散，即信息内容的扭曲或损失。尽管正式沟通是能够通达所有员工的强有力的方式，可许多信息还是丢失了，每一次信息从一个人传到另一个人的时候，都要失去大约 25％的内容。另外，如果传播渠道过长，信息就有可能被扭曲。信息离散难以完全避免，但使用一些沟通技巧可以大大减少信息离散，如使用正确的沟通渠道，主动倾听，使信息符合需方理解等，可以保持沟通的准确性。

（二）上行沟通

正式的上行沟通包括在组织层级中由下而上传递的信息。许多组织花了大量的投入来建立健康向上的沟通渠道，包括建议制度、申诉和请求程序、控告制度、调解会议、共同制定目标、小组会议、门户开放政策、协商会议、员工士气问卷调查、离职交谈、管理信息系统报告、职工与管理层之间的直接交流等等。员工们需要有机会表达他们对管理活动的不满以及自己的进步与反馈。将适当的上行沟通与下行沟通结合在一起以促进员工与管理层之间的良性沟通循环。以下是上行沟通的 5 种主要内容：① 问题与例外。这类信息是描述一些严重问题以及日常行为中的例外事项以使高级管理者了解他们所面临的困难。如："打印机已经坏了两天了，至少还有一个星期才会有新的。"② 改良建议。指有助于改进工作程序和质量的想法。如："我想可以将审计过程中的步骤 2 省掉，因为它要花大量的时间而且毫无用处。"③ 业绩报告。指个人和部门工作状况的定期报告。如："我们已经给史密斯做好了审计报告，但将杰克的报告延误了一个星期。"④ 抱怨与纠纷。指向上汇报员工的抱怨与纠纷以期得到解决。如："生产研发部经理得不到林肯厂的合作。"⑤ 财务与会计信息。它是与成本、销售量、预期利润和投资收益等相关的信息。例如，"成本超过预算的 2%，但是销售量比预期目标高了 10%，因而，第三季度的综合效益是很不错的。"

（三）横向沟通

横向沟通是同级或同事之间横向的信息交换，可以在部门之内或之外发生，其目的不仅仅是通知还要求支持和协作活动。横向沟通在学习型组织中特别重要，因为工作团队需要持续不断地解决问题并寻找做事的新方法。许多组织组建任务小组、委员会或矩阵组织进行水平沟通以鼓励横向协调。横向沟通包括以下 3 方面的内容：① 部门内问题的解决。这类信息主要在同一部门内发生，关注的是任务的完成。例如："贝蒂，你能告诉我们怎样填好这份医疗费报销单吗？"② 部门间的协调。这有助于完成合作项目或任务。例如："鲍勃，请联络营销部和生产部，并安排一个会议来讨论这个新装配线的说明书，好像我们没有达到客户的要求。"③ 职能部门对直线部门的建议。这类信息经常来自生产研究、财务或电脑方面的专家。他们帮助直线经理决策。例如："我们去和制造经理谈谈吧，他在看电脑报告时碰到了问题。"

但是，为了避免潜在问题的发生，对于横向沟通有赖于对以下几点的理解：① 只要是合适的，横向沟通在任何场合都应受到鼓励；② 下属要自行限制做出超越其权限的承诺；③ 下属要及时向上司报告部门之间共同从事的重大活动。简而言之，横向沟通可能会造成麻烦，但是为了适应复杂的组织环境，这种沟通对于许多组织来说都是必要的。

（四）斜向沟通

斜向沟通较少见，是指发生在同时跨工作部门和跨组织层级的团队或员工之间的沟通。例如，当信用部门的信用分析师就某顾客的信用问题直接与地区销售经理沟通时，就是斜向沟通的情形，因为这两个人既不在同一个部门，也不属于同一个组织层级。从效率和速度的角度看，斜向沟通对组织是有益的。电子邮件的普及使用更是促进了斜向沟通。在许多组织中，一个员工可通过电子邮件与任何其他员工进行沟通，不论他们的工作部门和组织层级是否相同。然而，如果员工不向他们的管理者通报，斜向沟通也可能造成问题。

斜向沟通与横向沟通具有类似的性质。它们都具有以下优点：简化办事程序和手续，节省时间，提高工作效率；有利于增进组织各个部门之间相互了解，加强工作协调，培养全局观念和团结合作精神，克服本位主义思想；促进员工互谅互让，培养员工之间的友谊，满足员工的社交需求，从而提高工作积极性，改善工作态度。它们的缺点是：沟通头绪过多，信息量大，尤其是可能成为员工发牢骚、传播小道消息的渠道，从而造成混乱；成本较高，协调困难；由于部门差异或层级差异，有时渠道不畅通，沟通难以有效进行。

二、正式沟通及其网络

（一）正式沟通的内涵

正式沟通是指在组织系统内，依据正式的沟通渠道、组织系统和组织原则所进行的信息传递与交流。正式沟通通常是按照规定的指挥链或者作为工作的一部分而进行的，发生于组织中任何与工作有关的场合。正式沟通的优点有：沟通效果和效率都比较好，正规、严肃，约束力强，易于保密或控制，可以使信息沟通保持权威性。重要信息和文件的传达、组织的决策、规章制度的颁布等，一般都采取这种方式。正式沟通也有它的缺点：由于依靠组织系统层层传递，信息容易遭到过滤而失真，沟通速度慢，比较刻板。

（二）正式沟通网络

正式沟通有几种具体的网络形态。根据研究，以 5 个人的群体为例，基本上可有五种沟通网络，即：① 链式沟通网络；② 轮式沟通网络；③ Y 式沟通网络；④ 环式沟通网络；⑤ 全通道式沟通网络，如图 12-3 所示。

1. 链式沟通网络

这是一个平行网络，其中居于两端的人只能与内侧的一个成员联系，居中的人则可分别与两人沟通信息。在一个组织系统中，它相当于一个纵向沟通网络，

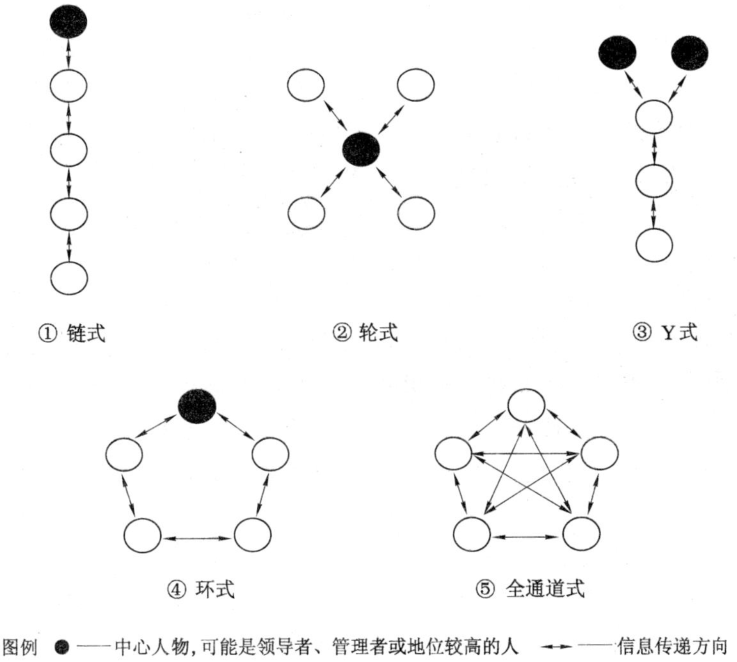

图 12-3 正式沟通网络的类型

代表一个五级层次，逐渐传递，信息可自上而下或自下而上进行传递。在这个网络中，信息经层层传递和筛选，容易失真，各个信息传递者所接收的信息差异很大，平均满意程度有较大差异。此外，这种网络还可表示组织中主管人员和下级部属之间中间管理者的组织系统，属控制型结构。在管理中，如果某一组织系统过于庞大，需要实行分权授权管理，那么，链式沟通网络是一种行之有效的方法。

2. 轮式沟通网络

属于控制型网络，其中只有一个成员是各种信息的汇集点与传递中心。在组织中，大体相当于一个主管领导直接管理几个部门的权威控制系统。此网络集中化程度高，解决问题的速度快。主管人员的预测程度很高，而沟通的渠道很少。轮式网络是加强组织控制、争时间、抢速度的一个有效方法。如果组织接受紧急攻关任务，要求进行严密控制，则可采取这种网络。但是，在这种网络中，只有处于核心地位的主管领导才了解全面情况，其他成员之间消息闭塞，难以彼此协调与合作，员工满足程度低，从而影响士气和主观能动性。

3. Y式沟通网络

这是一个纵向沟通网络，其中只有一个成员位于沟通内的中心，成为沟通的媒介。在组织中，这一网络大体相当于组织领导、秘书班子再到下级主管人员或一般成员之间的纵向关系。这种网络集中化程度高，解决问题速度快，组织中领导人员预测程度较高。除中心人员外，组织成员的平均满意程度较低。此网络适用于主管人员的工作任务十分繁重，需要有人选择信息，提供决策依据，节省时间，而又要对组织实行有效的控制。但此网络易导致信息曲解或失真，影响组织中成员的士气，阻碍组织提高工作效率。

4. 环式沟通网络

这种网络可以看成是链式形态的一个封闭式控制结构，表示5个人之间依次联络和沟通，其中每个人都可同时与两侧的人沟通信息。在这个网络中，组织的集中化程度和领导人的预测程度都较低；畅通渠道不多，组织中成员具有比较一致的满意度，组织士气高昂。如果在组织中需要创造出一种高昂的士气来实现组织目标的话，环式沟通是一种行之有效的措施。这种网络适合于分散的小组，经常用于突击队、智囊咨询机构或特别委员会等组织形式之间的沟通。

5. 全通道式沟通网络

这是一个开放式的网络系统，其中每个成员之间都有一定的联系，彼此了解。此网络中组织的集中化程度及主管人的预测程度均很低。由于沟通渠道很多，组织成员的平均满意程度高且差异小，所以士气高昂，合作气氛浓厚。这对于解决复杂问题、增强组织合作精神、提高士气均有很大作用。但是，由于这种网络沟通渠道太多，易造成混乱，且又费时，影响工作效率。

上述种种沟通形态和网络，都有其优缺点，它们之间的比较见表12-5所示。作为一名主管人员，在管理工作实践中，要进行有效的人际沟通，就需发挥其优点，避免其缺点，使组织的管理工作水平逐步提高。

表12-5　　正式沟通网络的比较

网络类型 / 比较因素	链 式	轮 式	Y 式	环 式	全通道式
解决问题的速度	较快	快	较快	慢	最慢
信息精确度	较高	高	较低	低	最高
领导人的产生	较显著	显著	会易位	不发生	不发生
士 气	低	很低	低	很高	最高
工作变化弹性	慢	较慢	较快	很快	最快
组织化	慢，稳定	速度快，稳定	不一定	不易	最慢，稳定

资料来源：① 黑尔里格尔，等：《组织行为学》，中国社会科学出版社2001年版，第528页。

② 胡君辰：《现代实用管理心理学》，上海科学技术出版社1992年版，第276页。

三、非正式沟通及其网络

(一) 非正式沟通的内涵及其特点

非正式沟通是指正式沟通渠道以外的信息交流和传递,它不受组织监督,可自由选择沟通方法。例如,团体成员私下交换看法、朋友聚会、传播谣言和小道消息等都属于非正式沟通。随着信息技术和计算机网络技术的发展,一些企业和其他组织在其网站上设立了相关论坛、BBS公告等多种非正式的沟通渠道。非正式沟通是正式沟通的有机补充,可发挥两方面的作用:满足员工社会交往的需要;有利于改进组织绩效,因为它提供了另一种通常更快速和有效的沟通渠道。

非正式沟通的特点主要表现在以下七个方面:① 非正式沟通往往源于人类爱好闲聊的特点。闲聊的内容称为传闻或小道消息。尽管是闲聊,但据研究,有75%的小道消息是正确的,可信度很高。② 非正式沟通的信息往往是不完整的,管理者需要慎重对待。③ 非正式沟通涉及较多的情感或情绪因素,有些虽与工作有关,但带有感情色彩。④ 非正式沟通是基于人们共同的或相似的兴趣、价值观、社交需要等,而不是基于管理者的权威,通常是积极主动的。⑤ 非正式沟通的表现形式具有多变性和动态性,随着环境的变化而变化。⑥ 非正式沟通不需要遵循组织原则,机动灵活,信息传播速度快。⑦ 非正式沟通大多数是无意识进行的,传递信息的内容也无限定,并且可在任何场合发生。

非正式沟通往往与小道消息联系在一起,小道消息传播的内容和形式具有以下几个特点:① 消息越新鲜,人们谈论得就越多;② 对人们工作有影响的,最容易招致人们的谈论;③ 最为人们所熟悉的,人们谈论得最多;④ 在工作中有关系的人,往往容易被牵扯到同一传闻中去;⑤ 在工作上接触多的人,最可能被牵扯到同一传闻中去。小道消息是任何小组或组织沟通网络的重要部分,它有助于管理者识别出员工普遍关注但感到疑惑的那些问题及由其产生的焦虑。它既是信息的过滤器也是信息反馈的手段。更为重要的是,管理者能够对小道消息进行分析,如正在传播什么消息,按什么样的方式传播,谁是其中的关键人物等。管理者对这些特点应该予以充分注意,以杜绝起消极作用的"小道消息",利用非正式沟通为组织目标服务。

非正式沟通的优点主要有:① 弥补正式沟通之不足,可以搜集到正式沟通以外的信息,协助组织的改进;② 协助澄清正式沟通信息,避免信息遭受曲解或误解;③ 获取组织成员对于政策的反应,提供决策者参考;④ 增加组织成员互动机会,促进组织成员情感的交流与维系;⑤ 提供组织成员发泄其不满的管道,协助成员情绪管理;⑥ 沟通形式不拘,直接明了,速度很快,省略许多烦琐的程序;⑦ 常常能提供大量的通过正式沟通渠道难以获得的信息,真实的反映员工的思想、态度和动机。

非正式沟通的缺点主要有：① 可能散播错误信息，以讹传讹，制造组织内部矛盾和摩擦，导致人际关系紧张与猜忌；② 容易造成组织革新的抗拒力，阻碍组织的进步与发展；③ 信息不易查证，无人为非正式沟通负责；④ 难以控制，可能导致小集团、小圈子，影响组织稳定和团体凝聚力。

现代管理理论提出了一个新概念："高度的非正式沟通"。它是指利用各种场合，通过各种方式，排除各种干扰，来保持人与人之间经常不断的信息交流，从而在一个团体、一个组织中形成一个巨大的、不拘形式的、开放的信息沟通系统。实践证明，高度的非正式沟通可以节省很多时间，避免正式场合的拘束感和谨慎感，使许多长年累月难以解决的问题在轻松的气氛下得到解决，减少了团体内人际关系的摩擦。

（二）非正式沟通的网络

非正式沟通网络是指组织中未经批准的信息的自由传播渠道所形成的结构形态，通常称为"葡萄藤"。美国管理心理学家戴维斯（K. Davis）对非正式沟通网络进行了研究，他对一家企业的 67 名管理人员进行了一次调查，采取顺藤摸瓜的方法对小道消息进行研究，发现有以下 4 种非正式沟通网络：① 单线式沟通网络；② 流言式沟通网络；③ 偶发式沟通网络；④ 集群式沟通网络，如图 12-4 所示。最为典型的是流言式沟通网络和集群式沟通网络。

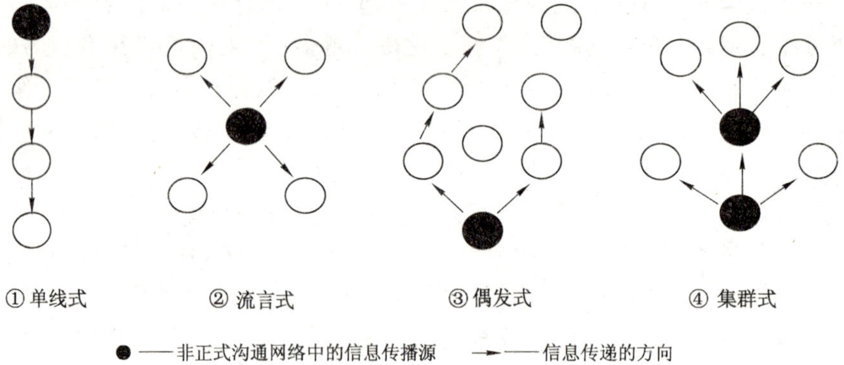

图 12-4　非正式沟通网络的类型

1. 单线式沟通网络

单线式沟通网络指个体之间的相互转告，即一人告诉另一人，另一人再转告第三人，如此通过一连串的人把消息传递开来。这种类型的沟通网络在组织中比较少见。

2. 流言式沟通网络

流言式沟通网络也称闲谈式，它表示一个人主动把小道消息传播给其他一些人的沟通网络。此网络中有一个信息发送者，多个信息接收者，信息发送者不一定是该非正式组织的领导，可能只是信息率先获取者或喜欢传递各种消息的人。

3. 偶发式沟通网络

偶发式沟通网络或称随机式，即碰到什么人就把消息传递给什么人，并无一定的中心人物或选择性。这种方式通常是非正式组织中最常用的一种沟通方式，也是传递非正式信息最常用的一种网络。

4. 集群式沟通网络

集群式沟通网络即在沟通过程中，可能有几个中心人物，由他们转告若干人，而且有某种程度的弹性。

戴维斯的调查结果还表示，小道消息传播最普遍的形式是集群式，组织中约10%的管理人员是小道消息的传播者。这说明，小道消息一般只在特定范围内流传，它只传给那些与传播者关系密切的人。

非正式沟通网络往往以非正式组织为基础，成员之间由感情纽带联结，所以信息传递迅速，但容易失真。由于人们往往在非正式沟通中更能表达真实的感情，所以，管理者应注意采取非正式沟通网络。一方面，可与非正式沟通网络中的人员多接触、交流，充分调动他们的积极性；另一方面，要设法发现谁在非正式沟通网络中处于“核心”地位，并利用他们更迅速地传递信息。

第三节 沟通障碍及沟通改善

在沟通过程中，会碰到各种各样的干扰，信息失真是广泛存在的，从而沟通难以有效进行。我们把影响沟通的各种干扰因素统称为沟通障碍。为了使其意义得到有效的传递和理解，必须研究沟通障碍以及如何克服这些障碍，从而改善沟通。

一、沟通障碍

沟通过程是一个复杂的过程，常常会因沟通要素的质量不高、沟通工具的运用不佳、沟通方式的选择不当、沟通渠道的状况不良以及沟通参与者的需要、价值、态度和期望不同而形成沟通障碍。美国学者詹姆斯·L.吉布森(James L. Gibson)等人认为，沟通过程中不同个体对同样的沟通解释不同，主要取决于其先前的经验，从而导致不同的编码和解码过程，沟通就容易中断。如果沟通中的参与者有共同经验，就会促进有效的沟通，如果没有共同经验，则容易产生沟通障碍。例如，企业不同部门中的人对同样情景的解释就有不同，市场部和生产部的管理者对同样的经营问题看法不同。有效的管理沟通在于管理者是否采取了合适的“参照框架”。从某种意义上讲，许多沟通的障碍都来源于编码与解码过程。具体而言，可将影响有效沟通的要素概括为四种类型，即个人障碍、组织障碍、语言障碍和情景障碍。

（一）个人障碍

个人障碍是指影响人际沟通的个人方面的因素。主要有以下六个方面。

1. 选择性知觉

选择性知觉是指人们根据自己的兴趣、经验和态度而有选择地去解释所看到的或所听见的信息。沟通过程中，接收者会根据自己的需要、动机、经验、背景及其他个人特质而选择性地去看或听所传递给他的信息。解码的时候，接收者还会把自己的兴趣和期望带到信息之中去。例如，如果一名面试主考官持有女性总是重家庭胜于事业的观点的话，那他就可能在女性求职者中“看出”这种情况，无论该求职者是否真的认为她自己是这样的人。

2. 情绪障碍

在接收信息时，接收者的感觉也会影响到他对信息的解释。一个人在高兴和痛苦的时候，会对同一信息做出截然不同的解释。极端的情绪更可能阻碍有效的沟通。这种状态常常使我们无法进行客观而理性的思维活动，而让一种情绪性的判断取而代之。因此，最好能避免在情绪化的状态之中对信息做出反应，因为此时已经无法清晰地进行思考了。

3. 防卫

如果人们感觉到自己正受到威胁，他们通常会以一种自我保护的方式做出反应，从而降低相互理解的可能性。这种防卫表现在对对方的言语攻击、讽刺挖苦、品头论足以及怀疑对方的动机等行为上。当一方将另一方的意思理解为威胁性的时候，他就经常会以有碍有效沟通的方式做出反应。

4. 刻板印象与偏见

刻板印象是指人们对某个群体中的人形成的一种概括而固定的看法。刻板印象一旦形成，不仅很难改变，而且人们在社会知觉中会用它去“同化”某一个体，只要某一个体同化到群体中，对群体的刻板印象自然也适合于这个人。刻板印象虽在帮助人们认识某类事物的总体特征时有一定的帮助，但在认识个体时难免犯“以全概偏”的错误。偏见是指根据一定的表象或虚假的信息做出判断，从而出现判断失误或判断本身与判断对象的真实情况不相符合的现象。在沟通中，如果刻板印象与偏见带来了不符合事实的期望，那么它就可能成为沟通的障碍。

5. 不一致的非语言暗示

正如前文所述，非语言沟通是人们传递信息的重要方法并且往往与面对面的语言沟通同时发生。一般来说，如果非语言暗示与语言信息是一致的，就会彼此增强效果，促进有效沟通。然而，当两者不一致时，信息发送者就不能有效传递信息，甚至可能传递错误信息；另一方面，信息接收者也会困惑不解，从而造成沟通的障碍。

6. 沟通方式选择不当

沟通方式是信息的类型与特点、信息载体、信息技术、沟通渠道与网络、沟通时机与场合等的组合。不同的沟通方式具有不同的特点，满足不同的沟通需要。如果沟通者选择的沟通方式不恰当，就不能实现有效的沟通，达不到沟通的目的。例如，重要而紧急的信息一般应采用直接的面对面沟通，不宜用传统信件。

（二）组织障碍

组织障碍是影响管理沟通的组织方面的因素。主要有以下六个方面。

1. 过滤

过滤指故意操纵信息，使信息显得更易得到接受。比如，当有人向上级的管理者陈述的都是该管理者想听到的东西，这个人就是在过滤信息。这种现象在组织中经常出现。当沿着组织层级向上传递信息时，为了避免高层人员信息超载或其他目的，发送者需要对信息加以浓缩和综合。而浓缩信息的过程受到信息发送者个人兴趣和对哪些信息更重要的认识的影响，因而也就造成了信息沟通中的过滤现象。过滤的程度与组织的层级数目和文化两个因素有关。组织纵向层级越多，过滤的可能性越大。另外，组织文化通过奖惩系统，对这类过滤行为也会起到或鼓励或抑制的作用。

2. 地位与权力的差异

地位指一个人在一定的社会、组织或关系结构中的职务、职位以及由此显示出的重要程度。权力是指特定主体因某种优势而拥有的对社会或他人的影响力。在组织沟通中，地位高的、权力大的人往往对地位低的、权力小的人有一种威压，从而造成心理障碍（如担忧、紧张或反感），使得后者缺失判断和理解，要么盲目接收，要么盲目抵制，从而影响正常的沟通。

3. 部门间在需求和目标方面的差异

通常，组织中不同的部门有不同的需求和目标，每一个部门都以自己的观点看待问题并基于自身利益采取行动。例如，生产部门关心生产效率，而可能不会完全理解营销部门要将产品尽快交付给消费者的需求。这种差异在多业务公司中尤其突出，每一个事业部都有自己的需求和目标，并常常在公司总部争夺资源，从而导致事业部之间的横向沟通难以进行。

4. 沟通流量可能不适合团队的或组织的任务

例如,如果用中央集权式的沟通结构处理例外任务,将会没有足够的信息交流来解决问题。又如,在矩阵型组织结构中,只有当项目部人员和职能部人员进行足够的沟通后,整个矩阵组织才会有效运转。所以,只有在员工间的信息交流总量适合团队或组织的任务时,整个组织、部门或团队才是最有效的。

5. 缺乏正式的沟通渠道

在很多时候,组织中的沟通障碍是由于缺乏正式的沟通渠道造成的。由于没有正式的沟通渠道,降低了沟通的效率和效果。组织必须以员工调查、门户开放政策、时事通信、备忘录、任务小组以及人员联络等方式提供充足的上行、下行以及横向交叉沟通。没有这些正式渠道,组织就无法作为一个整体进行沟通。

6. 组织结构不健全、不合理

良好的组织结构是有效沟通的逻辑柜架。如果一个组织机构臃肿,部门设置不合理,部门之间职责不明、分工不清,形成多头领导或无领导状态;或因人设事、人浮于事;或结构混乱、缺失、不合适等,都会造成沟通障碍,导致信息失真或丢失,从而影响组织沟通的有效进行。

(三) 语言障碍

1. 语言种类障碍

在语言学中,语言系属分类法依据语言语音、词汇、语法规则之间的某些对应关系,把具有相似性的语言归于同一类语群,称为同族语言即"语族";按"语族"之间的某些对应关系,又归在一起,称为同系语言即"语系"。以母语使用人口排列就有印欧语系、汉藏语系、尼日尔—刚果语系、亚非语系(旧称闪含语系)、南岛语系、达罗毗荼语系、阿尔泰语系、南亚语系、壮侗语系、乌拉尔语系等十几个不同的语系。现今全世界现存的语言接近7000种,分属不同的语族和语系,它们在发音、语义及拼写上都有巨大的差别,从而给属于不同语族和语系的人之间的沟通造成巨大的困难。

2. 语义障碍

同样的词汇或语言,对不同的人来说,含义是不一样的。年龄、教育和文化背景是三个最明显的因素,它们影响着一个人的语言习惯及其对词汇的界定。你我可能同说一种语言,但我们在语言的使用上却并不一致。信息发送者常常认为自己所用的词汇和短语在接收该信息的人心中也有同样的含义。这是错误的假设,常常造成沟通的障碍。在一个组织中,员工常常有不同的背景,有不同的语言习惯。在同一组织不同部门工作的人员,甚至还会有各自的行话——一组人员内部沟通中所用的专业术语或技术语言。总之,语音、字词、图像等的多重含义、下意识联想等都会造成语义障碍。

3. 语言风格障碍

古迪昆斯特(W. B. Gudykunst)和丁托美(S. Ting-Toomey)根据调查研究，确定了四对不同的有声语言沟通风格：直接与间接、详细与简洁、个人化与背景化、工具化与情感化。由于有声语言风格不同，很难将一种语言的精确意思用另一种语言表达出来，这在跨文化沟通中尤其突出，甚至成为沟通的巨大障碍。这四种语言风格的主要特征如表 12-6 所示。

表 12-6 四种语言风格及其主要特征

语言风格	主要特征
直接与间接	直接：信息更明确，尽量通过词汇的选择传达其真实的感受 间接：信息更含蓄，说话者选用隐藏其真实感受的词汇
详细与简洁	详细：交谈质量相对较高，描述富含细节，常重复，多用暗喻、明喻和谚语 准确：交谈质量中等，重点在于精确性，使用适当数量的单词来传达意思 简洁：交谈质量相对较低，常用克制的陈述、停顿和沉默
个人化与背景化	个人化：焦点是说话者，意思表达的目的是为了强调人本身 背景化：焦点是说话者的角色和角色之间的关系
工具化与情感化	工具化：信息发送者使用目标导向的、以发送者为中心的语言 情感化：信息发送者使用过程导向的、以接收者为中心的语言

(四) 情境障碍

情境障碍是影响沟通的一些背景条件、现实情况等相对客观的因素，主要有以下几个方面。

1. 信息超载

信息超载是指一个人面临的信息超过了他的处理能力。当今典型的管理者常常抱怨信息超载，需要处理的信息不是太少了，而是太多了，以致人们无力处理和传送这些信息。当一个人所得到的信息超过了他能整理和使用的容量时，他们倾向于筛掉、轻视、忽略或遗忘某些信息，或者干脆放弃进一步处理的努力，直到超载问题得以解决。不论何种情况，结果都是信息缺失和沟通效果受到影响。

2. 距离障碍

在信息发送者和接收者之间如果存在一定的空间距离时，也会产生沟通障碍。由于空间距离的阻塞，沟通者无法在面对面的情况下沟通意见，因而在选用沟通媒介时就会受到限制，同时只能得到有限的反馈或没有反馈(如看不见对方的身体语言)，而且还可能会减少沟通的频率或简化沟通等，使有效沟通受到极大影响。但是，现代电子技术的应用，已使得这种障碍的影响逐渐减小。

3. 时间障碍

沟通者迫于时间压力而减少沟通的时间或沟通不充分，会造成沟通障碍。一方面，时间压力可能造成信息发送者编码不当、有选择地传递信息、渠道选择不合适等；另一方面，时间压力可能造成信息接收者解码不当、有选择地接收信息、理解不充分等。此外，时间压力还可能造成信息超载，使人们不能吸收或享用所有的信息，不得不筛选掉大量的信息，从而大部分信息没有被解码而使沟通无效。

4. 跨文化障碍

跨文化障碍包括两个方面：一是中外文化条件下进行管理沟通，由于沟通者与接收者的不同文化背景而产生的沟通无效。例如，外资企业中来自不同文化背景的管理者之间产生的沟通障碍。二是不同区域或价值观念下的管理沟通中产生的障碍。例如，来自沿海发达地区和中西部地区的员工之间可能由于某种跨亚文化背景不同而形成的沟通障碍。这里注重的是前者的跨文化障碍。跨文化障碍主要是由于不同文化背景下管理沟通侧重点的差异而对有效沟通产生的影响。有关研究表明，具有文化的同质性沟通者与接收者会使他们之间的沟通更多关注相互关系方面的信息，而忽视工作任务方面的信息；具有文化的多样性的沟通者与接收者则更容易进入工作状态，讨论工作中所遇到的各类问题。

5. 性别差异

男人和女人有不同的沟通风格，性别差异是男女之间有效沟通的障碍。美国学者德博恩·坦恩(Deboran Tannen)研究了男人和女人的沟通方式，结果表明：男人沟通时强调地位，女人则强调联系。也就是说，男人沟通主要是在等级社会中保持独立和地位的一种方法，而女人沟通则是获得支持与肯定的一种方法。在听和说时，女人关注关系度和亲密感，男人关注地位和独立性。于是，男女之间的沟通出现问题就不奇怪了。例如，男人经常抱怨女人喋喋不休地讲述她自己的问题，而女人则批评男人没有听她讲。又如，在谈话时，男人常常比女人更直接地说出自己的观点。再如，男人常常批评女人喜欢道歉等。

6. 沟通者的心理特质差异

心理学认为，态度、人格、知觉和能力是影响个体行为的重要因素。态度是关于喜欢或不喜欢客观事物、人和事的评价性陈述，它反映一个人是如何感受某些事物的。人格是区分个体的稳定的心理特质的总和，它决定一个人的行为方式和与他人的差异，如麦尔斯—布瑞格斯类型指标、"大五"维度模型、控制点、权力主义、马基雅维利主义、自我监控和冒险倾向等。知觉是个体为自己所在的环境赋予意义并解释感觉印象的过程，而个人的态度、动机、兴趣、经验和期望是影响个人知觉的重要因素。能力是个体完成某一或某些活动的心理特征的总和。如果沟通者在这些方面存在差异,就可能导致沟通障碍。

7. 沟通者之间的人际关系

人际关系是个体之间在社会活动中形成的以情感为纽带的相互联系。人际关系的好坏是人际沟通的结果,也是影响人际沟通过程的主要因素。如果沟通者之间缺乏良好的人际关系,他们之间的沟通肯定会出现障碍和问题,如抵制、故意曲解、情绪化、沟通不充分或放弃沟通等。

二、沟通改善

组织中出现沟通障碍是不可避免的,重要的是领导者要正视形形色色的沟通障碍,弄清缘由,致力改进。具体而言,包括以下几个方面。

(一)坚持及时、准确、适量、灵活四项沟通原则

无论是人际沟通还是组织沟通,都应当坚持有效沟通的基本原则,主要有以下四个方面。

1. 及时性原则

指沟通双方要尽可能及时地传递与交流信息,尽早使信息发生效用,包括及时发送、及时接收、及时反馈、及时利用等。该原则要求沟通者正确区分信息的性质和轻重缓急,及时处理既重要又紧迫的信息以保证重要信息的及时传递和利用。同时,应缩短信息传递链,拓宽沟通渠道,保证信息畅通无阻。减少组织的沟通层次,因为层次越多,信息在渠道中滞留的时间就越长。在利用正式沟通渠道的同时,可开辟高级管理人员到低级管理人员的非正式沟通渠道,以便于信息的传递。

2. 准确性原则

当信息沟通所使用的语言和传递方式能被双方所理解时,这个沟通才是准确的和有价值的。沟通的目的是要将发送者的信息有效传递并能被接收者准确理解,这看起来很简单,但在实际工作中,常会出现接收者对发送者非常严谨的信息缺乏正确理解的现象。信息发送者的责任是将信息加以综合,无论是口头的还是局面的,都要求用容易理解的方式和逻辑来表达。这要求发送者有较高的语言或文字表达能力,并熟悉下级、同级和上级所用的语言。另一方面,信息接收者需要尽可能使用各种手段来准确接收和理解信息。

3. 适量性原则

在沟通过程中,接收者在一定时间内接收的信息不足或过量,会影响其对信息的正确处理。信息量不足,接收者就无法完整地、准确地理解信息内容,达不到沟通的目的;信息量超载,不但造成浪费而且不能使有用的信息发挥作用。适量就是沟通优化的客观要求。因此,应限定信息发送的范围,有选择地根据沟通

的目的、内容和不同对象进行沟通；同时，注意信息加工，考虑接收者的承受能力，对各种信息进行必要的综合加工，以免接收者"消化不良"。

4. 灵活性原则

指沟通系统需要留有余地，以适应各种变化。传统的组织内信息沟通主要依靠下行沟通的命令式传递，现代组织的信息沟通则更多地利用非正式沟通和横向交叉沟通，以增强沟通的可靠性和全面性。所以要高度重视非正式沟通，把它作为正式沟通的必要补充。这样，可在一定程度上弥补正式沟通过程中信息传递缓慢、层次过多的不足，有助于形成组织内的和谐气氛，增强组织的凝聚力；另一方面，也有利于保持重要沟通环节的弹性，以确保沟通系统的可靠性和灵活性。

（二）掌握关注、理解、接受、行动四个沟通步骤

只有充分掌握关注、理解、接受和行动四个步骤，管理者才能设法改善每一阶段的信息沟通，从而最终改善整个管理沟通系统。

1. 关注

管理者在传递信息过程中应保证其信息具有特色和足够的吸引力，使接收者对其关注，这是沟通成功的第一步。在企业的上行沟通中，只有一些特殊的偏离政策、计划、指令信息才会引起管理者的警觉。而在下行沟通中，只有对下级完成任务具有关键性的信息才会引起下级的注意。为此，管理者应该慎重选择发送的信息，重要的信息要特别对待，采用文件、单独发送等形式，或在书面报告之外再通过电话传递，以引起信息接收者的特别关注；在员工们最需要时进行信息沟通等。

2. 理解

引起人们的关注还须保证人们按照信息的本意去理解。管理者要想下属全面地理解所传达的信息，一方面要发展信任，上下级之间如果缺乏信任则沟通的信息就会停止流动或歪曲信息。成功的管理者发现，在每一次沟通中，跟踪的重复性减少了，因为他们提高了下属信息来源的可信度，就不会因为每次沟通没有跟踪而导致理解损失。另一方面必须尽量减少信息沟通中模棱两可的做法或说法。为了改善沟通，管理者不仅寻求被理解而且寻求理解，这需要管理者培养自己的倾听能力与技巧。戴维斯提出了改善倾听的十条指南：① 自己不再说话；② 让谈话者无拘束；③ 向讲话者显示你是要倾听他的讲话；④ 克服心不在焉的想象；⑤ 以设身处地的同情对待谈话者；⑥ 要有耐心；⑦ 不要发火；⑧ 与人争辩或批评他人时要平和宽容；⑨ 提出问题；⑩ 自己不再讲话。"自己不再讲话"既是开始的也是最后的要点。在我们能够倾听意见之前必须自己不再讲话。但是对管理者而言，更重要的是决定倾听。如果管理者不能够有意识地决定倾听，

任何指南都是没有意义的。只有认识到有效的沟通既需要理解，又需要被理解，有效的倾听指南才能有用。

3. 接受

沟通的目的就是使接收者接受信息。通常下属拒绝按上司指示去做的情况是很少的，如果他们对上司的权威性抱有怀疑，或者上司的命令有害于他们的利益，他们就会犹豫。因此，管理者要想让下属很好地接受信息，应该努力使自己“与众不同”，成为下属心目中的“权威”和“可靠的人”；多表扬，少批评，尽量使下属感到不拘束；培养积极的沟通态度，根据下级的需要，尽量分享与下级有关的信息。

4. 行动

如果沟通过程达到了行动阶段即完成。但由于种种原因，信息可能达不到完成行动的阶段，因此，管理者必须随时准备回答接收者的问题，为他提供帮助，还要进行督促检查，只要所期望的行动没有完成，管理者的沟通责任就没有结束。

(三) 采双向性、支持性、重复性、综合性四种沟通方式

1. 双向性沟通

信息沟通过程中，采用双向沟通比单向沟通更为有效，更适应于现代组织信息内容复杂的要求，能够更加准确地传递信息，因为发送者根据接收者的反馈情况不断地调整表述方式，从而提高接收者对信息的理解程度，保证信息沟通的质量。我国越来越多的企业在经营管理的实际工作中，已经或者正在采取多种有效方法来发展双向沟通。

2. 支持性沟通

在支持性沟通中，接收者对发送者的行为方式表示欢迎，表现出愿意沟通的行为反应，信息沟通的效果自然提高。管理人员要发展支持性沟通，应该做到：① 在信息沟通中，多以合作的态度，以帮助对方解决问题的方式进行交谈，从而提高信息沟通的质量。② 作为信息发送者，管理者应表现出真诚、朴实的态度；作为信息接收者的下属也会做出相应的反应；否则，将会导致沟通的困难或障碍。③ 设身处地为沟通的对方着想，以增加相互理解，使沟通更为容易。沟通者与接收者之间的经验和背景的差距越大，就需要付出更大的努力去寻找相互经验中的交叉部分以作为相互理解的共同点。④ 以平等方式来对待下属，表明对下属的信任和尊重，从而得到下属友好的反应，这样信息沟通会更为有效。⑤ 提倡共同商量、相互讨论的行为方式，避免独断专横、蛮不讲理的行为。管理者若能虚怀若谷，愿意更多地听取对方的想法，共同讨论和商量，双方之间就会出现融洽的气氛，下属也更容易接受自己参与讨论的信息。

3. 重复性沟通

由于存在着大量的信息过载和外来干扰，任何信息如果仅发送一次的话，或许根本接收不到。重复性沟通就是一条有效的弥补措施。信息的重复可以吸引人们的注意，增加员工对该信息的敏感性和警觉性。如果每天提醒员工节约成本，他们就会更加注意它。另外，重复信息可加深其影响。反反复复地听了的信息，人们更能记住。尽管有时人们的确发现重复信息特别烦人，但事实上他们对这些信息会记得更牢。

4. 综合性沟通

为了提高沟通的有效性，同一信息可以借助不同的渠道和辅助工具，选择不同的方式进行传送，尤其是重要的信息更应如此。有效信息沟通的一个重要方法就是提供能互相加强的各种渠道。比如说，把正式沟通渠道和非正式沟通渠道巧妙地结合起来，共同发挥它们的积极作用，就能相互弥补，提高沟通的质量。有效信息沟通的另一个重要方法是利用多渠道沟通方式传递信息。例如，在口头要求的同时加上便函通知，在书面报告之外再通过电话传递，等等。

（四）加强组织的沟通管理

1. 建立健全现代组织结构

组织结构决定组织中的正式报告关系，也包含了确保跨部门沟通、协作与力量整合的制度设计。现代组织结构是一种能够提供实现组织总目标所必需的所有纵向和横向信息沟通的结构形态。在纵向信息沟通方面，可通过层级安排、规则与计划、纵向信息系统来实现；在横向交叉信息沟通方面，可通过信息系统、直接接触、任务小组、专职整合人员、团队来实现。这样的组织结构包括学习型组织、扁平化组织、无边界组织、横向型结构、基于团队的组织等。

2. 创建信任和开放的组织沟通氛围

在组织沟通中，管理者所能做的最重要的事情是创建一种相互信任、公开透明的氛围。这将鼓励人们开诚布公地沟通，特别是下属将会像传递正面信息一样，无拘无束地传递负面信息而不用担心受到惩罚。在这种氛围中，沟通者可以忽略地位、权势的差异，将自己的假设“悬挂”在面前，以便不断地接受询问与观察，并视彼此为平等、亲密的工作伙伴。只有这样，人们才能获知彼此的真实想法，从而达到深度的、有效的沟通。

3. 恰当应用小道消息

管理者需要利用小道消息为沟通服务。小道消息能快速地传达信息，在决策最终制定之前，能验证不进行决策的后果。当管理者也是小道消息的传播者时，小道消息是一个有效的反馈渠道。当然，在正式的沟通场合，小道消息会破坏沟通的效果。为了减少这种潜在的破坏性，管理者应正确应用正式渠道，以保证它传递的是员工需要的、相关的和准确的信息。

本章基本概念

（1）沟通，工具式沟通和情感式沟通，单向沟通和双向沟通，口头沟通和书面沟通，内部沟通和外部沟通，上行沟通和下行沟通，水平沟通和斜向沟通，正式沟通和非正式沟通，非语言沟通；

（2）沟通网络，链式沟通网络，轮式沟通网络，Y 式沟通网络，环式沟通网络，全通道式沟通网络；

（3）单线式沟通网络，流言式沟通网络，偶发式沟通网络，集群式沟通网络；

（4）沟通障碍，个人障碍，组织障碍，语言障碍，情景障碍。

问题思考

1. 什么是沟通？应该如何理解沟通的含义？

2. 沟通在管理中的地位和作用如何？

3. 沟通过程包括哪些步骤？

4. 不同沟通种类的优点及缺点是什么？它们的适用范围如何？

5. 有哪些沟通渠道？该用什么标准来评价它们呢？

6. 什么是非语言沟通？它有哪些类型？应用非语言沟通时要注意些什么？

7. 根据信息的流向，组织沟通可分为下行沟通、上行沟通、横向沟通与斜向沟通，它们各自传递哪些信息？适用于什么场合？有什么注意事项？

8. 试比较 5 种正式沟通网络。

9. 如何理解非正式沟通？非正式沟通网络有哪些形态？

10. 你认为有效沟通的障碍有哪些？该如何克服呢？

第五篇

控　制

第十三章　控制与控制过程

学习目标

1. 了解控制的概念、作用和控制在管理中的地位；
2. 理解控制与其他管理职能的关系；
3. 掌握控制系统的构成要素；
4. 理解控制的分类方法和各类型的特征；
5. 掌握控制工作过程及各环节应当注意的主要问题；
6. 了解影响有效控制的因素；
7. 理解并掌握有效控制的特征。

【开篇案例】　**麦当劳公司的控制**

麦当劳金色的拱门允诺——每个餐厅的菜单基本相同，而且“质量超群，服务优良，清洁卫生，货真价实”。麦当劳的产品、加工和烹制程序乃至厨房布置，都是标准化的、严格控制的。它撤销了在法国的第一批特许经营权，因为它们尽管盈利可观，但在快速服务和清洁方面却未达到相应的标准。

麦当劳的各分店都是由当地人所有和经营管理。鉴于在快餐饮食业中维持产品质量和服务水平是其经营成功的关键，因此麦当劳公司在采取特许连锁经营这种战略开辟分店和实现地域扩张的同时，特别注意对连锁店的管理控制。如果管理控制不当，使顾客吃到不对味的汉堡包或受到不友善的接待，其后果就不仅是这家分店失去这批顾客及其周遭人光顾的问题，还会波及影响到其他分店的生意，乃至损害整个公司信誉。为此，麦当劳公司制定了一套全面、周密的控制方法。

麦当劳公司主要是通过授予特许权方式开辟连锁分店。其考虑之一，就是使购买特许经营权的人在成为分店经理人员的同时也成为该分店的所有者，从而使其在直接分享利润的激励中形成对其扩展中的业务的强有力控制。麦当劳公司在出售其特许经营权时非常慎重，总是通过各方面调查了解后挑选那些具有卓越经营管理才能的人作为店主，同时事后如发现其能力不符合则撤回授权。

麦当劳公司还通过详细的程序、规则和条例，使分布在世界各地的麦当劳分店的经营者和员工们都进行标准化、规范化的作业。麦当劳公司对制作汉堡包、炸土豆条、招待顾客和清理餐桌等工作都事先进行翔实的动作研究，确定各项工作开展的最好方式，然后再编成书面规定，用以指导和规范各分店管理人员和一般员工的行为。公司在芝加哥开办了专门的培训中心——汉堡包大学，要求所有的特许经营者在开业之前都接受为期一个月的强化培训。回去之后.还要求他们对所有的工作人员进行培训，确保公司的规章条例得到准确的理解和贯彻执行。

为了确保所有特许经营分店都能按统一的要求开展活动，麦当劳公司总部的管理人员还经常走访、巡视世界各地的经营店，进行直接的监督和控制。例如，在一次巡视中公司总部管理人员发现某家分店自作主张在店厅里摆放电视机和其他物品以吸引顾客，这种做法因与麦当劳的风格不一致，立即得到了纠正。除了直接控制外，麦当劳公司还定期对各分店的经营业绩进行考评。为此，各分店要及时提供有关营业额、经营成本和利润等方面的信息，这样总部管理人员就能把握各分店经营的动态和出现的问题，以便商讨和采取改进的对策。

麦当劳公司的另一个控制手段，就是要求所有经营分店都塑造公司独特的组织文化，这就是人们所熟知的由“质量超群，服务优良，清洁卫生，货真价实”口号所体现的文化价值观。麦当劳公司共享价值观的建设，不仅在世界各地的分店及其上上下下的员工中进行，而且还将公司的一个主要利益团体——顾客也包括进这支队伍中。麦当劳的顾客虽然要自我服务，但公司特别重视满足顾客的要求，如为他们的孩子们开设游戏场所，提供快乐餐和生日聚会等服务，以形成家庭式氛围，这样既可吸引孩子又增强了成年人对公司的忠诚感。

〔资料来源：http://qhmba.blog.sohu.com/88132101.html，2008-05-22〕

“控制”一词最早来源于希腊“掌控术”，意指领航者通过发号施令将偏离航线的船只拉回到正常的航道上来。可见，维持朝向目的地的航向，或者说维持达到目标的正确行动路线，是控制概念的最基本的含义。控制是管理工作最重要的职能之一，也是管理的基本手段，它保证组织的计划与实际活动的动态一致性。从以上案例中可以看出，在一个组织中如果没有良好的控制，再完美的计划在执行的过程中也会出现问题，这些问题对组织来说可能是致命的，因此控制职能对于组织管理工作非常重要。

本章主要讨论以下五个问题：① 控制的含义、地位和作用；② 控制系统的构成要素；③ 控制的基本类型；④ 控制原理和控制过程；⑤ 有效控制的原理。

第一节 控制概述

一、控制的含义

（一）控制的概念

“控制”的概念，最初运用于技术工程系统。20 世纪 40 年代，由于自然科学、工程技术、社会科学和思维科学的相互渗透和交融，产生了具有高度抽象性和综合性的控制论。1948 年，美国数学家诺伯特·维纳（Norbert Wiener）出版了《控制论》一书，标志着控制论正式诞生。

控制论的创立，丰富了现代管理的理论和方法体系，对现代管理产生了重大影响。从管理的角度来说，控制是保证组织计划与实际运行状况动态适应的管理职能，是管理过程中不可分割的一部分。由于控制这一职能的存在，才使管理从单纯的监督、监测发展为能动的、积极的行为，从而有效确保管理计划和目标的实现。

美国管理学家斯蒂芬·P. 罗宾斯曾这样描述控制：“尽管计划可以制定出来，组织结构可以调整得非常有效，员工的积极性也可以调动起来，但是这仍然不能保证所有的行动都按计划执行，不能保证管理者追求的目标一定能达到，而控制职能则能够起到这样的功能。”

因此，管理中的控制职能可定义为：按照计划标准衡量计划完成情况和纠正计划执行过程中的偏差，以确保计划目标的实现，或适当修改计划，使计划更加适合实际情况。对这一定义可以从以下几层含义进行理解：① 控制是管理过程的一个阶段。控制，是指试图把组织的活动维持在允许的限度内。其标准来自组织的期望，这些期望可以通过目标、指标、计划、程序或规章制度的形式表达。在实际管理工作中，控制必须与检查、核对或验证联系起来，才可能使控制根据事先确定的标准衡量实际工作。② 控制是一个发现问题、分析问题、解决问题的过程。在实际工作中，无论计划确定得如何周密，由于各种各样的原因在执行过程中总会或多或少地出现与计划不一致的现象。管理中的控制，就是要及时地发现问题并通过深入了解实际情况找出原因、提出解决问题的措施。③ 控制是有目的的活动。控制的根本作用是保证组织目标的实现。在组织的活动中，组织内部的条件和外部环境可能会发生一些变化，因此需要构建有效的控制系统帮助管理人员预测和把握这些变化，并对由此带来的机会和威胁做出反应，以保证预期目标的顺利实现。

人们身边有各种生活用具，如闹钟、定时器、门锁、空调恒温、水电表，可使人们能够把握时间、保障生活安全、监控调节室温、记录水电用量、帮助人们对家庭环境监控，发挥了不可或缺的作用。在管理活动中也是如此。例如，银行每天营业结束需要结账和现金入库，银行取款机处的录像监控，企业对员工周期性的考核，上市公司每季度要披露财务状况，都是控制职能在发挥作用。

（二）控制在管理中的地位

管理是一个周而复始、循环不息的过程，而控制正是这一循环得以联结的关键。控制工作通过检查或监测计划执行中发生的偏差以及内外环境条件出现的变化，并进而采取处理措施，使管理工作过程成为一个闭环的连续系统，如图 13-1 所示。

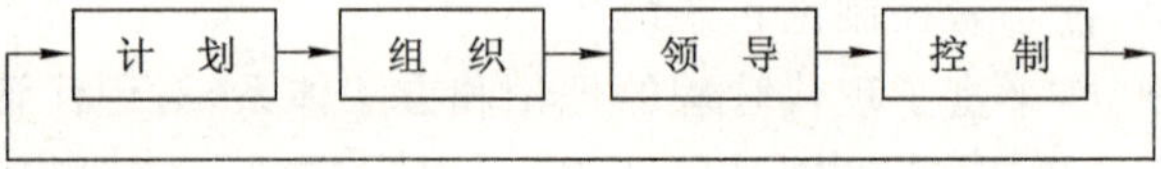

图 13-1 管理过程循环系统图

控制既是一个管理工作过程的终结，又是一个新的管理工作过程的开始。控制是贯穿于管理全过程的一项重要职能。管理中的计划、组织和指挥等其他职能，必须伴随有效的控制职能才能真正发挥作用。控制职能是组织中各个层次的管理者必须承担的主要职责。从一定意义上说，管理的过程就是控制的过程，控制贯穿于管理的全过程。

作为管理过程中的一个重要环节，控制有其不可替代的地位。与其他几个环节相比，控制更能体现管理者的权力特性，因为只有这个环节是直接对被管理者作用且通常均包含强制因素在内的管理手段，而其他的管理手段都要通过这一手段去实现。另外，受内外环境因素影响时，组织行为与既定目标容易产生偏差。任何一个决策不可能一经制定就能长久有效而不用改变。任何一个计划也是一样，均需要根据实际情况和环境变化做出不同程度的修订，而这都需要控制起作用。所以，控制是管理不可缺少的环节，也是决定管理效率的关键一环。

（三）控制与其他管理职能的关系

1. 控制与计划的关系

计划和控制是管理的两大职能，计划与控制构成一个闭环和连续的过程。控制与计划的关系最密切。计划与控制就像一把剪刀的两个刀，因为计划用于确定目标及其实现目标的方法，而控制则关系计划能否实现，没有控制计划就等于一纸空谈。计划是控制的前提，控制是计划的保证。所以，控制和计划是密不可分的，它们之间的关系具体表现在以下几个方面：① 计划为控制提供衡量标准，没有计划，控制就失去了监控的参照物，控制就成为无本之木。② 计划和控制的效果作用互相依赖。计划越明确、全面和完整，控制工作就越好进行，效果也就越好。而控制越准确、全面和深入，就越能保证计划的顺利进行，并能更多地反馈信息以提高计划质量。③ 计划与控制的方法存在相通性。一切有效的控制方法首先即是计划方法，如预算、政策、程序和规则等，选择控制方法和设计控制系统时必须要考虑到计划本身的特点。④ 计划与控制工作本身相互渗透、融合。计划工作本身必须要有一定的控制，如对计划的程序、计划的质量等实施控制；控制本身也必须要有一定的计划，如对控制的程序、控制的内容等都必须进行一定的计划。

2. 控制与组织的关系

组织职能，是通过建立一种组织结构框架，为组织成员提供一种默契配合的工作环境。因此，组织职能的发挥不但为组织计划的贯彻执行提供合适的组织结构框架，为控制职能的发挥提供人员配备和组织机构，而且组织结构的确定实际上即规定了组织中信息联系的渠道，为组织的控制提供了信息系统。如果目标的偏差产生于组织上的问题，则控制的措施就要涉及组织结构的调整、组织中的权责关系和工作关系的重新确定等。

3. 与领导的关系

领导职能，是通过领导者的影响力来引导组织成员为实现组织的目标而积极努力。这意味着领导职能的发挥影响组织控制系统的建立和控制工作的质量；反过来，控制职能的发挥又有利于改进领导者的领导工作和提高领导者的工作效率。

控制与其他管理职能的关系如图 13-2 所示。

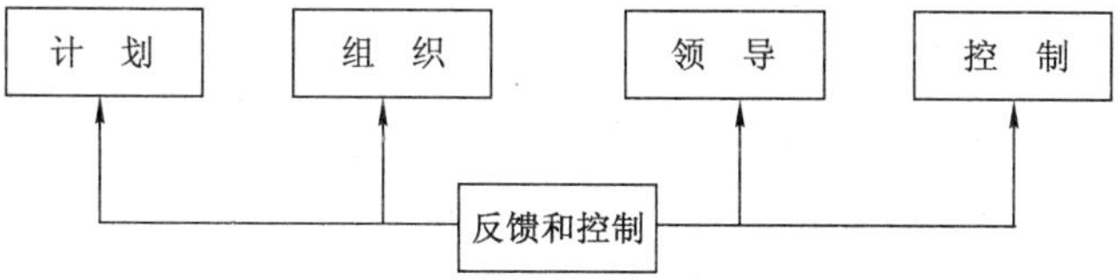

图 13-2　控制与其他管理职能的关系

二、控制的作用

管理者进行控制的根本目的，在于保证组织活动的过程和实际绩效与计划目标、计划内容相一致，最终保证组织目标的实现。控制本身并不是目的，它仅仅是保证目标实现的手段之一。控制，可以说既是一个管理工作过程的终结又是一个新的管理工作过程的开始。控制过程在管理中具有重要作用，主要体现在以下几方面。

（一）控制是完成计划的重要保障

计划，是指对未来的设想，是组织要执行的行动规划。由于受各种因素制约，制定一项行动计划无论花费多大的代价，也难以达到十全十美的境界。一些意想不到的因素往往会出现在计划的执行过程中，影响计划目标的实现。此外，计划能否得以实现，除计划本身要科学、可行之外，还有赖于计划执行人员的努力，计划执行者在执行过程中偏离既定路线或目标是常见的现象，这些缺陷和偏差均要靠控制加以弥补和纠正。

（二）控制是提高组织效率的有效手段

控制，可以提高组织的效率。其主要表现是：① 控制过程是一个纠正偏差的过程，这一过程不仅能够使计划执行者回到计划确定的路线和目标上来，而且还有助于提高人们的责任心，防止再出现类似的偏差。控制可以发现和分析制定的计划存在的缺陷以及产生缺陷的原因、发现计划制定工作中的不足，从而使计划工作得以不断改进。② 在控制过程中，控制人员通过反馈所了解的不仅仅是受控者执行决策的水平和效率，同时也可了解到自己的决策能力和水平、管理控制的能力和水平，这都有助于决策者自己决策、控制管理活动水平的不断提高。

（三）控制是管理创新的催化剂

控制，并不就等于管、卡、压。控制不仅要保证计划完成，而且还要促进管理创新。控制过程要通过控制的活动调动受控者的积极性，这是现代控制的特点。例如：在预算控制中实行弹性预算就是这种控制思想的体现。特别是在具有良好反馈机制的控制系统中，控制人员通过接受受控对象的反馈，不仅可以及时了解计划执行的状况、纠正计划执行中出现的偏差，而且还可以从反馈中受到启发而激发创新。

（四）控制是使组织适应环境的重要保障

组织的目标和计划，是组织对未来一定时期内的奋斗方向和行动步骤的描述，任何组织的目标和计划都是在特定的时间、环境下制定的。但是，由于现代组织所面临的经济、政治、自然、社会等环境大都是复杂多变和不确定的，因此即使组织内部各项因素运行正常，一样也会造成计划执行的实际过程和结果与计划目标不相符。例如，银行贷款利息率的变动会影响一项融资计划，汇率的波动可能要影响原来制定的出口计划等。管理者需要及时了解环境变化的程度和原因，不断地对组织的战略、战术进行再评估，通过建立控制系统准确把握计划方案和实际结果之间差异的程度和原因，调整和修正行动，使组织适应环境。

三、控制的类型

在实际管理过程中，根据不同标准对控制可以划分为不同的类型。例如，按控制源不同，控制可分为正式组织控制、群体控制和自我控制；按控制的手段不同，控制可分为直接控制和间接控制；按逻辑发展可以把管理控制划分为试探性控制、经验控制、推理控制、最优控制四种类型；按控制对象范围控制可分为局部控制和全面控制；按业务范围可把控制工作分为生产（作业）控制、质量控制、成本控制和资金控制等。了解控制的各种类型及其分类标准，对于管理实践根据实际情况选择合适的控制类型从而达到有效控制是非常有帮助的。下面介绍几种典型的分类方法。

（一）按控制主体不同进行的分类

按控制的主体的不同，控制可以分为内部控制和外部控制两种类型。

1. 内部控制

内部控制，是一种自我责任控制，它是通过增加责任感而自觉地完成各项既定目标和标准，在工作中实行自我管理。

2. 外部控制

外部控制，是一种强制性控制，它是通过行政权力系统而实现的，要求严格执行各种标准和各种规章制度。

（二）按控制发生在系统不同阶段进行的分类

管理中的控制手段可以发生在系统运行的不同阶段，按发生在系统运行之前、运行之中和运行结束之后，控制可以分为前馈控制、现场控制和反馈控制。

1. 前馈控制

前馈控制，又称为预先控制、事前控制。它是指观察作用于系统的可以测量的输入量和主要扰动量，分析它们对于系统输出的影响关系，在这些可测量的输入量和扰动量产生不利影响之前，通过及时采取纠正措施而消除其不利影响。它是一种“防患于未然”的控制，是在工作开始前对工作中可能产生的偏差进行预测和估计并采取防范措施，从而把可能的偏差消除于产生之前的控制。其目的是防止所使用的各种资源在质和量上产生偏差或防止工期延误。前馈控制，具有事先预防的作用，因此在管理中有广泛用途。

前馈控制有两个主要内容：一是为了保证经营过程的顺利进行，管理人员必须在经营开始以前就检查企业是否已经或能够筹措到在质和量上符合计划要求的各类经营资源。如果预先检查的结果是资源的数量或质量无法得到保证，就必须修改企业的活动计划和目标、改变企业产品的加工方式或内容。二是检查已经或将要筹措到的经营资源经过加工转换后是否符合需要。如果预测的结果符合企业需要，那么企业活动就可以按照原定的程序进行，如果不符合就需要改变企业经营的运行过程和投入。日常管理中有许多属于预防控制的工作。例如，酒店对入住客人的登记制度和信用卡保证，大型体育活动对气候条件的预测和预防措施，节假日交通运输高峰期的应急预防措施，学生军训的事故防范措施，大学生离校前的毕业教育、每天离开家庭时要锁门等。

相对而言，前馈控制的优点在于：前馈控制是在工作开始之前进行的控制工作，因此可以做到“防患于未然”，以避免事后控制对于已铸成的差错无能为力的弊端；前馈控制是在工作开始之前针对某项计划行动所依赖的条件进行控制，并不针对具体人员，因而不易造成面对面的冲突，易于被员工接受并付诸实施。

但是，前馈控制需要及时准确的信息，要求管理人员能充分了解前馈控制因素与计划工作的影响关系。

2. 现场控制

现场控制，又称为同步控制。其控制作用发生在行动之中，即与工作过程同步进行。现场控制的特点，是在行动过程中能及时发现偏差、纠正偏差，收到立竿见影的效果，其目的在于保证本次活动尽可能地少发生偏差，改进本次而不是下一次活动的质量。主管人员通过深入现场，可亲自监督检查、指导和控制下属人员的活动。最常见的现场控制方式就是直接观察。

现场控制较多地被用于对生产经营活动现场的控制，由基层管理者执行。现场控制主要包括监督和指导两项职能。监督，是指按照预定标准检查正在进行的工作，以保证目标的实现。指导，是指管理者针对工作中出现的问题，根据自己的经验指导下属改进工作，或者是与下属共同商讨矫正偏差的措施，以便使工作人员能够正确地完成所规定的任务。例如，开车时根据路况要把握好方向盘，必要时踩刹车以控制速度；工厂车间同步监控生产过程和产品质量；酒店大堂经理通过现场巡视监控服务质量和工作状况；连锁超市总部通过信息收集，掌握各个连锁分店的销售状况；社区保安通过监视屏幕观察社区异常人群和异常事件等。

3. 反馈控制

反馈控制也称事后控制，是一种传统的控制方法。所谓反馈，是指系统的输出信息返送到输入端、与输入信息进行比较。管理人员把以前工作的执行结果与控制标准相比较，发现已经发生和即将出现的偏差，分析其原因和对未来的可能影响，及时拟定纠正措施并予以实施，以防上述偏差继续发展或再度发生。纠正的结果可以改正下一次的实际工作成效，或者改变对下一次工作的预期。管理控制经常被看作一个反馈系统。例如，企业发现不合格产品后追究当事人的责任，发现产品销路不畅而相应做出减产、转产或加强促销的决定等，都属于反馈控制。反馈控制的形式很多，例如组织的年度总结，年终评功授奖，工程项目结束报告，历史事件的评价和总结，企业销售收入的分析报告，还有组织对个人业绩评价结论的反馈，消费者对产品和服务质量的反馈等，均能起到改善运行质量的目的。

现代的管理过程，一般既有前馈控制又有现场控制和反馈控制，这三种控制方式在实际工作中往往是交叉使用的。三种控制实质上是一个周期的不同阶段，如图 13-3 所示。前馈控制虽然可以做到“防患于未然”，但有些突发事件是防不胜防的，这时采用现场控制就显得非常重要，否则将前功尽弃。同样，不论是前馈控制还是现场控制，都要用反馈控制加以检验，因为计划是否按预定进行、目标是否达到，都必须看最后的结果才能断定。此外，在循环发展的过程中，对于前一阶段而言是反馈控制，但对于后一阶段则往往是预先控制。

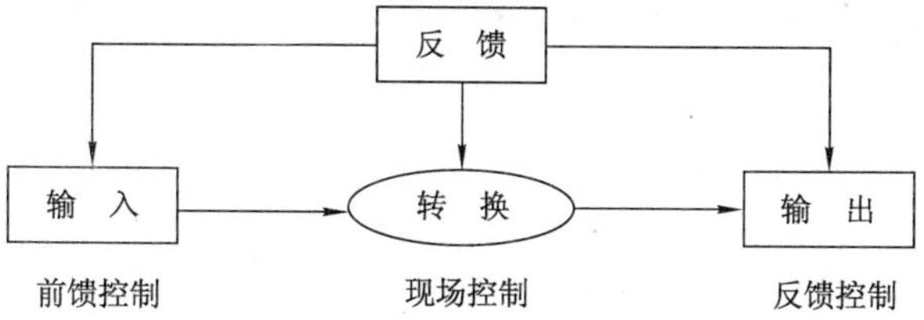

图 13-3　三种基本控制类型关系图

第二节　控制过程

控制，是根据计划要求设立衡量工作的标准，然后把实际工作结果与预定标准相比较，以确定组织活动中出现的偏差及其严重程度，在此基础上有针对性地采取必要的纠正措施，以确保组织资源的有效利用和组织目标的圆满实现。无论控制的对象是新技术的研究和开发还是产品的加工制造、市场营销宣传、企业的人力资源、物质要素、财务资源，也无论采取什么样的控制手段和方法，完整的管理控制工作过程如图 13-4 所示，一般都包括确立控制标准、测定实际工作、纠正偏差三个步骤。

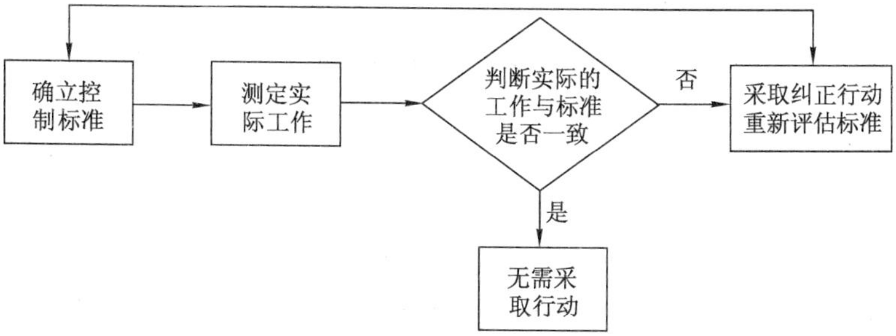

图 13-4　控制过程框图

一、确立控制标准

标准是人们检查和衡量工作及其结果（包括阶段结果和最终结果）的规范。

确立控制标准，是控制过程的起点，没有一套完整的控制标准测定实际工作和纠正偏差就会失去客观依据。因此，制定控制标准是控制工作的起点，而确定合理的控制标准是进行控制的基础，没有科学合理的控制标准就无法对管理活动进行控制。在实际工作中，组织中有效的控制标准一般需要具有简明性、一致性、可行性、相对稳定性和前瞻性等。控制标准的制定，是一个从确定控制对象、选择关键控制点到制定控制标准的科学决策过程。

（一）确定控制对象

标准的具体内容涉及需要控制的对象。那么，组织管理中哪些事或物需要加以控制呢？这是在建立标准之前首先要分析的内容。在管理实践中，由于人力、物力、财力、知识和信息的限制，不可能对全部影响实现组织目标的因素都进行控制。因此，管理者必须对影响组织目标实现的各种要素进行科学的分析研究，从中选择出重点的要素作为控制对象。影响组织目标实现的主要因素有以下方面。

1. 环境特点及其发展趋势

在特定时期，企业的经营活动是根据决策者对经营环境的认识和预测进行计划和安排的。如果预期的市场环境没有出现，或者企业外部发生了某种无法预料和抗拒的变化，那么原来计划的活动就可能无法继续进行，从而难以为组织带来预期的结果。因此，制订计划时所依据的对经营环境的认识应作为控制对象，列出"正常环境"的具体标准。

2. 资源投入

组织目标是通过对一定资源的加工转换而得到的，没有或缺乏这些资源，组织目标就会成为无源之水、无本之木。投入的资源，不仅会在数量和质量上影响经营活动按期、按量、按要求进行，而且在获取资源的成本费用方面也会影响到经营活动的经济效果指标。因此，必须对资源投入进行控制。使之在各方面都符合预期经营成果的要求。

3. 组织活动过程

输入到生产经营中的各种资源不可能不经过任何加工处理就自动转换成产品，组织目标的实现是通过组织活动过程转化的结果，是通过全体员工在不同时间和空间上利用一定技术和设备对不同资源进行不同内容的加工劳动才最终得到的。企业员工的工作质量和数量是决定经营成果的重要因素。因此，必须使员工的活动符合计划和预期结果的要求。为此，必须建立员工的工作规范，明确各部门、各员工在各个时期的阶段成果的标准，以便对他们的活动进行控制。

对于哪些因素应成为控制的重点，需要根据具体的情况加以选择。在工作成果较难衡量而工作过程也难以标准化、程序化的高层管理和创新活动中，工作者的素质和技能是主要的控制对象。而在工作方法或程序与预期工作成果之间有比较明确或固定关系的常规活动中，工作过程本身是主要的控制对象。

（二）选择关键控制点

企业无力也没有必要对所有成员的所有活动进行控制，只能在影响经营成果的众多因素中选择若干关键环节作为重点控制对象。关键控制点，有时也被称为战略控制点，是指在管理活动中受限制的因素，或是最能体现计划是否得以有效实施的因素。事实上，企业控制住了关键点也就控制了全局。找出关键点，必须以计划、组织目标为依据。正如俗话所说“牵牛要牵牛鼻子”。例如在啤酒酿造企业中，啤酒的质量是控制的重点对象。尽管影响质量的因素很多，但只要抓住了水的质量、酿造温度和酿造时间，就能保证啤酒的质量。

对关键控制点的选择，一般应统筹考虑如下三个方面的因素：① 关键控制点的选择应注意平衡。关键控制点应该是影响整个工作运行过程的重要操作和事项。一个控制点的选择有时会对另一个标准产生负面影响，实际工作中必须根据部门工作的性质选择恰当的关键控制点，并综合平衡备用标准，使组织的总体绩效达到最优。② 关键控制点应能及时发现并反映问题。偏差总是越早发现越好，关键控制点必须是能在重大损失之前显示差异的事项。管理者应该选择那些易检测出偏差的环节进行控制，这样才能对问题做出及时、灵敏的反应，以停止工作或改变原有的工作程序。③ 关键控制点应能全面反映并说明绩效的水平。必须是若干能反映组织主要绩效水平的时间和空间分布均衡的控制点。因为关键控制点的数量选择足以使管理者对组织总体状况形成一个比较全面的把握。控制过程中，有时顾及了范围的全面却与时间限制产生矛盾，结果往往会失去眼前的机会。

在选择关键控制点的过程中，管理人员可以对自己提出下列问题——什么是最好的反映本组织的指标？在计划目标未实现时，什么信息能让我最快、最准确了解工作进展的情况？什么信息能让我最好地确定关键的偏差？什么信息能告诉我谁对成功或失败负全部责任？什么样的标准在控制工作中成本最低？什么样的标准在控制信息的收集中更为合算？

（三）制定控制标准

组织在选择了关键控制点之后，就可以根据关键控制点制定出明确的控制标准。如奉行“质量优良、服务周到、清洁卫生、价格合理”宗旨的全球著名的麦当劳公司，为确保其经营宗旨得到落实就制定了可度量的工作标准——95%以上的顾客在进餐馆后3分钟内服务员必须迎上去接待顾客；事先准备好的汉堡包必须在5分钟内热好并供应给顾客；服务员必须在就餐客人离开后5分钟内将餐桌打扫干净等。

1. 常见控制标准的类别

(1) 实务标准

这是非货币衡量的标准。在耗用原材料、雇佣劳动力、提供服务和生产产品等操作层中运用。例如:单位产品工时数、货物吨千米数、轴承的硬度、纤维的强度等,它们可以反映数量也可以反映品质。

(2) 成本标准

这是货币衡量的标准。像实物标准一样,也适用于操作层。这些标准以货币的形式表示经营的费用。例如:每小时的人工成本、每百元销售额的销售费用等。

(3) 资本标准

即以货币形式衡量实物。它是组织活动中所占用的自己或者他人资本的标准。例如:投资报酬率等。

(4) 收益标准

即以货币衡量的销售额。例如:每销售一件产品的收入、在一定市场范围内的人均销售额等。

(5) 时间标准

即活动完成所需要的时间。

对企业来说,最常用的标准是时间标准、数量标准、质量标准和成本标准。由于控制的对象不同,建立标准的方法也不一样。究竟以何种方法制定何类标准,取决于所需衡量的绩效成果及其影响因素的领域和性质。

2. 制定控制标准常用的方法

制定控制标准常用的方法有三种:统计方法、经验估计法和工程方法。

(1) 统计方法

是指利用历史资料,在统计分析的基础上制定当前工作的控制标准。它是以分析反映企业经营历史上各个时期状况的数据为基础来为未来活动建立的标准。这些数据可以是本单位的,也可以是外单位的。运用这种方法得出的标准,可能是历史数据的平均数,也可能高于平均数或是低于平均数。最常用的有统计平均值、极大或极小值和指数等。这种方法成本低廉、简便易行。但是,这种方法也存在着较大的局限性。因为历史与现实之间存在着差距,若差距越大,在历史资料基础上制定的标准的准确性也就越差。此外,根据这种方法制定的标准可能并不是先进的标准,可能低于同行业的卓越水平,甚至低于平均水平。这种条件下,即使企业的各项工作都达到标准的要求,也可能造成劳动生产率的相对低下、制造成本的相对高昂,从而造成成果和竞争能力劣于竞争对手。为了克服这种局限性,在根据历史性统计数据制定未来工作标准时应当充分考虑行业的平均水平并研究竞争对手的数据。

（2）经验估计法

在管理实践中，并不是所有的工作质量和成果都能用统计数据表示的，也不是所有的企业活动都保存着历史统计数据。因此，对于那些新从事的工作，或对于统计资料缺乏、无法根据历史资料制定标准的工作，可采用经验估计法。可以组织各方面的人员和专家，根据管理人员的经验、判断和评估来制定标准。如制定劳动定额的经验评估法，通常就是由定额人员、技术人员和有经验的员工组成评估小组，根据技术、设备、生产组织等条件，凭借各自的实践经验来估计确定工时定额的。这种方法的优点是应用面广、简单易行；其不足之处在于其科学性不足、准确性差。经验估计法在很大程度上是以经验为依据的，因此利用这种方法来建立工作标准时，要注意利用各方面管理人员的知识和经验，综合大家的判断给出一个相对合理的标准。

（3）工程方法

工程方法相应的标准是工作标准，它是指以标准技术参数和实测数据为基础制定的标准。工程标准严格意义上也是一种统计方法。这种方法的特点，是对控制对象要进行全面、科学的分析，如对作业活动的动作研究、对管理工作的职务分析等，然后确定标准。不过，它并不是对历史性统计资料的分析，而是通过对工作情况进行客观的定量分析来进行的。例如：机器的产出标准是其设计者计算的正常情况下被使用的最大产出量；工人操作标准是劳动研究人员在对构成作业的各项动作和要素的客观描述和分析的基础上，经过消除、改进和合并而确定的标准作业方法；劳动时间定额是利用秒表测定的受过训练的普通工人以正常速度按标准操作方法对产品或零部件进行某个或某些工序的加工所需的平均必要时间。这种方法制定的标准准确性高，但是一般成本高、耗时长。

上述三种方法，各有优、缺点和适用范围。组织在确定标准时，应根据各类标准的性质、特点，按照需要和可能条件选择适当的方法。在实际工作中，这几种方法也可以结合起来使用。

二、测定实际工作

控制标准的制定就是为了衡量绩效，把实际工作情况与标准进行比较，找出实际工作与控制标准之间的差异，并据以对实际工作做出评估。测定实际工作是控制工作的第二个环节。在这个阶段，管理者可发现计划扭亏为盈中所存在的缺陷、有什么样的偏差以及程度有多大，它们是由什么原因引起的，应采取什么样的纠正措施。企业经营活动中的偏差如能在产生之前就发现，则可以指导管理者预先采取必要的措施以求避免。这种理想的控制和纠偏方式虽然有效，但其现实可能性并不是很高。并非所有的管理人员都有远见卓识，同时也并非所有偏差都能在产生之前被预见。在这种限制条件下，最满意的控制方式是能在偏差产生之后迅速采取必要的纠偏行动。为此，要求管理者及时掌握偏差是否产生并能判定其严重程度。用预定标准对实际工作成效和进度进行检查、衡量和比较，就是为了提供这类信息。测定实际工作是控制的中间环节，也是工作量最大的一个环节，这个环节的工作影响着整个控制效果。

为了能及时、正确地提供能够反映偏差的信息，同时又符合控制工作在其他方面的要求，管理者在测定实际工作时应注意以下方面：① 依据标准测量工作成效，并通过测量来检验标准的客观性和有效性。在实际的测量工作中，造成偏差一般有三个原因：即标准执行不佳、外部环境发生重大变化和标准不合理。其中，外部环境重大变化是无法控制的，而另外两个原因则可以控制。测量工作成效必须依据标准进行，以便依据标准及时纠正执行中的偏差。② 管理者获取的组织活动信息必须准确、及时和适用。管理者获得信息的途径主要有两个渠道：一是在组织内部，管理者通过各种财务报表和报告，通过召开会议或倾听下级的汇报，通过亲自观察、检查和询问等而获得信息。二是在组织外部，管理者通过与同行接触，了解组织外部的人对组织内任何事的评价，或者通过社会关系或传播媒介获取组织活动信息。具体可通过听取口头汇报、书面汇报、进行直接观察等方式取得。③ 建立信息反馈系统。由于测量绩效的工作不都是由管理人员直接进行的，有时需要借助专职的检测人员，因此应该建立有效的信息反馈网络，及时搜集反映实际工作的信息并适时地传递给管理者，以便及时发现问题及时纠错。④ 测量的对象要有代表性。在通常情况下，不可能对所有的对象进行测量，只能对其中的一部分进行测量。目前人们已经创造了许多方法，如随机统计、抽样方法等。⑤ 测量的频度要适度。有效控制强调适度控制，作为控制的一个步骤测量的频度应当适度。适度测量体现在测量对象的数量上，同时亦表现在对同一对象的测量次数上。测量的次数过多不仅会增加控制的费用，而且可能引起组织有关成员的不满，影响他们的工作积极性。而测量次数过少也是不可取的，因为它不利于问题的发现和及时纠正。⑥ 采用可靠和低成本的测量方法。

三、纠正偏差

对实际工作成效进行测定后，就应该将测定结果与控制标准进行比较。如果没有较大偏差，则应首先分析控制标准是否有足够的先进性，在认定标准水平合适的情况下，将其作为成功经验予以分析总结并用于指导今后的或其他方面的工作。如果有较大的偏差，则要分析造成偏差的原因，确定纠正措施实施的对象并采取纠正措施。为了保证控制工作的针对性和有效性，在制定和实施纠正措施过程中应注意以下问题。

（一）找出偏差产生的主要原因

一旦实际工作的绩效在可接受的范围之外，偏差就产生了。在实施纠正措施之前，首先必须对于偏差的性质进行认定。事实上，并非所有的偏差都会对企业的最终目标产生重要影响。因此，在采取纠正措施以前，必须首先对反映偏差的信息进行评估和分析，要判断偏差的严重程度是否足以构成对组织活动效率的威胁，从而值得去分析、采取纠正措施。其次要探寻导致偏差的主要原因。

纠正措施的制定是以对偏差原因的分析为依据的。而同一偏差则可能由不同的原因造成。销售利润的下降，既可能是因为销售量的降低，也可能是因为生产成本的提高。前者可能是因为市场上出现了技术更加先进的新产品，也可能是由于竞争对手采取了某种竞争策略，或是因为企业产品质量下降；后者可能是因为原材料、劳动力消耗和占用数量的增加，也可能是由于购买价格的提高。不同的原因要求采取不同的纠正措施。要通过评估反映偏差的信息，分析影响因素，通过表面现象找出造成偏差的深层原因，在众多的深层原因中找出最主要者，为纠偏措施的制定指出方向。

（二）确定纠偏措施的实施对象

如果偏差是由于绩效的不足而产生的，管理人员就应该采取纠偏行动。可以通过调整企业的管理战略，也可以改变组织结构，或通过更完善的选拔和培训计划或更改领导方式。但是在有些情况下，需要纠正的可能并不是企业的实际活动，而是组织这些活动的计划或衡量这些活动的标准。若大部分员工没有完成劳动定额，可能并不是由于全体员工的抵制，而是由于定额水平太高。承包后企业经理的兑现收入可高达数万甚至数十万，可能并不是由于经营者努力数倍或数十倍于工人，而是由于承包基数不恰当或确定经营者收入的挂钩方法不合理。企业产品销售量下降，可能并不是由于质量劣化或价格不合理，而是由于市场需求的饱和或周期性的经济萧条。在这些情况下，首先要改变的不是或不仅是实际工作，而是衡量这些工作的标准或指导工作的计划。

预定计划或标准的调整是由两种原因决定的：一是原先的计划或标准制定得不科学，在执行中发现了问题；二是原来正确的标准和计划，由于客观环境发生了预料不到的变化而不再适应新形势的需求。负有控制责任的管理者应该认识到，外界环境发生变化以后，如果不对预先制定的计划和行动准则进行及时的调整，那么即使内部活动组织得非常完善，企业也不可能实现预定目标。消费者的需求偏好转移，这时企业的产品质量再高、功能再完善、生产成本和价格再低，依然不可能找到销路，不会给企业带来期望的利润。

（三）选择恰当的措施

针对偏差产生的主要原因和所确定的矫正对象，管理者在控制工作中可采取的处理措施有 3 种:① 对于因工作失误造成的问题,控制的方法主要是"纠偏",即通过加强管理和监督,确保工作绩效与目标接近或吻合。② 若计划目标不切合实际,控制工作则主要是按实际情况修改计划目标。③ 若是组织运行环境出现了重大变化、致使计划失去客观依据,那么相应的控制措施就是启动备用计划或重新制定新的计划。以上②和③种措施都是着眼于对计划的不同程度的调整,以更好地适应环境,因此统称为"调适"。所以,管理控制中的控制或矫正措施包含"纠偏"和"调适"两类。纠偏措施一般包括补救性措施和根本性措施两种。补救措施是指在查明偏差发生的原因之前就采取的使工作恢复正常的措施;根本性措施是指在查明偏差发生原因之后所采取的能够杜绝此类事情发生的根本性的措施。

在控制措施的选择和实施过程中,管理者需要注意的问题主要有以下几个方面。

1. 保持矫正方案的双重优化

管理控制所实施的矫正措施和方案,不仅应根据实施对象的不同而进行选择,而且即使对于同一对象也要根据具体情况而采取多种不同的方案。判断矫正方案的合理性需要考虑两方面要求:① 矫正工作的经济性。② 管理控制工作必须在满足经济性要求的前提下,通过对各种可行的矫正方案进行分析比较,找出其中相对最优的方案,以实现追加投入最少、解决偏差效果最满意的目的。

2. 注意消除组织成员对矫正措施的疑惑

应该看到,管理控制措施的实施总会在不同程度上引起组织结构、人员关系和活动方式的调整,因而会或多或少触及某些组织成员的利益。不同的组织成员会因此对矫正措施持有不相同甚至对立的态度。因此,管理者在控制工作中要充分考虑和处理组织成员对准备采取的矫正措施的各种态度,特别是要注意消除执行者的疑虑,争取更多的人理解、赞同和支持这项矫正措施,以避免方案在付诸实施的时候可能出现人为障碍。

3. 应急性矫正行动与永久性矫正行动并重

管理者在准备采取偏差纠正措施的时候,应该决定此时此刻面对所出现的问题宜采取应急性矫正行动还是永久性矫正行动。通俗地说,就是要决定是"治标"还是"治本"。要使两种纠偏措施并重,甚至在实践中"治本"重于"治标"的管理控制思想更能取胜。

4. 充分考虑原有计划实施的影响

管理者无论是因为客观环境的变化而感到有必要采取控制行动,还是随着自己对客观环境认知能力的提高而对原定的计划产生了怀疑,这两方面原因都可能导致对目前正在实施的计划的部分甚至全部内容的修订或否定,由此进行的管理控制即会使企业经营活动方向发生或大或小的调整。这种调整类似于"追踪决策"的性质。因此，管理者在实施管理控制中，在制定和选择追踪决策方案的时候，需要充分考虑组织由于初始决策的实施已经消耗的资源，以及这种消耗对客观环境造成的种种影响和员工思想观念转变等问题。

第三节　有效控制

一、影响有效控制的因素和控制建议

掌握了控制过程并不能保证控制有效，必须针对有效性的影响因素，采取措施消除这些影响因素，才能使控制系统发挥应有作用。美国管理学家斯蒂芬·罗宾斯将这些影响因素概况为组织规模、个人在组织层次中的地位、分权程度、组织文化和活动的重要性等几个权变因素，并且提出了相应的建议，如表 13-1 所示。

表 13-1　　影响有效控制的因素及控制建议

权变变量		控制建议
组织规模	小	非正式的、亲自的、走动式管理
	大	正式的、非亲自的、广泛使用规则和规定
职位与层次	高	多重标准
	低	少，易衡量的标准
分权程度	高	增加控制数目和控制幅度
	低	减少控制数目和控制幅度
组织文化	开放和支持性	非正式、自我控制
	威胁性	正式、来自外部的强行控制
活动重要性	高	详尽、全面的控制
	低	松散、非正式的控制

二、有效控制的要求

控制的目的是保证组织活动符合计划要求，以有效地实现预定目标。但并非所有的控制活动都能够达到预期的目的。要实施有效的控制还需要满足以下要求。

（一）控制的及时性

组织活动中产生的偏差只有及时采取措施加以纠正，才能避免偏差扩大、防止偏差对企业不利影响的扩散。及时纠偏，要求管理人员及时掌握能够反映偏

差产生及其严重程度的信息。纠正偏差的最理想方法应该是在偏差未产生之前就注意到偏差产生的可能性，从而预先采取必要的防范措施，防止偏差的产生。

预测偏差的产生虽然在实践中有许多困难，但在理论上是可行的。即可以通过建立企业经营状况的预警系统实现。可以为需要控制的对象建立一条警戒线，反映经营状况的数据一旦超过该警戒线，预警系统就会发出警报，提醒人们采取必要的措施防止偏差的产生和扩大。

质量控制图可以被认为是一个简单的预警系统，如图 13-5 所示。

在图 13-5 中，纵轴表示产品质量特性值或某项工作质量完善程度的数值，横轴表示取值（即进行控制）的时间。中心线 CL 表示反映质量特性的标准状况，UCL 和 LCL 分别表示上、下控制限。反映质量特性值的数据如果始终分布在 CL 周围，则表示质量“在控制之中”，而一旦越过控制限 UCL 和 LCL，则表示质量出现了问题。在这以前，质量控制人员就应提高警惕，注意质量变化趋势并制定或采取必要的纠正措施。

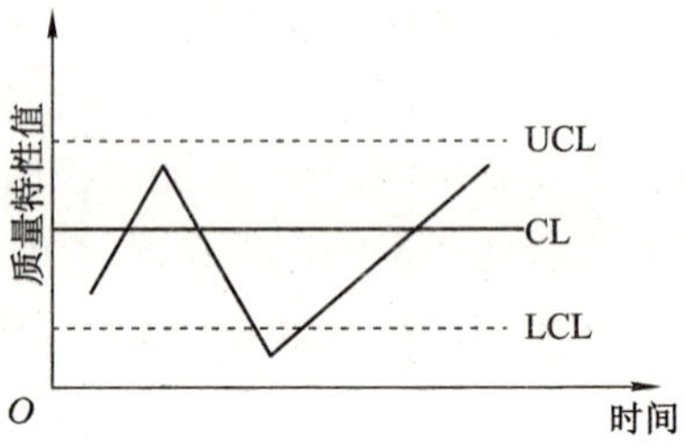

图 13-5　质量控制图

（二）控制应与计划相一致

管理的各项职能相互关联、相互制约。控制的目的既然是为了保证计划得到顺利实现，它就需要依靠组织中的各单位、各部门和全体成员来实施。所以控制系统和控制方法应当与计划和组织的特点相适应。不同的计划具有不同的特点，因而控制所需的信息也各不相同。例如，对成本计划的控制信息主要是各部门、各单位甚至各种产品在生产经营过程中发生的费用；对产品销售计划的控制，则要收集销售产品的品种、规格、数量和交货期的情况。控制工作越是考虑到各种计划的特点，就越能更好地发挥作用。

（三）控制应与组织结构相一致

控制应当反映组织结构的类型和特征。组织结构既然明确规定了企业员工所担任的职务和相应的职责权限，因而它就成为确定计划执行职权和产生偏差职责的依据。因此，有效的管理控制必然要能够反映组织结构状况并通过健全组织结构予以保证，否则只能是空谈。健全的组织结构包括两方面的含义，一方面，能在组织中把反映实际情况和工作状态的信息迅速地上传下达，保证联络渠道畅通；另一方面，做到责权分明，使组织结构中的每个部门、每个人都能切实担负起自己的责任。否则，偏差一旦出现就难以纠正，控制也就不可能得以实现。

（四）控制标准应客观合理

有效的控制必须是客观的、符合企业实际的。控制工作应该针对企业实际状况采取必要的纠偏措施，或促进企业活动沿着原先的轨道继续前进。客观的控制源于对企业经营活动状况及其变化的客观了解和评价。为此，控制过程中采用的检查、测量的技术和手段必须能正确地反映企业经营时空上的变化程度和分布状况，准确地判断和评价企业各部门、各环节的工作和计划要求的相符合或相背离程度，这种判断和评价的正确程度还取决于衡量工作成效的标准是否客观和恰当。为此，企业必须定期检查过去规定的标准和规范，使之符合现时的要求。

（五）控制要突出重点

任何组织，都不可能对每一个部门、每一个环节的每一个人在每一时刻的工作情况进行全面控制。由于存在对控制者再控制的问题，这种全面控制甚至会造成组织中控制人员远远多于现场作业人员的现象。值得庆幸的是，并不是所有成员的每一项工作都具有相同的发生偏差的概率，并不是所有可能发生的偏差都会对组织带来相同程度的影响。企业工资成本超出计划的5%对经营成果的影响要远远高于行政系统的邮资费用超过预算的20%。这表明，全面系统的控制不仅代价极高，而且也是不必要的。所以要求企业在建立控制系统时必须找出影响企业经营成果的关键环节和关键因素，并据此在相关环节上设立预警系统或关键控制点，予以重点控制。选择关键控制点是一条比较重要的控制原则，有了这类标准，管理人员不必完全了解计划执行中的全部具体细节，就能达到对工作进行有效控制的目的。管理者不能也不必事无巨细地对组织活动的方方面面都进行控制，而是针对重要的、关键的因素实施重点控制。组织中的工作活动往往错综复杂、涉及面广，谁也无法对每一方面、每一件事均予以控制。因此，根据“关键的少数，次要的多数”的统计规律，找出和确定最能反映或体现经营成果的关键因素并加以控制，就可以成为一种有效的控制方法，达到节约成本和改善信息沟通的效果，同时，也使管理人员以有限的时间和精力做出更加有成效的业绩。

另外，迄今为止已经开发出了一些有效的方法，帮助管理者选择工作中的关键控制点。例如，项目管理中的关键路线法，运筹分析中的关键约束条件，组织发展的瓶颈等。

（六）控制要有灵活性

企业在生产经营过程中可能经常会遇到某种突发的、无力抗拒的变化，这些变化可使企业计划与现实条件严重背离。有效的控制系统应在这样的情况下仍能发挥作用、维持企业运营。因此，控制应该具有灵活性或弹性。灵活的控制，是指控制系统能适应主客观条件的变化持续地发挥作用。控制工作本身是变化的,其依据的标准、衡量工作所用的方法等都可能随着情况的变化而变化。如果事先制定的计划因为预见不到的情况而无法执行,而事先设计的控制系统仍在如期运转,那势必就会导致在错误的道路上越走越远。例如,假设预算是根据一定的销售量制定的,那么如果实际销售量远远高于或低于预测的销售量,原来的预算就会变得毫无意义,这时就要求修改甚至重新制定预算并根据新的预算制定合适的控制标准。

(七) 控制的例外原理

例外原理,是指管理者应当把注意力集中在大事、新事和突发事件上,善于思考新问题。管理者应当只注意一些重要的偏差,也就是说应把控制的主要注意力集中在那些出现了的特别好或特别坏的情况上。这样,才能够有效提高控制的效率。

但是,只注意例外情况是不够的。在偏离标准的各种情况中,有一些无关紧要,而另一些则不然。某些方面微小的偏离,可能比其他方面较大的偏离情况影响更大。因此,例外原理必须与控制关键点原理相结合。仅仅立足于寻找例外情况是不够的,还必须做出寻找在关键问题上的例外情况。

(八) 控制要考虑经济性

控制过程中人力、物力、财力的消耗,必须与控制的必要性程度及其效果相适应。控制的经济性体现在两个方面:① 实行有选择的控制,全面周到、无微不至的控制不仅是不必要的也是不可能的。从经济性角度考虑,控制系统并不是越复杂越好,也不是控制力度越大越好。控制系统越复杂、控制工作力度越大,只意味着控制的投入越大,因此要有重点地选择必要的控制点。② 要努力降低控制过程中的各项耗费,改进控制方法和手段,提高控制效率和效果。管理人员要精心设计、检查控制系统,以确保控制系统节省成本。控制系统的成本必须低于它所带来的收益,在对控制系统进行改进时增加的收益必须大于增加的成本。

(九) 直接控制原理

直接控制原理,是指对于重要的工作和重大的事件管理者应该亲自管理和直接控制。这样,有利于管理者把握大局、控制事物发展的主要进程,便于组织实现预定的目标。直接控制原理的另一层意思,是对于重要工作和重大事件应该保持足够的控制力,以便能够产生预想效应。中国有句俗语:力不达,不生财。意思是说,如果对经营活动缺乏足够的驱动力和控制力,则难以取得预想的效果和收益。

(十) 控制应有纠正措施

控制,只有在对已经发生的偏差采取措施,即通过适当的计划、组织、人事及领导方法对偏差加以纠正以后，才能了解它是否正确地发挥了作用。控制，如果没有采取行动，就会成为管理者和参谋人员手中的无效工具。这个原则再一次证明了在管理中如果不能正确地行使各项职能，或者没有把这些职能看作在一个开放的社会系统下运行的有机整体，那么就不可能进行有效管理。

本章基本概念

(1) 控制，控制系统，控制作用；

(2) 受控对象，控制标准，绩效信息，控制人员，纠偏措施；

(3) 内部控制，外部控制，前馈控制，现场控制，反馈控制，程序控制，目标控制；

(4) 控制过程，控制标准，关键控制点；

(5) 有效控制，控制要求，直接控制，控制的例外原理。

问题思考

1. 什么是控制？怎样完整地理解控制概念的内涵？
2. 控制与其他管理职能之间的关系如何？
3. 构成控制系统的要素包括哪些？
4. 如何理解控制的作用？
5. 根据不同标准控制可以分为哪些类型？
6. 如何理解关键控制点？
7. 控制的过程包括哪些？
8. 如何理解有效控制？
9. 在管理实践中如何针对影响控制的因素提出有效控制的建议？

第十四章 控制方法

学习目标

1. 了解预算和预算控制的含义及种类、预算编制的常用方法；
2. 了解生产控制的步骤与主要环节；
3. 了解营销控制的含义与内容；
4. 了解资金控制的含义、内容和基本方式；
5. 了解信息控制、管理信息系统的基本含义。

【开篇案例】 **通用的生产与质量控制**

通用汽车公司(General Motors Corporation,GM)成立于1908年9月16日,自从威廉·杜兰特创建了美国通用汽车公司以来,通用汽车在全球生产和销售包括雪佛兰、别克、GMC、凯迪拉克、宝骏、霍顿、欧宝、沃克斯豪尔以及五菱等一系列品牌车型并提供服务。2014年,通用汽车旗下多个品牌全系列车型畅销于全球120多个国家和地区,包括电动车、微车、重型全尺寸卡车、紧凑型车及敞篷车。在2017年发布的《财富》美国500强排行榜中,排名第十八。

在汽车行业中,要想生产出最好的产品,就要在生产和质量的竞争中取得绝对优势。通用汽车第八任CEO罗杰·史密斯认为,质量检验并不能改进质量,而是要改善整个生产系统,让产品首次生产出来就没有误差,不要等到出了问题再想办法去弥补;质量的标准必须绝对优良,任何管理上的松懈都无法生产出世界级的产品;质量的衡量要从整体上来看待。

在生产控制上,通用公司采用的是精益制造控制体系。通用汽车所属工厂全都采用确保高精度制造的两大"利器"——激光在线测量和三坐标测量仪,以及锻造高品质车身两大"法宝"——超高强钢焊接技术和激光钎焊技术,利用高密度自动化焊接机器人和高柔性GEO pallet输送线,实现不到一分钟就能生产一辆白车身的高效率。利用柔性生产系统,通用的工厂可以在同一生产线上实现不同型号的发动机、变速箱的无缝衔接生产。在生产过程中,过去单一功能的专机已被淘汰,代之以柔性化的随行夹具,可根据需要自动切换选择所需要刀具。通俗地说就是机器人根据程序夹持零件,实现智能化操作。在通用看来,要提高质量,降低成本,最重要的是借助尖端科技。因此,无论是在俄亥俄州的曼斯菲尔德工厂花费了25亿美元改善冲压流程,实施土星工程,也就是同步工程,还是通用实施自动化未来工厂计划,都是通用精益制造控制体系进化发展的关键。

在质量控制上,即通用汽车在全球工厂推行以精益生产方式为基础的“标准化STD、制造质量BIQ、不断改进CI、缩短制造周期SLT、人员参与PI”的全球制造系统GMS。作为其核心组成部分,BIQ等级一直是衡量工厂精益制造水平和全业务链质量体系的重要标志,涵盖了从产品设计验证、制造过程、零部件供应到售后表现的全业务链范围。应用实施GMS系统的主要目的是帮助企业不断提高产品质量、降低成本、加快用户响应速度,最终实现和超越顾客满意。GMS系统强调“三不”原则,即不接受、不制造、不传递缺陷,五大原则中重点是BIQ制造质量,按照制造质量控制能力将BIQ分为五级,第一级评价标准是“不让缺陷离开工厂”;第二级评价标准是“不让缺陷离开车间”;第三级评价标准是“不让缺陷离开班组”;第四级评价标准是“不让缺陷离开工位”;第五级评价标准是“不产生缺陷”,以此标准来控制汽车的质量。

〔资料来源:http://www.lunwenstudy.com/zhilianggl/112853.html.2016-09-24〕

管理控制中有许多不同种类的控制手段和方法。其中有单一的控制手段,也有综合性的控制工具。随着组织规模的扩大和分权管理的发展,对管理工作的综合控制显得日益重要。

本章主要探讨了以下几个问题:① 预算控制的含义、种类及预算编制的常用方法;② 生产控制的步骤和主要环节;③ 营销控制的主要内容;④ 资金控制的内容与方法;⑤ 信息控制。

第一节 预算控制

预算控制,是在管理控制中使用最广泛的一种传统控制方法。

一、预算

预算,可称作“数字化”或“货币化”的计划。它是一种以财务术语(如收入、费用和资金等)或者非财务术语(如直接工时、材料、实物销售量和生产量等)表明组织的预期成果、用数字编制的反映组织在未来某一个时期目标的综合计划。

预算编制,是作为计划过程的一部分开始的,而预算本身又是计划过程的终点,是一种转化为控制标准的数量化计划。预算通过财务形式把计划分解落实到组织的各层次和各部门,使主管人员能清楚地了解哪些资金由谁来使用、计划涉及哪些部门和人员、多少费用、多少收入，以及实物的投入量和产出量等。

不过，在一些非营利的组织如政府部门、大学等，却普遍存在着计划与预算脱节的情况。在许多组织中，预算编制工作往往被简化为一种在过去基础上的外推和追加数量的过程，而预算审批则更简单，甚至不加研究调查就以主观想象为根据任意削减预算，从而使得预算完全失去了应有的控制作用、偏离了其基本目的。正是由于存在这种不正常的现象才促使新的预算方法发展了起来，从而使预算这种传统的控制方法恢复了活力。

二、预算的种类

（一）按预算的对象进行的分类

按预算的对象分类，可以把预算分为经营预算、投资预算和财务预算。

1. 经营预算

经营预算，是指企业日常发生的各项基本活动的预算。它主要包括销售预算、生产预算、直接材料采购预算、直接人工预算、制造费用预算、单位生产成本预算、推销和管理费用预算等。

① 在经营预算之中，最基本和最关键的是销售预算，它是销售预测正式的、详细的说明。由于销售预测是计划的基础，加之企业主要靠销售产品和劳务所提供的收入维持经营费用的支出和获利，因而销售预算也就成为预算控制的基础。

② 生产预算，是根据销售预算中的预计销售量，按产品品种、数量分别编制的。生产预算编好后，还应根据分季度的预计销售量，经过对生产能力的平衡排出分季度的生产进度日程表，或称为生产计划大纲。在生产预算和生产进度日程表的基础上可以编制直接材料采购预算、直接人工预算和制造费用预算。这三项预算构成对企业生产成本的统计。而推销和管理费用预算，是除制造业务范围以外预计发生的各种费用明细项目，例如销售费用、广告费和运输费等。对于实行标准成本控制的企业，还需要编制单位生产成本预算。

2. 投资预算

投资预算，是指企业对固定资产的购置、扩建、改造、更新等在可行性研究的基础上编制的预算。它具体反映在何时进行投资、投资多少、资金从何处取得、何时可获得收益、每年的现金净流量为多少、需要多少时间回收全部投资等。由于对厂房和设备等固定资产的投资需要很长时间才能回收，因此投资预算应当和企业的战略和长期计划紧密联系在一起。

3. 财务预算

财务预算，是指企业在计划期内对现金收支、经营成果和财务状况的预算。它主要包括“现金预算”、“预计收益表”和“预计资产负债表”。必须指出的是，经营预算和投资预算中的资料，均可折算成金额反映在财务预算内。这样，财务预算就成为各项经营业务和投资的整体计划，故亦称“总预算”。

（1）现金预算

现金预算主要反映计划期间预计的现金收支详细情况。在完成初步的现金预算后，就可以知道企业在计划期间需要多少资金，财务主管人员就可以预先安排和筹措，以满足资金需求。为了有计划地安排和筹措资金，现金预算的编制期应越短越好。西方国家有不少企业以周为单位，逐周编制现金预算，甚至还有按天编制预算的。我国最常见的现金预算是按季度和按月进行现金预算编制。

（2）预计收益表

预计收益表或称为预计利润表，是指用做综合反映企业在计划期生产经营的财务情况并作为预计企业经营活动最终成果的重要依据，是企业财务预算中最主要的预算之一。

（3）预计资产负债表

预计资产负债表主要用做反映企业在计划期末那一天预计的财务状况。预计资产负债表的编制，需以计划期开始日的资产负债表为基础，然后根据计划期各项预算的有关资料进行必要调整。

总之，企业的预算实际上是一个以经营预算、投资预算和财务预算三类预算为主，由各种不同的预算所组成的预算体系。

（二）按预算的内容进行的分类

按预算的内容分类，可将预算分为收支预算、实物量预算、资本支出预算、负债预算和总预算。

1. 收支预算

收支预算，是指组织在预算期内以货币单位表示的收入和经营费用支出的计划预算。收入预算必须尽可能准确地估计各项收入的数量和时间，并努力提高其实现的可靠性。

2. 实物量预算

实物量预算是一种以实物单位表示的预算，是对货币量收支预算的重要补充。常用的实物量预算的单位包括直接工时数、台时数、原材料数量、面积、质量和体积等。

3. 资本支出预算

资本支出预算概括了专门用于厂房、机器、设备、库存和其他一些项目的资本支出。由于资本通常是企业最有限制性的因素之一，而且这类预算数额大、回收周期长，因此需要慎重考虑、单独列支，并将其与组织的长期计划工作密切结合起来。

4. 负债预算

是指考虑一定时期的资产、债务和资本等账户的情况，设计筹资方式、途径和数量以及还款时间、方式和能力，防止出现“资不抵债”的情况，以保持财务收支的平衡。从某种意义上说，这种预算是组织中最重要的一种控制。

5. 总预算

又称预算汇总表，可用于企业的全面业绩控制。通过编制预算汇总表，把各部门的预算集中起来，反映企业的各项计划，从中可以看到销售额、成本、利润、资本运用、投资利润率及其相互关系。总预算可以向最高管理层反映各个部门为了实现企业总的奋斗目标而运行的具体情况。

除此以外，还可以按预算编制的方法分为固定预算、弹性预算、定期预算、滚动预算、增量预算和零基预算等等。

三、预算控制的风险

预算工作中存在着一些使预算控制失效的危险倾向。

(1) 预算过于烦琐带来的危险

由于对极细微的支出也做出琐细的规定，致使主管人员管理自己部门必要的自由都丧失了。所以，预算究竟应当细微到什么程度，必须考虑授权的程度进行认真核定。过细过繁的预算等于使授权名存实亡。

(2) 让预算目标取代企业目标带来的风险

即指发生了目标置换。在这种情况下，主管人员只是热衷于使自己部门的费用尽量不超过预算规定，但却忘记了自己的首要职责是千方百计地实现企业目标。例如，某个企业的销售部门为了不突破产品样本的印刷费预算，在全国的订货会上只向部分参加单位提供产品样本，因此丧失了大量的潜在用户、失去了可能的订货。

目标置换通常是由两个方面的原因引起的：其一，没有恰当地掌握预算控制的度，例如预算编制得过于琐细，或是制定了过于严厉的惩罚措施以保证遵守，还可能制定了有较大吸引力的节约奖励措施以刺激主管人员尽可能地压缩开支。其二，为职能部门或作业部门设立的预算标准没有很好地体现计划的要求，与企业的总目标缺乏更直接的、更明确的联系，从而使得这些部门的主管人员只是考虑如何遵守预算和程序要求，而不是从企业的总目标出发考虑如何做好自己的本职工作。

总之，预算的详细程度和预算控制的严格程度都有一个合理限度，一旦超出这个限度预算控制就会背离其目的而走向反面。要防止预算控制出现目标置换倾向，一方面应当使预算更好地体现计划要求；另一方面应当适当掌握预算控制的度，使预算具有一定的灵活性。

(3) 预算潜在的效能低下风险

预算具有一种因循守旧的倾向，过去所花费的某些费用可以成为今天预算同样一笔费用的依据；如果某个部门曾支出过一笔费用购买物料，这笔费用就会成为今后预算的基数。此外，主管人员常常知道在预算的层层审批中原来申请的金额多半会被削减，因此申报者往往把预算费用的申请金额有意扩大，远远大于实际需要，所以必须有一些更有效的管理方法来扭转这种倾向，否则预算很可能会变成掩盖懒散、效率低下的主管人员的保护伞。

(4) 企业活动的外部环境是在不断变化的，这些变化会改变企业获取资源的支出或销售产品实现的收入，从而使预算变得不合时宜。因此，缺乏弹性、非常具体、特别是涉及较长时期的预算可能会过度束缚决策者的行动，使企业经营缺乏灵活性和适应性。

(5) 预算控制只能帮助企业控制那些可以计量的特别是可以用货币单位计量的业务活动，而不能促使企业对那些不能计量的企业文化、企业形象、企业活力的改善活动予以足够重视。

四、预算编制的方法

预算可以根据不同的预算项目分别采用相应方法进行编制。

(一) 增量预算和零基预算

预算编制的方法按编制基础划分可以分为增量预算和零基预算。

1. 增量预算

又称增减量预算或调整预算方法，是指以基期成本费用水平为基础，结合预算期业务量水平和有关影响成本因素的未来变动情况，通过调整有关原有费用项目预算数额而编制预算的一种方法。它是一种传统的预算方法。

增量预算遵循的假设是——原有业务活动是企业必需的、各项开支是合理的；收入按一定比例增加，费用则按相应比例计算。因此，增量预算是在前期预算执行结果的基础上进行调整，原有的开支项目一般很难砍掉，不可避免地受前期既成事实影响，使上个预算期的不合理因素得以沿袭下去，容易掩盖低效率和浪费现象。

2. 零基预算

零基预算，是针对增量预算的缺点而采用的一种预算方法。是指对于预算期的任何预算项目，其预算数额均以“零”为基点，按预算期内应该达到的工作内容和经营目标重新考虑每项业务量及其成本费用支出的规模，对预算期内各项支出的必要性、合理性或者各项收入的可行性以及预算数额的大小，逐项审议确定收支水平预算，从而确定当期预算数额。零基预算一般适用于不经常发生的或者预算编制基础变化较大的预算项目，如对外投资、对外捐赠等。

零基预算编制首先要划分和确定基层预算单位;其次由基层单位编制本单位的费用预算方案,具体由企业提出总体目标,然后各基层预算单位以企业的总目标和自身的责任目标出发,编制本单位为实现上述目标的费用预算方案;随后进行成本—效益分析;最后审核分配资金,完成预算编制。

零基预算的优点是:① 有助于企业内部的沟通、协调,激励各部门参与预算的积极性和主动性;② 目标明确,可按任务的轻重缓急、不受前期预算和现有费用项目的限制而合理、有效地进行资源分配;③ 有助于提高管理人员的投入产出意识,调动各方面节约费用的积极性以压缩费用支出;④ 适用于产出较难辨认的服务性部门,克服服务性部门资金浪费的缺点。

零基预算的缺点是:① 一切以"零"为起点进行分析,不参照以前指标,编制工作量大、费用较高;② 评级和资源分配具有主观性,易引起部门间的矛盾;③ 易引起人们注重短期利益而忽视企业长期利益。

(二) 固定预算和弹性预算

按预算的状态进行划分,可把预算编制方法分为固定预算和弹性预算。

1. 固定预算

又称静态预算,是指根据预算期内正常的、可实现的某一业务量水平为基础所编制的预算。通常按固定的业务量编制预算。这种预算方法的优点是操作简便,其缺点是实际业务的发展与预算业务预测的差距很大时无法分析、考核业绩,发挥不出预算管理的优势。因此,固定预算方法适用于业务或财务活动比较稳定的企业和非营利性组织,且多用于生产预算、成本和费用预算、利润预算等。

2. 弹性预算

又称变动预算或滑动预算,是指为克服固定预算的缺点,以业务量、成本和利润之间的依存关系为依据,以预算期可预见的各种业务量水平为基础而编制能够适应多种情况预算的一种方法。

从大类来分,弹性预算还包括概率预算。概率预算编制涉及的许多变量在预算期内可能是不确定的。在这种情况下,只能做出一个近似估计,估计它们将在一定范围内变动,在这个范围内有关数值可能出现的概率是多少,然后按各种可能性的大小加权平均计算,确定有关指标在预算期内的期望值。按这种方法编制的预算称为概率预算。一般适用于难以推测预测变动趋势的预算项目,如销售新产品、开拓新业务等。

弹性预算有很多优点,如比固定预算运用范围广,使预算具有可比基础,使预算控制和差异分析具有说服力;其缺点是编制预算时确定业务量的依存关系如果发生变化,就会大大增加调整的工作量。

（三）定期预算和滚动预算

根据预算的时间划分，可以将预算编制方法分为定期预算和滚动预算。

1. 定期预算

定期预算是会计预算的一种，通常情况下会计预算的预算期限是一年，以便和会计年度相配合对预算执行结果进行分析评价，这种预算方法称为定期预算。

2. 滚动预算

滚动预算是随时间的推移和市场条件的变化而自行延伸并进行同步调整的预算，适用于季度预算编制的销售预算和生产预算。

滚动预算的基本原则是始终保持 12 个月的预算。每过 1 个月都要根据实际情况进行调整，在原来预算期末再加上一个月的预算，从而使整个预算始终保持 12 个月的预算。采用滚动预算方法也可以按长计划、短安排的方式进行，即一年分 4 个季度，其中第 1 季度按月安排预算，其他 3 个季度按季度粗略安排。滚动预算能使企业对未来一年的经营活动进行持续不断的计划，并在预算中经常保持稳定的视野，而不至于等到原有预算执行快结束时仓促编制新预算，从而有利于保证企业的经营管理工作能稳定而有序地进行。

滚动预算的缺点是：① 预算期较长，难于预测未来预算期的某些活动，从而给预算的执行带来种种困难；② 事先预见到的某些活动在预算执行过程中往往会有所变动，而原有预算却未能及时调整，从而使原有预算显得不相适应；③ 受预算期的限制，管理人员的决策视野只局限于剩余的预算期间的活动而缺乏长远打算，不利于企业的长期稳定有序发展。

（四）预算编制方法的选择

① 规模较大或管理要求严格的企业，预算工作在财务管理或在整个企业管理中的地位均较高，对预算的准确性和全面性要求亦较高，应选择弹性预算、零基预算。中小企业管理要求相对较松，基于成本考虑和管理水平限制，企业可以针对具体情况只对某些事项进行操作简单的固定预算和增量预算。② 如果企业内部控制制度完善、管理基础良好，则预算的准确性就会相对较高，可以选择零基预算和弹性预算。若企业内部控制情况差、管理基础不好，则可选择增量预算以积累预算经验、同时加强管理。③ 如果企业为集权性管理企业，可选择增量预算、固定预算、定期预算。如果企业为实行分权性管理的企业，则可选择零基预算、弹性预算、滚动预算。④ 如果技术手段强，如采用了 MRP、IRP、CIMS 等先进的财务管理系统，预算的准确性提高，则企业可选择弹性预算和滚动预算。如果企业技术手段不够强，则可选择传统的、较易操作的增量预算。⑤ 企业的环境类型可分为简单稳定、简单变动、复杂稳定和复杂变动四种。如果企业处在简单稳定环境中，则预算编制会更确定、更易操作，可以选择固定预算、增量

预算;若处在简单变动环境中,则需选择弹性预算;若处在复杂稳定的环境中,可选择固定预算;若处在复杂变动的环境中,则可选择滚动预算、弹性预算等。

第二节 生产控制

企业生产经营过程是一个动态过程——企业首先获得原材料、零部件、劳动力等投入,经过企业系统的转换和运营,生产出有形的产品或无形的劳务。在这个过程中,为了达到企业的预定目标,就必须对企业的经营管理活动进行控制。生产控制活动贯穿于上述生产经营的全过程,管理人员需要对生产经营系统的输入、转化活动和输出进行全面控制。本节着重介绍与投入活动相关的对供应商的控制和库存控制,以及与产出相关的进度控制、质量控制和成本控制。

一、生产控制概述

生产控制,是指监督、制约和调整系统各环节的活动,使生产系统按计划运行并能不断适应环境变化,从而达到系统预定目标的系统性活动。生产控制的活动内容十分广泛,涉及生产过程中各种生产要素、各个生产环节和各项专业管理。其内容主要有对制造系统硬件的控制(如设备管理)、生产进度控制、采购和库存控制、质量控制、成本控制等等。

(一) 生产控制的方式

生产控制方式包括事后控制方式、事中控制方式和事前控制方式。事后和事中控制方式采用的都是反馈控制原理,事前控制方式使用的是前馈控制原理。

1. 事后控制

生产控制的事后控制方式,是指通过对当期生产结果与计划目标进行分析和比较,提出控制措施并在下一轮生产活动中实施控制的方式。

事后控制方式利用反馈信息实施控制,控制的重点是今后的生产活动。其控制思想是总结过去的经验和教训,把今后的事情做得更好。这种方式在企业中广泛使用,如在质量控制和成本控制中即大量沿用这种方式。事后控制的优点是方法简便、控制活动量小、控制费用低;其缺点也很明显:不良结果一旦发生,损失已经造成且无法挽回。

事后控制方式的控制要点是:① 以计划执行后获取的信息为依据;② 收集并整理完整的统计资料;③ 系统分析内外部环境因素的变化趋势;④ 客观分析计划执行情况,提出可行控制措施,以确保下一轮计划执行质量。

2. 事中控制

生产控制的事中控制方式,是一种对进行中的生产系统做日常性控制的控制方式。质量管理中的控制图法就是一种典型的事中控制方法。

事中控制利用反馈信息实施控制。通过作业核算和现场观测获取信息，及时把输出量与控制目标进行比较分析，做出纠正偏差的控制措施，不断消除由干扰产生的不良后果，以确保计划目标实现。事中控制活动是经常性的，每时每刻都在进行之中。显然，其控制重点是当前的生产过程，把生产活动置于严密的控制之中，以保证计划顺利执行。事中控制可以避免完不成计划的损失，但是频繁的控制活动本身也需要付出代价。

事中控制方式的要点是：① 以计划执行过程中获取的信息为依据；② 收集并整理完整准确的统计资料和完备的现场活动信息；③ 建立高效的信息处理系统；④ 决策迅速、执行有力、即时控制。

3. 事前控制

生产控制的事前控制方式，是指在生产活动之前进行调节控制的一种方式。事前控制利用前馈信息实施控制，重点放在事前的计划和决策上，即在生产活动开始以前根据对影响系统行为的扰动因素做种种预测并制定出控制方案。这种控制方式是十分有效的。例如，在产品设计和工艺设计阶段，对影响质量或成本的因素做出充分估计、采取必要措施，可以控制质量或成本要素的60%。

事前控制方式的控制要点是：① 以环境影响因素的趋势和规律预测为控制依据；② 对生产系统的规律和水平变化做系统分析并做出准确判断；③ 依据前馈信息制订计划和控制方案。

（二）生产控制的基本程序

生产控制过程包括制订标准、测量比较、控制决策和实施执行四个阶段。

1. 制订标准

制订标准，是指对产品质量特性、生产数量、生产进度等规定一个数量界限。它可以用实物数量表示，也可以用货币数量表示，包括各项生产计划指标、各种消耗定额、产品质量指标、库存标准、费用支出限额等等。制订标准的方法一般有如下几种：① 类比法。参照企业历史水平或行业先进水平制订标准。简单易行，标准也较客观。② 分解法。把企业的总体指标按部门或产品层层分解为一系列分解指标，作为每个生产单元的控制目标。分解法在成本控制中常用。③ 定额法。针对生产过程中某些消耗规定标准，主要包括劳动消耗定额和材料消耗定额。④ 标准化法。以权威机构制订的标准（如国际标准、国家标准和行业标准）作为自己的控制标准。在质量控制中用得较多，也可用于制订工作程序或作业标准。

2. 测量比较

测量比较，是指以生产统计手段获取系统的输出值，与预定的控制标准做对比分析而发现偏差。偏差有正负之分，正偏差表示目标值大于实际值，负偏差表示实际值大于目标值。正负偏差的控制论意义，视具体的控制对象而定。如对于产量、利润、劳动生产率，正偏差表示没有达标、需要考虑控制。而对于成本、工时消耗等目标，正偏差则表示优于控制标准。

3. 控制决策

控制决策，是指根据产生偏差的原因提出用于纠正偏差的控制措施。控制决策的一般工作步骤如下：① 分析原因。有效控制必定是从失控的最基本原因着手的。有时从表象出发采取的控制措施也能有成效，但它往往以牺牲另一目标为代价。造成某个控制目标失控的原因有时会有很多，需要做系统、客观的分析。② 拟定措施。从造成失控的主要原因着手研究控制措施。传统观点认为，控制措施主要是调节输入资源，而实践证明对于生产系统这是远远不够的，还要检查计划的合理性、组织措施可否改进。总之，要全面考虑各方面的因素，才能找到有效的措施。③ 效果预期分析。生产系统是个大系统，不能用实验方法去验证控制措施。而为了保证控制的有效性，则必须对控制措施做效果分析。有条件的企业可使用计算机模拟方法。一般可采用推理方法，即在观念上分析实施控制措施后可能会产生的种种情况，尽可能使控制措施制订得更周密一些。

4. 实施执行

实施执行是生产控制程序中最后一项工作，由一系列具体操作组成。控制措施贯彻执行得如何，直接影响控制效果，如果执行不力则整个控制活动即功亏一篑。所以在执行中要有专人负责、及时监督检查。

二、对供应商的控制

供应商为企业提供所需的原材料或零部件。根据迈克尔·波特的“竞争结构模型”分析，供应商又是本企业的竞争力量之一。供应商供货及时与否、质量好坏、价格高低，均对本企业最终产品有重大影响。因此，对供应商的控制可以说是从企业运营的源头抓起，能够起到防微杜渐作用。

传统的做法是，在尽可能大的范围选择供应商，鼓励他们互相竞争，从中选择能够提供低价格高质量产品的供应商，同时也可避免只选择少数几个供应商所构成的威胁。现在，许多企业正试图改变与供应商之间的竞争关系，建立一种长期、稳定、合作的双赢局面。企业虽然也在很大的范围挑选供应商，但是一旦选定两、三家供应商，就和他们建立长远的、稳定的联系，并帮助供应商提高原材料质量、降低成本。这时企业和供应商就形成一种相互依赖、相互促进的新型关系，双方都降低了风险、提高了效益，从而真正做到双赢。

另外一种控制供货商的方法，是持有供货商部分或全部股份，或由本企业系统内部的某个子企业供货，这是跨国公司为了保证货源而常采用的做法。

三、生产进度控制

生产控制的核心是进度控制。所谓进度控制，是指严格地按进度计划要求，掌握作业标准和工序能力的平衡。生产进度控制的业务工作主要有以下两个方面：① 事务进度控制。包括接到客户订单后，协调销售计划、编制生产计划、分解物资计划、采购物资（采购与进货检验）等事务进度控制活动。② 生产进度控制。包括作业分配，按生产进度计划日程要求发布作业指令；进度控制，确定每天生产进度，并查明计划与实际进度出现偏离的原因；偏离校正。

按时间顺序可以把生产进度控制划分为投入进度控制、工序进度控制和产出进度控制三个阶段。

（一）投入进度控制

是指控制产品投入的日期、数量、品种是否符合计划要求，同时也包括各生产环节、各种原材料、零部件投入提前期和新增设备、人力、技术措施等投入使用日期的控制。投入进度控制是一种“预防性”的控制。其作用是：控制系统输入，避免造成计划外生产和产品积压，保持在制品正常流转，保证系统投入的均衡性。

（二）工序进度控制

是指对产品生产过程中的每道加工工序的进度所进行的控制。在大量、大批、流水线生产条件下，生产的品种、工艺和工序相对固定，可以不必按工序进行控制，只控制在制品数量即可。在成批、单件生产条件下，品种多、工序不固定，各品种加工所用设备的时间安排容易发生冲突，生产计划易受各种突发情况干扰，就必须加强工序进度控制。

（三）产出进度控制

是指对产品的产出日期、产出提前期、产出量、产出均衡性的控制。产出进度控制，通常是指进行计划产出与实际产出进度的比较和控制，其控制水平依赖于投入进度控制和工序进度控制的水平。

四、库存控制

库存，包括原材料、在制品、产成品和其他备品备件。企业生产要正常连续地进行，供应流就不能断、需要一定的库存，而库存会占用大量流动资金。库存增加，不仅占用生产资金，还会造成保管费用上升、资金周转减慢、材料腐烂变质等；库存量过少，又容易造成生产过程因停工待料而中断，产成品因储备不足、脱销而造成损失等。所以，做好库存控制是非常重要的。

库存控制的目标，是为了在保证合理库存量的前提下降低库存成本、提高经济效益。

1. ABC库存分类管理

企业生产所需物资，根据数量和资金占用等情况应分别对待，解决库存的种类与每一种类库存的保管存量的问题，最常用的方法就是ABC分类法。

ABC法的根据是“80-20原则”，其基本思想是少数关键因素起决定性作用。A类物资，资金占用比例很大但品种较少；C类物资则相反，品种较多但资金占用比例很小；B类物资介于二者之间。各类物资应采用不同的管理模式。A类是库存控制的重点，应严格控制库存数量、严格盘点，采购间隔期尽量短，以利于加速资金周转；C类可适当延长采购间隔期、简化管理；B类控制方式可根据具体情况采取适当的管理方式。

2. 经济订货批量

库存量的控制，企业可以通过控制采购间隔期或采购批量来实现。管理人员通常使用经济订货批量模型（简称EOQ）计算最优订货批量，使所有费用达到最小。

经济订货批量模型考虑了三种成本：① 订货成本，即每次订货所需的费用（包括通讯费、文件处理费、差旅费、行政管理费等）；② 保管成本，即储存原材料或零部件所需的费用（包括库存、利息、保险、折旧、损坏变质损失等费用）；③ 总成本，即订货成本和保管成本之和。

经济订货批量模型规定了什么时候订货、每次订多少最为经济合理。当企业在一定期间总需求量或订货量为一定数量时，如果每次订货数量越大，所需订货的次数越少；如果每次订货数量越小，则所需订货的次数越多。对前者而言，订货成本较低但保管成本较高；对后者而言，订货成本较高但保管成本较低。通过经济订货批量模型，可以计算出订货量多大时总成本（订货成本和保管成本之和）为最小（图14-1）。

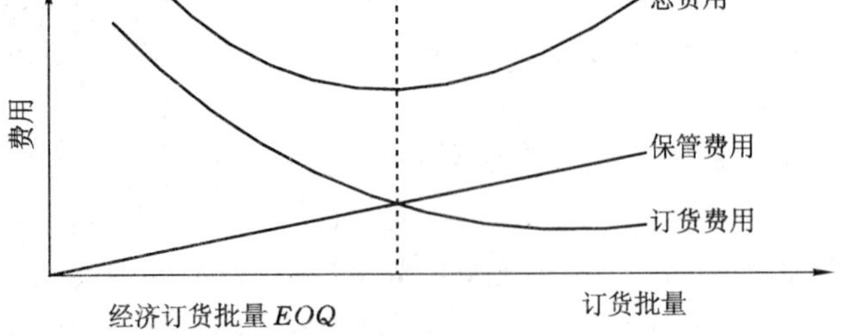

图14-1 经济订货批量模型

由图14-1可知，保管费用随订货批量增大而增大，而订货费用则随着订货批量的增大而减少。将两者加起来所形成的总费用曲线之最低点，即为最经济的订货批量。

最佳订货批量的计算公式中下：

$$EOQ = \sqrt{\frac{2D \times O}{P \times C}}$$

式中 EOQ——经济订货批量；

O——每次订货费用(元/次)；

D——年订货总量(件或吨)；

P——库存物资单价；

C——保管成本与库存物资价值之比。

在实际库存管理中，企业往往会根据以前经验数据得到单位物资的年保管费用 E〔元/(件·年)或元/(吨·年)〕，则最佳订货批量的计算公式可修改为：

$$EOQ = \sqrt{\frac{2D \times O}{E}}$$

假设某企业一年对某种材料的总需求量为 4000 件，每件价格为 1200 元，每次订货所需的费用为 600 元，保管成本与全部库存物资价值之比为 10%，则最优订货批量为：

$$\begin{aligned} EOQ &= \sqrt{\frac{2D \times O}{P \times C}} \\ &= \sqrt{(2 \times 4000 \times 600)/(1200 \times 0.1)} \\ &= 200(\text{件}) \end{aligned}$$

经计算可得出：一年最优订货批次为 20 次，每次 200 件。每年订货成本为 12000 元，保管成本为 12000 元，库存总成本为 24000 元。单位材料的年保管费用为 120 元。

此外，通常情况下，企业除了掌握经济订货批量外，为了预防万一会保留一个额外的储存量，该储存量称为安全库存。

3. 准时制库存系统

准时库存系统(Just-in-time Inventory Systems，简称 JIT)，又称为看板管理。日本企业最早开始采用这一方法，其目标是努力达到使生产量等于运送量的理想状况，即库存水平接近于零。这一方法的基本思路是企业不储备原材料库存，一旦需要时立即向供应商采购，由供应商保质保量按时送到，保证生产继续进行下去。

JIT 的具体做法如下：企业收到供应商送来的装有原材料的集装箱，卸下其中的原材料准备用于生产装配，同时把箱中的“看板”(在日语中即卡片或标牌之义)交回给供应商；供应商接到“看板”后立即进行生产并将新生产出来的原材料再送来。如果双方衔接状况良好的话，原材料入厂时上次运送的原材料刚好用完。

准时制库存系统，可以减少库存、降低成本，提高效益。但是，该种方法对供应商提出了很高的要求。供应商必须在规定的时间按规定的质量和数量，将原材料或零部件生产出来，并且准确无误地运输到规定地点。但经研究发现，准时制库存系统本质上是企业将库存带来的风险转嫁给了供应商，供应商所能做的是自己消化或再次转嫁给那些为自己供货的供应商。另外，准时制库存系统对企业选择和控制供应商也提出了更高的要求。

五、质量控制

所谓质量，有广义和狭义之分。狭义的质量，是指产品质量；而广义质量，除了涵盖产品质量外，还包括工作质量。

(1) 产品质量

主要是指产品的使用价值，即满足消费者需要的功能和性质。这些功能和性质可以具体化为性能、寿命、安全性、可靠性和经济性等五个方面。

(2) 工作质量

主要是指在生产过程中进行的生产和管理工作的水平。

同样，质量控制也有广义和狭义之分。广义的质量控制，即质量管理，是指企业为了保持某一产品、过程或服务的质量而采取的作业技术和有关活动。质量管理一般涉及两类总的决策：一类是战略性的质量决策；另一类是战术性的质量决策。前者主要涉及制订质量水平和为改进质量保持竞争地位所采取的步骤。后者是指对质量管理的日常决策。在确定产品质量水平的战略决策时，首先要考虑用户的需要，同时还要考虑随着产品质量水平的提高降低产品成本、增加收益(图 14-2)。

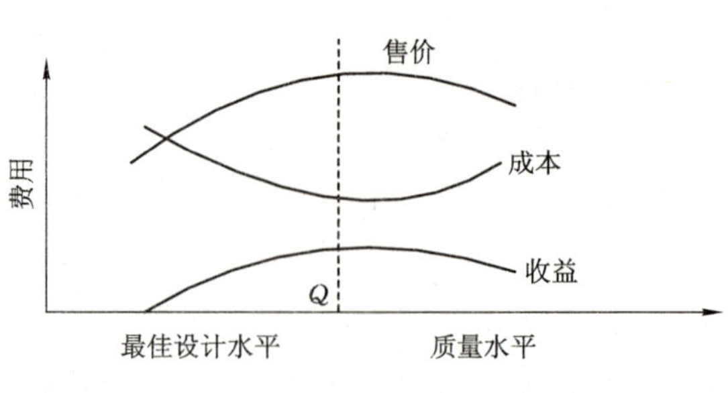

图 14-2　质量曲线

狭义的质量控制，则指质量管理中除质量策划和改进以外的控制活动。日常质量控制内容主要有产品验收和工序控制两类。产品质量控制运用的主要是统计方法。

迄今为止，质量管理和控制已经经历了三个阶段，即质量检验阶段、统计质量管理阶段和全面质量管理(TQC)阶段。质量检验阶段，大约发生在20世纪20至40年代，工作的重点在产品生产出来之后的质量检查。统计质量管理阶段，发生在20世纪40至50年代，管理人员主要采用统计方法对生产过程加强控制，以提高产品的质量。从20世纪60年代开始的全面质量管理，是以保证产品质量和工作质量为中心、企业全体员工参与的质量管理体系。如今，全面质量管理已经形成了一整套管理理念并风靡全球(表14-1)。

表14-1 全面质量管理

特征	内容
永远进取	TQC认为没有最好只有更好
提高质量	TQC采用最广泛的质量定义，它不仅指最终的产品而且覆盖与最终的产品有关的一切
精确衡量	TQC运用数理统计方法衡量实绩，比较标准纠正偏差
放权员工	TQC授权于生产线上的工人和技术管理人员，动员和鼓励他们参与质量管理工作

全面质量管理的特征如下：① 全过程的质量管理。质量管理不仅仅贯穿于生产过程，而且应“始于市场，终于市场”，从产品设计开始直至产品进入市场及售后服务，质量管理都应贯穿其中。② 全企业的质量管理。质量管理不仅仅是质量管理部门的事情，它和全企业各个部门都休戚相关，因为产品质量是做出来的而不是检验出来的，故每项工作都与质量相关。③ 全员的质量管理。每个部门的工作质量均取决于每个职工的工作质量。所以每个职工都要保证质量，为此，应由职工成立质量小组，专门研究所在部门的质量问题。④ 全面科学的质量管理方法。它以统计分析方法为基础，综合应用各种质量管理方法，工作步骤按“计划——执行——检查——处理”(PDCA)四步循环进行。

六、成本控制

成本控制，是指以成本作为控制手段，通过制定成本总水平指标值、可比产品成本降低率以及成本中心控制成本的责任等，达到对经济活动实施有效控制的目的的一系列管理活动和过程。

当一个企业的经营设计、产品设计、设备装置、作业设计等已确定并按规范投入各生产要素时，成本控制的中心就是在对企业所有工作做全面详细分析后层层分解成本指标，以其作为衡量控制标准，以成本为控制主线，使经营活动的各环节实现或低于目标成本，确保在预定成本下获得预期目标利润。具体方法如下：① 制定控制标准，确定目标成本。确定目标成本的方法，有计划法、预算法和定额法等。② 根据企业的各种数据记录、统计资料等进行成本核算。成本统计所用的原始记录，是反映核算期人力、物力、财力等支出的全部原始记录，是进行成本核算和控制最基本的依据。进行成本控制所要进行的成本核算有——可比产品总成本、可比产品单位成本、商品产品成本、主要产品单位成本、可比产品成本降低率等。通过成本核算，了解实际成本并为分析改进提供数据资料。③ 进行成本差异分析。差异分析，是指把实际成本与目标成本相比较，分析实际成本与目标成本的差异和发展趋势，找出控制和降低成本的措施。差异分析的主要内容是：直接材料费用分析；直接人工费用分析；管理费用分析；销售费用分析。④ 及时采取措施，降低成本。一旦发现实际成本高于目标成本，就要尽快地采取严格投入管理、改进产品设计或生产工艺、精简机构等措施，以有效控制成本上升趋势。

第三节 营销控制

现代营销管理越来越重视营销控制的作用。这是因为，在计划执行期间总会发生这样或那样的意外，需要及时采取措施以确保企业营销活动的效率和效益。概括地说，营销控制是指企业用于跟踪营销活动过程的各个环节，为确保其按照计划目标运行而遵循一定程序和制度所实施的一系列工作。主要包括营销战略控制、营销计划控制和营销效率控制。

一、营销战略控制

营销战略控制，又称营销审计，是指定期对企业营销环境、营销战略、目标、计划、组织以及整体营销效果进行全面、系统审查和评价的过程。其目标是确保营销战略与营销外部环境和企业内部资源的变化相一致。

营销战略控制并不是仅仅针对发现的问题而是侧重于对方向性、战略性、全局性的问题进行全面的评审。可分为以下六个主要方面：① 营销环境审计。主要分析宏观环境和微观环境中与企业目标相关的因素，如竞争对手动向、经济形势变化、消费者行为变化和中间商行为变化等。② 营销战略审计。评价企业营销战略、营销目标与当前和预期环境变化相适应的程度。③ 营销组织审计。考察营销组织结构、工作效率及实施企业战略、计划的能力。④ 营销系统审计。分别针对营销信息系统、营销计划编制、营销组织及执行以及新产品开发等项目的效果和效率情况进行考察。⑤ 营销效率审计。计算并评价各营销单位的盈利情况以及成本、销售额等指标。⑥ 营销策略组合审计。对产品策略、定价策略、促销策略和分销策略的实施效果和匹配性进行审查。

营销战略控制通常由企业外部的独立专业机构承担。一方面，专业机构有指导大量各行业不同规模和不同地区企业的丰富经验,便于比较和总结,从而对企业营销战略做出准确评价;另一方面,可以保证营销审计的客观性和独立性。

二、营销计划控制

营销计划控制的目的是确保企业达到年度(或期间)销售和利润计划指标。营销计划控制通常可分为以下四个步骤:① 将年度(或期间)计划指标按季度或月度进行指标分解;② 企业管理人员通过信息管理系统收集和整理营销活动的进度、绩效和信息;③ 若营销活动的进度和绩效与营销计划指标不符,应及时分析并确定产生偏差的原因;④ 针对问题采取改进措施,以减少实际业绩与计划指标之间的差距,如改变营销工作方案或调整营销计划指标。

营销计划控制的实质是对营销计划进行检查并调整,考察的指标包括销售额、市场占有率、销售费用率等。

(一) 销售额分析

销售额分析包括总量差额分析和微观分析。例如,某企业年度计划中三季度计划完成销售额为 140 亿元,但实际只完成了 134 亿元。

1. 总量差额分析

计划与实际销售额差额为 6 亿元。经分析发现其中 60%的差额是由于商品价格降低导致的,另外 40%的差额则是由于销售量减少造成的。

2. 微观分析

假定企业针对销售量减少进行微观分析。企业现分别经营 3 大类 87 种商品,按照大类合计,计划要求的季度销售量分别是 1500 单位、4000 单位和 8000 单位。经统计,3 类商品的实际销量分别为 1480 单位、3700 单位和 8100 单位。显然,销售量降低主要分布在第 2 大类商品中。因此,营销部门应着重调查分析第 2 大类商品的市场和企业内部因素。

(二) 市场占有率分析

市场占有率分为三种指标,总体市场占有率、地区市场占有率和相对市场占有率。

1. 总体市场占有率

总体市场占有率是指企业销售规模占全行业销售规模的比率。在计算并分析时,需要注意两个问题:其一,使用销售量数据还是销售金额数据;其二,行业统计的边界确定。例如,一家生产电视机的厂家,如果将电视、显示器和监视器视为同一行业的话,其市场占有率自然会处于较低水平。

2. 地区市场占有率

地区市场占有率是指企业在某一地区(或区域)的销售规模占全行业在该地

区(或区域)销售规模的比率。地方性企业在本地的市场占有率可能很高,但是其总体市场占有率就可能较低。

3. 相对市场占有率

相对市场占有率是指企业的销售额与行业内领先的竞争对手的销售额进行对比。大于100%,表示企业是行业的领先者;等于100%,表明企业与最大竞争对手平分秋色;相对市场占有率不断上升,表示企业正接近领先的竞争对手。

(三) 费用/销售额分析

费用/销售额分析,其目标是为了控制费用支出不超出计划。控制对象包括营销总费用、广告费用或人员推销费用等。例如,企业规定营销费用/销售额之比为20%,即每销售100元商品,营销费用支出可达到20元。若营销费用中促销费用占8元,广告费占7元,市场调查费用占1元,管理费占4元,则上述费用占销售额的比例分别为8%、7%、1%和4%。

上述各种目标比率往往会因随机因素的影响而产生波动,因此在分析和评价时,通常会以计划比率为中心规定一个正常范围,当波动超过正常范围时就应关注并跟踪分析。

另外,对于顾客满意度的跟踪,应建立投诉和建议渠道,或通过典型客户调查和随机顾客调查等方法进行。

三、营销效率控制

营销效率控制,是指用一系列指标对营销各方面工作进行日常监督、检查的控制方法。

(一) 评价推销人员工作效率的指标

包括推销员每日平均访问客户次数、每次访问的平均收益、每次访问的平均成本、每百次访问获得订单的比例以及每期新增客户数和流失客户数。对以上数据的分析可以使企业及时掌握推销工作的基本规律。通过对访问成功率、访问成本、访问对象的分析,能更好地制定后期的推销计划和工作方案。

(二) 评价广告效率的指标

包括不同广告媒介接触目标顾客的相对成本、广告受众占整个媒介受众的比例、目标顾客接受广告前后的态度变化、目标顾客对广告内容和形式的看法,广告发出后消费者询问产品次数的变化等。

(三) 评价营业推广效率的指标

包括优惠销售产品占销量的比例、赠券回收比例、每单位销售额的商品陈列成本和现场展示(或表演)引起目标顾客询问的次数等。

第四节 资金控制

资金控制是管理控制中必不可少的组成部分。企业的生存和发展离不开物质资料及其生产经营。物质资料在市场经济条件下，其生产经营活动过程的综合反映和控制，是以货币价值——资金形式表现出来的。企业资金控制的目标是在特定的财务环境和条件下，通过资金控制活动而实现所有者权益最大化。

一、资金控制概述

（一）资金控制

资金控制与预测、决策、预算和分析等环节构成财务管理的循环。其中，资金控制是财务管理循环的关键环节。企业的财务预算工作一经完成，便开始进入预算的执行过程，财务管理的工作重点即转为资金控制。

资金控制，是指在财务管理过程中，按一定的程序和方法，确保企业及其内部机构和人员全面落实并实现财务预算的过程。资金控制是企业财务人员为实现财务管理目标、提高经济效益而采取的行动，是一种连续、系统的价值控制，是实现财务预算的保证。

（二）资金控制的对象

资金的存在和运动是资金控制的对象。资金存在表现为各种形式，如机器设备、现金、有价证券和产品。资金运动包括资金的循环和周转。短期资金运动的周转时间通常为一年及一年以内，具体表现形式为："现金——材料——在产品——成品——销售收入（现金）"。长期资金运动的周转时间为一年以上，具体表现形式为："现金——机器设备——折旧——在产品——成品——销售收入（现金）"。

（三）资金控制的基础

资金控制的基础，是指进行资金控制所必须具备的基本条件，包括以下几个方面：① 组织保证。健全完善的组织机构是资金控制发挥作用的根本保证。② 制度保证。合理而有效的内部控制制度，是资金控制发挥作用的必要条件。③ 预算目标。切实而可行的财务预算是资金控制得以全面施行的基本依据。④ 信息反馈系统。真实而准确的信息、灵敏而通畅的信息反馈系统，是资金控制得以进行的基本前提。⑤ 奖惩制度。公正而合理的奖惩制度，是资金控制制度有效运行的基本保障。

二、资金控制的内容

资金控制的目的在于保证财务目标的实现，保证企业再生产过程的顺利进行。因此，企业资金控制的内容包括融资控制、投资控制、经营控制等。

（一）融资控制

企业财务目标的实现需要资金的支持，融资是企业重要的财务活动，因此融资控制是资金控制必不可少的部分。企业在融资控制中应主要把握好以下问题：① 融资方式控制。企业在选择融资方式时，既要注重降低资金成本，又要注意对企业风险的控制。② 资金结构控制。企业的资金结构一般是由长期债务资金和权益资本构成的，良好的资金结构是企业持续发展的一个重要保障。

（二）投资控制

融资的目的在于投资，投资决定着企业前景。投资控制应对投资项目进行立项、评估、决策，使企业获得最大的投资收益。应注意以下问题：① 投资环境分析。影响企业投资的因素很多，企业在投资控制中应首先对企业的投资环境进行分析，投资环境既包括企业的内部投资环境也包括企业的外部投资环境。② 投资方式评价。不同的投资方式带来的收益不同，企业应对不同投资项目进行评价，合理确定投资方式，形成一套科学、合理、切实可行的投资制度和程序，以保证企业的投资安全和投资收益。

（三）经营控制

经营主要是指企业的生产经营活动。企业应在财务预算的基础上，从生产经营活动的各环节出发实施控制，主要有以下内容：① 采购环节控制。企业应对采购业务实施控制，设计合理的采购和付款的控制程序。② 生产过程控制。企业生产经营过程控制的重点是成本费用控制。成本费用控制，是指在生产经营过程中，按既定的成本费用目标，对构成成本费用的诸要素进行规划、限制和调节，及时纠正偏差，控制成本费用超支，把实际耗费控制在成本费用计划范围之内。其控制内容包括材料消耗成本控制、工资成本控制、费用控制等。③ 收入控制。在销售收入控制中，企业应做到对各个环节加强监督管理，以达到增加销售收入、节约销售费用的目的。

在企业资金控制的内容中，重点在于经营控制，而经营控制的重点又是成本费用的控制。

三、资金控制的基本方式

（一）授权批准控制

建立严格的授权批准制度，明确审批人对业务的授权批准方式、权限、程序、责任和相关控制措施，规定经办人办理业务的职责范围和工作要求。审批人应当根据业务授权批准制度的规定在授权范围内进行审批，不得超越权限审批。经办人应当在职责范围内按照审批人的批准意见办理业务。对于审批人超越权限审批的业务，经办人员有权拒绝办理。

（二）职务分离控制

职务分离控制是指将处理各种经济业务涉及的职责分派给不同的人员，使每个人的工作都是对其他有关人员工作的一种自动检查，其目的在于预防和及时发现职工在履行职责过程中产生的错误和舞弊行为。

（三）全面预算控制

全面预算控制是指以全面预算为手段，对企业财务收支和现金流量所进行的控制。

（四）财产保全控制

财产保全控制是最传统的资金控制方法，主要包括定期盘点清查、记录保护等。

（五）独立检查控制

独立检查控制又称内部稽核，是由业务执行者以外的人员对已执行业务的正确性所进行的验证。

（六）业绩评价控制

业绩评价控制是将实际业绩与其评价标准进行比较、对营运业绩等所进行的评价。

四、资金控制的一般程序

（一）制定控制标准

制定控制标准是资金控制过程的起点。只有有了明确的控制标准，资金控制才能按照预定的目标进行。控制标准也是衡量工作效果的规范。

（二）衡量控制成效

衡量控制成效，是指利用编制报表、抽样调查、专题分析等方法取得各种有关资料，随时掌握财务活动的实际执行情况，并将其与控制标准进行对比分析，以便及时发现实际脱离标准的偏差，及时纠正执行中的偏差。

（三）纠正控制偏差

对于实际脱离标准的差异，应根据不同情况分别处理——对于有利差异，应及时肯定和鼓励；对于不利差异，要查明原因及时处理和纠偏等。

制定控制标准、衡量控制成效和纠正控制偏差构成了资金控制的基本循环，缺一不可。其中，制定控制标准是资金控制的起点，纠正控制偏差以实现财务目标是资金控制的目的，衡量控制成效居于中间环节。

五、资金控制模式

按管理权限的集中程度，可将企业资金控制的模式分为集权型资金控制模式、分权型资金控制模式、混合型资金控制模式。

（一）集权型资金控制模式

集权型资金控制模式，是指公司对下属部门的财务实行严格控制和统一管理的财务体制，即财务管理决策权高度集中于公司，人财物、供产销统一由公司控制，投融资、利润分配、费用开支、工资和奖金分配、财务人员的任免等财务事项，均由公司统一管理，所有下属部门都必须严格执行公司的决策。

集权型资金控制模式具有集中经营、规范一致，统一核算、统一调配资金，统一财务制度和财务管理标准等特点，有利于财务战略目标、财务政策和制度在公司范围的贯彻和执行，可以对战略更好地实施、控制和协调，降低管理成本、降低经营风险和财务风险，有利于发挥财务调控功能。这种模式主要适用于规模不大且处于发展初期阶段的企业。

（二）放权型资金控制模式

放权型资金控制模式，是与集权型资金控制模式相对应的一种资金控制模式。在放权型资金控制模式下，公司只保留对重大财务决策事项的决策权或审批权，而日常财务决策权和管理权则完全被赋予各部门，各部门只需将这些决策结果报公司备案即可。在这种模式下，各部门与公司之间是相对独立的，可以从自身情况出发进行生产经营活动和财务活动。各部门拥有一定的理财自主权，可有力地激励其理财积极性和创造性，同时财务决策周期缩短、决策针对性加强，应付市场变化的能力亦得以增强，提高了决策效率。公司在管理上不采用指令性计划方式干预各部门生产经营活动，而是以间接管理为主。这种模式主要适用于资本经营型、规模较大的企业。

（三）混合型资金控制模式

混合型资金控制模式，是指集权与放权相结合的一种资金控制模式。在这种模式下，财权的划分不像集权模式那样界限清楚。公司对一些重要的财务事项实行集权控制，而将其他决策权下放给各部门；对一些重要的部门实行集权控制，而对不重要的部门放权控制。公司在保持必要财权的同时亦赋予各部门一定财权，在各部门的主动性得到激励的同时公司的财务风险也可得到有效控制。在实践中，根据各部门的具体条件，灵活把握权力集中与分散的程度，既能发挥公司的财务调控职能、激发各部门的积极性和创造性，又能有效控制公司风险。由此可见，集权与放权相结合有利于克服过分集权或放权的缺陷，有利于综合集权和放权的优势，是很多企业资金控制体制所追求的模式。

六、资金控制创新——战略成本控制

21世纪以来，企业经营活动面临的内外部环境发生了巨大变化，战略成本控制成为资金控制的重要方式，成本管理从传统的核算、经营控制等转变为如何识别、应用成本信息以落实、促进企业战略目标的实现。

（一）战略成本控制的特点

1. 时间范围的拓展

战略成本控制从本质上来讲是一种前瞻性管理，是企业为了在竞争中取胜制定的长期规划和控制，是企业取得竞争优势的基础。

2. 空间范围的拓展

战略成本控制更加关注成本发生的过程，贯穿于从产品设计、生产、销售直至使用的所有环节；在生产责任控制上关注到产品、项目、责任中心、企业、集团各层面的成本管理，甚至还关注竞争对手的成本控制，分析外部环境的改变；关注企业价值链形成的成本控制，构成多维的、立体的成本控制系统，是整个企业管理系统的核心。

3. 以增加顾客价值为出发点

战略成本控制从客户价值角度进行核算、控制和评价，对引起成本发生的因素进行深入分析和严格控制。现代战略成本管理报告还包括客户偏好和客户满意度等指标。

4. 更加重视人的因素

战略成本控制更重视人与人之间的沟通。一些新的成本管理方法如作业成本管理、全面质量管理、即时管理、标杆管理等的成功实施，都更多地依赖于管理层的有力支持、全体员工的认同和积极参与，而这些方法实施的过程也为生产经营过程中各个关联环节之间的员工提供了更多的沟通和交流机会。

5. 管理方法和手段的创新

信息技术的发展、成本控制对象的拓展，使得成本控制的方法和手段不断创新，以支持企业生产技术条件的变化和新的管理程序的实施。新的成本控制的方法主要有：作业成本管理、全面质量管理、目标成本管理、即时成本管理、流程再造等。

（二）战略成本控制的方法

现代战略成本控制的方法有多种，以下只介绍作业成本管理和目标成本管理两种。

1. 作业成本管理

作业成本管理（ABCM），是指以提高客户价值、增加企业利润为目的，基于作业成本法的一种新型集中化管理方法。它通过对作业和作业成本的确认和计量而计算产品成本，同时将成本计算深入到作业层次，对企业所有作业活动追踪并动态反映，进行成本链分析，包括动因分析、作业分析等，为企业决策提供准确信息；指导企业有效地执行必要的作业，消除和精简不能创造价值的作业，从而达到降低成本、提高效率的目的。

作业成本核算模型是实施作业成本管理的基础，是对作业成本法核算体系的描述，在作业成本法的实施过程中具有重要地位。作业成本要素是构成作业成本核算模型的元素，它们按照一定规则组合在一起形成作业成本核算模型。

作业成本管理涉及的四大核算要素是：资源，作业，成本对象，成本动因。其中资源、作业和成本对象是成本的承担者，是可分配对象，在企业中资源、作业和成本对象往往具有比较复杂的关系；成本动因则是导致生产中成本发生变化的因素，只要能导致成本发生变化就是成本动因。

作业成本控制将控制、降低成本的视野由以“商品”为中心转移到以“作业”为中心，它不是以“成本”论成本，而是联系成本发生的前因（成本动因）和后果（成本耗费）来寻求控制成本的途径和方法；它不是简单、盲目地削减成本，而是通过对作业的跟踪和动态反映，通过事前、事中、事后的作业链和价值链分析，实现企业持续低成本、高效益目标。

2. 目标成本管理

目标成本管理，是指在企业预算的基础上，根据企业的经营目标，在成本预测、成本决策、测定目标成本的基础上，进行目标成本的分解、控制分析、考核、评价的一系列成本管理工作。它以管理为核心、核算为手段、效益为目的，对成本进行事前测定、日常控制和事后考核，使成本由少数人核算到多数人管理，成本管理由核算型变为核算管理型，并将产品成本由传统的事后算账发展到事前控制，为各部门控制成本提出明确的目标，从而形成一个全企业、全过程、全员的多层次、多方位的成本体系，以达到少投入多产出、获得最佳经济效益的目的。因此，它是企业降低成本、增加盈利和提高企业管理水平的有效方法。

目标成本管理与传统成本管理的差异：传统成本管理主要以成本加成为主，通常先估计成本，通过加成一定的利润率而得到产品价格。如果市场不能够接受这一价格，公司便会试图进行成本削减。而目标成本管理则从市场价格出发，结合目标利润率，为某特定产品确定可接受的最高成本，之后的产品和流程设计都是为了保证成本控制在可接受范围之内。

目标成本管理与传统成本管理之间的差异，体现了它们所赖以建立的理论基础的不同。传统的成本加成法代表“封闭系统”方法，它忽视了组织与其所处环境之间的相互作用，较少考虑影响系统运作的因素；而目标成本管理则体现为“开放系统”方法，它更强调组织适应环境的重要性，更多地考虑影响系统运作的互动关系，在实际结果发生之前便采取预防措施，并且随着时间的推移不断提高标准。

第五节 信息控制

原始的信息，都是无组织无序的，有些看似有组织、有序的信息只是一种物质间有机结合的表象；只有人为的信息才是有组织、有序和有目的的信息。管理控制过程，同时也是信息转换和反馈的过程。所以，企业要想达到生产经营目标，就必须在信息收集、传输、加工和储存过程中进行有效的控制。

一、信息控制与管理信息系统

（一）信息控制

企业获得信息的目的是求其价值，即受利益驱使。那么，就要对信息进行整理，使信息有序、合理和系统，尽可能地服务于企业。信息控制，是指为了对信息合理、有效地进行处理而采取的储存信息、对信息进行分类、排列和组合以及孕育信息、指导信息、完善信息的一系列过程。总之，信息控制是在信息过程中所进行的人工智能活动。

广义的信息控制，包括对信息客体的控制、信息收集和传输过程的控制、信息加工过程的控制、信息储存过程的控制、各信息处理子系统的协调控制等；它在企业管理范畴表现为管理信息系统的建立和维护。

（二）管理信息

管理信息，是指那些在管理活动过程中采集到的，经过加工处理后以文字、数据、图表、音像等形式描述的、能够反映组织各种业务活动在空间上的分布状况和时间上的变化程度，对组织的管理决策和管理目标的实现有参考价值的数据、情报资料的总称。管理信息，是指专门为某种管理目的和管理活动服务的信息。

1. 管理信息的特征

（1）有效性

有效性是管理信息的首要特征，包括信息传递的时间要及时、数量上要适当、质量上要准确、内容上要适用。

（2）共享性

共享性主要表现在不同领域、不同层次、不同部门、不同单位可以共同使用某种信息资源。正确认识和顺应这一特征，对于建立管理信息系统并发挥其重要作用具有重要意义；也可充分发挥信息的共同作用，避免在信息的收集、加工、传输、储存等方面的重复劳动。

（3）等级性

信息既有有效性和共享性，又是分级的。同一单位不同层次的管理者对同一事物所需要的信息不同，不同单位相同层次的管理者对信息的需要也会存在明显差异。

依据管理者对信息需要的重要程度划分，可将管理信息区分为战略级、战术级和作业级信息。战略级信息主要指高层管理者需要的关系全局和长期利益的信息，例如投资项目的新建、改建、扩建或停止等决策。战术级信息，是指部门负责人需要的关系局部和中期利益的信息，例如部门对每月业务工作情况的计划和运行情况结果的比较分析等。作业级信息，是指关系基层业务的信息，例如每天产品的统计数据等。

(4) 不完全性

人们对于某种客观事实的真实情况往往是不容易完全得到的。数据的收集或信息的转换与主观思路关系很大，所以只有舍弃无用的和次要的信息才能正确地使用信息，这就是信息的综合性。管理必须全面地收集信息并进行综合分析和加工，才能充分认识和考虑各种内外因素引起的积极的或消极的影响程度，才能保证信息在决策、计划、控制上发挥重要作用。

(5) 经济性

信息同样存在着投入产出的问题，对于信息的投入是必要的，但也要重视费用效益分析。要求花费成本尽可能少而获取的信息数量和价值量尽可能大，这就要求管理者既要重视对信息部门的经济投入、强调它们对于管理的重要性、健全信息管理组织和人员配备，又要注意信息的经济性和实用性。

(6) 滞后性

信息是由数据转换而来的，因此它不可避免地落后于数据，而且信息的使用价值必须经过转换才能得到，这种转换过程也必须是从数据到信息再到决策。从上一个环节转换到下一个环节的时间间隔总不会是零，这就是信息的滞后性。同时信息是有寿命的，许多信息的价值丧失得很快，因此要重视信息的及时转换，否则就会失去信息价值。

除此以外，管理信息还具有信息量大、信息来源面广等特征。

2. 管理控制工作对管理信息的基本要求

从管理控制工作职能角度来看，为了达到有效的控制，对管理信息有以下基本要求：

(1) 管理信息的准确性

即信息必须真实、客观地反映实际情况。虚假信息往往对组织决策者产生误导，使其做出错误的判断和决策，从而给组织造成损害。

(2) 管理信息的及时性

信息具有时间价值，在管理活动中信息的加工、检索和传递一定要快，只有这样才能使管理者不失时机地对生产经营活动做出反应和决策。如果信息不能及时地提供给各级主管人员及相关人员，就会失去信息支持决策的作用，甚至有可能给组织带来巨大损失。

(3) 管理信息的可靠性

信息的可靠性除与信息的精确程度有关外，还与信息的完整性成正比关系。完整性，是指管理信息的收集和加工不仅应全面、系统而且应有连续性。企业的生产经营活动是一个复杂的系统，而从外部影响企业经营的环境因素又很多。因而，只有全面收集信息，才能保证统一地指挥、协调、控制企业内部的活动，使企业适应外部环境要求。同时，客观世界是永恒变化的，其发出的信息也是连续不断变化的，因而只有对这些不断变更的信息进行连续地收集和加工，才能正确地把握事情的本质，从而为主管人员的决策提供可靠的依据。

(4) 管理信息的适用性

管理控制需要的是适用的信息。由于不同的管理职能部门，其工作业务性质和范围不同，因而其对信息的种类、范围、内容等方面的要求是各不相同的。因此，信息的收集和加工处理应有一定的目的性和针对性，有计划地进行收集和加工。

(三) 管理信息系统

1. 管理信息系统的定义

管理信息系统是指能够为管理层提供所需信息的系统。从理论上讲，这种系统可以是基于手工的也可以是基于计算机的；目前学术研究中涉及的，包括本节介绍的，通常是指计算机信息系统。

目前还没有一个公认的关于管理信息系统的定义，综合各学者的研究成果，可定义如下：管理信息系统(Management Information System，MIS)，是一个以人为主导，利用计算机硬件、软件、网络通信设备以及其他办公设备，进行信息的收集、传输、加工、储存、更新和维护，以企业战略实现、提高效益和效率为目的，支持企业的高层决策、中层控制、基层运作的集成化的人机系统。

一个完整的管理信息系统应包括：决策支持系统(DSS)、工业控制系统(CCS)、办公自动化系统(OA)以及数据库、模型库、方法库、知识库和与上级机关及外界交换信息的接口。完善的管理信息系统具有以下四个标准：确定的信息需求、信息的可采集与可加工、可以通过程序为管理人员提供信息、可以对信息进行管理。

2. 管理信息系统对管理者工作的影响

管理信息系统对管理者工作的影响是多方面的，它不但对管理者提出了更高的要求，而且会影响管理者管理职能的运用。

(1) 直接参与

如果管理者不能完全掌握或充分利用管理信息系统的优势,又想与同事一样有效地工作,他们将会感到越来越困难。直接参与将使管理者在接电话、旅行去参加会议等事情上花费更少的时间,并能更密切地关注组织的活动。

(2) 决策能力

管理者依靠信息作出决策,复杂的管理信息系统能够极大地改变信息的数量与质量以及提高信息传递的速度。因此,一个有效的管理信息系统能够提高管理者决策的能力。

(3) 组织设计

复杂的生产系统正改变着组织的结构。例如,传统的部门界限不再严格地按照部门、小组、地理位置和组织层次来划分。管理信息系统给组织结构带来的最明显的变化是,组织的层次更少、更有机化。

(4) 权力

信息就是权力。接触机密和重要信息方式的任何改变,都会引起组织内权力关系的改变。

二、管理信息的日常控制

管理信息的日常控制主要包括财务信息控制和运营信息控制。

(一) 财务信息控制

企业内部财务信息是否畅通,关系整个财务控制系统的运行效率。有效的财务信息控制系统应包括下列内容。

1. 财务信息报告制度

企业应规定严格的财务信息报告制度,包括事前报告制度和事后报告制度。各部门在进行专门业务经营决策前,必须事前向企业报告。

2. 内部审计制度

企业应设立内部审计部门,加强企业的财务审计、年度审计和经营者离任审计。一旦发现问题及时报告、及时纠正,并对责任人加以处罚,以形成企业内部自上而下的监督机制。

3. 网络电算化

计算机网络技术的迅猛发展,为财务网络电算化提供了可能,为提高企业财务信息的有效性创造了现实条件。其优点主要体现在:数据一次性录入,可提高财务信息的及时性;各子系统可以自动转账,既增加了转账的准确率又提高了转账速度;形成统一的总账库,减轻转账工作量;管理者可方便查询各种财务数据,并通过应用软件随时制成各类统计分析资料和财务分析报告,为高层领导的经营决策提供及时可靠的数据。

（二）运营信息控制

运营信息控制主要应把握三个环节。

第一个环节，进行经济运行数据分析。进行投资分析、生产分析、财务分析、资产分析、综合分析，形成综合指数指标体系并提出对策建议。

第二个环节，进行各项审计。包括：① 审计监督：对企业进行常规审计，主要是对企业的经营活动和财务收支和运行情况的审计；② 遵循审计，主要是看制定的规范有没有得到切实贯彻，各项工作是否按一定的程序运作；③ 抽查审计，主要是针对反映企业资产及经营状况和过程中的专项事项进行；④ 调查审计，主要是根据年度中心任务、重点工作实际工作需要所确定。

第三个环节，重点工作任务考核。编制和下达重点工作任务书，对完成重点工作任务的情况进行日常跟踪和督促，对重点工作任务的完成情况进行季度检查和年度考评。

本章基本概念

（1）预算，增量预算，零基预算，固定预算，弹性预算，定期预算，滚动预算；
（2）生产控制，进度控制，库存控制，订货经济批量，准时制库存系统，质量控制，成本控制；
（3）营销控制，营销战略控制，营销计划控制，营销效率控制；
（4）资金控制，融资控制，投资控制，经营控制，责任中心，战略成本控制；
（5）信息控制，管理信息，管理信息系统。

问题思考

1. 什么是预算？简述预算的性质。
2. 简述预算的分类。
3. 试比较增量预算与零基预算。
4. 简述生产控制的内容和基本程序。
5. 简述经济订货批量模型的基本内容。
6. 简述营销控制的基本含义和内容。
7. 简述资金控制的基本含义、内容和一般程序。
8. 简述信息控制的基本含义。
9. 简述管理控制工作对管理信息的基本要求。

第六篇

创　新

第十五章　企业管理创新

学习目标

1. 了解管理创新的概念、内涵和内容；
2. 了解思维与观念创新的概念和过程；
3. 了解技术创新的概念、类型、特征与过程，了解技术创新战略的内涵和选择；
4. 了解组织创新的概念、内容、过程与发展趋势；
5. 了解制度创新的概念、动因、过程及其基本趋势；
6. 了解战略创新与战略创新机制的概念，掌握战略创新实施要素。

【开篇案例】　浙大网新：创新"产学研"关系链

奥巴马宣布实施医疗体系改革后，最雀跃的是印度服务外包公司，它们自认为将独食美国500亿美元的医疗信息系统外包市场。但这一次，包括Infosys、Wipro和Tata等在内的印度科技巨头，不得不把来自中国的浙大网新视为有威胁的对手。此前，在美国医疗保险机构——Security Health Plan(隶属北美最大私立医疗保健集团Marshfield Clinic)抛出的2124万美元软件总外包竞聘中，印度公司集体输给了浙大网新。

这只是浙大网新对印度软件业发起的初战，其总裁陈建还有一个更大的商业计划，欲以此为契机依靠自身的信息科技创新，在全球进一步证明浙大网新的竞争力。在网新创新版图中，不仅包括上述的医疗领域，更涉及金融信息、工程信息、能源信息等多个领域。这家低调经营的公司，何以能在多元领域实现跨界创新呢？技术创新的背后有着什么样的商业新思维呢？

创新"产学研"关系链

从股本结构上看，网新实际控制人为浙江大学，是一家衔着"学+研"金钥匙出生的科技型企业。类似的"高校工厂"模式，几乎在中国各大学里都有，为什么网新能做大规模？根据年报，浙大网新2010年营业收为55.48亿元，同比增长

14.5%，实现利润总额0.83亿元，同比增长146%。

大多数“高校工厂”模式，不是找外部企业托管就是设而不管。而网新不仅来自浙大直接创设，且董事会成员、执行管理层均来自浙大各系教授。这种在高校和企业之间的“你中有我，我中有你”的关系，让网新能轻而易举地打通产学研渠道。

但是网新的业务种类繁杂，涉及软件开发、跨行业网络应用、多媒体交互、通讯、网络安全等多个领域，而任职高管的教授，毕竟有可控人数，而且专业上也不可能一统所有学科，因此必须深挖产学研这条关系链，并对产学研合作模式进行创新。

网新根据市场需求立项，找到各系学科专家。比如涉及金融企业的服务外包，则有浙大管理学院的金融专家提供“智慧”支持，比如涉及能源交通服务外包，则有该领域的教授参与项目，甚至成为项目领导人。通过这一平台，网新解决了很多中国企业受制于单一学科的创新瓶颈，从而在公司多个并不专长的业务项目上，与浙大实现知识成果对接。

创新“合包联姻”模式

和传统制造企业不同，网新的每一步都和创新紧密相连。“传统的外包模式，是一种被动的商业服务模式，也就是说只能被动等待客户的合约。”陈建表示：“为了争取更大的业务量，我们采取了‘合包联姻’，这是浙大网新对传统外包商业服务模式的创新。”

最典型的运用，就是与美国最大的基金公司道富集团的合作。整个合作路径上，网新走了三步：

第一步，取得传统外包话语权。此前，道富已老化的Lattice证券交易系统每天都会死机、几近瘫痪，道富也试图聘请美国、印度的软件外包公司修复该系统，但均不成功。他们抱着试试看的态度找到了浙大网新。负责这一项目的副总裁杨小虎带领学生每天工作14小时以上，用了半年时间完成了72条程序，终于修复了Lattice证券交易系统。此举大出道富的意料。鉴于对浙大网新的认同，道富将集团150余个核心业务信息系统开发项目外包给了浙大网新。

第二步，升级外包服务。网新对于道富的核心系统实施100%的再造，使系统速度提高了500%，有效提升了系统弹性和扩展性，节约人力成本达25%以上。与此同时，网新亦培养了国际顶尖的金融信息服务项目团队。

第三步，开创“合包联姻”模式。随着与道富合作的深入，双方开始进入第一次“婚姻”，共同出资创立了“网新恒宇”，之后被道富收购，成为其独资的“道富信息科技”。与此同时，双方合资创办了“网新恒天”，继续承接道富的软件业务，但道富不再仅仅是信息技术服务的发包方，而是以共同投资人的身份直接介入项目管理，与网新共享风险利益。

网新还在“合包联姻”模式基础上进行了微创新。比如“完全整合”模式。这一模式是发包方利用自身在发包商业务领域上的丰富知识，自主地研发出适合该领域发展规划的各类产品，进一步全面、深入于这一领域。这与网新提出的“COMPUTER＋X(信息技术＋行业)”产业战略极其吻合。再比如，“360 度全方位合作”，网新在与微软、IBM、思科等国际巨头的合作上，双方互为客户、互为供应商，形成一个多方共赢的商业生态。网新现在提出“智慧城市”战略目标，这和 IBM“智慧地球”的提法很近似。看起来这家公司并不想仅仅满足于和巨头的协作关系，摆在他们面前的挑战是如何从一家与巨头合伙的公司转变为一个行业的革新者。

〔资料来源：http://www.sino-manager.com/2011614-24597.html
浙大网新：《创新“产学研”关系链》，经理人，2011-6-14〕

在长期的社会发展历史中，人类始终面临着稀缺资源与无限需要之间的尖锐矛盾，需要恰当配置和充分利用稀缺资源以满足人们的需要，这就是管理。就这一角度而言，管理是指适应组织内外部环境变化对组织的资源进行有效配置和利用，最终达成组织既定目标的动态创造性活动。管理是在动态环境中生存的社会经济系统，仅有组织、领导和控制等“维持职能”是不够的，还必须不断调整系统活动的内容和目标，以适应环境变化的要求，这就是管理的“创新职能”。维持职能与创新职能对企业的生存发展都是非常重要的，二者相互联系、不可或缺。创新职能是指在维持职能基础上的发展，而维持职能则是创新职能的逻辑延续；维持职能是为了实现创新职能的成果，而创新职能则是为更高层次的维持职能提供依托和框架。任何管理工作，都应围绕着企业生产经营系统运转的维持和创新而展开。只有创新职能而没有维持职能，企业组织系统就会处于无序的混乱状态；只有维持职能而没有创新职能，企业组织系统则缺乏活力、适应不了任何外界变化，最终会被社会所淘汰。卓越的企业管理是实现维持职能和创新职能最优组合的管理。

本章旨在通过对管理创新的含义、内容、过程及特点加以介绍，揭示管理创新的规律，以指导企业管理创新职能的执行。主要从以下六个方面进行阐述：① 管理创新及其内容；② 思维和观念创新；③ 企业技术创新；④ 企业组织创新；⑤ 企业制度创新；⑥ 企业战略创新。

第一节　管理创新及其内容

人们通常总是把“创新”与设备更新、产品开发或工艺改进联系在一起。无疑，这些技术方面的革新亦是创新的重要内容，但并不是创新的全部内容。

一、管理创新

（一）创新

创新一词源于拉丁语，其原意包括三层含义：更新，创造新东西或改变。

1912 年，在《经济发展理论》一书中，美籍奥地利经济学家、美国哈佛大学教授约瑟夫·熊彼特(Joseph Alois Schumpeter)第一次把“创新”引入经济领域。他认为，“创新”就是把生产要素和生产条件的新组合引入生产体系，即“建立一种新的生产函数”，其目的是为了获取潜在的利润。简单地说，创新就是为适应组织内外环境变化的要求而对组织进行的局部或全局的调整。熊彼特的创新概念，包括开发新产品、采用新技术和新的生产方法、开辟新的市场、掠夺或控制原材料的新供应来源以及实现企业的新组织等五种情况。在熊彼特看来，经济发展并不是由外部推动的，而是来自资本主义经济内部，即“创新”的结果。

创新对于组织来说是至关重要的，① 创新是组织发展的基础，是组织获取经济增长的源泉；② 创新是组织谋取竞争优势的利器；③ 创新是组织摆脱发展危机的途径。

创新与发明不同，创新之中不一定要有发明，但是能把现有的生产要素和生产条件组合起来产生一个新的体系则能够提高效率。

（二）管理创新

我国学者常修泽等人认为：管理创新，是指一种更有效而尚未被企业采用的新的管理方式或方法的引入，是组织创新在企业经营层次上的辐射。芮明杰认为：管理创新，是指创造一种更有效的资源整合范式，这种范式既可以是新的有效整合资源以达到企业目标和责任的全过程式管理，也可以是新的具体资源整合以及目标制定等方面的细节管理。王伟则认为：管理创新是基于重大环境(条件)变化，管理主体选择和采取的使组织(企业)运行更具适应性或有效性的新的管理观念、管理体制、管理机制及其他方式方法。

综合以上研究成果，本书采用定义如下：管理创新，是指企业把新的管理要素(如新的管理方法、新的管理手段、新的管理模式等)或要素组合引入企业管理系统，以更有效地实现组织目标的创新活动。其本质是对管理职能活动的创新。它通过改进和创新职能行为，可创造一种新的更有效的企业资源整合范式，使之与环境相协调以更好地实现组织目标，实现企业的可持续发展。

二、管理创新的内容

管理创新，是指为适应社会和经济的发展，对管理工作所做的改革、变化、重组，目标是使整个管理系统处于动态协调之中。它既可以是有效整合资源以达到组织目标的全过程管理，也可以是某个具体方面的细节管理。

管理创新主要包括以下几方面内容：① 观念创新，是指提出一种新的运行思路并加以有效实施；② 组织创新，是指创设一种新的组织机构并使之有效运转；③ 技术创新，是指发明或引进一项新的技术并使之付诸实践；④ 制度创新，是指创立或引进一项新的制度；⑤ 战略创新，是指从为顾客创造价值的角度进行思考，重新确定企业的经营目标，分析自己的顾客与竞争对手的实力，调整企业对关键性成功因素的看法，并最终改变企业的竞争策略。

第二节　思维与观念创新

思维和观念创新在企业中通常表现为——打破陈规陋习，克服旧有思想束缚，树立全新的管理思路。思维和观念创新直接地表现为一种创新性思维活动，是对企业价值观念和企业经营理念的创新，它深刻地影响着企业的行为和效益，是管理创新的灵魂。

一、思维和观念

（一）思维

从词干分析，“思”即思考，“维”是指方向或序列。“思维”可以理解为：为了某一目标而对客观事物有意识地沿着一定方向探究其规律的活动。思维是人脑对客观事物的概括地、间接地反应，是在社会实践中或感觉经验的基础上产生的理智认识，它反映的是事物的本质和事物间规律性的联系。思维是一种极为复杂的心理现象，具有许多重要的属性或性质。

（二）观念

观念，是指人们在长期的生活和生产实践中形成的对事物的总体、综合的认识。它一方面反映客观事物的不同属性，同时亦加上了主观化的理解色彩。可见，观念是人们对事物主观和客观认识的系统化之集合体。

人们会根据自身形成的观念进行各种活动，利用观念系统对事物进行决策、计划、实践和总结等活动，从而不断丰富生活和提高生产实践水平。观念具有主观性、实践性、历史性、发展性等特点。形成正确的观念，有利于做正确的事情，提高管理水平和工作质量。

（三）思维与观念

思维是人的本能，是人类进化的结果。观念是思维的产物，即便不是自己思维的产物也是别人思维的产物。如果说观念是"产品"的话,思维就是"产品"加工活动。此外,观念不仅是加工的产物,有时也是加工的原料,即驱动思维运转的"软件"。

观念起源于对客观事物规律的探究,即思维的结果。同时,领悟观念的含义需要经验的积累、体验和感悟。随着经验的积累,人们对每一个熟知的任何观念都要去辨识它的意义,如公平、合理、真、善等等。随着认识的深化和观念的不断更新,思维、情绪也会随之变化。即观念可以决定人的情绪并影响人的思维。

综上所述,思维是人的本能,思维产生观念,支配思维的是人的观念,即观念决定思维方式,思维方式决定情绪和态度,同时亦对人的行为方式和结果产生影响。

二、创造性思维

(一) 创造性思维

顾名思义,创造性思维就是能产生新颖性思维结果的思维活动。创造性思维活动既可能发生于科学发明活动当中,也可能存在于日常事务处理过程之中。在前一种环境下,创造性思维往往是指在历史上首次产生的、前所未有的、具有一定社会意义的高级思维活动,例如工程技术或艺术上的突破。后一种环境中,则指任意主体具有的新颖或独特的思维,可以理解为"想到了别人没有想到的观念"。

由此,我们可以为创造性思维下一个定义。创造性思维是指能产生发现性、开拓性或新颖性思维结果的思维;是指人们在利用已经掌握的知识和理论不能直接解决问题时,在收集信息的基础上经过系统地分析和综合,在事物和规律之间形成了新的联系,使问题获得解决的一种思维过程。

(二) 创造性思维的特征

创造性思维相对于传统思维(或称常规思维)而言,在论证方式、思考角度和方法、运用信息资料的方法和思维成果方面均表现出诸多不同。从创造性思维活动的内容来看,创造性思维既不是一种简单孤立的思维活动形式,也不是两种或某几种思维活动类型的简单叠加,而是一个包含逻辑与非逻辑思维、形象与抽象思维、发散与聚合思维、灵感思维等多种思维形式和要素在内的、相互协同进行的、极其复杂的系统化思维过程。虽然对创造性思维的描述多种多样,但究其本质则有很多共同之处。关于创造性思维的特征概括如下。

1. 问题的警觉性

创造始于问题。在任何领域或任何岗位上若进行创造活动,都是从发现问题、辨识问题、确认问题开始的。问题即矛盾所在,就是存在差距的地方,就是不完善或不完美之处。对组织而言,问题无处不在又无时不在。即使不存在危及系统或全局的大问题，至少存在着影响某些子系统或局部的小问题；即使没有充分暴露出来的问题，也会有处于萌芽状态的问题。只有创造性地提出问题、识别问题，才有可能创造性地解决问题。问题的警觉性，即是指主动地发现问题，它是人的思维活动的一种积极表现。

在管理活动中同样不能回避问题，更不能惧怕问题。善于提出问题，能够提出与众不同的问题，能够在日常的工作中积极主动地寻找问题，是管理者的基本职业素养，是管理者进行创造性思维的重要前提。

2. 积极的求异性

创造性思维本质上是一种求异性思维，体现出与常规思维活动所不同的思考问题的方式和方法。拓展思考领域的最大障碍，是思想僵化、自我束缚、自己限制自己。要突破这种障碍，就必须不断强化思维的求异性，不断地克服思维的惰性、突破思维定式。一般而言，独特的设想、与众不同的方案，只有一部分甚至只有一小部分可以得以实施并获得成功。但是，管理创新却必定来源于思维的求异性。管理者必须保持思维的求异性，追求独辟蹊径、与众不同，才有可能实现管理上的创新。

3. 系统的整体性

创造性思维的系统整体性体现在创造性思维的结构层次性上。任何事物的结构都具有层次性特点。关于事物结构的认识，从内容上看就是对事物构成成分层次性的了解和掌握。创造性思维作为一种复杂的心理活动，其层次也是复杂的。

从思维主体的角度看，创造性思维的系统整体性要求包括以下两个层次：① 创造性思维主体的脑生理结构和心理结构是正常健全的，即记忆、逻辑、想象、直觉和思维发散能力是健全而协调的；② 创造性思维主体的思维构成要素结构是系统的，即问题、观念、知识、语言、成果等基本要素是并存且相互联结、相互作用的。

从思维客体的角度看，创造性思维的系统整体性，是指创造者要把思维客体看作一个系统。把思维客体以系统与子系统、子系统之间以及系统内与系统外之间的关系的协调为思维内容，并以实现工作系统目标最佳为思维的基础。创造性思维的系统整体性要求如下：① 定量分析与定性分析相结合。定量分析强调把数量分析作为思维问题的基础，即以数量分析为基础；定性分析则侧重于对事物的性质、特征进行描述和总结。在创造性思维过程中，经常以定量分析为基础，再通过定性分析来解释和回答问题。② 微观分析与宏观分析相结合。微观分析，是指将系统的各子系统和要素进行单独分析；宏观分析，则是指对系统结合系统环境做整体性的分析。宏观分析是以微观分析为基础的。③ 系统结构与系统功能相结合。在一定环境条件下，系统结构决定系统功能，而系统功能又反作用于系统结构。因此，创造性思维的系统整体性，要求辩证地分析系统结构和系统功能的相互作用、相互依存关系。在研究并改善系统功能时，不能将思路仅仅停留在提高局部子系统或单个要素上，要有通过调整系统结构以充分发挥系统功能的思想。

除此以外，创造性思维还具有主体的时代局限性、思维成果的超前性等特征。

三、创新思维过程

关于创造性思维过程的研究，国内外学者做了大量研究。以下介绍几种有代表性的理论。

（一）“四阶段”理论

美国心理学家华莱士（J. Wallas）认为，创新思维过程包含准备、酝酿、启发和检验四个阶段。

1. 准备阶段

创新思维从提出问题、收集相关信息和进行各项准备工作开始。提出问题实质上是产生创新动机的过程，也是开始有意识地思考的过程。在这一阶段，最重要的是明确创新目的、界定问题、收集必需的信息和掌握需要的技能。

2. 酝酿阶段

酝酿阶段也称为探索阶段，是创新思维的关键阶段。在这一阶段，需要充分发挥灵活而发散的思维，转移借鉴经验、侧向思维、想象及联想等创造才能，并通过各种试探法则进行探索。

3. 启发阶段

启发阶段是产生创新构想的阶段。新思想、新观念、新形象的产生，起决定作用的是直觉、灵感、想象等非逻辑思维。这个时期的思维及其成果具有豁然开朗、突然出现的特点，因此又被称为顿悟期或灵感期。

“顿悟”，并不是由于自己有意识地努力得来的。它的出现，大都是在疲倦极了、一度休息之后，或者是正当转而注意别的事情、完全忘神的时候。这种所谓“顿悟”，并不是主要由语言表达出来而是通过视觉上的幻象表达出来的。这种顿悟一出现，就十分不同于别的许多经验，它是突然的、完整的、强烈的。华莱士把这种经验称为“尤瑞卡经验”（eureka experience）。这种思想有时产生于其他活动中，甚至产生在半睡眠的模糊状态下。例如，橡胶的硫化方法就是海华德（N. Mayard）在梦中想到的。法国著名数学家笛卡儿（René Descartes）提出解析几何学也得自梦中的灵感。创造性思维到了这个阶段，其思考过程已基本完成。

4. 检验阶段

检验阶段，是指对新思想或新观念进行验证补充和修正、使其趋于完善的时期。因为并非所有问题的解决都会以突然、强烈的经验而告终，这种经验也可能和问题的错误解决伴随产生。所以，这种灵感的成果还必须经历一个仔细琢磨、具体加工和验证的过程。这是对整个创造过程的反思，以使创造成果建立在科学的理论基础之上并物化为能被他人所理解和接受的形式。这一阶段，是在意识的支配下进行的，可以采取逻辑推理方式，也可以通过实践活动求得事实上的结果。

（二）"序列链"理论

刘奎林是目前我国系统研究灵感思维的一位学者，他在华莱士"四阶段"理论的基础上，进一步就创造性思维中的灵感思维的过程进行了研究，提出了"诱发灵感的机制序列链"理论。他认为这个序列链由五道程序组成，即境域——启迪——跃迁——顿悟——验证。① 境域，即指那种足可诱发灵感迸发的充分且必要的境界。以文学创作为例，这种境域正如俄国作家列夫·托尔斯泰所认为的，创造者入境后表现出来的那种潜思维与显思维的随意交融、思意驰骋、神与物游的"忘我"境域，正是"创作的最高境界"。② 启迪，是指机遇诱发灵感的偶然性信息。创造者的灵感孕育一经达到饱和程度，只要有某一相关信息偶然启迪，顷刻间就可豁然开朗。③ 跃迁，即指灵感发生时的那种非逻辑质变方式，经过显意识与潜意识的交互作用，潜意识即进入一种跨越推理程序的、非连续的质变过程。潜意识的信息加工过程，一般说人们无法意识到在形态上或在能量上的中间循序过渡环节，它是灵感思维的一种高级质变方式。④ 顿悟，即指灵感在潜意识孕育成熟后同显意识沟通时的瞬间表现。⑤ 验证，即指对灵感思维结果的真伪进行科学的分析和鉴定。

以上五个程序彼此间紧密联系、互相制约，从而形成一个以显意识调动潜意识、诱发灵感发生的有机系统。

灵感思维虽然与创造性思维并不是同一概念，但灵感思维在创造性思维中却占重要地位。我们从华莱士的"四阶段"理论中可以看到，其"酝酿""启发"的过程，着重指出的即是灵感思维的过程。刘奎林的"序列链"理论，着重说明的则是灵感思维的全过程。我们把二者结合起来理解，就会对创造性思维的过程有一个更全面、更深刻的认识。

（三）"发散—辐合"理论

美国心理学家吉尔福德(Joy Paul Guilford)在对创造性思维的研究中，提出了发散思维和辐合思维的概念。

吉尔福德认为，发散思维"是从给定的信息中产生信息，其着重点是从同一的来源中产生各种各样的众多的输出，很可能会发生转换作用”。例如，要求受试者提出一块砖的多种用途或给一个短篇故事挑选一个标题。辐合思维是依据给定的零散信息得出一个有效的或合理的答案或结论。具体而言，辐合思维是在发散思维所提供的大量事实基础上，经过分析和比较从中提出一个可能正确的答案或结论，然后经过检验、修改、再检验，甚至被推翻，再在此基础上集中提出一个最佳的、有效的答案或结论。例如，就一篇短故事给受试者提供好几个题目，要求受试者从中选择一个最佳的标题来。

在一个完整的思维活动中，发散思维和辐合思维是互为前提、交互进行的。一般而论，面对一个课题或解决一个问题，思维者总是先千方百计调集自己已有的知识经验，而每一个知识经验则是以往辐合思维的产物。我们说解决问题以知识经验为前提，也就是以辐合思维为前提。调集有关知识经验的过程，就是发散思维的过程，即通过联想和回忆尽可能多地从不同角度寻求可能解决问题的假设、途径和方案。

一个完整的创造性思维过程，既离不开发散思维也离不开辐合思维，且呈现出一种二者相互促进、相互转化、交互推进的思维程序，即“辐合思维──→发散思维──→辐合思维”的程序。无论科学创造或文艺创作，都是在经历这样一个思维行程之后才获得创造性成果的。

以上三种理论，华莱士和刘奎林的过程论主要是从认知心理上揭示包括显意识和潜意识在内的创造性思维的全过程，不过刘奎林更着重于灵感思维而已。吉尔福德的过程论则是从“发散”和“辐合”两种显意识进行中所运用重要方式上说明了创造性思维的过程。可见，他们是从不同角度为我们从不同的侧面揭示创造性思维过程的。

四、观念创新

（一）观念创新

行动从思想中来，观念支配行为。观念创新是企业管理创新的先导，它关乎企业的生死存亡。观念创新，即管理思想创新，是指树立一种用新的更有效的方式整合组织资源、更有效地达成组织目标和责任的观念或者思想。

有创见的观念和思维，不仅能揭示客观事物的本质及其内在联系，而且能指引人们去获取新知识或以前未曾有过的对问题的新解释，从而产生新颖的、前所未有的思维成果。观念创新具有灵活性、独创性、敏捷性和发明能力等特征。

（二）观念创新体系

企业的观念创新，需要从多角度、全方位进行观念创新体系的建立和改进。观念创新体系如图 15-1 所示。

管理观念创新涉及企业全局、全过程和全体员工。以下例举一些近年来企

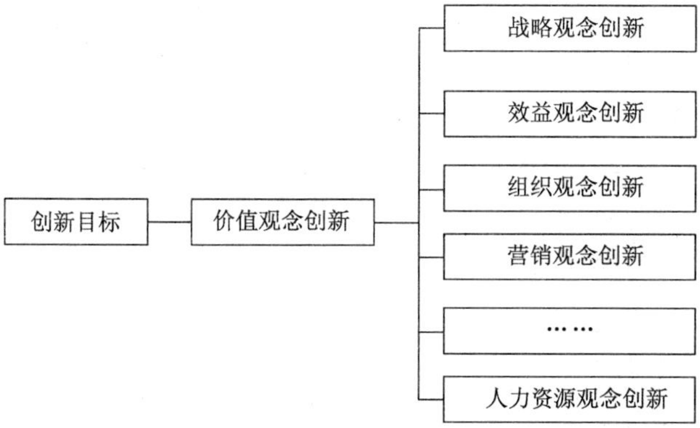

图 15-1　观念创新体系

业管理中发生的具关键意义的观念变革。

1. 控制还是服务——服务型管理观念

长期以来，无论是科学管理理论还是系统管理理论，都将管理视为“控制”，即：“通过控制员工的行为，以便完全按照管理层的意志完成工作。”在追求利润第一、信息不畅的时代，通过以控制为中心的管理，在很大程度上避免了员工的冗余动作和失误风险，从而提高了组织效率。而在当今以计算机的普及为特征的信息社会，劳动对象是大量集中的符号、数据、信息和知识。相应地，劳动者的主要职责已转变为使用、创造、发明新的信息技术及其应用，在不断的知识积累和个性创造中实现组织的系统性发展。

同时管理者在组织结构中的角色定位也发生了相应变化。管理者的职责在于确定企业发展方向，同时能够不断地给组织和员工提供完成工作所需的资源(例如对员工之间工作的配合协调，设计和定位员工在公司内部的发展前程等)，而不是给已经能够完全独立工作的员工施加太多的控制。

2. 短期培训还是可持续学习——学习型管理观念

知识型社会本身所具备的知识密集的特征，要求企业更加重视知识的积累和更新。个人和组织都应该认识到学习对于企业的重要性。可持续的学习有以下几种形式：① 系统地从过去和当前的研究项目和产品开发中学习；② 客户作为企业共生生态系统的一部分，成为获取信息的外源；③ 组织内部成员间加强联系，实现资源有效共享；④ 培训不再是一次性的而是持续不断的活动。员工接受培训的空间开放到组织内部的任何地方，也许是走廊的谈话，或者是个人办公室内、午餐桌上、中午小憩时的各种交流。

3. 孤胆英雄还是团队游戏——团队型管理观念

“管理是团队的游戏”，组织中的领导面对传统等级界限明显的金字塔式的组织结构时，应该更乐于这样回答。经理必须是一个主动与人合作的角色，信息时代要求成员间进行快捷、便利的信息交流和共享。组织更应该在企业内部建立起局域网络系统，在物理层面上进一步促进团队作业的协调快捷，避免由于成员间隔离闭塞所造成的消极怠工以及信息谬传造成的经营损失或人际关系紧张。

综上所述，人的观念差异，在本质上就是思维方式不同。改变思维方式就可以解决观念问题，继而影响其他行为方面的创新和变革。人的观念来源于对实践的思维结果，改变自己的观念靠自己从实践中总结。创新就是从“否定自我”开始的，否定自我就是对过去的思维方式和价值观的思考，思考的结果就叫作观念更新。

第三节　企业技术创新

从广义上讲，技术进步是指技术所涵盖的各种形态知识的积累和改进。在开放经济中，技术进步的途径主要有三个方面，即技术创新、技术扩散、技术转移和引进。

一、技术创新

（一）技术创新的内涵

技术创新以获取商业利益为目标，是一个从产生新产品或新工艺的设想到市场应用的完整过程。它包括新设想的产生、研究、开发、商业化生产到扩散这样一系列活动，在本质上是一个科技、经济一体化过程，是技术进步和应用创新共同作用催生的产物。它包括技术开发和技术应用两大环节。技术创新的最终目的是技术的商业应用和创新产品的市场成功，是一个包括科技、组织、商业和金融等一系列活动的综合过程。

1. 技术创新与发明创造不同，发明创造是科技行为而技术创新则是经济行为

熊彼特认为，发明创造只是一种新概念、新设想，或者至多是试验品的产生，哪怕是为人类的知识宝库做了巨大贡献的伟大发明也不例外。而技术创新，则是把发明或其他科技成果引入生产体系，利用那些原理制造出市场上需要的商品，从而使生产系统产生震荡效应。这种科技成果商业化和产业化的过程，才属于技术创新。因此，技术创新总是与经济效益提高相联系的。推动技术创新的是企业家，而不是发明家和革新者。企业家应用发明创造原理，制造出新产品或引入新工艺，可以获得比市场上已有的产品更高的利润。获得潜在的超常规的利润，是企业家推动技术创新的根本动力。

2. 技术创新始于研究开发而终于市场实现

任何技术创新都是从研究开发开始的，没有研究开发就谈不上技术创新。即便是通过技术引进的产品，也许在行业内并不算是新技术，但是要将其变成本企业自己能生产的商品，也需要做开发工作。至于一些重大的技术创新，则更需要有研究开发工作来支持。

技术创新最终总是以市场实现而告终，通过营销环节实现了技术创新的价值。营销环节的创新自然也包含在技术创新之中，它对开辟新市场和实现技术创新的价值有着重要作用。

3. 创新扩散是技术创新带来社会经济效益的根本途径

技术创新一经出现，就会在社会上产生巨大的示范作用，那些未获得潜在的超常规利润的企业，便会纷纷渴望分享其利，从而形成巨大的模仿高潮。模仿同创新相比，具有省力、投资少、风险小、进入快等优点。因此，可以说世界上没有一种产品是不被别人模仿的，同时也没有一个企业（包括研究开发实力极其雄厚的企业）不模仿别人的产品。模仿者之所以能分享到创新者的利益，是由于任何一种新产品上市其生产规模总是有限的，短期内不可能满足所有用户的需求，这就为模仿者提供了市场机会。高明的模仿者甚至还可能后来居上、形成后发优势，比创新者占领更大的市场份额。例如电视机，虽然是美国企业首创，而日本的索尼和松下公司通过模仿则掌握了这些创新技术，并对原有产品进行改善，使性能和成本更优于原有创新者的产品，最后成为世界上规模最大、质量最优的电视机供应商。

目前通用的名词定义中，始于研究开发而终于市场实现的技术创新称之为狭义技术创新，始于发明创造而终于技术扩散的技术创新称之为广义技术创新。人们通常理解的技术创新，主要是指狭义的技术创新。

（二）技术创新的基本类型

技术创新的分类方法很多，以下就常用分类加以介绍。

1. 根据技术创新过程中技术变化强度进行的分类

根据技术创新过程中技术变化强度的不同，技术创新可分为渐进性技术创新和根本性技术创新。

（1）渐进性技术创新

渐进性技术创新，又称改进型创新，是指由现有技术改进而引起的渐进、连续的创新。

（2）根本性技术创新

根本性技术创新，又称重大创新，是指技术有重大突破的技术创新。它常常伴随着一系列渐进性的产品创新和工艺创新，并在一段时期引起产业结构的变化。

2. 根据技术创新中创新对象不同进行的分类

根据技术创新中创新对象的不同，技术创新可分为产品创新、过程创新、材料创新和手段创新。

(1) 产品创新

产品创新，是指技术上有变化产品的商业化。按技术变化量的大小，产品创新可分成重大(全新)的产品创新和渐进(改进)的产品创新。

产品用途及其应用原理有显著变化者可称为重大产品创新。如电话、半导体晶体管、电视机、集成电路和电子计算机等，一步步地将人类带进了信息社会，对人类的生产和生活产生了重大影响。这类产品创新就是重大产品创新或称根本性创新。重大的产品创新往往与技术上的重大突破相联系。

渐进的产品创新，是指在技术原理没有重大变化的情况下，基于市场需要对现有产品所做的功能上的扩展和技术上的改进。如由火柴盒包装箱发展起来的集装箱，由收音机发展起来的组合音响等。每年上市的成千上万种新产品，其中大部分是对原有产品的功能做了某些微小的变动或者不同产品功能的新组合，正是这类渐进或改进式的创新不断地吸引大量顾客，才为企业产品开辟了广阔的市场前景。

(2) 过程创新

过程创新，也称工艺创新，是指产品生产技术的变革，包括新工艺、新设备和新的组织管理方式。

过程创新同样也有重大的和渐进的之分。如炼钢用的氧气顶吹转炉、早期福特公司采用的流水作业生产方式以及现代的计算机集成制造系统等，都是重大的过程创新。这些过程创新往往伴随有重大的技术变化，与采用新的技术原理相联系。渐进式的过程创新，如对产品生产工艺的某些改进、提高生产效率的一些措施、导致生产成本降低的一些方法等。过程创新与提高产品质量、降低原材料和能源的消耗、提高生产效率有密切关系，是技术创新中不可忽视的内容。

技术创新的经济意义往往取决于其应用范围，而不完全取决于是产品创新还是过程创新。例如，集装箱这一产品创新，可以说没有丝毫的新技术，但它变散装运输为大箱集装运输，减少了船只在码头的停留时间，使海洋运输效率提高了几倍。可以毫不夸张地讲，没有集装箱就没有现代海运事业，同时亦不可能有快速发展的世界贸易。

(3) 材料创新

材料创新，是指寻找和发现现有材料、特别是自然界提供的原材料的新用途。随着科学发展，近年来利用新知识和新技术的合成材料创新日益增多。

(4) 手段创新

手段创新，是指对生产的物质手段的改造和更新。主要包括两个方面：其一，将先进的科技成果用于改造和革新原有设备，以延长其技术寿命或提高其效能；其二，用更先进、更经济的生产手段取代陈旧、落后、过时的机器设备，使企业生产建立在更加先进的物质基础之上。

在以上四类创新之中，材料创新不仅会带来产品制造技术的革命，而且会导致产品物质结构的调整；产品创新不仅是产品功能的增加、完整或更趋完善，而且必然要求产品制造工艺的改革；过程创新不仅导致生产方法更加成熟，而且必然要求生产过程中利用这些新工艺方法的各种物质生产手段的改进。反过来，机器设备的创新也会带来加工方法的调整或促进产品功能的更加完善，过程创新或产品创新也会对材料的种类、性能或质地提出更高的要求。总之，上述各类创新虽然侧重点各有不同，但任何一种创新都必然会促进整个生产过程的技术改进，从而必然会带来企业整体技术水平的提高。

3. 根据技术创新运动方向和创新动力进行的分类

根据技术创新的运动方向和创新动力分类，可以把技术创新分为研究推动创新模式、需求拉动创新模式、内生驱动创新模式和双重驱动创新模式。

(1) 研究推动创新模式

研究推动创新模式，又称上游模式或科学推动模式。是指技术创新活动从基础阶段开始，逐渐向生产阶段和用户需求(市场)阶段推进，最后完成创新过程。这种模式的技术创新创新周期较长、成功率较低，但其创新成果影响较大。

(2) 需求拉动创新模式

需求拉动创新模式，又称下游创新模式或市场牵引创新模式，是指技术创新活动从市场开始，然后向基础研究阶段及其中间发展层次反馈。

(3) 内生驱动创新模式

内生驱动创新模式，是指技术创新活动并不是从基础阶段或用户需求(市场)阶段开始的，而是从创新链条中任一环节如开发、应用研究甚至生产阶段自发开始的。通常情况下，这一创新模式考虑的是新产品或新工艺的合理性，仅从新技术的利用角度进行研究开发。

(4) 双重驱动创新模式

双重驱动创新模式，是指技术创新活动既有研究推动的作用又有需求拉动的作用。实际上，无论是研究推动、需求拉动还是内生驱动创新模式，在技术创新的过程中相关各方在利益诱导下都会在某一阶段介入高层次的创新活动，即从单一推动创新模式转为双重驱动创新模式，并且不断循环下去。由研究推动创新模式发展成为双重驱动创新模式的典型是医药行业，由内生驱动创新模式发展成为双重驱动创新模式的典型是航空行业，由需求拉动创新模式发展成为双重驱动创新模式的典型是家电行业。

此外，按技术发展的特征分类，技术创新可分为组合型创新、继承型创新和开拓型创新；按技术创新的目的分类，技术创新可分为超越型创新和适应型创新；按技术创新的活动分类，技术创新可分为合作竞争型创新和对抗升级型创新；按创新活动的结果分类，技术创新可分为预期性创新和随机性技术创新。

（三）技术创新的贡献

不论是何种内容的技术创新，最终都会在一定程度上促进产品竞争力提高从而提高企业的竞争力。

材料创新不仅可为企业提供以数量丰富、价格低廉的原材料而取代价格昂贵的稀缺资源的机会，而且有可能通过材质改善促进企业产品质量提高。产品创新既可使产品为消费者带来新的满足，亦可提高生产企业的市场竞争力。过程创新既可使为产品质量的形成和提高提供更可靠的保证，亦可能降低产品的生产成本。物质生产条件的创新，可直接带来劳动强度的下降和劳动生产率的提高，从而降低生产成本、提高价格竞争力。

综上所述，一方面通过技术创新降低成本使产品价格更具竞争优势，另一方面通过增加用途、完善功能、改进质量和保证使用而使产品对消费者更具吸引力，从而实现在整体上推动企业市场竞争力的不断提高。

二、技术创新的源泉

创新源于企业内部和外部的一系列不同的机会，这些机会可能是企业刻意寻求的，也可能是企业无意中发现并有意识地加以利用的。美国管理学者彼得·德鲁克把诱发企业创新的这些不同因素归纳成 7 种不同的创新来源——意外的成功或失败、企业内外的不协调，过程改进的需要，行业和市场结构的改变，人口结构的变化，消费者观念的改变和新知识的产生等。

（一）意外的成功或失败

意外的成功，常能为企业创新提供很多的机会。未曾料到的失败则常被企业忽视。意外的成功也许会被忽视，未曾料到的失败则不能不面对。

不论是意外的成功还是意外的失败，一经出现企业就应正视其存在，并对其进行认真分析，努力搞清并回答这样几个问题——究竟发生了什么变化？为什么会发生这样的变化？这种变化会把企业引向何方？企业采取何种对策才能充分利用这种变化而使之成为企业发展的机会？

（二）企业内外的不协调

当企业对外部经营环境或内部经营条件的假设与现实相冲突，或当企业经营的实际状况与理想状况不相一致时，便会出现不协调状况。这种不协调既可能是已经发生了的某种变化的结果，也可能是某种将要发生变化的征兆。同意外事件一样，不论是已经发生的还是将要发生的变化，都可能为企业的技术创新提供一种机会。

（三）过程改进的需要

意外事件和不协调是从企业与外部关系角度进行分析的，过程改进的需要则与企业内部的工作（生产经营过程）有关。由这种需要引发的创新是对现有过程（特别是工艺过程）进行改善，把原有某个薄弱环节去掉，代之以利用新知识、新技术重新设计的新工艺、新方法，以提高效率、保证质量、降低成本。由于这种创新需要通常存在已久，所以一旦采用人们常会有一种理该如此或早该如此的感觉，因而能迅速被组织接受并很快成为一种通行标准。

（四）行业和市场结构的改变

企业经营是在一定的行业结构和市场结构条件下进行的。行业结构，主要指行业中不同企业的相对规模和竞争力结构以及由此决定的行业集中或分散程度；市场结构，主要与消费者的需求特点有关。这些结构既是行业内或市场内各参与企业的生产经营共同作用的结果，也制约着这些企业的活动。行业结构和市场结构一旦出现改变，企业必须迅速对之做出反应，在生产、营销及管理等诸方面组织创新和调整，否则就有可能影响企业在行业中的相对地位，甚至带来经营上的灾难、引发企业的生存危机。

（五）人口结构的变化

作为企业经营必不可少的资源，人口因素对企业经营的影响是多方面的。人口结构的变化直接决定着劳动市场的供给，从而影响企业的生产成本；作为企业产品的最终用户，人口的数量及其构成可确定市场的结构及其规模。有鉴于此，人口结构的变化有可能为企业的技术创新提供契机。

（六）消费者观念的改变

对事物的认知和观念决定着消费者的消费态度，消费态度决定着消费者的消费行为，消费行为决定一种具体产品在市场上的受欢迎程度。因此，消费者观念的改变影响着不同产品的市场销路，为企业提供着不同的创新机会。

（七）新知识的产生

一种新知识的出现，必将为企业创新提供非常多的机会。在各种创新类型中，以新知识为基础的创新是最为企业重视和欢迎的。但同时，无论在创新时间、失败概率或成功可能性预期还是对企业家的挑战程度上，这种创新也是情况最为复杂和难以驾驭的。

在企业实践中，创新通常是几种不同动因或影响因素共同作用的结果。

另外，技术创新的创新源和创新源泉是两个不同的研究范畴。创新源，是指首先将某项创新技术开发至可应用状态的个人或企业。不同的创新种类、不同的产业，创新源有显著的差异。产品用户、产品制造商以及与创新有关的部件和材料的供应商都是重要的创新源。

三、技术创新的基本特征

（一）技术创新具有高风险性

技术创新活动涉及许多相关环节和众多影响因素，从而使创新的结果呈现随机性，这就意味着技术创新带有较大的风险性。技术创新需要相应的投入，而这种投入有时不只局限于技术的研究开发阶段，还可能延伸到生产经营管理阶段和市场营销阶段，如投资生产设备、培训生产工人、开辟营销网络等。这些投入能否顺利实现价值补偿，则受许多不确定因素的影响，既有来自技术本身的不确定性也有来自市场、社会、政治等方面的不确定性，这就会使技术创新的投入难以得到回报。

（二）技术创新具有创造性或先进性

技术创新的创造性或先进性，首先表现为所应用的技术是前所未有的新技术，或者是现有技术中的某些改进，从而使旧技术更加完善、应用效果有明显提高；其次表现为技术创新过程中企业家创造性地把新技术应用于生产经营的实践活动，实现了技术形态的转化。

不具创造性或先进性的技术创新，是原有技术的低级重复，难以生产出满足变化市场需求的商品，难以提高企业竞争力。只有具备创造性或先进性的技术创新，才能使创新者占领竞争的制高点、赢得竞争的胜利。然而必要强调，在实际技术创新过程中，除了要强调技术创新的创造性和先进性外，还必须考虑其适应性和可行性。

（三）技术创新具有并行化特征

技术创新的并行化，不仅体现在企业在内部对技术创新元素做同步化安排（如设计和开发、制度和组织、制造工艺和营销服务等的并行化）上，而且体现在对企业外部创新元素及影响因素的同步化安排上（对技术发展预测、利用外部资源的比较优势进行人才培养、合作研发、生产、销售等）。随着组织和通信技术的飞速发展，技术创新过程已能在高度重叠和并列基础上进行，各阶段活动之间紧密地、高频地、双向地信息交流，彻底改变了技术创新的线性实施进程，有力地推动了技术换代，技术开发的周期大大缩短。甚至可在虚拟环境下把设计、制造、销售等过程做并行化安排，彻底打破传统产品开发单步式、严格串行的顺序过程。

（四）技术创新原理科学化

科学理论已成为技术创新的持续动力。据统计，现代技术创新成果有90％

源于科学理论基础上的原始创新，美国利用自己强大的研究开发实力和科学理论基础，使自己技术创新能力不断发展，并为自己的技术创新奠定了坚实基础。不断涌现的新科学技术使美国能够一直占据着世界经济的霸主地位、领导科技进步的潮流。历史证明，一个国家如果缺乏创新的原动力，即使直接复制其他国家的先进技术，也会大打折扣。创新原理的科学化也迫使企业开始充分关注基础研究，并在人员和经费安排上充分保证相关基础科学研究的顺利进行。

（五）技术创新主体合作化

合作创新，是指两个或两个以上的企业或机构凭借各自技术力量合作实施的创新活动。由于教育、政策、人才等存在地区差异性，导致创新资源存量和增量的区域性不均衡，加之技术创新本身的复杂性，已使个别企业的创新资源无法完全覆盖创新涉及的所有技术领域，多技术和多领域支持已成为技术创新成功的条件之一。

合作创新是社会分工的必然结果，以自己的比较优势参与合作，创新资源的流动和共享已成为企业的明智选择，出现了跨地区、跨行业、跨国界的合作创新。很多跨国公司均利用区域比较优势建立起企业研发的全球网络，有效地利用国外公司、大学和其他科研机构等技术资源，以寻求研究和开发的低成本，实现“互惠专业化”效应。

（六）技术创新可持续性

持续的技术创新能力已成为企业成长的重要保证。缺乏持续创新能力和以其为基础的企业核心能力，即使凭侥幸成功完成一次或数次创新战略，最多只能获得短暂的优势而无法保持较长时期的竞争优势。

一个高速发展的企业乃至国家，如果自己没有研发而仅依赖于国外技术是很危险的，也是不可持续的。高技术行业里的核心竞争力不再是高端的设备流水线，而是知识产权。我国的许多高科技行业，虽然产值相当大，但利润却相当少，而且主要核心技术并不在企业手里。譬如一台 DVD，十几美元的成本，专利费却要交 18 美元，国内企业辛辛苦苦做一台 DVD 只能赚 1 块钱。中国有 2 亿人打工，但制造业产值只占世界制造业的百分之几，而美国是 1 千万人打工，产值却占世界的 20%以上。

因此，要打造核心竞争力，就要自主创新技术，未来的市场竞争不仅仅是智慧的竞争，更是持续技术创新的竞争。

四、技术创新的过程

技术创新过程，是一个把知识、技能和物质转化为顾客满意产品的过程，同时也是一个信息交流、加工和升华的过程。技术创新的过程，可以分为新构想概念化阶段、技术开发阶段和经济开发阶段。

(一) 新构想概念化阶段

新构想概念化阶段,是指市场需求与现有科学技术成果相互作用而形成技术-经济的新构想,或是运用满足市场需求的科学技术原理或手段来表达并制定出一个创新活动的实施方案。具体内容包括:① 通过对市场的调查研究,确定市场的有效需求和机会;② 对技术发展做进一步调查分析和对技术源进行选择;③ 通过可行性研究做出决策,制定创新战略和规划。

(二) 技术开发阶段

技术开发阶段,是指将选定的科技成果进行技术攻关和中间试验,使其实现体系化过程,即形成新产品样品、样机或新工艺模型的过程。具体内容包括:① 通过新产品或新工艺的设计,把用户的需求与技术、经济和工艺等方面的要求结合起来;② 通过工程技术结合现场试验使新产品或新工艺的设计概念达到工程化技术水平;③ 通过中间试验和产品试制,使新产品或新工艺达到规模化生产水平。

(三) 经济开发阶段

经济开发阶段,是指试生产并首次实现其商业价值的过程。在这个过程中,要按照第二阶段的设计建立工厂(或车间),购置设备并安装,产品制造并将产品首次投放市场或工艺技术交付使用,以获得商业价值。经济开发阶段既是技术创新的实现阶段,又是批量生产和创新扩散阶段的开始。

五、技术创新战略及选择

技术创新战略,是指创新主体进行技术创新经济活动的谋划。技术创新战略主要解决技术创新的基本原则、根本目标和主要规划等技术创新经济活动中一些带有全局性、长远性和方向性的问题。具体而言,技术创新战略主要是从宏观上解决以下问题:① 面向市场竞争技术创新欲采取何种态势,是进攻型还是防卫型;② 研究开发何种技术;③ 采用何种方式进行技术研究和开发。

(一) 技术创新战略的分类

技术创新战略决定企业创新的具体行为,因此对技术创新战略的分类是正确选择创新战略的首要条件。对技术创新战略可以从不同角度进行划分。① 按技术来源分类,可划分为自主创新战略类型、合作创新战略类型和模仿创新战略类型;② 按技术竞争态势分类,可划分为领先战略类型、跟随战略类型、补缺战略类型和游击战略类型;③ 按市场竞争策略分类,可划分为市场最大化战略类型、市场细分化战略类型和成本最小化战略类型。

(二) 技术创新战略模式

创新战略的不同技术来源又被称为不同的技术创新战略模式。技术创新战略模式,是指技术创新主体(主要是各类科研院所、高校和企业)进行技术创新的方式、方法和相互之间的关系。

1. 自主创新战略模式

自主创新战略模式，是指以自主创新为基本目标的创新战略，是企业通过自身努力和探索产生技术突破并在此基础上依靠自身的能力推动创新的后续环节并完成技术的商品化，从而达到预期目标的创新活动。自主创新战略模式具有以下特点：① 技术突破的内生性。自主创新所需的核心技术是企业内部的技术突破，是企业依靠自身力量通过独立研究开发活动而获得的。这样不仅有助于企业形成较强的技术壁垒，而且很可能会导致一系列的技术创新，形成创新集群现象，从而推动新兴产业发展。② 技术与市场的率先性。要发挥自主创新优势，只有在技术和市场两方面都具有领先优势才能做到，因此率先性是自主创新的目标。这种率先性不仅有利于积累生产技术和管理方面的经验，获得产品成本和质量控制等方面的竞争优势，取得超额利润；而且企业所制定的产品标准和技术规范可演变为本行业或相关行业统一认定的标准，从而进一步增强企业的知名度和市场竞争力。③ 知识和能力支持的内生性。创新与知识、能力之间具有相辅相成的关系。知识和能力支持是创新成功的内在基础和必要条件，技术创新的主体工作和主要过程都是通过企业自身知识和能力支持实现的；自主创新过程本身也为企业提供了独特的知识和能力积累的良好环境。④ 高投入和高风险性。企业为保证始终有占据市场优势地位的创新产品，必须能够持续进行创新的研究开发活动，将创新贯穿于企业整个生产经营活动中，这就要求企业必须有较高的资金和人力投入。同时，由于新技术领域的探索具有复杂性和不确定性，资金投入具有很强的外溢效果和较强的迟滞性，所以进行自主创新的企业必然会承受巨大风险。

2. 合作创新战略模式

合作创新，是指企业间、科研机构、高等院校之间的联合创新行为，通常以合作伙伴的共同利益为基础，以资源共享或优势互补为前提，有明确的合作目标、合作期限和合作规则，合作各方在技术创新的全过程或某些中间环节共同投入、共同参与、共享成果、共担风险。合作创新一般集中在新兴行业和高新技术产业，以合作进行研究开发为其主要形式。

合作创新战略模式具有以下特点：① 合作主体之间资源共享、优势互补。全球性技术竞争的不断加剧，使技术创新活动中面临的技术问题越来越复杂，技术的综合性和集群性越来越强。因此，以企业间合作方式进行重大的技术创新，通过外部技术资源的内部化实现资源共享和优势互补，已成为新形势下企业技术创新的必然趋势。② 创新时间缩短，企业竞争地位增强。合作创新可以缩短收集资料、信息的时间，提高信息质量，降低信息费用。可以使创新自愿组合趋于优化，使创新的各个环节能有一个比较好的接口环境和接口条件，从而缩短创新过程所需的时间；合作创新可以通过合作各方技术经验和教训的交流，减少创新过程中因判断失误造成的时间损失和资源浪费。合作创新的成功能够为参与合作的企业赢得市场，提高企业在市场竞争中的地位。③ 创新成本降低，创新风险分散。合作创新对分摊创新成本和分散创新风险的作用与合作创新的规模和内容有关。一般而言，创新项目越大，内容越复杂，成本越高，风险越大，合作创新分散风险的作用也越显著。

3. 模仿创新战略模式

模仿创新，是指企业通过学习模仿率先创新者的创新思路和创新行为，吸取经验和教训，引进购买或破译率先创新者的核心技术和技术秘密，在此基础上改进、完善并进一步开发与发展。模仿创新往往通过购买领先者的核心技术、专利许可或通过反向工程等方式，仿造领先者产品的技术创新思路和成果。模仿创新战略模式有以下特点：① 模仿的跟随性。是指企业最大限度地吸取率先创新者的经验和教训，吸收、继承和发展率先创新者的成果。这种战略不是简单模仿的战略，而是巧妙地利用跟随和延迟所带来的优势，化被动为主动、变不利为有利的一种战略。② 研究开发的针对性。模仿创新的研究开发不仅仅是对率先创新者技术的反求，更是对率先创新者技术的完善或进一步开发。该战略的研究开发活动主要偏重于破译无法获得的关键技术、技术秘密，以及对产品的功能和生产工艺的发展和改进。③ 资源投入的中间聚积性。模仿创新者，可以集中力量在创新链的重要环节投入较多的人力物力，也就是在产品设计、工艺制造、装备等方面投入大量人力物力，使得创新链上的资源分布聚积于中部。④ 被动性。主要是指竞争的被动性，包括技术积累、营销渠道和实施效果等方面的被动，这是由模仿创新者只做先进技术的跟进者所决定的。

（三）技术创新竞争战略

技术创新竞争战略通常分为四类，即领先战略，跟随战略，补缺战略和游击战略。

1. 领先战略

是指将技术领先推向市场的战略。其优点是处于竞争的有利地位，竞争地位的优势就是取得超额利润的优势。一旦别人模仿，有了竞争整个利润率就会下降。要想技术领先，其研究开发能力要特别强，需要的投资大，成功率比较低，据统计新产品成功率多小于 5%，市场成功率仅仅不到 1%。

2. 跟随战略

即模仿战略，是指通过模仿别人的先进技术，利用自身资源开发细分市场的战略。其优点是投资少、技术开发风险小；其缺点是竞争地位不利，若要成功需要产品工艺性能强、质量好、成本低。

3. 补缺战略

是指寻求一些市场需要的突破口，从一些尚未为广大厂商重视的真空地带进行创新的战略。一个理想的补缺战略对应的市场有以下特点：① 该市场有足够的规模和购买力，从而能获利；② 该市场有成长能力；③ 该市场被大的领先者所忽略；④ 创新主体有市场需要的技能和资源，可有效地为市场服务；⑤ 创新主体能够靠已建立的顾客信誉保卫自身地位、对抗领先者的攻击。

4. 游击战略

是指随时根据当时市场供需情况而决定选择何种战略的一种竞争战略模式。

（四）技术创新战略的选择

技术创新战略是一系列选择的综合结果。技术创新战略，涉及企业技术创新的目的、创新的基础、创新的对象、创新的时机、创新的方式和创新的重点等一系列基本问题。企业只有弄清这些基本问题，才能对技术创新战略做出正确选择。

1. 创新目的的选择

战略选择取决于创新主体自身的定位，通常可从低成本战略、差异化战略、先动战略和实现规模经济战略四种基本类型之中选择。对每一种技术创新战略的选择，创新主体都必须结合市场发展方向和顾客需求，结合自身拥有的经济实力、知识、资源和技术能力，进行正确选择。① 技术创新以实现成本领先战略为目的，其实现方式有：规模经济；专利技术；原材料的优惠待遇；加工工艺技能；设计容易制造的产品；低成本分配系统。这要求创新主体销售标准化或实惠化的产品，强调从一切来源中获得规模经济的成本优势。② 技术创新以实现差异领先战略为目的，其实现方式主要有：独特的质量（如原材料采购），独特性能的产品设计，独特的生产工艺，外部后勤系统，意外服务等等。③ 技术创新以实现先动战略为目的，要求企业对市场有敏锐的洞察力和较强的创新能力以及丰富的资源。④ 技术创新以实现规模经济为目的，要求企业有较强的成本控制能力，技术扩散能力、市场营销能力等。

2. 创新基础的选择

创新基础选择需要解决的问题是企业在何种层次上组织创新的问题，是理论创新还是应用研究。① 理论创新，即进行基础研究、开发新的知识，为具有新功能的新产品开发提供基础。理论创新需要企业中的有关科研人员长期地、持久地工作。可能带来结果也可能一无所获。企业选择此种战略风险比较大，而且需要企业长期提供资金和人力支持。② 应用研究，是指利用现有的知识，对目前的生产工艺、作业方法、产品结构进行创新。企业利用现有的知识和技术开发一种新产品或新技术的时间比较短、风险比较小,相应对企业的竞争优势的贡献程度也较小。

3. 创新对象的选择

可供选择的创新对象包括:产品、过程、生产手段等三个领域。① 产品创新可以为消费者带来一种全新的享受,而且可以降低产品的成本。所以不仅给企业带来的是特色形成,而且可能是成本优势。② 过程创新可以为产品质量的形成提供更加可靠的保证,从而加强企业的特色优势。产品和过程的创新主要由企业完成,外部一般很难替代。③ 生产手段创新可借助于外部的力量完成。由外部厂家实现生产手段的改造,可能使企业的相关技术进行创新。

4. 创新时机的选择

创新时机的选择,是指在行业内相对于其他创新主体而言的,创新主体需要决策在组织技术创新时是采取"先发制人"战略还是"追随他人之后"的"后发制人"战略。

"先发制人"战略的贡献:① 给企业带来良好的声誉和顾客的忠诚感;② 获得成本优势或高差异性地位,使企业占据有利的市场地位;③ 使企业进入最有利的销售渠道;④ 使企业获得有利的要素来源;⑤ 确定行业技术或活动标准而迫使跟进者采纳,制造制度壁垒并使企业获得早期高额利润。

"先发制人"战略带来的问题:首先要求企业付出高额的市场开发费用;其次需求和技术的不确定性会带来较大的风险。

采取"后发制人"策略,是指在行业中出现一个领先者后马上进入该行业或领域并参与竞争。跟进者在时间上反应得越快收益会越大。对于跟进者来说,反应速度是决定其成功与否的关键因素。它能够在一定时间内与先动者抢占市场并开拓新市场,获得原始消费者的忠诚感。它具有风险小、投资少、收益快的特点,可以避免先动者的一些不利因素。

在时机上决定先动还是跟进,是迅速跟进还是缓慢进入,是对先动者做出回应还是不予理睬,都要视企业所面对的具体环境、内部资源、总体战略以及先动者在行业中所处地位而定。需要指出的是,在技术上的领先者并不一定就是最终的成功者,这主要是由先动者在产品性能、设计、工艺等技术上的不成熟导致的。

5. 创新方式的选择

是指是独立开发还是联合开发。独立开发不仅要求企业拥有数量众多,实力雄厚的技术人员,而且要求企业能够调动足够的资金。若能获得成功,企业可在一定时期垄断利润。联合开发可以与合作伙伴集中更多的资源条件进行更为基础性的创新研究，并可以共同承担风险。

6. 创新重点的选择

资源的稀缺性，决定在技术创新中必须抓住重点，不可全面铺开。在瞬息万变的市场环境中，必须根据自身的核心资源和能力，结合战略总目标寻找市场机会，回避市场威胁，集中资源对价值链上的某个关键技术环节进行重点突破。① 如果将创新重点放在产品创新上，可以通过开发一种新产品或者开发某种产品的新功能、新性能等而达到产品创新的目的。通过产品创新，企业可抢占市场、获得先动优势，它适用于前面提到的四种技术创新战略目的。② 如果创新重点是控制技术上的创新，较适合于成本领先战略，它要求生产标准化产品，包括功能标准化、性能标准化，同时要求产品制造方便易操作、生产量大、成本低。它亦适合于规模经济的技术创新目的。③ 工艺技术上的创新，较适合于差异化领先战略。差异化领先战略要求企业通过改进生产工艺使产品与众不同，让消费者拥有独特的价值感受。④ 制造技术上的创新既适合于成本领先战略，又适合于差异化领先战略，同时也适合于以实现规模经济为目的的技术创新战略。除此以外，以上技术都适用于先动创新战略。

第四节 企业组织创新

在管理研究范畴中，广义的组织是指由诸多要素按一定方式相互联系起来的系统，是人们为了实现某一特定的目标而形成的系统集合。它有特定的目标，由一群人组成，有一个系统化的结构，包含工作流程、组织结构、组织制度和组织文化等方面的内容。

而狭义的组织，即组织结构，特指对于工作任务如何进行分工、分组和协调合作，是表明组织各部分的排列顺序、空间位置、聚散状态、联系方式及各要素之间相互关系的一种模式，是组织在职务范围、责任、权利方面所形成的结构体系。其本质是为实现组织战略目标而采取的一种分工协作体系，组织结构必须随着组织的重大战略调整而调整。一般分为职能结构、层次结构、部门结构、职权结构四种类型。

组织创新亦有广义与狭义之分。广义上的组织创新包括流程创新、组织结构创新、制度创新和组织文化创新。而狭义的组织创新，则特指企业组织结构创新，本书叙述采用狭义定义。

一、企业组织创新

企业组织创新包含两方面的含义：① 企业可以对其中的一个或多个关键要素加以变革。例如，可将几个部门的职责组合在一起，或者精简某些纵向层次、拓宽管理幅度;可以制定更多的规章制度,提高组织的正规化程度;通过提高分权化程度加快决策制定的过程等。② 企业可以对实际的组织结构设计做出重大变革。

企业组织创新可能包括以下几种情况:① 转变组织结构的形式,如从直线职能型向事业部制的转变,或者形成矩阵制结构或虚拟结构;② 重新设计职务、工作程序;③ 修订职务说明书、丰富职务内容;④ 实行弹性工作制,改革企业的报酬制度,等等。

从企业发展历史看,企业组织创新大致经过了三个主要阶段,即从简单结构向U型结构和H型结构的转变;从U型结构和H型结构向M型结构的转变;从M型结构向网络型结构的转变。通过对企业组织创新历程分析,可以得到以下基本结论:① 企业的组织创新是生产特征、企业规模、人员素质、经营战略、企业生命周期等多种影响因素共同作用的结果。一个企业的组织结构形态需随诸多因素的变化而适时进行调整,以有效地配置企业自身可以掌握的各类资源,降低管理成本,提高市场竞争力。② 在现代企业成长过程中,U型、H型、M型三种基本组织结构都被采用过,其他结构都是这种基本结构的变异。也就是说,除了上述三种基本形式外,还有其他辅助形式。所以在企业的组织创新过程中也要恰如其分地运用好辅助形式,充分发挥其过渡作用。③ 影响组织创新的因素在不同历史阶段发挥的作用不同,决定了不同企业在市场竞争中获胜所需的关键竞争能力是不同的,这将导致企业的组织创新的重点也有所不同,从而使得企业组织的基本结构类型也不同。

二、企业组织创新的主要内容

组织创新的主要目的,旨在全面系统地解决企业组织结构及运行以及企业间组织联系方面所存在的问题,使之适应企业发展的需要。其具体内容包括企业组织的职能结构、管理体制、机构设置、横向协调、运行机制和跨企业组织联系六个方面的变革和创新。

(一) 职能结构的变革和创新

要解决的主要问题包括:① 走专业化的道路,分离由辅助作业、生产和生活服务、附属机构等构成的企业非生产主体,发展专业化社会协作体系,精干企业生产经营体系,集中资源强化企业核心业务和核心能力。② 加强生产过程之前的市场研究、技术开发、产品开发和生产过程之后的市场营销、用户服务等过去长期薄弱的环节,同时加强对信息、人力资源、资金和资本等重要生产要素的管理。

(二) 管理体制(组织体制)的变革和创新

管理体制,是指以集权和分权为中心、全面处理企业纵向各层次特别是企业与二级单位之间权责利关系的体系，亦称为企业组织体制。其变革和创新要注意以下问题：① 在企业的不同层次正确设置不同的经济责任中心，包括投资责任中心、利润责任中心、成本责任中心等，消除因经济责任中心设置不当而造成的管理过死或失控问题。② 突出生产经营部门（俗称一线）的地位和作用，管理职能部门（二线）要面向一线，对一线既管理又服务，根本改变管理部门高高在上，对下管理、指挥监督多而服务少的传统结构。③ 作业层（基层）实行管理中心下移。作业层承担着作业管理的任务。这一层次在较大的企业中，还可分为分厂、车间、工段、班组等若干层次。可以借鉴国外企业的先进经验，调整基层的责权结构，将管理重心下移到工段或班组，推行作业长制，使生产现场发生的问题由最了解现场的人员在现场迅速解决，从组织上保证管理质量和效率的提高。

（三）机构设置的变革和创新

考虑横向上每个层次应设置哪些部门，部门内部应设置哪些职务和岗位，怎样处理好他们之间的关系，以保证彼此间的配合协作。改革的方向是推行机构综合化，在管理方式上实现每个部门对其管理的物流或业务流能够做到从头到尾、连续一贯的管理，达到物流畅通、管理过程连续。具体做法就是把相关性强的职能部门归并到一起，做到一个基本职能设置一个部门、一个完整流程设置一个部门。其次是推行领导单职制，即企业高层领导尽量少设副职，中层和基层基本不设副职。

（四）横向协调的变革和创新

横向协调通常有三种措施：① 建立自我协调、工序服从制度，实行相关工序之间的指挥和服从；② 建立主动协作、工作渗透的专业衔接制度，在设计各职能部门的责任制时，对专业管理的接合部和边界处有意识地安排一些必要的重叠和交叉，有关科室分别享有决定、确认、协助、协商等不同责权，以保证同一业务流程中的各个部门能够彼此衔接和协作；③ 对大量常规性管理业务，在总结先进经验的基础上制定制度标准，大力推行规范化管理制度。这些标准包括管理过程标准、管理成果标准和管理技能标准。

（五）运行机制的变革和创新

建立企业内部的“价值链”，上下工序之间、服务与被服务的环节之间，用一定的价值形式联结起来、相互制约，力求降低成本、节约费用，从而提高企业整体效益。改革原有自上而下进行考核的旧制度，按照“价值链”的联系，实行上道工序由下道工序考核、辅助部门由主体部门评价的新体系。

前面几项组织创新内容，均属于企业内部组织结构及其运行方面的内容。除此之外还要考虑企业外部相互之间的组织联系问题。重新调整企业与市场的边界，重新整合企业之间的优势资源，推进企业间组织联系的网络化，这是企业组织创新的一个重要方向。

三、企业组织创新的过程

过程在一个组织中无处不在，每个组织都是基于各种过程而开展工作的。对组织的管理就是对组织中各个过程的管理。组织创新作为现代企业管理的一项重要内容，其实施也是基于过程展开的。

组织创新的过程，是指为了提高组织的效率和效能所进行的一系列步骤，通过这些步骤达到将各种投入转化为组织创新的预期结果。按照组织创新的内在逻辑划分，其过程包括显过程和隐过程。组织创新的显过程，包括组织诊断、创新设计、设计方案实施和创新评价四个阶段；组织创新的隐过程，则由观念震荡、内部冲突和重新社会化三个阶段构成。

（一）组织创新过程的特征

（1）组织创新过程具有往复性和循环性

组织创新过程与生产过程不同，它往往要在几个步骤之间经历多次反复循环，最终才能达到提高组织效率和效能的目的。

（2）组织创新过程具有动态性和系统性

组织创新过程是动态的，是随着时间改变而发生变化的。在企业生命周期的不同阶段企业有不同的组织特征，企业组织创新的内容和侧重点也需要进行相应的调整。组织创新过程是一个组织成员为了实现组织创新目的而将一系列资源有机集合的过程，涉及组织系统的各个方面，是一个复杂的系统工程。

（3）组织创新过程具有不确定性和风险性

组织创新的环境是不断变化的，组织内部也存在许多不可控制因素（特别是组织内部人员的思维和行为），而且人们的认识能力是有限的，无法对创新过程进行全面认识，也无法完全解决创新过程中出现的问题，这些不确定的因素都对组织创新过程造成不同程度的影响。组织创新过程并不是组织结构、组织程序的简单改变，而是对人力、物力和财力资源及其结构的稳定性安排。组织创新意味着资源组合方式的改变、打破原有组织的内部均衡，因此组织创新的过程必然充满风险。

（二）组织创新的显过程

组织创新的显过程，主要是指正规的、明显可见的、连续的变化，这些变化是人们能够看到并能切身体验的，如部门的撤销或合并、利益的增加或减少等。企业组织创新的显过程通常分为组织诊断、创新设计、方案实施和创新评价四个阶段。

1．组织诊断

组织诊断阶段的任务，是结合企业内外部环境分析对现有组织进行全面定位。组织定位包括两个方面的工作，一方面是对企业战略、结构和文化进行分别定位；另一方面则是确定企业战略、结构和文化之间的匹配状况。其主要工作内容包括——首先进行组织调查，系统收集企业的相关资料，掌握组织现状，常用的调查方法有问卷调查、面谈调查和座谈会调查；其次是进行组织分析。根据调查所掌握的数据资料，分析研究组织运行当中存在的问题和缺点，为进一步进行组织创新设计打下基础。组织分析的关键任务是职能分析、决策分析、关系分析和运行机制分析。

2. 创新设计

创新设计阶段的任务，是在确定组织状况和组织创新的方向及定位的基础上，具体完成组织创新的目标、组织模式设计和实现主导创新模式的详细实施步骤及操作方案设计。这一阶段，首先要根据核心能力、组织定位的现状及发展目标需要，考虑内外环境发展变化趋势，设计出企业组织创新的目标组织模式，具体包括战略创新的目标模式、结构创新的目标模式和文化创新的目标模式以及它们之间的匹配方案；其次，要设计出已选择的主导组织创新模式的具体实现步骤和操作方案，包括战略创新步骤、结构创新步骤和文化创新步骤。创新设计阶段的工作主要体现为一种计划性工作，它是顺利实现企业组织创新的重要保证。

3. 方案实施

在方案实施阶段，要根据创新设计的要求并结合现实组织创新的内外环境变化情况，有计划、分步骤地推进创新设计方案。根据已选择的主导创新模式的不同，可以先从战略调整开始，也可以先从结构变革开始，或者先从文化改革开始，然后再逐层次推进。对于某些大型企业带有根本性的重大组织创新，方案实施阶段可能会包括两个子阶段——试验阶段和推广阶段。

4. 创新评价

创新方案的实施并不是创新过程的终结，及时而又全面的创新评价是组织创新过程的重要环节。创新评价不仅可以进一步判明创新设计的合理性和方案实施的有效性，从而为以后的组织创新提供借鉴，而且还可以进一步明确创新结果的现实意义，以便决定是否将创新后的战略、结构和文化巩固下来，并通过一系列的改良性渐进创新使之得到新的发展。

一般来说，创新评价包括两个方面的工作，一是创新的效果评价，其运用的方法类似于组织诊断；二是创新的过程评价，即对组织创新全过程的各个阶段和环节进行分析，以评价它们的合理性、连续性以及与实际内外部环境变化的适应性。

（三）组织创新的隐过程

组织创新的隐过程，主要是指非正规的、看不见的隐藏在人们头脑中的思想意识的变化,如心理习惯、情绪和态度等的变化。这些过程往往是不连续的,以前常被统一在企业文化范畴内加以研究。

1. 观念震荡

伴随组织创新的进行,必然会引起企业员工原有的价值观念和行为规范框架的震动,通俗而言,就是引起人们议论纷纷。这种观念震荡类似于将原来已冻结起来的观念体系进行解冻的过程。只有经过适度的观念震荡才能为企业接受组织创新提供一种共同的心理基础。

然而,过度的震荡和过长时间的震荡则又是对企业实现组织创新不利的。因为,过度的震荡往往缘自企业内部条件与外部环境的极度不匹配,企业的发展难以适应环境需要,可能导致人心涣散,以致在企业内部形成一种对任何创新思想都提不起兴趣的氛围,严重制约组织诊断的准确性、创新设计的现实性和合理性,从而形成组织创新的恶性循环;而过长时间的观念震荡则常常是形成的创新思想不明晰、组织诊断或创新设计拖延过久所致,这有可能使组织创新错失良机,乃至中途夭折。

在实际创新操作中,克服观念过度震荡的方法是尽早树立有利于组织创新的新观念,有意识地造成组织内部的冲突特别是观念冲突,推动组织创新的隐过程向组织内部冲突阶段转化;而避免观念的过长时间震荡的最好方法就是尽量使创新思想明晰化,并尽可能缩短组织诊断和创新设计的时间。

2. 内部冲突

组织内部的冲突,多是由观念震荡筛选出的、围绕创新思想而形成的彼此对立的观念诱发的。简单地说,对立的一方代表企业原有的观念体系,而另一方则是以创新思想为核心的、适应创新的目标组织模式的观念体系。

冲突可分为三种类型:目标性冲突、认识性冲突和情感性冲突。这三种类型的冲突既可能发生在组织内部各等级之间,即纵向冲突;也可能发生在同一等级中的员工或不同部门之间,即横向冲突。组织内部的冲突伴随着创新设计而发生,随着创新方案的实施而达到高潮。

冲突是组织创新过程中不可避免的现象,它既有消极的一面也有积极的一面,视冲突的类型而定。目标性冲突经常带有消极性,它源自组织内部的目标不一致,常分散组织力量、增加组织协调费用、降低组织效率。认识性冲突多带有积极性,它往往缘自组织内部不同员工或不同部门对同一目标的不同认识,而这种不同认识经常代表着对组织目标的不同实现方案,方案的差别及其争鸣有利于决策者更全面地权衡利弊,找到和选择更好地实现组织目标的路径。只有经过组织内部的冲突过程,适应组织创新目标模式的新观念体系才能最终自发地而不是人为地确立起来,只有源自企业文化子系统内的自发的确立过程,新的观念体系才能与创新后的结构和战略融为一体。这样一种文化与战略、结构的融合过程主要是在隐过程的组织重新社会化阶段完成的。

3. 重新社会化

组织的重新社会化过程是一个老员工和新组织之间的相互作用过程。可以说，组织创新过程，尤其是带有根本性的组织创新过程，总会伴随一个组织的重新社会化的过程。这是因为，社会化过程的本质在于通过减少个体必须面对的不确定性而减少个体所承受的身心压力。组织创新由于引起组织内的习惯、规范、沟通方式等的变化而使组织的不确定性增加，组织成员必须重新经过社会化成为新的组织沟通和信息加工网络中的一部分，熟悉他们的新角色，改变态度、价值观和个人期望，适应组织的新习惯、新规范，才能减少组织创新带来的不确定性。只有经过社会化过程，创新后的组织才能客观认识并确定个体在新组织中的地位和身份，而个体才能有效识别新的奖励系统和工作规范，从而学会处理与新领导和新同事之间的关系。

组织的重新社会化是伴随创新方案实施接近尾声、组织内部带有根本性的冲突已经解决、新组织的目标和规范已经基本确立而开始的，并一直延续到整个创新过程的结束。可以说，正是组织的重新社会化把组织创新的成果冻结起来，保证了组织的稳定和发展。

四、企业组织创新的发展趋势

（一）扁平化

组织结构的扁平化，是指通过减少管理层次、裁减冗余人员来建立一种紧凑的扁平组织结构，使组织变得灵活、敏捷，以提高组织效率和效能。美国管理学家彼得·德鲁克预言：未来的企业组织将不再是一种金字塔式的等级制结构，而会逐步向扁平式结构演进。

扁平化组织结构的优势主要体现在以下几个方面：① 信息流通畅，使决策周期缩短。组织结构的扁平化，可以减少信息失真，增加上下级的直接联系，信息沟通与决策的方式和效率均可得到改善。② 创造性、灵活性加强。致使士气和生产效率提高，员工工作积极性增强。③ 可以降低成本。管理层次和职工人数减少，工作效率提高，必然带来产品成本的降低，从而使公司的整体运营成本降低、市场竞争优势增强。④ 有助于增强组织的反应能力和协调能力。企业的所有部门及人员更直接地面对市场，减少了决策与行动之间的时滞，增强了对市场和竞争动态变化的反应能力，从而使组织能力变得更柔性、更灵敏。

（二）网络化

随着信息技术的飞速发展，信息的传递不必再遵循自上而下或自下而上的等级阶层就可实现部门与部门、人与人之间直接的信息交流。企业内部的这种无差别、无层次的复杂的信息交流方式，极大地刺激了企业中信息的载体和运用主体——组织结构网络化的发展。

组织结构网络化主要表现为企业内部结构网络化和企业间结构网络化。企业内部结构网络化，是指在企业内部打破部门界限，各部门和成员以网络形式相互连接，使信息和知识在企业内快速传播，实现最大限度的资源共享。企业间结构网络化，包括纵向网络和横向网络。纵向网络，即由行业中处于价值链不同环节的企业共同组成的网络型组织，例如供应商、生产商、经销商等上下游企业之间组成的网络。这种网络关系打破了传统企业间明确的组织界限，大大提高了资源的利用效率和对市场的响应速度。横向网络，是指由处于不同行业的企业所组成的网络。这些企业之间发生着业务往来，在一定程度上相互依存。

组织结构网络化使传统的层次性组织和灵活机动的计划小组并存，使各种资源的流向更趋合理化，通过网络凝缩时间和空间，加速企业全方位运转，提高了企业组织的效率和绩效。

（三）无边界化

无边界化，是指企业各部门间的界限模糊化，目的在于使各种边界更易于渗透，打破部门之间的沟通障碍有利于信息传送。在具体的模式上，较有代表性的无边界模式是团队组织。团队一般可分为两类：①“专案团队”，其成员主要来自公司各单位的专业人员，其使命是为解决某一特定问题而组织起来，问题解决后即宣告解散；②“工作团队”，工作团可以进一步分为高效团队和自我管理团队，工作团队一般是长期性的，多从事日常性的公司业务工作。

（四）多元化

企业不再被认为只有一种合适的组织结构，企业内部不同部门、不同地域的组织结构不再是统一的模式，而是根据具体环境和组织目标来构建不同的组织结构。管理者要学会利用每一种组织工具，了解并且有能力根据某项任务的业绩要求选择合适的组织工具，从一种组织转向另一种组织。

（五）柔性化

组织结构的柔性化，是指在组织结构上根据环境的变化调整组织结构，建立临时的以任务为导向的团队式组织。组织柔性的本质是保持变化与稳定之间的平衡，它需要管理者具有很强的管理控制力。柔性化组织最显著的优点是灵活便捷、富有弹性，因为这种结构可以充分利用企业的内外部资源，增强组织对市场变化和竞争的反应能力，有利于组织较好地实现集权与分权、稳定性与变革性的统一。此外还可以大大降低成本，促进企业人力资源开发，推动企业组织结构向扁平化发展。柔性化的组织结构强化了部门间的交流合作，使不同方面的知识共享后形成合力，有利于知识和技术创新。

（六）虚拟化

组织结构的虚拟化，是指用技术把人、资金、知识或构想网络在一个无形（指实物形态的统一的办公大厦、固定资产和固定的人员等）的组织内，以实现一定的组织目标的过程。

虚拟化的企业组织不具有常规企业所具有的各种部门或组织结构，而是通过网络技术把完成组织目标所需要的知识、信息、人才等要素联系在一起，组成一个动态的资源利用综合体。虚拟组织的典型应用是创造虚拟化的办公空间和虚拟化的研究机构。前者是指同一企业的员工可以置身于不同地点，通过信息和网络技术连接起来，如同在同一办公大厦内，同步共享、交流信息和知识；后者是指企业借助于通信网络技术，建立一个与世界各地的属于或不属于本企业的研究开发人员、专家或其他协作人员联系在一起的、跨越时空的合作联盟，以实现组织的目标。

第五节　企业制度创新

企业制度创新是形成和保持企业核心竞争力的重要内容。制度竞争，是当今企业竞争的重要领域。在制度建设方面具有优势的企业，可以在战略竞争中处于有利地位。

一、企业制度和现代企业制度

（一）制度和企业制度

1. 制度

制度，是指一系列被制定出来的规则和程序，旨在约束追求主体效用最大化的团体和个人行为。对于企业组织而言，制度是对运行方式的原则规定，是对其成员的责权利关系的合理界定，通常包括组织结构、权责划分、运行规则和管理规章等。

2. 企业制度

企业制度，是指企业组织、运营、管理等一系列行为的规范和模式的总称。企业制度体系是企业全体员工在企业生产经营活动中必须共同遵守的规定和准则的总称，其表现形式或组成包括法律和政策、企业组织结构（部门划分和职责分工）、岗位工作说明、专业管理制度、工作流程、管理表单等各类规范文件。广义的企业制度主要包括产权制度、组织制度（治理结构）和管理制度三个不同层次、不同方面的内容。① 产权制度，是指由既定产权关系和产权规则结合而成的且能对产权关系实现有效的组合、调节和保护的制度安排。产权制度的最主要功能，是降低交易费用、提高资源配置效率。产权制度是决定企业其他制度的根本性制度，它规定着企业所有者对企业的权利、利益和责任。② 组织制度，是指有关经营权的归属以及行使权力的条件、范围、限制等方面的原则规定。组织制度构成公司的“内部治理结构”，包括目标机制、激励和约束机制等。③ 管理制度，是指行使经营权、组织企业日常经营的各项具体规则的总称。它是企业组织中全体成员必须遵守的行为准则，表现为企业组织机构的各种章程、条例、守则、规程、程序、办法、标准等。

综上所述，企业制度是企业产权制度、企业组织形式和经营管理制度的总和。企业制度的核心是产权制度，企业组织形式和经营管理制度是以产权制度为基础的，三者分别构成企业制度的不同层次。企业制度是一个动态范畴，它是随着商品经济的发展而不断创新和演进的。

（二）现代企业制度

现代企业制度，是指以完善的企业法人制度为基础，以有限责任制度为保证，以公司企业为主要形式，以产权清晰、权责明确、政企分开、管理科学为条件的新型企业制度。其主要内容包括企业法人制度、企业自负盈亏制度、出资者有限责任制度、科学的领导体制和组织管理制度。

二、企业制度创新的含义和过程

（一）制度创新

制度创新，由产权制度创新、组织制度创新、管理制度创新和约束制度创新四方面组成，一般是指制度主体通过调整、完善、改革和建立新制度以获得追加利润的活动。制度创新包括以下三方面：① 反映特定组织行为的变化；② 指这一组织与其环境之间的相互关系的变化；③ 指在一种组织的环境中支配行为和相互关系规则的变化。制度创新既包括根本制度的变革，也包括在基本制度不变前提下具体运行体制模式的转换，它是一个演进的过程，包括制度的替代、转化和交易过程。

（二）企业制度创新

企业制度创新，是指在企业现有的生产和生活环境条件下，通过创设新的、更能有效激励人们行为的制度、规范体系以实现企业的持续发展和变革的创新活动。所有创新活动都有赖于制度创新的积淀和持续激励，通过制度创新得以固化并以制度化方式持续发挥着自己的作用。这是制度创新的积极意义所在。

（三）企业制度创新的动因

从一般意义上讲，制度创新的终极动力在于追求个人利益最大化。例如，若出现预期的净收益超过预期的成本，一项制度就会被创新。可以说，制度创新是制度主体根据成本效益分析进行权衡的结果。制度创新只有在以下两种情况发生：① 创新改变了潜在利益；② 创新成本的降低使制度变迁变得合算。而获得规模经济、调整外部成本和收益、提高企业抗风险能力和降低交易费用，是企业制度创新的基本动因。

（四）企业制度创新的一般过程

有学者认为，制度创新的过程是制度失衡与制度均衡的交替变化过程。在制度均衡状态下，对现有制度的改革不会给从事改革者带来更大的利益，因此这时不会出现制度创新的动机和力量。但如果外界条件发生变化，或市场规模扩大，或生产技术发展，或一定利益集团对自己的收入预期有改变等等，出现了获取新的潜在利益的机会时，可能会再次出现新的制度创新，之后又达到制度均衡。在制度学派经济学家看来，制度不断完善的过程就是这样一种周而复始的从制度的非均衡到制度均衡的动态变化和发展过程。

企业制度创新的一般过程包括以下几个阶段：① 形成“第一行动集团”阶段——所谓“第一行动集团”，是指那些能预见到潜在市场经济利益并认识到只要进行制度创新就能获得这种潜在利益的人。他们是制度创新的决策者、首创者和推动人，他们中至少有一个成员是美籍奥地利经济学家约瑟夫·熊彼特所说的那种敢于冒风险的、有锐敏观察力和组织能力的“企业家”。② “第一行动集团”提出制度创新方案的阶段。③ “第一行动集团”对已提出的各种创新方案进行比较和选择的阶段。④ 形成“第二行动集团”阶段。所谓“第二行动集团”，是指在制度创新过程中帮助“第一行动集团”获得经济利益的组织和个人。这个集团可以是政府机构，也可以是民间组织和个人。⑤ “第一行动集团”和“第二行动集团”协作努力，实施制度创新并将制度创新变成现实的阶段。

三、企业制度创新的核心

企业制度创新的核心是企业产权制度创新。企业制度创新的核心问题，就是如何变更和安排企业的产权结构，以便消除或减少市场运行机制的社会费用，以改善资源配置效率。

（一）产权制度是企业制度的核心和基础

产权制度在整个企业制度中的决定性作用主要表现在以下两个方面：① 产权制度从根本上决定着企业组织制度的规定性。一般而言，有什么样的产权制度就有什么样的与之相适应的企业组织形式和领导制度；谁成为产权主体谁才会在企业的组织、领导体系中居于支配地位并发挥主导作用。② 产权制度从根本上决定着企业管理制度的社会属性。众所周知，企业管理从来都具有二重性，即自然属性和社会属性。无论在任何社会形态中，企业由谁管理、为谁管理、怎样进行管理等问题都不是自然的、技术的规定性，而是与一定产权制度密切联系的，因而具有鲜明的、特殊的社会属性。一定的产权制度从根本上规定着企业的管理主体、管理目标及其管理方式（管理体制）的性质和特征。

企业制度与产权制度之间这种内在、必然的联系，绝不只是一种抽象的逻辑联系，它也是一种客观的现实联系。从现实生产来看，一定的企业制度总是与一定的产权制度相联系并以其为基础和核心而存在并展开的。实践经验充分证明，企业制度与产权制度之间存在着一一对应的关系。因此，人们不能想象可以在产权制度保持不变的前提下而实现企业制度的创新，也不能指望在旧的产权制度基础上建立新的企业制度。

(二) 产权制度变革是企业制度创新的必要前提

在企业制度创新和产权制度变革两者之间的互动关系中，前者是后者的必然结果，后者是前者的必要前提。没有产权制度的变革，企业制度的创新是不可想象的。在市场经济条件下，企业制度之所以会发生从单个业主制到合伙制、公司制(法人制度)的依次变化，主要就是因为产权制度在不断地变革，即财产从单个私人独立占有转变为数个私人联合占有，又从二重所有权(终极所有权和经济所有权)直接合一转变为二者相分离(形成投资者终极所有权和公司法人所有权)。正是在企业法人产权制度的基础上，才形成了现代公司企业制度。由此可见，在现实生活中，企业制度创新与产权制度变革之间不仅存在着互动关系，而且还存在着一种同步效应。只有产权制度变革了，企业制度才会发生相应变化。产权制度变革到什么程序，企业制度创新就达到什么程度。

(三) 产权制度改革是实现企业制度创新的必由途径

如上所述，既然产权制度是企业制度的基础和核心，产权制度变革是企业制度创新的必要前提，那么产权制度的改革便成为企业制度创新的必由途径。任何试图绕开或回避产权制度的改革而建立现代企业制度的尝试和努力，最终都难以如愿以偿。

四、企业制度创新的基本趋向

(一) 基于企业家才能培育的企业制度创新

优秀企业家作为一种社会的稀缺资源，对社会经济增长和发展的作用越来越引起人们重视。企业家的成长是一个社会发现的过程，它离不开特定的社会经济发展制度环境，甚至它本身就是靠制度筛选出来的。

对具有创新精神和风险偏好的企业家才能的发现过程，实质上是一个制度不断创新的过程。几乎所有的制度创新包括企业制度创新，都有利于企业家精神的甄别和企业家才能的发挥。降低企业家创业活动的社会成本是企业家成长的重要特征。以企业制度的创新为例，公司制的出现降低了企业筹资的成本，从而促进了企业家的创业活动。

(二) 基于人力资本产权的企业制度创新

在现代企业制度创新中，随着人力资本在现代经济中作用的不断加大和地位的不断上升，人力资本产权的确立和制度安排已势在必行。人力资本产权是一种人与人之间的行为关系，是人力资本的所有权及其派生出来的使用权、支配权和收益权等一系列权利的总和，是规范人们行使这些权利的规则。

1. 人力资本产权的企业产权制度创新

企业产权主体具有多元化和多层次性。在新型委托代理关系中，每一个所有者在凭借自己拥有的生产要素产权行使委托人权力时，也同时是其他生产要素所有者的代理人。每个生产要素所有者都有资格管理他人，同时也接受他人的管理。对于拥有技术创新能力的人力资本所有者在委托财务资本投资者和企业家人力资本所有者把自己的创新知识、创新技术和创新设计商品化的同时，也代理他们行使技术创新的职能。由此可见，产权主体呈现出多元化和多层次性特征。

增加企业产权的市场流动性。企业产权的市场流动性可以使企业所有者根据企业发展阶段和经营状况调整企业的产权结构。如人力资本所有者持有普通股，非人力资本投资者持有可转换优先股或可转换债券等复合金融工具。人力资本所有者与企业经营业绩紧密联系，企业业绩越好人力资本所有者可获得更高的股票价格和更大的股票价值。当企业经营不善时，非人力资本投资者的优先股转股比例提高，人力资本所有者持股比例下降，而且在支付优先股利息后普通股已经大大贬值了。这种市场流动性产权既有利于多渠道地筹集资金、扩大企业融资渠道，又有利于分散经营风险，使人力资本所有者和非人力资本所有者均获得产权回报的同时企业也可获得进步和发展。

2. 人力资本产权的企业治理结构创新

企业治理结构的本质，在于制衡企业最主要的利益主体间的利益关系，以保证企业经营决策和执行的高度运行。简而言之，企业治理结构研究的是企业制度安排问题。这种制度安排决定企业为谁服务、由谁控制、风险和利益如何在各利益集团间分配等一系列问题。由人力资本产权理论可知，出资人除了一般意义上的物质资本投资者外，还应该有人力资本投资者，因此企业治理结构的设计也应该反映人力资本产权在企业制度中的地位。基于人力资本产权的企业治理结构主要有以下几种方式。

（1）人力资本制衡

人力资本制衡即专家组治理，也就是说在董事会中引入专家组，成为独立董事。专家组成员包括与企业重要部门业务相关的资深专家，如财务、审计、管理、营销、工程等方面资深专家乃至社会名流。一方面可使在职经理层受到一定制约，另一方面也使决策尽可能科学，专家组成为在职经理决策的重要参谋机构。专家组治理结构本质上是“以知识制衡知识”，从而使现代企业治理结构日趋完善、人力资本产权运营效率得以提高。

(2) 人力资本治理

人力资本治理，是指人力资本所有者成为企业真正所有者，成为风险承担者、剩余索取者并成为企业的最终控制者。这时，人力资本所有者通过付给非人力资本所有者一个固定报酬，作为对非人力资本所有者的风险回报。现实中，高科技风险投资制度的发展强化了这种人力资本治理的趋势，成为新时期最典型的企业治理结构形态。

(3) CEO负责制度和管理层融资收购

首席执行官(CEO)负责制度和管理层融资收购，是指CEO除对企业的经营管理直接负责外，在公司战略、重大决策、财务安排等方面亦拥有很大权力，CEO受企业战略决策委员会的领导，而战略决策委员会中非人力资本人士占据了相当多的席位。但是，为保证CEO不滥用权力，CEO常以管理层收购或购买期权的形式拥有大量的公司股权。

(4) 利益相关者参与治理

所谓利益相关者参与治理，包括西方国家广泛实行的职工持股计划，使职工作为股东之一参与企业治理。如自20世纪80年代以来，美国已有29个州修改了公司法，要求公司经理不仅为股东服务，也要为劳动者、债权人等“利益相关者”服务，从而激励利益相关者参与公司治理。这种治理方式随着人力资本产权理论的发展必将成为多数企业治理的可选方案之一。

3. 人力资本激励机制创新

人力资本是一种主动性资本，其所有者——个人完全控制着资本的开发和利用，因此对人力资本只能激励而不能“压榨”，这已经成为企业界和学术界的共识。构建人力资本的激励机制能够更好地协调人力资本所有者和非人力资本所有者的关系，从而实现双赢。

(1) 剩余索取权激励

剩余索取权，是对人力资本产权所有者进行物质激励，给被激励者带来货币收益的最基本方式。剩余索取权激励的有效方式包括年薪制、股票赠予、员工持股计划、股票期权制等。

(2) 控制权激励

主要是指为提高企业经营决策的有效性，提高人力资本所有者在企业经营活动中的地位，增大其在企业经营活动中的权利(控制权)。控制权激励的弊端是它很可能导致经营者不愿放弃权力而追求“一直在位”或“永远在位”，而一旦其能力弱化就会使非人力资本所有者受损。特别是当人力资本所有者在公司中不具有剩余索取权时，就会倾向于以自身利益为行为准则，易于出现自利行为。

因此必须同时对人力资本所有者进行剩余索取权激励。

(3) 企业治理文化激励

"企业治理文化不同于管理性企业文化和经营性企业文化，而是被包含在体制性企业文化之中"，它是为了维系一定的企业治理机制和制度安排而被所有利益相关者所拥有的价值观念和行为规范，这些价值观念能对人力资本尤其对企业内的核心人力资本所有者起到激励作用。企业治理文化应该包括契约理念、对人力资本的认可理念、制衡理念、忠诚理念、共赢理念、等级差别理念、制度至上理念等。

(4) 精神激励

人力资本激励的有效实施，关键在于承认人力资本的价值，提高人力资本所有者在企业经营活动中的地位，增强人力资本所有者在企业经营活动中的权力，发挥人力资本声誉机制的效应，以激励人力资本所有者的行为。具体包括安全激励、目标激励、心理契约激励、情感激励等。形成系统有效的人力资本精神激励机制，是我国现阶段对人力资本所有者尤其是其核心人力资本所有者进行激励的必然选择。

第六节　企业战略创新

从根本上说，企业生存和发展是通过企业战略实现的。战略的直观含义，是企业与其环境的对话，而企业创新作为"创造性的毁灭过程"，也是企业对环境中不确定因素的有效反应。企业的战略创新，即企业创新机制在战略层面上的体现。战略创新是企业竞争取胜的关键，更是核心竞争力的来源。

一、战略创新和战略创新机制

(一) 战略创新的概念

战略创新的本质是一种重构行业现有的、为顾客创造新价值以及为所有股东创造新财富的方法的能力。表现为企业为了实现持续成长、应对外部环境的变化所做出的形式、性质和状态上的转变。战略创新包含两层含义——企业战略内容的创新是由企业范围、资源配置、竞争优势和协调性变化带来的；企业外部环境变化和组织创新会引起企业战略内容创新的发起和执行。

(二) 战略创新的特点

1. 不确定性

战略创新是联系当前战略与未来战略状态之间的桥梁，它并不是预先制定的，其发展方向也不是预先可知的，因而具有不确定性。对于不确定的未来发展变化来说，那些精确的细节是不可能准确预测的。战略创新诸如在实施一些行动并观察它们的具体效果，再从中挑出卓有成效的行动继续执行。

2. 前瞻性

战略创新并不是消极观察竞争环境的变化，也不是坐视竞争对手在自己采取行动之前的抢先行动。战略创新提倡尽早分析变化趋势并在可能的情况下主动引导变化。

3. 连续性

战略创新是一组连续的行动，而不是一些分散的措施。

4. 多样性

战略创新是一系列形形色色的不同规模、不同风险程度的战略性行动。因此，成功的战略创新并不是某个战略、某种竞争力或是某一次惊人的举措，而是一系列强有力的、多样性的战略行动的总和。在这些战略创新行动中，有些被证明是明智的，有些效果是良好的，还有一些则是失败的。

（二）战略创新机制

机制，泛指复杂系统的内部各要素之间的作用原理。具体而言，"机制"应该包括以下两个方面：① 系统结构的构成要素及其相互联系方式；② 要素之间关系的发生过程；③ 系统的内在本质和运行规律。所谓机理，是指系统运行的原理，即系统的内在本质和运行规律。因此，机制包括机理，机理是机制的一部分。企业战略创新的运作机理，就是研究企业战略创新的内在本质和运行规律，即研究企业战略创新的本质是什么、创新的过程怎样以及如何实现创新等问题。

战略创新机制，是指企业在战略创新过程中影响系统战略的各创新要素的构成、功能及其相互关系，以及这些因素产生影响、发挥功能的作用过程和作用机理。即是对企业战略创新系统性过程的内在本质和运行规律的研究。

二、战略创新的意义

企业战略创新是竞争优势的源泉，是新进入企业在面对巨大资源劣势时取得成功的唯一途径，也是现有企业继续获得成功的唯一途径。

（一）战略创新：管理创新的制高点

管理是人类各种活动中最基础、最重要的活动之一。人类社会面对着一对尖锐的矛盾，一方面可供利用的各种资源都是稀缺的；另一方面人类的欲望是无限的，不会停留在某一水平上。因此，经济的本质就是做出选择——恰当配置和充分利用稀缺的资源生产出产品，并分配给社会集团和成员，以满足其不断增长的需求和欲望。企业的战略制定，即是为做出选择而指明方向。以人为中心、观念更新和动态性是现代管理的三大特征，无论从哪方面出发企业管理无一不要求管理创新，而战略创新是管理创新的制高点和难点。

随着时间推移和市场不断成熟，某个行业的战略定位空间会逐渐被不同的企业填满。战略创新,是指企业发现行业战略定位空间中的空缺,想方设法填补这一空缺并使之发展成为一个大众市场。战略定位空间中的空缺可以是——新出现的顾客细分市场,顾客的新需要,创新的产品或服务的新方法。

（二）战略创新:企业竞争取胜的关键

新企业主动向市场领先者发起挑战,往往很难成功。当然也有少数挑战者不仅没有失败,而且赢得了极大的市场份额,有些甚至发展成为新的市场领先者。这些企业能够取得巨大成功的原因,在于他们敢于打破行规进行战略创新,改变原有的竞争规则。许多企业的成功经验表明,在不存在技术革新的情况下,任何企业要想在激烈的竞争中取胜,只有打破行规、进行战略创新。

知识经济的兴起、信息化和全球化时代的到来,以及中国加入了 WTO,都给企业带来了空前的机遇和挑战。面对机遇和挑战,企业应把创新求发展作为经营思想,努力改善企业运行质量并切实提高核心竞争力,以创新的思维和工作方式推动企业各项工作取得更好、更快的发展,在经营管理的技术手段上逐渐实现国际化、现代化。

此外,企业之所以要进行战略创新,这是因为:① 战略创新能使企业较好地“适应”竞争环境,提高企业的运营绩效和竞争优势。这是战略创新最基本的功能。② 战略创新使企业能够抓住并利用现实的或潜在的机会而获得先行动者优势。先行动者优势包括:由组织学习和经验所产生的优越的技术领先地位、获取稀缺资源以及建立成本优势等等。如果竞争者想成为第二个行动者,那么它将要承担转变成本。当竞争者实力基本相同,并拥有相似的资源时,先行动者的优势会增大。③ 战略创新可以通过强制进行有益的创新而提高企业的适应能力。尽管创新初期有时可能是痛苦的,然而一旦创新成功,出现活力的企业就可抵消创新初期的痛苦。相反,随着时间的推移维持战略不变的企业可能限制员工的创造性或错失良机,最终使企业衰败。

三、战略创新的实施要素

（一）管理思维创新是战略创新产生的源泉

人类的思维方式一般可以分为两种:一种是进行分析、比较、选择的判断力;另一种是进行联想创新、预测的想象力。判断力依靠的是掌握的事实,而想象力必须把目光投向未知领域、设计未来蓝图,两者相辅相成、相得益彰。因此,进行战略创新,首先要在思维领域进行创新。管理思维的创新,是指调整企业对自我的看法和要求,诉诸企业的“头脑”,管理思维创新就要打开企业封闭的头脑,注入新的关于企业内外的信息,在思维领域进行判断力和想象力的融合,去伪存真,从而得到有关企业长远发展的新思路和新理念。

（二）管理方式创新是战略创新实施的保障

通过管理思维创新就有可能在战略上有所创新，战略创新能否成功关键靠执行，而战略创新能否顺利实施关键是进行管理方式创新。管理方式创新，是指根据内外环境的变化并以在思维领域的新构想、新理念为指导，进行企业资源的优化配置，为战略创新的执行铺路搭桥。

通过对管理方式的创新，企业就能选择最佳的执行路径，组建优秀的战略创新执行团队，建立广泛的互动沟通，优化企业的组织结构和工作流程，使企业资源得到优化配置，从而保障战略的顺利执行。

（三）重塑市场是战略创新成败的关键

企业战略创新是一个长期的、艰苦卓绝的奋斗过程。企业进行了战略创新思维的强化、管理方式的重组和战略创新实施，其后最重要的环节就是重塑市场。不管是什么创新，尤其是战略创新，只有得到市场的承认和接纳，才算功德圆满。市场推广的效果是检验战略创新成败的标准。进行市场推广重塑，要追求客户成就、创造新需求。企业并不仅仅是一个营利实体，一个好的战略创新应该有这样的优势——不仅企业的获利可以增长，顾客也可以得到最大价值。

（四）企业文化是企业战略创新的支撑点

企业文化和企业战略看似是两个泾渭分明的概念，但其间却有着十分密切的联系。美国哈佛大学商学院曾对此做过调研研究，并认为企业战略是企业经营理论的理性反映，而企业文化是企业经营理论的人性反映。当今，企业文化建设已经备受重视，发挥的作用也越来越大。在众多著名企业的成功过程中，强有力的企业文化无一不对企业竞争力的增强、企业的可持续发展起到决定性作用。因此，企业战略离不开企业文化，企业战略创新更离不开企业文化的支撑作用。

综上所述，在信息时代背景下，企业更快地发展离不开管理实践创新，而管理创新中至关重要的即是战略创新。战略创新可使企业找到新的突破口和增长点。可以说，在新经济下只有战略创新才能为企业带来可持续的核心竞争力。

本章基本概念

（1）创新，管理创新；

（2）思维，观念，创造性思维，观念创新；

（3）技术创新，产品创新，过程创新，材料创新，手段创新；

（4）组织创新，显过程和隐过程；

（5）制度、企业制度、现代企业制度、制度创新；

（6）战略创新、战略创新机制。

问 题 思 考

1. 简要说明你对管理创新的理解。
2. 简述创造性思维的概念和特征。
3. 创新思维过程的主要理论内容有哪些?
4. 简要说明你对技术创新的理解。
5. 技术创新的基本特征和过程如何?
6. 如何做出技术创新战略决策?
7. 简述组织创新的内容。
8. 简要说明你对制度创新的理解。
9. 简述你对企业战略创新的理解。

参考文献

〔1〕暴丽艳，林冬辉．管理学原理[M]．第二版．北京：清华大学出版社，2010.
〔2〕陈传明，周小虎．管理学原理[M]．北京：机械工业出版社，2007.
〔3〕陈胜权．管理学经典教材习题详解[M]．北京：对外经济贸易大学出版社，2005.
〔4〕程工．企业技术创新论[M]．上海：上海财经大学出版社，2005.
〔5〕戴大双．现代项目管理[M]．北京：高等教育出版社，2004.
〔6〕邓荣霖，吴欣，郑平．组织文化、组织结构与绩效：中国企业的实证研究[J]．商业研究，2006(354)：23-28.
〔7〕邓志阳．管理学[M]．广州：暨南大学出版社，2008.
〔8〕董克用，叶向峰．人力资源管理概论[M]．北京：中国人民大学出版社，2006.
〔9〕傅家骥．中国技术创新理论研究[J]．政策与管理，2001(12)：42.
〔10〕高红岩．战略管理学[M]．北京：清华大学出版社，2007.
〔11〕顾敏，樊耘，刘岚，等．组织文化的柔性及其内涵[J]．经济论坛，2003(8)：20，47-48.
〔12〕郭韬．企业组织创新活动的一般流程[J]．北方经贸，2004(6)：33-34.
〔13〕郭咸纲．西方管理思想史[M]．北京：世界图书出版公司，2009.
〔14〕侯先荣，吴奕湖．企业创新管理理论与实践[M]．北京：电子工业出版社，2003.
〔15〕胡笑寒，万迪昉．企业组织变革的影响因素及变革模式实证分析：以新创科技企业为例[J]．数理统计与管理，2005(1)：15-20.
〔16〕黄保强．创新概论[M]．上海：复旦大学出版社，2004.
〔17〕黄维德，董临萍．人力资源管理[M]．北京：高等教育出版社，2006.
〔18〕贾良定，范秀云．管理学[M]．北京：高等教育出版社，2009.
〔19〕李昌南．管理思想史[M]．北京：科技出版社，2010.
〔20〕李建军．企业文化与制度创新[M]．北京：清华大学出版社．2004.
〔21〕李晓非，张桃红，申振浩．组织创新过程研究[J]．商场现代化，2007(10)(下旬刊)：86-87.
〔22〕里基·W 格里芬．管理学[M]．第九版·精要版．刘伟，译．北京：中国市场

出版社,2011.
〔23〕廖泉文.人力资源管理[M].北京:高等教育出版社,2008.
〔24〕林建煌.管理学[M].上海:复旦大学出版社,2010.
〔25〕刘友金,张驎.企业战略管理[M].徐州:中国矿业大学出版社,2008.
〔26〕刘友金,张天平.管理学[M].北京:中国经济出版社,2008.
〔27〕吕一林.现代市场营销学[M].第四版.北京:北京大学出版社,2007.
〔28〕哈罗德·孔茨,海因茨·韦里克.管理学精要[M].韦福祥,译.北京:机械工业出版社,2005.
〔29〕加里·德斯勒.人力资源管理[M].刘昕,吴雯芳,译.北京:中国人民大学出版社,2003.
〔30〕斯蒂芬·P罗宾斯,玛丽·库尔特.管理学[M].第九版.孙健敏,译.北京:中国人民大学出版社,2008.
〔31〕斯蒂芬·P罗宾斯,玛丽·库尔特.管理学[M].第七版.孙健敏,译.北京:中国人民大学出版社,2004.
〔32〕斯蒂芬·P罗宾斯,戴维·A德森佐,玛丽·库尔特.管理学原理与实践[M].第九版.毛蕴诗,主译.北京:机械工业出版社,2015.
〔33〕聂正安.管理学[M].北京:高等教育出版社,2010.
〔34〕齐振宏.企业组织变革研究[D].武汉:华中农业大学,2004.
〔35〕芮明杰,宋亦平.中国国有企业改革的路径分析[J].上海经济研究,2001(8):24-29.
〔36〕芮明杰.管理学:现代的观点[M].上海:上海人民出版社,2005.
〔37〕芮明杰.管理学[M].上海:上海财经大学出版社,2005.
〔38〕苏敬勤,洪勇,吕一博.创新与变革管理[M].北京:清华大学出版社,2010.
〔39〕孙维琦.生产与运作管理[M].北京:机械工业出版社,2004.
〔40〕孙元欣.管理学——原理·方法·案例[M].第二版.北京:科学出版社,2011.
〔41〕王春利,李大伟.管理学基础[M].第三版.北京:首都经济贸易大学出版社,2009.
〔42〕王风彬,李东.管理学[M].北京:中国人民大学出版社,2003.
〔43〕王宏宝,张美清.管理学原理与实务[M].北京:清华大学出版社,2009.
〔44〕王建民.战略管理学[M].第二版.北京:北京大学出版社,2006.
〔45〕王俊柳.管理学教程[M].北京:清华大学出版社,2003.
〔46〕吴照云.管理学原理[M].北京:经济管理出版社,2003.
〔47〕邢以群.管理学[M].北京:高等教育出版社,2007.

〔48〕熊勇清.管理学[M].北京:北京交通大学出版社,2010.
〔49〕徐国良,王进.企业管理案例精选精析[M].北京:经济管理出版社,2003.
〔50〕薛华成.管理信息系统[M].第三版.北京:清华大学出版社,2003.
〔51〕杨俊远.现代企业资金管理研究[M].北京:中国财政经济出版社,2004.
〔52〕杨文士,焦叔斌,张雁,等.管理学原理[M].北京:中国人民大学出版社,1994.
〔53〕杨文士,焦叔斌.管理学[M].北京:中国人民大学出版社,2009.
〔54〕杨文士,李晓光.管理学原理[M].北京:中国财政经济出版社,1999.
〔55〕姚益顺.谈组织文化与现代企业管理[J].商场现代化,2006(5)(下旬刊):64-65.
〔56〕曾旗,雷思友,等.管理学[M].徐州:中国矿业大学出版社,2006.
〔57〕张钢.企业组织创新的内在逻辑过程研究——兼论组织创新的策略与管理[J].科学管理研究,2000(10):1-5.
〔58〕张和平.我国中小企业战略创新机制的研究[D].长春:长春理工大学,2008.
〔59〕张红霞,唐风帆,陈湘州.预算编制方法的选择[J].商场现代化,2009(6)(下旬刊):26 .
〔60〕张亮,王明旭.管理学基础[M].北京:人民卫生出版社,2006.
〔61〕张蓉晖.企业管理理念的创新途径[J].企业研究,2011,(10):20-21.
〔62〕张怡.企业管理创新机制问题研究[D].青岛:中国海洋大学,2003.
〔63〕张玉利.管理学[M].天津:南开大学出版社,2004.
〔64〕张中华.管理学通论[M].北京:北京大学出版社,2005.
〔65〕赵继新.管理学[M].北京:清华大学出版社,北京交通大学出版社,2006.
〔66〕赵建英,孙锋刚.企业经营管理[M].北京:石油工业出版社,2008.
〔67〕周朝琦,侯龙文.企业创新经营战略[M].北京:经济管理出版社.2001.
〔68〕周光明.高等学校发展性教学评估研究[M].长沙:湖南人民出版社,2009.
〔69〕周景勤.管理创新二十三讲[M].北京:北京大学出版社,2005.
〔70〕周三多.管理学[M].第二版.北京:高等教育出版社,2005.
〔71〕周三多.管理学[M].第三版.北京:高等教育出版社,2010.
〔72〕周三多.管理学原理与方法[M].第四版.上海:复旦大学出版社,2005.
〔73〕周三多.管理学原理与方法[M].第五版.上海:复旦大学出版社,2009.
〔74〕周三多.管理学原理与方法学习指导[M].上海:复旦大学出版社,2010.
〔75〕朱华,罗伟涛.创造性思维的原理与方法[M].长沙:国防科技大学出版社,2001.